出土文獻與《國語》新證

李聰 著

上海古籍出版社

2022年度國家社會科學基金後期資助項目

（項目批準號：22FZSB002）

國家社科基金後期資助項目
出版説明

　　後期資助項目是國家社科基金設立的一類重要項目,旨在鼓勵廣大社科研究者潛心治學,支持基礎研究多出優秀成果。它是經過嚴格評審,從接近完成的科研成果中遴選立項的。爲擴大後期資助項目的影響,更好地推動學術發展,促進成果轉化,全國哲學社會科學工作辦公室按照"統一設計、統一標識、統一版式、形成系列"的總體要求,組織出版國家社科基金後期資助項目成果。

全國哲學社會科學工作辦公室

序

　　《國語》一書歷來被視爲《左傳》之附庸,但《左傳》列於經,備受尊崇,而《國語》相比《左傳》却長期受到冷遇,相關著述不多。直至清代,《國語》才被學界重新拾起,開始進行各種整理和校釋。近幾十年來,地下資料的不斷面世,特別是大量戰國秦漢簡帛的出土,終於讓人們發現,原來《國語》中保留了很多早期古漢語語詞的古義和僻義,包括一些較爲特殊的用字用詞習慣,都可以跟出土的戰國秦漢簡帛中詞的用法和用字用詞習慣相對應,由此可以互相證發,解決許多文本問題。從此,《國語》再次煥發了新生,成了一部被熱捧的早期經典。

　　中國早期的歷史記載,記録史事並非最高追求,大都屬於"寓教於史"或"寓訓於史",把史事當成教化訓誡的教材,或作爲君王"成王敗寇"得失的參考,故其文本性質往往跟小説、戲劇差別不大,常常會虛擬人物,造作故事,製造矛盾,演繹衝突。如設置一正一反的兩個對立人物就是典型的戲劇手法,因此有黄帝就有蚩尤,有夏禹就有夏桀,有周武王就有殷紂王。好人就好得出奇,壞人就壞得徹底。時代愈早的典籍,這個特點就愈明顯。有些記載中張冠李戴、關公戰秦瓊的事屢見不鮮,某種言論或典故的事主經常變换也毫不爲奇。因爲文本的最終目的是講道理,談教訓,至於時間和人物則變得不再重要。從這個認識來看《國語》,會發現《國語》就多少具備這個特點,尤其是《吴語》和《越語》部分,看去就近乎小説,所采用的母題也是當時流行的"復仇"的套路。因此有人認爲《國語》的語料價值甚至大於其史料價值,這一觀點雖然有些偏頗,却也屬於事出有因。

　　《國語》所記事跡,大體爲春秋前後,其寫作年代雖然尚有爭論,但總不出春秋戰國。這一時間是中國歷史上的一大際會,是思想迸發、學派蜂起的"文藝復興"時期,是豐富多彩、波瀾壯闊的"軸心時代"。尤其從戰國開始至戰國中期,學術達到了一個新的高峰,這從大量時代爲戰國中期的墓葬中出土的楚簡可以窺見一斑。既然《國語》所記事迹與戰國楚簡時代有重合，跟秦漢簡帛的時代也相續，内容自然就會有交集，語料也就可以基本算作共時語料，有了充分的可比性。這正是近年來利用出土戰國秦漢簡帛與《國語》作互證的文章逐漸增多的原因。

李聰《出土文獻與〈國語〉新證》一書，全面匯總了利用出土文獻校讀《國語》的成果，同時利用"觸發性機緣"，又提出了自己的幾十處新發現和認識。其中有很多説法頗爲精彩，可以視爲定論。第一章第二節"闡明詞義"部分的"復言""死生因天地之刑"條跟我欲寫的文章的觀點相近，讓我心有戚戚。雖然有個别的觀點一時還不能完全肯定，但也極富啓發性，或可聊備一説。無論如何，這是利用出土文獻校讀《國語》的一部總結性的著作，具有重要的參考價值，既體現了作者對古文字資料貫通性的熟悉程度，又表明了作者對出土文獻與傳世文獻並重的科學態度。

李聰在利用出土文獻資料校讀《國語》的基礎上，還充分吸收西方文本文獻學的理論，以《國語》爲對象，考察了通過出土文獻材料考辨《國語》異文所體現出的衍生性文本的生成過程。同時還舉例分析了利用出土文獻校釋《國語》所應注意的問題。第四章是個重點，作者從"文本未定之時""由章到篇的過渡形態""編選與删改""單篇流傳亦或全帙編定""改編與重構""捃摭與雜糅"等角度闡釋了《國語》文本的編纂與生成。這是從具體實例上升到理論總結歸納的部分，具有一定的引領和示範意義。

目前在出土文獻與古文字研究中，考字雖然仍然是重要工作，但是利用出土文獻和古文字資料與傳世典籍互證，從而嘗試復原文本原貌的工作，大有後來居上的態勢。只有復原文本原貌，先解決字詞的問題，把文本落到實處，才能正確理解文義，並在此基礎上進行各個學科和方向的研究闡發。否則研究和闡發就會成爲沙中之塔，難以站立。在這方面，裘錫圭先生爲我們樹立了榜樣，值得我們遵循模仿。李聰的這本《出土文獻與〈國語〉新證》可以視爲這方面工作的成功實踐，值得稱許。

李聰先在清華大學跟趙平安先生學，後到復旦從我遊。李聰名如其人，聰明好學，學有所成，在出土文獻與古文字研究上富有天賦和潛質。以這本書爲重要節點，相信李聰在今後的學業征途上，一定能够發奮砥礪，越走越順。

劉釗

2025 年 5 月 25 日序於上海書馨公寓索然居

目　　錄

序 ··· 劉　釗
凡　例 ··· 1

緒　論 ··· 1
　　一、學術史回顧 ·· 2
　　二、先秦兩漢出土文獻對於《國語》文本校勘與解讀的重要
　　　　作用 ·· 12
　　三、研究對象與研究內容 ·································· 19

第一章　利用出土文獻校釋《國語》文本 ······················ 21
　　第一節　校正訛字 ··· 21
　　　　1. 甚好仁而强/信仁以爲親/仁所以行也,信所以守也 ······ 25
　　　　2. 夫二國士 ·· 29
　　　　3. 使夫人怒也 ·· 32
　　　　4. 諱趙鞅之故 ·· 33
　　　　5. 纂修其身/欲修先王之緒 ···························· 35
　　　　6. 吾秉君以殺太子 ···································· 39
　　　　7. 兼受而介福 ·· 41
　　　　8. 畏嚳敬也 ·· 43
　　　　9. 去而厚惡,惡不可重 ································ 44
　　第二節　闡明詞義 ··· 45
　　　　1. 蔑天命/蔑卜筮 ···································· 48
　　　　2. 復言 ·· 52

3. 臣不心競 …… 61
4. 是知天咫,安知民則/神狎民則 …… 63
5. 拘夏 …… 70
6. 死生因天地之刑 …… 71
7. 承序 …… 74
8. 德音 …… 76
9. 賓享 …… 79
10. 寔式靈之 …… 80
11. 服兵擐甲 …… 81
12. 鮮其繼/鮮民財 …… 83
13. 若民煩,可教訓 …… 84

第三節 因聲求義 …… 85
1. 民疾其態 …… 88
2. 齒牙爲猾/猾其中/滑夫二川之神 …… 89
3. 糾虔天刑 …… 91
4. 教不肅而成 …… 93
5. 樹德於民以除之 …… 95
6. 民旁有慝 …… 97
7. 審固 …… 98
8. 不式諸戎、狄、楚、秦 …… 101
9. 曜於權 …… 102
10. 不更厥貞 …… 105
11. 今晉寡德而安俘女 …… 106
12. 擊菒除田 …… 107
13. 囷鹿空虛 …… 108
14. 味一無果 …… 109
15. 主楚怨 …… 110

第四節 鉤沉古義 …… 111
1. 曾孫 …… 112
2. 男女相及 …… 115
3. 狙中軍之司馬 …… 117

4. 日完 ………………………………………………… 119
    5. 子女 ………………………………………………… 121
    6. 踴 …………………………………………………… 123
    7. 反 …………………………………………………… 126
    8. 誰使先若夫二公子而立之 …………………………… 127

第二章 衍生性文本生成過程中的誤抄與誤改：利用出土文獻材料
    考辨《國語》異文 ……………………………………………… 130
  第一節 因襲、同源：考察《國語》異文材料的兩個維度 ……… 135
  第二節 考釋性的轉錄方式與《國語》異文的生成 ……………… 137
    一、誤識字形 ………………………………………………… 139
    二、混淆正文與注文 ………………………………………… 141
    三、不明詞義與語法 ………………………………………… 144
  第三節 衍生性文本的誤改與文本的曲解、失序 ………………… 147

第三章 利用出土文獻校釋《國語》所應注意的問題 ……………… 153
  第一節 避免不恰當的趨同與立異 ………………………………… 153
  第二節 文本校釋的前提：正確理解出土文獻中的字形與辭例
     ………………………………………………………………… 160

第四章 出土文獻視域下的《國語》文本編纂與生成 ……………… 170
  第一節 文本未定之時：慈利楚簡與《國語·吳語》文本的生成
     ………………………………………………………………… 170
    一、由"章"到"篇"的過渡形態：慈利簡《吳語》與今本《吳語》
      內容、分章的差異 ……………………………………… 172
    二、編選與刪改：慈利簡所見《吳語》佚文 ………………… 181
    三、單篇流傳亦或全帙編定：《國語》的成書過程 ………… 185
  第二節 文本的捃摭與整合：清華簡《越公其事》與《國語》文本的
      編纂 ………………………………………………………… 189
    一、改編與重構：《越公其事》與《國語》敘事立場的差異 …… 191

二、捃摭與雜糅：清華簡《越公其事》與《國語》的同文文本
　　　　⋯⋯⋯⋯⋯⋯⋯⋯⋯⋯⋯⋯⋯⋯⋯⋯⋯⋯⋯⋯⋯⋯⋯⋯ 199
　第三節　文本的衍生：馬王堆漢墓帛書與《國語·越語下》⋯⋯ 211

第五章　出土文獻中所見《國語》異文材料的整理⋯⋯⋯⋯ 215
　第一節　慈利楚簡《吳語》篇⋯⋯⋯⋯⋯⋯⋯⋯⋯⋯⋯ 215
　第二節　清華簡《越公其事》⋯⋯⋯⋯⋯⋯⋯⋯⋯⋯⋯ 234
　第三節　馬王堆帛書《老子》乙本卷前古佚書四種⋯⋯⋯⋯ 251
　第四節　棗紙簡《齊桓公自莒返于齊》⋯⋯⋯⋯⋯⋯⋯⋯ 265

結　語⋯⋯⋯⋯⋯⋯⋯⋯⋯⋯⋯⋯⋯⋯⋯⋯⋯⋯⋯⋯⋯ 277

參考文獻⋯⋯⋯⋯⋯⋯⋯⋯⋯⋯⋯⋯⋯⋯⋯⋯⋯⋯⋯⋯ 279

後　記⋯⋯⋯⋯⋯⋯⋯⋯⋯⋯⋯⋯⋯⋯⋯⋯⋯⋯⋯⋯⋯ 287

凡　　例

1. 本書引用出土文獻材料釋文盡量求嚴，後加"（　）"表示通假字或異體字，"[　]"表示補文，"□"表示缺文，"〈　〉"表示訛誤，"☒"表示缺而未知其數，"＝"表示重文或合文。無法隸定之字，我們截用字形原形。釋文中有些特別的情况，我們采用隨文注釋的形式。

2. 有些地方爲行文簡便，采用了裘錫圭《文字學概要》一書的做法，用花括號"{　}"表示文字形體所表示的詞。

3. 本書對經常引用的書籍與網站采用了簡稱形式，如下：

《甲骨文合集》　　　　　　　　　　　　　《合集》
《甲骨文合集補編》　　　　　　　　　　　《合補》
《英國所藏甲骨集》　　　　　　　　　　　《英藏》
《殷墟花園莊東地甲骨》　　　　　　　　　《花東》
《殷周金文集成》　　　　　　　　　　　　《集成》
《新收殷周青銅器銘文暨器影彙編》　　　　《新收》
《商周青銅器銘文暨圖像集成》　　　　　　《銘圖》
《古璽彙編》　　　　　　　　　　　　　　《璽彙》
《上海博物館藏戰國楚竹書》　　　　　　　上博簡
《清華大學藏戰國竹簡》　　　　　　　　　清華簡
《安徽大學藏戰國竹簡》　　　　　　　　　安大簡
《説文解字》　　　　　　　　　　　　　　《説文》
武漢大學簡帛研究中心網站　　　　　　　　簡帛網
復旦大學出土文獻與古文字研究中心網站　　復旦網

清華大學出土文獻研究與保護中心網站	清華網
清華大學簡帛研究網	簡帛研究網
武漢大學簡帛研究中心網站論壇	簡帛論壇

緒　　論

　　《國語》按"以國分類"的原則編纂，全書凡二十一卷。分別爲《周語》三卷、《魯語》兩卷、《齊語》一卷、《晋語》九卷、《鄭語》一卷、《楚語》兩卷、《吴語》一卷和《越語》兩卷，總計七萬三千餘字。該書記事上起周穆王西征犬戎之事，下訖韓、趙、魏三家滅智伯五百餘年的歷史。全書"以語爲主"，所記八國之"語"，"分國以紀謀議，凡陰陽、律吕、天時、人事、逆順類焉。其文宏衍精潔"。①《國語》原書及韋昭注保留有大量的字詞古義、冷僻義，爲其他先秦古書的訓釋提供了寶貴的書證，對於訓詁學的研究具有重要的價值。同時，《國語》一書還保留有先秦時期的典章制度、生活習俗、神話傳説等多種史料，不少内容爲它書所未見，也具有極高的歷史學價值。

　　《國語》與《左傳》關係密切，學者歷來多將二者合觀，漢人王充《論衡》中已提出了"《國語》，《左氏》之外傳也，左氏傳經，辭語尚略，故復選録《國語》之辭以實"的看法。然而相比歷來備受推崇、被列入"經"的《左傳》而言，《國語》的地位則略顯尷尬，其往往作爲研究《左傳》的附屬材料，由其别名《春秋國語》《春秋外傳》《春秋外傳國語》即可見一斑。《國語》與《詩經》《尚書》等經典文獻的地位更是無法比擬。因而，相較於其他先秦古書，《國語》文本的校勘與解讀也較少受到關注。晚清以來，隨着甲骨文、兩周有銘銅器、戰國秦漢簡帛等多種出土文獻"井噴"式的大量刊布，王國維首倡"二重證據法"，以"地下之新材料""據以補正紙上之材料"，②學界開始嘗試利用出土文獻校讀先秦古書，由此掀起了"古文獻新證"的風潮。衆多學者"本之於甲骨、彝器、陶石、鈢化之文以窮其原；通之於聲韻假借、校勘異同

---

① （宋）黄震：《黄氏日鈔》卷五二《讀雜史二》"國語"條，臺北：大化書局，1984年，第620頁。
② 王國維：《古史新證》，長沙：湖南人民出版社，2010年，第2頁。

之方以究其變"，①利用出土文獻對先秦古書進行大量校訂工作，《詩經》《尚書》《楚辭》等先秦古書都有相當數量利用出土文獻材料校讀其文本的專著。② 不斷湧現的出土文獻材料對《國語》文本的校勘與解讀無疑也具有重要作用。不過，即使出土文獻提供了大量新材料，較之其他先秦古書而言，目前利用出土文獻校釋《國語》文本的學術成果仍相對少見。如何充分利用出土文獻材料提供的"觸發性機緣"，也是當下《國語》文本研究中必須認真思考的問題。

一、學術史回顧

《國語》經秦火之厄運，在西漢時期又復出流傳。③ 司馬遷編纂《史記》時曾"據《左氏》《國語》，採《世本》《戰國策》。述《楚漢春秋》"，劉歆《七略》將《國語》列入"六藝略"春秋類下，視其爲史書的一種。西漢晚期，劉歆竭力倡導古文經學，請立古文經《毛詩》、《左傳》、逸《禮》於學官。"當漢世，《左傳》秘而未行，又不立於學官，故此書亦弗顯""逮東漢，《左傳》漸布，名儒始悟向來《公》《穀》膚近之説，而多歸《左氏》""《國語》亦從而大行，蓋其書並出丘明"。④ 由於東漢時期古文經的盛行和《左傳》的廣爲流傳，作爲"春秋外傳"的《國語》也日漸受到重視。東漢時期已有鴻儒賈逵、鄭衆爲之作注，三國魏晋時期也有不少學者注釋此書，北宋宋庠《國語補音叙録》對此有詳細介紹：

　　漢大司農鄭衆，字仲師。作《國語章句》，亡其篇數。

---

① 于省吾：《雙劍誃群經新證 雙劍誃諸子新證》，上海：上海書店出版社，1999 年，第 202 頁。
② 此類成果頗多，具有代表性的著作如于省吾：《澤螺居詩經新證 澤螺居楚辭新證》，北京：中華書局，1982 年；于省吾：《雙劍誃尚書新證 雙劍誃詩經新證 雙劍誃易經新證》，北京：中華書局，2009 年；季旭昇：《詩經古義新證》，北京：學苑出版社，2001 年；蔣文：《先秦秦漢出土文獻與〈詩經〉文本的校勘和解讀》，上海：中西書局，2019 年；馬楠：《周秦兩漢書經考》，清華大學博士學位論文（指導教師：彭林），2012 年；徐廣才：《考古發現與〈楚辭〉校讀》，北京：綫裝書局，2009 年；徐廣才、張秀華：《考古發現與〈楚辭〉新證研究》，北京：中國社會科學出版社，2021 年。
③ 董增齡《國語正義·序》謂"賈子《新書·禮容下篇》載單靖公、單襄公事，皆采《國語》，則《國語》之出亦當在漢文帝之世"。見（清）董增齡撰，郭萬青校注：《國語正義·序》，成都：巴蜀書社，1985 年，第 2 頁。
④ （北宋）宋庠：《國語補音叙録》，徐元誥撰，王樹民、沈長雲點校：《國語集解（修訂本）·附録》，北京：中華書局，2002 年，第 596 頁。

漢侍中賈逵，字景伯。作《左氏春秋》及《國語解詁》五十一篇：《左傳》三十篇，《國語》二十一篇。《隋志》云，二十卷。唐已亡。

魏中領軍王肅，字子雍。作《春秋外傳國語章句》一卷。《隋志》云，梁有二十二卷。《唐志》亦云，二十二卷。

吳侍御史虞翻，字仲翔。注《春秋外傳國語》二十一卷。

吳尚書僕射唐固，字子正。注《春秋外傳國語》二十一卷。

吳中書僕射、侍中、高陵亭侯韋昭，字弘嗣。注《春秋外傳國語》二十一卷。《隋志》云，二十二卷。《唐志》，二十一卷，與今見行篇次同。

晋五經博士孔晁，注《春秋外傳國語》二十卷。《唐志》，二十一卷。①

除此之外，《國語》唐前舊注尚有東漢楊終的《改定春秋外傳章句》、東漢服虔《春秋外傳國語注》、三國時期孫炎所著的《國語》注本、北魏劉芳撰《國語音》等。② 頗可惜的是，《國語》唐前舊注今多已亡佚。③ 民國時期，敦煌曾出土北魏時期《國語·周語下》寫本殘卷，尚存正文 802 字，注文 1 190 字。或有學者認爲其是賈逵舊注，也有學者認爲是唐固舊注。④ 唐前舊注現唯有三國時期的韋昭注本流傳至今。韋注《國語》"參之以《五經》，檢之以《內傳》，以《世本》考其流，以《爾雅》齊其訓，去非要，存事實，凡所發正三百七事"，⑤該書涉及字詞訓詁、名物考釋、典章制度等多方面內容，體大思精。又能旁徵博引，博取衆家之所長，"以鄭衆、賈逵、虞翻、唐固爲主而增

---

① （北宋）宋庠：《國語補音叙錄》，徐元誥撰，王樹民、沈長雲點校：《國語集解（修訂本）·附錄》，第 596—597 頁。
② 參李步嘉：《唐前〈國語〉舊注考述》，《文史》2001 年第 4 期，第 85—94 頁。
③ 《國語補音叙錄》所錄的七部唐前《國語》注本，《隋書·經籍志》已不見著錄鄭衆《國語章句》，大概該書此時已亡佚。《舊唐書·經籍志》《新唐書·藝文志》又不著錄賈逵的注本，至《宋史·藝文志》則僅剩"左丘明《春秋外傳國語》二十一卷，韋昭注"的記載，大約此時，唐前舊注除韋昭注本外，其餘皆已亡佚。張居三先生對相關情況總結甚詳，可參看氏著《〈國語〉文獻研究》，北京：中國社會科學出版社，2020 年，第 186—193 頁。
④ 參王利器：《跋敦煌寫本〈國語〉賈逵注殘卷》，《王利器論學雜著》，北京：北京師範學院出版社，1990 年，第 344—346 頁；饒宗頤：《敦煌所出北魏寫本〈國語·周語〉舊注殘葉跋》，《敦煌吐魯番研究》第一卷，北京：北京大學出版社，1996 年，第 297—300 頁；郭萬青：《甘肅藏敦煌寫本殘卷〈國語·周語下〉校記》，《敦煌研究》2009 年第 3 期；劉偉：《敦煌寫本〈國語〉及注殘卷若干問題辨析》，《齊魯學刊》2021 年第 1 期。
⑤ （三國）韋昭：《國語解叙》，徐元誥撰，王樹民、沈長雲點校：《國語集解（修訂本）·附錄》，第 595 頁。

損之,故其注備而有體,可謂一家之名學",①堪稱當時《國語》注解集大成之作。後人刊布《國語》多將《國語》正文與韋昭注合抄,由此也逐漸形成了一個較爲固定且廣爲流傳的《國語》定本。此外,唐人曾著有《國語舊音》一書,作者不詳,該書是目前所見最早的韋昭《國語》注本音義,今也已亡佚。《國語舊音》的内容僅見於北宋宋庠所著《國語補音》中,該書共三卷,是在《國語舊音》基礎上增補而成,其補音以唐陸德明《經典釋文》爲主,《經典釋文》未載者,則用《説文解字》《集韻》等書的反切。《宋史·藝文志》著録有北宋魯有開所著的《國語音義》一卷,今也已亡佚。唐代學者柳宗元"嘗讀《國語》,病其文勝而言尨,好詭以反倫,其道舛逆。而學者以其文也,咸嗜悦焉",著《非〈國語〉》六十七篇,其文先引《國語》原文,後加以評議。該書引發了對《國語》思想内容的大討論,後世學者戴仔、江端禮、劉章等都曾撰文予以回應。②

　　自北宋宋庠至清初,《國語》文本校勘的相關著作相對較少。明代閔齊伋著有《國語裁注》一書,將二十一卷的韋昭注本《國語》合併爲九卷,除《晋語》爲兩卷外,其餘各國之"語"皆一"語"一卷,所謂"裁注者""謂約簡韋昭《注解》而成"。③ 該書還輯録前人各家對《國語》的評語,以便讀者理解。④ 此外,明代學者劉城著有《春秋外傳國語地名録》及《春秋外傳國語人名録》各一卷。明代有關《國語》的文本注釋、評點的著作還有穆文熙《國語鈔評》、鄭維嶽《新鋟鄭孩如先生精選國語旁訓便讀》等書。

　　清代中葉,乾嘉學派興起,清儒精研"小學"之道,校訂了大量傳世文獻,《國語》文本校勘、字詞考釋的研究也迎來了一個高峰。有關《國語》注釋、校釋的專著主要有汪遠孫《國語校正本》三種(《三君注輯存》四卷、《國語發正》二十一卷、《國語考異》四卷)、董增齡《國語正義》、吴曾祺《國語韋解補正》、陳瑑《國語翼解》、黄模《國語補韋》等。此外,王引之《經義述聞》、俞樾《群經平議》、于鬯《香草校書》等書中都有專門涉及校釋《國語》

————————

① (北宋)宋庠:《國語補音叙録》,徐元誥撰,王樹民、沈長雲點校:《國語集解(修訂本)·附録》,第596頁。
② 參(清)朱彝尊撰,林慶彰等主編:《經義考新校》,上海:上海古籍出版社,2010年,第3808—3816頁。
③ 王重民:《中國善本書提要》,上海:上海古籍出版社,1983年,第114頁。
④ 郭萬青:《閔齊伋裁注〈國語〉考論》(《古籍整理研究學刊》2022年第5期,第1—8頁)對此書的體例與價值論述甚詳,讀者可參看。

的篇章,皆多有發明。

清代學者頗爲重視輯佚古書逸文,對《國語》也作了大量輯佚工作,張居三先生對相關成果總結甚詳:

> 汪遠孫《國語三君注輯存》是輯佚性質的書。汪氏據諸多傳注以及唐宋類書采摭,輯賈逵、虞翻、唐固、孔晁等人之注,得四卷。除汪氏的輯注外,清人王謨《漢魏遺書鈔·經翼》(第三冊)輯得賈逵《國語注》一卷。馬國翰《玉函山房輯佚書·補遺·經編春秋部》輯有賈逵《國語解詁》二卷,鄭衆《國語章句》一卷,唐固《春秋外傳國語唐氏注》一卷,虞翻《春秋外傳國語虞氏注》一卷,孔晁《春秋外傳國語孔氏注》一節。黄奭《漢學堂叢書·子史鈎沉·史部雜史類》及《黄氏逸書考·子史鈎沉》輯有賈逵《國語注》一卷,鄭衆《國語解詁》一卷,王肅《國語章句》一卷,唐固《國語注》一卷,虞翻《國語注》一卷,孔晁《國語注》一節(條)。勞格《月河精舍叢鈔·讀書雜識》卷六輯録賈逵《國語注》一卷。王仁俊《經籍佚文》據《路史·前紀》卷三鉅靈氏注引佚文一節(條),輯得《國語佚文》一卷,又《玉函山房輯佚書續編·經編春秋部》輯得賈逵、虞翻《國語注》各一卷。蔣曰豫《蔣侑石遺書·滂喜齋學録》也輯得賈逵《國語賈景伯注》一卷。①

近人張以仁先生《〈國語〉舊注輯校序言》(《歷史語言研究所集刊》第41本第3分,1969年,第535—537頁)、《〈國語〉舊注輯校》(該文分六期連載於《孔孟學報》,見該刊1971年第21、22輯,1972年第23、24輯,1973年第25、26輯)等文亦是這方面研究具有代表性的成果。此外,郭萬青先生《小學要籍引〈國語〉》一書"前言"部分及李文思先生的碩士學位論文《〈國語〉韋注與六家輯注比較研究》對清代學者輯佚《國語》舊注的情況也有詳細介紹,讀者亦可參看。②

晚清民國之際,有關《國語》注釋、校釋的專著也隨之增多,徐元誥《國語

---

① 張君三:《〈國語〉研究》,東北師範大學博士學位論文(指導教師:詹子慶),2008年,第94頁。
② 郭萬青:《小學要籍引〈國語〉研究》,新北:花木蘭文化出版社,2014年,第7—11頁;李文思:《〈國語〉韋注與六家輯注比較研究》,黑龍江大學碩士學位論文(指導教師:張居三),2015年,第24—31頁。

集解》、沈鎔《國語詳注》二書是這方面研究的代表性成果。《國語集解》一書最爲晚出,對前人校釋《國語》之説搜羅甚詳,書中又以"元誥按"闡明己見,其説多有所得,是目前流傳最廣的《國語》注本。此外,近人楊樹達《讀〈國語〉小識》中對於《國語》文本校勘的意見亦多有勝義。臺灣學者張以仁《國語斠證》一書廣泛搜集各版本及諸多類書引《國語》的異文,對於《國語》文本校勘具有極高的價值。張以仁先生是當代《國語》研究大家,還著有《國語虛詞集釋》《國語札記》《國語集證》等專書、論文,於《國語》研究有極重要的貢獻。

新中國成立以來,《國語》文本校勘的代表性成果,主要有戎輝兵《〈國語集解〉訂補》、蕭旭《〈國語〉校補》《〈國語〉補箋》(載氏著《群書校補》第一册、《群書校補(續)》第二册)、俞志慧《〈國語〉韋昭注辨正》、郭萬青《近百年來〈國語〉校詁研究》等書。此外,陳長書《〈國語〉詞彙研究》、郭萬青《〈國語〉動詞管窺》雖主要針對《國語》的詞彙進行研究,但其中也有涉及字詞考釋、文本校訂的内容。再者,還有不少學者出版了《國語》注本,比較有代表性的著作有李維琦《白話〈國語〉》、黄永堂《國語全譯》、陳桐生《國語》注本、董立章《國語譯注辨析》、來可泓《國語直解》等書。近年來,也有不少學位論文專注於《國語》文本的校訂,如朱瑞華《〈國語〉疑難字詞句辨正》(上海大學碩士學位論文)、張廣振《〈國語〉譯注商補》(曲阜師範大學碩士學位論文)、李丹丹《〈國語集解〉獻疑》(陝西師範大學碩士學位論文)、喬梁《〈國語〉校讀札記》(南京師範大學碩士學位論文)、任龍龍《〈左傳〉〈國語〉〈戰國策〉新證綜理》(復旦大學碩士學位論文),喬梁與任龍龍的學位論文中運用了不少出土文獻材料,頗具參考價值。

關於《國語》字詞考釋、文本校訂的單篇論文其數量也相當可觀,據郭萬青先生統計,自1909年,孫詒讓的遺作《〈國語〉"九畡"義》(《國粹學報》第57期)一文算起,截至2013年底,公開發表的涉及《國語》校勘的學術論文共305篇。[①] 2013年至今涉及《國語》文本校勘的學術論文,據我們統計大概也有近百篇。

另一方面,自晚清以降,殷墟甲骨、新出土兩周有銘銅器、戰國秦漢簡帛等出土文獻的大量發現,促使學者逐漸意識到古文字材料對於訓釋先秦古書的重要作用。誠如王國維所言"古來新學問之起,大都由於新發見"。新

---

① 郭萬青:《近百年來〈國語〉校詁研究》,南京:鳳凰出版社,2016年,第7—28頁。

見出土文獻材料也爲《國語》字詞的訓釋、史料的考證提供了更多可供參考的新材料。如《國語·吳語》"亦令右軍銜枚踰江五里以須"之"踰"，韋昭解爲"度也"，此後諸多《國語》注本也多采用此說。20世紀50年代出土的鄂君啓舟節有"自鄂市，逾沽，上漢"之句，學者多已據舟節的辭例指出"逾"爲沿流順下之義，《國語》中的"踰"亦與之同義。① 出土文獻中的字形資料也有助於訂正《國語》文本在傳抄過程中產生的訛誤。如曾侯乙編鐘多載古時音律之名，《國語·周語下》"辰在戌上，故長夷則之上宫，名之曰羽，所以藩屏民則也"所載之音律名"羽"，曾侯乙編鐘對應之字作"𩰚"，裘錫圭、李家浩先生指出"𩰚"當讀爲"韋"，《國語》中的"羽"乃"彗"字初文的訛字，"韋""彗"音近相通。② 又如《國語·周語下》還記有一音律名"羸亂"，曾侯乙編鐘中與之相對應的音律名爲"羸孚"，趙平安先生釋"孚"爲"乳"，並據秦漢文字中"亂""乳"形近相混的現象指出，"羸亂"之"亂"實爲"乳"之訛字。③ 再如劉釗先生曾據清華簡《子犯子餘》"不秉禍利"一句的辭例指出，《國語·越語下》"受其名而兼其利"之"兼"可能爲"秉"之訛字。④

此外，也有學者根據出土文獻中有關《國語》的異文校勘今本《國語》。清華簡《越公其事》與《國語》關係密切，石小力先生《清華簡〈越公其事〉與〈國語〉合證》一文中即據清華簡《越公其事》篇中可與《國語》相參照的異文，對今本《國語》多處字詞予以校勘。⑤ 何有祖、肖毅、魏宜輝、陳送文等諸位學者利用慈利簡《吳語》篇校訂今本《國語·吳語》，亦多有所得。⑥

---

① 參陳偉：《楚簡册概論》，武漢：湖北教育出版社，2012年，第87頁。
② 裘錫圭、李家浩：《曾侯乙墓鐘、磬銘文釋文與考釋》，《曾侯乙墓》，北京：文物出版社，1989年，第557、558頁；裘錫圭、李家浩：《談曾侯乙墓鐘磬銘文中的幾個字》，《裘錫圭學術文集·金文及其他古文字卷》，上海：復旦大學出版社，2012年，第50—52頁。
③ 趙平安：《釋戰國文字中的"乳"字》，《中國文字學報》第四輯，北京：商務印書館，2012年，第51—55頁；後收入氏著《文字·文獻·古史：趙平安自選集》，上海：中西書局，2017年，第58—62頁。
④ 劉釗：《利用清華簡（柒）校正古書一則》，復旦網，2017年5月1日。
⑤ 石小力：《清華簡〈越公其事〉與〈國語〉合證》，《文獻》2018年第3期。
⑥ 何有祖：《慈利楚簡試讀》，簡帛網，2005年11月27日；何有祖：《慈利竹書與今本〈吳語〉試勘》，簡帛網，2005年12月26日；何有祖：《從慈利竹書數字簡看今本〈吳語〉的分章》，《人文論叢》2011年卷，第61—72頁；肖毅：《慈利竹書〈國語·吳語〉初探》，簡帛網，2005年12月30日；肖毅：《慈利竹書零釋》，《古文字研究》第二十六輯，北京：中華書局，2006年；魏宜輝：《慈利楚簡校讀札記》，《古典文獻研究》第十八輯上卷，南京：鳳凰出版社，2015年，第216—222頁；陳送文：《慈利竹書和〈國語·吳語〉對勘（兩則）》，《古文字研究》第三十輯，北京：中華書局，2014年，第522—523頁。

《國語》具有史書的性質,其中部分有關歷史事件的記載也可與傳世文獻合觀,學者對此現象多有揭示。如《國語·晋語四》有"商之饗國三十一王"之說,傳世文獻對商代帝王之數又有三十王、二十九王和二十七王等諸說。上博簡《容成氏》簡42記載:"湯王天下卅(三十)又一傑(世)而受(紂)作。"亦記商代帝王數爲三十一,可見《國語》的記載當古有所本,李鋭先生曾結合傳世文獻與出土文獻的史料,指出商代帝王數之諸說乃是計算方式不同所造成的。① 又如《國語·周語上》有"宣王即位,不籍千畝"的記載,此事亦見於清華簡《繫年》"洹(宣)王是始棄帝畋(籍),弗畋(田)"(簡3—4),《繫年》前文還有"昔周武王監觀商王之不龏(恭)上帝,禋祀不寅(寅),乃作帝畋(籍)"(簡1)的記載,學者多據此將兩種材料相聯繫,以探討先秦"籍禮"的相關問題。②

　　當前研究無疑取得了相當豐富的成果,但也存在一定問題。

　　首先,目前利用出土文獻校釋《國語》文本的學術成果仍相對較少。據郭萬青先生統計,自1909年至2013年底,公開發表的涉及校勘《國語》字詞的學術論文共305篇。③ 其中在具體的校讀實踐中利用出土文獻材料者尚不足10篇。據我們初步統計,2013年至今利用出土文獻材料校釋《國語》字詞的學術論文僅20餘篇。任龍龍先生的碩士學位論文《〈左傳〉〈國語〉〈戰國策〉新證綜理》搜集了20世紀70年代以來研究者利用出土文獻校釋《國語》的成功案例,也僅有25則。④ 較之利用出土文獻校讀《尚書》《詩經》《左傳》等先秦古書的學術成果而言,在絕對數量上存在相當差距。自甲骨文發現距今已有百餘年,在這期間,兩周有銘青銅器、戰國秦漢簡帛等出土文獻也不斷湧現。相比《詩經》《尚書》《楚辭》等先秦古書,至今仍無一本專門利用出土文獻校釋《國語》的學術專著,這不能不說是一種遺憾。

　　再者,學者在注釋、校釋《國語》文本的實踐中對於出土文獻所提供的

---

① 李鋭:《商朝的帝王數》,《中國史研究》2004年第3期。
② 雷曉鵬:《從清華簡〈繫年〉看周宣王"不籍千畝"的真相》,《農業考古》2014年第4期;寧鎮疆:《周代"籍禮"補議——兼説商代無"籍田"及"籍禮"》,《中國史研究》2016年第1期;劉光勝、王德成:《從"殷質"到"周文":商周籍田禮再考察》,《江西社會科學》2018年第2期。
③ 郭萬青:《近百年來〈國語〉校詁研究》,第7—28頁。
④ 參任龍龍:《〈左傳〉〈國語〉〈戰國策〉新證綜理——以上世紀七十年代以來利用出土文獻校讀的成果爲中心》,復旦大學碩士學位論文(指導教師:鄔可晶),2022年,第55—86頁。

"觸發性機緣",對於利用出土文獻校正《國語》文本所取得的可信成果也重視不足。《國語》中"大采""少采"二詞的訓釋即是這方面最爲典型的例子,此二詞見於《國語·魯語下》:

> 是故天子**大采朝日**,與三公、九卿祖識地德;日中考政,與百官之政事,師尹維旅、牧、相宣序民事;**少采夕月**,與大史、司載糾虔天刑;日入監九御,使潔奉禘、郊之粢盛,而後即安。

韋昭注"大采"曰:

> 虞説曰:"大采,衮織也。祖,習也。識,知也。地德所以廣生。"昭謂:《禮·玉藻》:"天子玄冕以朝日。冕服之下,則大采,非衮織也。"《周禮》:"王者搢大圭,執鎮圭,藻五采五就以朝日。"則大采謂此也。

韋昭注"少采"(也即"小采")曰:

> 夕月以秋分。糾,恭也。虔,敬也。刑,法也。或云:"少采,黼衣也。"昭謂:朝日以五采,則夕月其三采也。

韋注是將"大采""少采"理解爲祭祀日月所穿之禮服。後世諸多《國語》注釋本中多從此説。如黄永堂先生1995年出版的《國語全譯》一書從韋注之説,謂"大采,五彩的禮服,指衮冕""少采,三彩禮服,指黼衣,衣上繪繡斧形,用黑與白絲綫刺繡"。① 近年來新出版的《國語》注釋本依舊沿襲韋注之説,如2013年陳桐生先生譯注的《國語》解釋"大采"爲"古代天子祭日所穿的禮服",將"少采"也理解爲禮服,其謂"大采用五彩,少采用三彩"。② 2014年出版的張永祥先生《國語譯注》一書依舊將"大采""小采"解釋爲禮服之義。③ 2017年出版的鄔國義先生的《國語譯注》也仍認爲"大采"是指

---

① 黄永堂譯注:《國語全譯》,貴陽:貴州人民出版社,1995年,第219頁。
② 陳桐生譯注:《國語》,北京:中華書局,2013年,第219、220頁。
③ 張永祥:《〈國語〉譯注》,上海:上海三聯書店,2014年,第107頁。

"五彩的禮服","小采"爲"三彩的禮服"。①

但其實早在民國時期,董作賓先生在《殷曆譜》一書中已據甲骨卜辭指出了韋注對"大采""小采"訓釋之誤。"大采""小采"見於以下甲骨卜辭中:

丙午卜:今日其雨。大采雨自北。征{延}▨。少雨。
(《合集》20960)

癸亥卜,貞:旬。一月。昃雨自東,九日辛未大采各云自北,雷,延大風自西,刜云▨雨,毋莧日……
[《合集》21021(去除《乙編》366)+21316+21321②]

癸巳卜,王:旬。四日丙申昃雨自東,小采既,丁酉少,至東雨,允。二月。
(《合集》20966)

丁未卜:翼(翌)日昃雨,小采雨,東。
(《合集》21013)

根據甲骨文所提供的新材料,董作賓先生曾對"大采""小采"提出新説:

茲以武丁及文武丁兩世之卜辭爲例,其紀時之法,曰明、曰大采、曰大食、曰中日、曰昃、曰小食、曰小采,一日之間分七段,夜則總稱之曰夕也。……

大采、小采亦稱大采日、小采日。其時間一在大食之前,一在小食之後,大采略當於朝,小采略當於暮也。卜辭中如……

大采、小采舊不得其解。《國語·魯語》載公父文伯之母訓文伯語,舉天子、諸侯、卿大夫、士、庶人每日之行事云……此少采即小采,此"夕"相當於少采及暮,在殷代則以夕爲夜也。……韋注以五采説大采,三采説少采,又泥於春分朝日,秋分夕月,均未允當。蓋原文明言天子一日間之行事也,今試就原文作一比較:

天子	大采	日中	少采	日入
諸侯	朝	晝	夕	夜

---

① 鄔國義、胡果文、李曉路撰:《國語譯注》,上海:上海古籍出版社,2017年,第167頁。
② 綴合參宋雅萍:《史語所第十三次發掘背甲新綴二例》,先秦史研究室網站,2007年2月17日。

| 卿大夫、士 | 朝 | 晝 | 夕 | 夜 |
| 庶人 | | 明 | | 晦 |

則可知"大采"相當於"朝",而"少采"相當於"夕",於殷代則爲"小采"與"暮"也。大采、小采之時間,於此可以確知。惟其命名之義,或爲"朝日""夕月"時,五采三采之服章? 或爲日初出、日將没時,光采之强弱? 今已不可詳矣。①

《國語·魯語下》這段話,前後文還有"日入""日出"之詞,與"大采""小采"處於相同的語法位置,"大采""小采"無疑也是時間名詞。"少""小"爲一字分化,戰國文字中常以"少"表"小",《國語》中的"少采"即轉寫自甲骨卜辭中的"小采"。董作賓先生推翻韋昭舊説,以甲骨卜辭材料與《國語》互證,解釋"大采""小采"爲時稱,其説甚是。董作賓先生1962年發表的《卜辭中之大小采與大小食説》一文則又明確指出,所謂"大采""小采"之"采"即爲"光"也。"大""小"即代表光强光弱也。② 以"采"爲"太陽光采"之義,今已爲學界之共識。③ 略可補充的是,卜辭中又見"大采日""小采日"之詞,二詞中的"日"是指"太陽","日"乃主語後置,正常語序爲"日大采""日小采","大采""小采"是描述一日中太陽狀態的變化。④ 董作賓先生《殷曆譜》一書最早出版於1945年("中研院"歷史語言研究所專刊,石印本,綫裝),1963年臺北藝文印書館再版,後又收錄於1977年臺北藝文印書館出版的《董作賓先生全集》中,距今已有數十年之久。而衆多《國語》注釋本依舊未采信董作賓先生對"大采""小采"的正確解釋,仍沿襲韋注之誤説。可見學界對於利用出土文獻校釋《國語》的可信成果仍未給予足夠的重視,這不能不説是一種遺憾。

從現有研究情況來看,目前所見絶大部分校勘《國語》文本的學術成

---

① 董作賓:《殷曆譜》,《董作賓先生全集乙編》第一册,臺北:藝文印書館,1977年,第30—32頁。
② 董作賓:《卜辭中之大小采與大小食説》,《慶祝朱家驊先生七十歲論文集》(《大陸雜誌》特刊第二輯),臺北:大陸雜誌社,1962年,第412頁。
③ 參見于省吾主編,姚孝遂按語編撰:《甲骨文字詁林》,北京:中華書局,1996年,第1366—1369頁。
④ 參陳劍:《"羞中日"與"七月流火"》,《古文字與古代史》第四輯,臺北:"中研院"歷史語言研究所,2015年,第125—150頁。

果,所依據的材料主要還是先秦時期的其他傳世文獻或《説文》《爾雅》這類傳世的字書。建國之後,面對大量湧現的出土文獻,有關校釋《國語》的專著中仍較少使用出土文獻材料,學者對於出土文獻所提供的"觸發性機緣"、出土文獻校正《國語》文本的可信成果尚重視不足。當然,這種"重視不足"也是可以得到充分理解的,無須過分苛責。產生這種情況的深層次原因還在於當下研究中學科壁壘的存在。對於不熟悉出土文獻材料的學者而言,在具體校勘實踐中使用相關材料存在一定障礙。另一方面,對於不熟悉出土文獻材料的學者而言,即使注意到了某些利用出土文獻材料校勘《國語》文本的成果,但由於不熟悉材料,對其正誤進行判斷取捨顯然也存在一定難度。因而,本書的主要工作就在於盡可能地打破這種學科壁壘,對利用出土文獻校釋《國語》文本的代表性成果予以梳理,並利用出土文獻所提供的"觸發性機緣"及出土文獻中可與《國語》直接對讀的異文材料,對《國語》文本的字詞、語句進行校釋。除此之外,本書也希望利用出土文獻材料對《國語》文本編纂與流傳等問題予以討論。

二、先秦兩漢出土文獻對於《國語》文本校勘與解讀的重要作用

陳寅恪曾有一著名論斷:"一時代之學術,必有其新材料與新問題。取用此材料,以研求問題,則爲此時代學術之新潮流。"①新材料、新問題、新潮流三者實爲一種相輔相成的辯證關係。新材料產生新問題,由此引領學術研究之新潮流。對於《國語》文本校勘與解讀而言,出土文獻最關鍵作用即在於其所提供的"新材料"。這裏所説的新材料實際上又可再分爲"直接的新材料"與"間接的新材料"兩類。前者是指出土文獻尤其是戰國秦漢簡帛資料中與今本《國語》記述相同或相近,可以構成異文關係的段落、語句;後者則是指出土文獻中新見古文字字形材料、用字習慣、通假用例、詞彙的特殊用法等可以用來校勘今本《國語》字詞的"觸發性機緣"。

較之屢經轉抄的傳世文獻,書寫時代明確的戰國秦漢簡帛古書則更爲忠實地保留有先秦古書的原貌。出土文獻中大量有關《國語》的異文,對我們了解《國語》文本編纂流傳的過程具有相當重要的價值,同時也爲《國語》

---

① 陳寅恪:《敦煌劫餘録・序》,《金明館叢稿二編》,上海:上海古籍出版社,1980年,第236頁。

字詞的校釋提供了衆多可靠的"直接的新材料",有助於我們通過兩書互校或版本互校的方式解决今本《國語》中某些疑難字詞的訓釋。這裹説的"異文",是指不同版本、注本或在其他典籍中被引述時,同一文句中對應位置所使用的不同文字,其也包括相關著作中對於相同人、事、物作敘述時所產生的異辭。① 目前已刊布的與《國語》關係較爲密切的出土文獻材料主要有以下幾批:

1. 慈利楚簡《吴語》篇,②可與《國語·吴語》對讀。
2. 清華簡《越公其事》篇,③可與《國語·吴語》《國語·越語上》對讀。
3. 馬王堆漢墓帛書《老子》乙本卷前《經法》《十六經》《稱》《道原》四篇古佚書,④可與《國語·越語下》部分語句對讀。
4. 荆州棗林鋪造紙廠戰國楚墓出土楚簡《吴王夫差起師伐越》《齊桓公自莒返于齊》,⑤《吴王夫差起師伐越》爲清華簡《越公其事》同文異本,可與《國語·吴語》《國語·越語上》對讀。該墓所出《齊桓公自莒返于齊》篇則可與《國語·齊語》《管子·小匡》對讀。

---

① 黄沛榮:《古籍異文析論》,《漢學研究》1991年第2期。
② 慈利簡目前已公布的竹簡圖版分别見於《湖南慈利石板村36號戰國墓發掘簡報》圖三〇、圖版柒(《文物》1990年第10期),26支;《湖南慈利縣石板村戰國墓》圖版陸(《考古學報》1995年第2期),9支;《湖南考古漫步》第52頁(湖南美術出版社,1999年),6支;《中國書法全集·先秦秦漢卷》第49頁(文物出版社,2009年),8支;《湖湘簡牘書法選集》第4—14頁(湖南美術出版社,2012年),6支;《湖南出土簡牘選編》第9—10頁(嶽麓書社,2013年),9支。去除重複著録的圖版後,有10支簡的内容與《國語·吴語》有關,可直接對讀。此外,慈利楚簡整理者張春龍《慈利楚簡概述》一文(載《新出簡帛研究》,北京:文物出版社,2004年,第4—11頁)還披露了18支可與今本《吴語》對讀的竹簡釋文。
③ 清華大學出土文獻研究與保護中心編,李學勤主編:《清華大學藏戰國竹簡(柒)》,上海:中西書局,2017年,圖版第49—88頁;釋文第112—151頁。
④ 圖版見裘錫圭主編,湖南省博物館、復旦大學出土文獻與古文字研究中心編纂:《長沙馬王堆漢墓簡帛集成·壹》,北京:中華書局,2014年,第120—141頁;釋文見裘錫圭主編,湖南省博物館、復旦大學出土文獻與古文字研究中心編纂:《長沙馬王堆漢墓簡帛集成·肆》,第125—150、151—174、189—191、175—188頁。
⑤ 棗林鋪造紙廠戰國楚墓出土的楚簡,整理者稱其爲"棗紙簡"。該批竹簡尚未正式發表,整理者曾公布部分竹簡圖版及簡文內容,見趙曉斌:《荆州棗紙簡〈吴王夫差起師伐越〉與清華簡〈越公其事〉》,《清華戰國楚簡國際學術研討會論文集》,清華大學,2021年11月19—20日;趙曉斌:《荆州棗紙簡〈齊桓公自莒返于齊〉與〈國語·齊語〉〈管子·小匡〉》,《出土文獻研究》第二十一輯,上海:中西書局,2023年,第5、100—107頁。

此外,《肩水金關漢簡》第二卷還見有兩支《國語》殘簡,簡文内容爲"☐論曰吾其〈與〉①子謀☐"(73EJT21:454)、"☐吳子曰未可今☐☐"(73EJT21:455),此二簡應可綴合,《國語·越語下》"又一年,王召范蠡而問焉,曰:'吾與子謀吳,子曰:"未可也。"今……'"一辭凡兩見,可與簡文内容對讀。②《肩水金關漢簡》第三卷73EJT31:101A簡"九└三年不用其田宅└須其反也。君憂臣勞",何茂活先生認爲該簡内容或與《國語·越語下》所記范蠡故事"居軍三年,吳師自潰""臣聞之,爲人臣者,君憂臣勞,君辱臣死"有關。③

學者們利用出土文獻所提供的異文校正《國語》文本、訓釋疑難字詞取得了頗爲豐富的成果。

慈利楚簡《吳語》篇中有不少不同於今本《國語·吳語》的異文,可據此校勘今本中因屢經傳抄翻刻所造成的訛字、脱字、衍字等問題。如今本《吳語》"晋乃令董褐復命曰:'……夫諸侯無二君,而周無二王,君若無卑天子,以干其不祥,而曰吳公。孤敢不順從君命長弟?'許諾。吳王許諾,乃退就幕而會"中第一處"許諾",王引之曾疑其或爲衍文,④此説影響頗大,後世多有從者。此句慈利簡作"君命長弟?許諾",可證今本"孤敢不順從君命長弟"後之"許諾"非衍文。⑤此外,何有祖、肖毅、魏宜輝等學者也利用慈利楚簡

---

① 劉嬌先生認爲該簡中的"其"字乃是"與"之訛字,參氏文《居延漢簡所見六藝諸子類資料輯釋》,《出土文獻與古文字研究》第七輯,上海:上海古籍出版社,2018年,第307頁。
② 關於簡文内容的詳細討論可見黃浩波:《肩水金關漢簡所見典籍殘簡》,簡帛網,2013年8月1日。按,黃先生文中指出:
宋庠《國語補音序録》言:"當漢世,《左傳》秘而爲行,又不立於學官,故此書亦弗顯,唯上賢達識之士好而尊之,俗儒弗識也。逮東漢,《左傳》漸布,名儒始悟向來《公》《穀》膚近之説,而多歸於左氏。"此二簡並未晚至東漢,而成邊將士中已有習讀《國語》者,由此觀之"唯上賢達識之士好而尊之,俗儒弗識也"一語或不甚恰切。
此説頗具卓識,肩水金關漢簡《國語》殘簡的發現表明最少在東漢時期,《國語》似已在民間流傳開來。簡本内容與今本《國語》略有不同,今本《國語》"曰"字前爲"問焉"二字,簡本"曰"字前作"論"。黃浩波先生認爲此二簡簡文或出自經劉向整理前之古本,其説亦有很大可能性。
③ 何茂活:《肩水金關第24、31探方所見典籍殘簡綴聯與考釋》,《簡帛研究·2015秋冬卷》,桂林:廣西師範大學出版社,2015年,第119頁。
④ (清)王引之撰,虞思徵等校點:《經義述聞》,上海:上海古籍出版社,2018年,第1277頁。
⑤ 參劉卓異:《〈國語·吳語〉不衍"許諾"二字考》,《古籍整理學刊》2018年第3期,第52—54頁。

校勘《國語》文本,亦多有所得。①

　　清華簡《越公其事》篇所記爲句踐滅吳之事。簡文第一章越國戰敗向吳王求成及簡文最後兩章越公滅吳的記述中相關的語句與《國語·吳語》《國語·越語》中有關語句幾近相同,亦可利用其校勘《國語》字詞。如《國語·吳語》:"吳王懼,使人行成。曰:'昔不穀先委制於越君,君告孤請成,男女服從……'""委制"一詞頗難理解,據《國語》記載先前是句踐敗於吳王,吳王並未有"委制"之事,此處又言吳王"先委制於越君"於情理不合。清華簡《越公其事》簡69此句作"昔不穀先秉利於越",可見《吳語》的"委制"實乃"秉利"之誤。② 又如今本《國語·越語下》有一段吳王夫差向越王句踐求成之語作"君若曰:'吾將殘汝社稷,滅汝宗廟。'寡人請死,余何面目以視於天下乎! 越君其次也","越君其次",先前曾有學者疑其非吳王之語。"越君其次",清華簡《越公其事》作"越公其事",已有學者指出"次"與"事"二者音近,應同表一詞,上舉兩句皆爲吳王所説話,可理解爲"越王你役使(我)吧"之類的意思。③ 棗紙簡《吳王夫差起師伐越》篇亦有"越公其事"一句,句末有表示篇章結束的"⌐"符號,可見"越公其事"確應與前文連讀,爲吳王之語。

　　馬王堆帛書《老子》乙本卷前四本古佚書《經法》《十六經》《稱》《道原》與《國語·越語下》所載范蠡之語有不少能够構成異文關係的語句,可相互參照。如《國語·越語下》有"後無陰蔽,先無陽察,用人無藝,往從其所"一句,韋昭注:"藝,射的也。"此句又見於帛書《經法·國次》"毋陽竊,毋陰竊,毋土敝,毋故執",《十六經·觀》又有"使民毋人執,舉事毋陽察,力地毋陰敝"一句,裘錫圭先生曾據帛書文義指出,《越語下》"無藝"本應作"執",讀爲"設","無藝"即"不豫設"之義。④ 蕭旭先生《群書校補》一書校補《國

---

① 何有祖:《慈利楚簡試讀》,簡帛網,2005年11月27日;何有祖:《慈利竹書與今本〈吳語〉試勘》,2005年12月26日;何有祖:《從慈利竹書數字簡看今本〈吳語〉的分章》,《人文論叢》2011年卷,第61—72頁;肖毅:《慈利竹書〈國語·吳語〉初探》;魏宜輝:《慈利楚簡校讀札記》,《古典文獻研究》第十八輯上卷,第216—222頁。
② 參石小力:《清華簡〈越公其事〉與〈國語〉合證》,《文獻》2018年第3期,第60—65頁。
③ 江秋貞先生對此類説法總結甚詳,參氏文《〈清華大學藏戰國竹簡(柒)·越公其事〉考釋》,臺灣師範大學博士學位論文(指導教師:季旭昇),2020年,第742—754頁。
④ 裘錫圭:《再談古文獻以"埶"表"設"》,《裘錫圭學術文集·語言文字與古文獻卷》,上海:復旦大學出版社,2012年,第490—491頁。

語·越語下》的部分亦利用了相當數量的馬王堆帛書材料疏解、校勘《越語下》文義、字詞。① 其說多有所得。

利用出土文獻中所見《國語》異文也可以覆驗以往學者校釋《國語》意見的正誤。如《國語·晉語四》："吾觀晉公子賢人也，其從者皆國相也，以相，一人必得晉國。"清人俞樾曾指出"一人"爲"夫"之訛字，謂此句當本作"以相，夫必得晉國""夫，夫人也，亦猶彼人耳"。② 此事所記亦見於阜陽漢簡《春秋事語》簡93"皆賢人也，若以相，夫子必反晉國，晉國必伐"，與"一人"對應之字亦作"夫"，可見俞說當可信。略可補充的是，《國語》之"一人"，《左傳》與阜陽漢簡《春秋事語》皆作"夫子"，《國語·晉語四》"夫"下可能脱漏了"子"或"人"字。③ 再如《國語·吴語》有"十行一嬖大夫，建旌提鼓，挾經秉枹"一句，"挾經秉枹"，韋昭注："在掖曰挾。經，兵書也。秉，執也。"清人俞樾曾批駁此說，謂："世無臨陣而讀兵書者，經，當讀爲莖，謂劍莖也。"④清華簡《越公其事》簡3"聿弳秉橐"一句可與《吴語》"挾經秉枹"對讀，"弳""經"相對，《越公其事》原整理者已經指出："弳，見於馬王堆漢墓遣册，當是弓箭類兵器。"⑤近來也有學者認爲"弳""經"所指或是"劍""箭莖或旗竿""强弓"等意見，⑥雖然"弳""經"的具體所指還可進一步研究，但已可以確認韋注訓其爲"兵書"無疑是錯誤的。

此外，先秦兩漢典籍中也存在不少與《國語》記述相同或相近的異文，根據出土文獻材料也可判斷這類異文之間的關係，借以校正《國語》文本。如《國語·周語下》"古者，天災降戾，於是乎量資幣，權輕重，以振救民"，韋昭注："降，下也。戾，至也。災，謂水旱、蝗蟊之屬。""天災降戾"，《漢書·

---

① 蕭旭：《〈國語〉校補》，《群書校補》第壹册，揚州：廣陵書社，2011年，第215—221頁。
② （清）俞樾：《古書疑義舉例五種》，北京：中華書局，1983年，第103頁。
③ 參劉嬌：《言公與剿說——從出土簡帛古籍看西漢以前古籍中相同或類似内容重複出現現象》，北京：綫裝書局，2012年，第146頁注3。
④ （清）俞樾撰著，趙一生點校：《群經平議》，《俞樾全集》，杭州：浙江古籍出版社，2017年，第876頁。
⑤ 清華大學出土文獻研究與保護中心編，李學勤主編：《清華大學藏戰國竹簡（柒）》，第116頁。
⑥ 參王輝：《一粟居讀簡記（十）》，《視月集——王輝文存三》，北京：商務印書館，2020年，第255—257頁；羅小華：《清華簡〈越公其事〉簡3"挾經秉橐"臆說》，簡帛網，2017年4月25日；蕭旭：《清華簡（七）校補（二）》，復旦網，2017年6月5日；子居：《清華簡七〈越公其事〉第一章解析》，中國先秦史網，2017年12月13日；石小力：《清華簡〈越公其事〉與〈國語〉合證》，《文獻》2018年第3期。

食貨志》作"天降災戾",《後漢書·殤帝紀》也有"天降災戾"的説法。清華簡《祭公之顧命》有"戾災皋蠚(蠱)"一辭,①"戾災"爲近義詞連用,可知《國語·周語下》之"天災降戾"當依《漢書》校爲"天降災戾"。蕭旭先生曾指出"災戾"即《左傳·哀公元年》"天有菑癘"之"菑癘"。②

出土文獻中新見古文字字形材料、用字習慣、通假用例、詞彙的特殊用法等"間接的新材料"較出土文獻中的《國語》異文數量則更多,對於《國語》文本的校勘具有極重要的作用。李守奎先生在《〈國語〉故訓與古文字》一文中曾從"依靠古文字解讀遺失的古義""《國語》之故訓與古文字之釋讀"兩方面就利用出土文獻材料校勘《國語》文本的經典案例予以了梳理與補證。李先生曾在文中指出:

> 目前古文字研究已經達到一個新的高度,文獻釋讀問題已經基本解決,研究範圍逐漸擴大,探討也更加深入和細化,其中表現之一就是與訓詁學、古音學結合日益密切,就《國語》故訓研究而論,給我們提供很多啓示。
>
> 第一,古語、古義都會有遺失,我們不能囿於自己所見懷疑不曾見到的語言現象的真實性,也不能用後代的語言文字強解古代。
>
> 第二,古書經過複雜的傳抄與整理過程,古人的用字習慣與古書的整理方式都會對文本中的用字構成影響,隨着材料的豐富,逐漸成爲可操作的研究方向。
>
> 第三,《國語》這部書保存古語尤其多,其形成原因值得深入研究。
>
> 第四,韋昭之注有不足或錯誤,可以通過新發現的古文字補證或糾正;但更要關注其所提供的有價值的信息,結合古文字考釋,解決其他古書中的疑難問題。
>
> 第五,古文字研究與訓詁研究相結合,彼此互證,可以雙贏。③

這五點正全面概括了出土文獻材料對於《國語》文本校勘與解讀的重要作

---

① 此辭的釋讀意見參陳劍:《清華簡"戾災皋蠚"與〈詩經〉"烈假""罪罟"合證》,《清華簡與〈詩經〉研究國際會議論文集》,香港浸會大學,2013年11月1—3日。
② 蕭旭:《〈國語〉校補》,《群書校補》第壹册,第95—96頁。
③ 李守奎:《〈國語〉故訓與古文字》,《漢字漢語研究》2018年第2期,第101頁。

用。隨着出土文獻材料尤其是戰國秦漢時期簡帛古書的大量刊布,學者已逐漸意識到其中所見的字形材料、某詞的冷僻義及新用法、新見通假用例等諸多新材料所提供的"觸發性機緣"對於古文字考釋的重要性。就《國語》文本的校勘與解讀而言亦是同理,善於利用出土文獻提供的"觸發性機緣"對於解決《國語》疑難字詞的解讀大有裨益,所謂出土文獻提供的"觸發性機緣"可概括爲以下幾方面:

第一,出土文獻中所見的古文字字形材料有助於掃除《國語》字詞訓釋過程中由字形訛誤所造成的障礙。傳世文獻歷經傳抄翻刻,難免存在"魯魚亥豕"之誤,出土文獻中書寫時間、地域相對明確的古文字字形則較爲忠實地反映了當時文字的使用情況,可利用其所提供的字形結構、形體特徵等綫索校正《國語》文中的訛字、衍字等問題。如前文所介紹的裘錫圭先生據曾侯乙編鐘校《國語·周語下》中的音律名"羽"爲"慧",還有趙平安先生據戰國、秦漢文字"乳""亂"形近易訛的現象,校《國語·周語下》所記律名"羸亂"之"亂"爲"乳"之訛字等意見,皆是利用古文字字形材料校正《國語》訛字的經典案例。

第二,出土文獻中所見的用字習慣(即以何字表示何詞的習慣)有助於我們分析《國語》文本中的字詞關係,校正由於不熟悉古人用字習慣造成的對於字詞的錯誤理解。出土文獻辭例中傳世文獻罕見的通假用例,也有助於我們疏通《國語》某些字詞的破讀。近年來,戰國文字用字習慣的研究已然成爲學界的熱點問題,郭店簡、上博簡、清華簡等新近大量刊布的戰國簡帛忠實地保留有戰國時期的用字習慣,其中不少是傳世文獻中前所未見的。利用這些新見用字習慣可糾正對於《國語》部分字詞舊有的錯誤理解。如《國語·吳語》"昔楚靈王不君……以閒陳、蔡"之"閒",韋昭注:"閒,候也,候其隙而取之。"其説難以講通文義,袁金平先生即據清華簡《繫年》中"縣陳、蔡,殺蔡靈侯""楚靈王立,既縣陳、蔡,景平王即位,改封陳、蔡之君,使各復其邦""吳泄庸以師逆蔡昭侯,居于州來,是下蔡。楚人焉縣蔡"這類辭例中"縣"用爲{縣}的用字習慣,指出"閒陳、蔡"之"閒"("閒""縣"通用無別)也當讀爲"縣"。①

---

① 袁金平:《利用清華簡〈繫年〉校正〈國語〉韋注一例》,《社會科學戰綫》2011 年第 12 期,第 31—32 頁。

第三，出土文獻的辭例中保留有一些詞彙的冷僻義，也出現了一些詞彙未見於傳世文獻或字典辭書的新用法，有助於我們正確理解《國語》中某些以往訓釋有誤的字詞。如前文所介紹的董作賓先生據甲骨文的記載指出《國語·魯語上》"天子大采朝日""少采夕月"之"大采"與"少采"爲時間名詞。又如《國語·吳語》"紹享余一人"之"紹享"，韋昭注："紹，繼也。享，獻也。"兩周金文中常見"夾召""會召"之類的説法，其中"召"學者多已指出應讀爲"詔"、訓爲輔相之"相"。兩周金文中"享"也有用爲"奉事"義的辭例，如"享奔走"（大盂鼎，《集成》2837）、"享奔走令"（麥方尊，《集成》6015）、"帥用辝先祖考政德，享辟先王"（逨鐘，《銘圖》15634），清華簡《周公之琴舞》簡9亦有"享會余一人"之辭，與《國語·吳語》之"紹享余一人"句式結構相同，"享會"之"享"也是所謂"奉上謂之享"之"享"，用爲"奉事"之義。[①] 賈旭東先生據出土文獻辭例指出，《國語·吳語》"紹享余一人"之"紹享"爲兩個近義詞連用，其均有佐助、服事、奉事、享事之類意思。[②] 上舉之例正是利用出土文獻辭例鉤沉古義，校釋《國語》文本的經典案例。

三、研究對象與研究内容

本書的主要研究對象爲《國語》中的字詞，主要任務是利用出土文獻所提供的多種新材料補證前人所提出的正確釋讀意見、就《國語》中一些字詞的訓釋提出新解。所謂"補證"與"新解"主要包含四方面的内容：一是"校正訛字"，利用出土文獻中的字形材料校訂《國語》中的訛字、衍文等問題；二是"闡明詞義"，利用出土文獻辭例確定某詞的具體語義；三是"因聲求義"，利用出土文獻所提供的用字習慣及新見通假用例，辨明某字之讀法（即確定某字所代表的詞）；四是"鉤沉古義"，就《國語》文本中一些詞語來源久遠的古老用法在出土文獻中找到可與之合證的語料。

再者，《國語》與《史記》《管子》《吳越春秋》等古書中也存在不少異文，本書也希望利用出土文獻所提供的"觸發性機緣"分析這類異文形成的原因。

在校勘文本的基礎上，我們也將搜集整理清華簡《越公其事》、慈利楚

[①] 陳劍：《清華簡與〈尚書〉字詞合證零札》，《出土文獻與中國古代文明——李學勤先生八十壽誕紀念論文集》，上海：中西書局，2016年，第220頁。

[②] 參賈旭東：《〈國語·吳語〉"紹享"新釋》，《語言研究》2019年第4期。

簡《吴語》等出土文獻材料中可與《國語》對讀的語句、段落，並期望依據此類材料分析今本《國語》編纂與成書的過程。

　　本書的基本思路即按照王國維所提倡的"二重證據法"，以"地下之新材料"檢驗補充"紙上之新材料"。就具體方法而言，即如于省吾在《雙劍誃諸子新證·序》所言"本之於甲骨、彝器、陶石、鈢化之文以窮其原；通之於聲韻假借、校勘異同之方以究其變"。① 將出土文獻這類新材料與傳統的校勘考訂方法相結合以校訂、解讀《國語》文本。

　　另需說明的是，選擇合適的底本與參校本是古書校勘中重要的先導性工作。《國語》主要有公序本與明道本兩個善本系統。公序本是指北宋宋庠(字公序)取官私十五六本校定所成之善本，"《國語》，自宋公序取官私十五六本校定爲《補音》，世盛行之，後來重刻，無不用以爲祖"。② 明道本即宋仁宗明道二年取天聖七年印本重刊的版本，故稱之爲"天聖明道本"。錢謙益的絳雲樓曾藏有明道本《國語》刻本，後毁於一場大火中。清嘉慶年間，黄丕烈獲得明道本《國語》刻本的鈔本，"深懼此本之遂亡，用所收影鈔者開雕以餉世"。③ 此本又被稱爲"士禮居本"，明道本《國語》由此得以流傳。上海師範大學古籍整理研究所曾對《國語》進行校點整理，④其以《四部備要》排印的士禮居翻刻明道本爲底本，以《四部叢刊》影印明代翻刻公序本爲參校本，本書即以上海師範大學古籍整理研究所的點校本爲校勘底本，書中所引用的《國語》各章節之名亦采自此版本。同時選用 2017 年國家圖書館出版社影印的宋刻宋元遞修本作爲公序本系統的代表及《四部備要》排印的士禮居翻刻明道本作爲明道本系統的代表。這兩個版本亦是本書校勘所用的參校本。

---

① 于省吾：《雙劍誃群經新證 雙劍誃諸子新證》，第 202 頁。
② 黄丕烈：《校刊明道本韋氏解〈國語〉札記·序》，宋志英編選：《〈國語〉研究文獻輯刊》第十册，北京：國家圖書館出版社，2012 年，第 249 頁。
③ 黄丕烈：《校刊明道本韋氏解〈國語〉札記·序》，宋志英編選：《〈國語〉研究文獻輯刊》第十册，第 249 頁。
④ 上海師範大學古籍整理研究所校點：《國語》，上海：上海古籍出版社，1978 年。

第一章　利用出土文獻校釋《國語》文本

本章主要利用出土文獻中新見古文字字形材料、用字習慣、通假用例、詞彙的特殊用法等多種"觸發性機緣",從"校正訛字""闡明詞義""因聲求義""鉤沉古義"四方面對《國語》中的某些字詞進行校釋。

第一節　校 正 訛 字

《國語》成書時代較早,在漫長的傳抄過程中難免產生"魯魚亥豕"之誤。韋昭爲《國語》作注時,已注意到利用相關材料糾正《國語》文本中的訛字,如《國語·魯語下》"懷和爲每懷,咨才爲諏,咨事爲謀"之"和",韋昭注:"鄭後司農云:'和當爲私。'"清儒在校勘《國語》的實踐中也已注意利用漢碑等秦漢文字材料所提供的隸書字形校讀訛字,如清人王引之據隸書中"甚""是"二字形近易訛的現象指出《國語·齊語》"擇是寡功者而譎之"之"是"本應作"其",該字是先訛爲"甚"又訛爲"是",此句中的"擇是"應從《管子·小匡》作"擇其";又如王引之據隸書中"脩""循"相訛之例,校《國語·晋語四》"矇瞍脩聲""不脩天刑"之"脩"爲"循"之訛。① 受資料所限,清人所使用的漢代文字資料多只適用於校正先秦古書在秦漢時期產生的訛誤,這不能不說是一種遺憾。晚清以降,大量清儒未見的甲骨、金文、戰國秦漢簡帛等出土文獻材料逐漸公布,爲我們校正《國語》文本中的訛誤又提供了新的助力。尤其是近年來大量刊布戰國簡帛資料,保留有相當數量與

---

① （清）王引之撰,虞思徵等校點:《經義述聞》,第1212—1213、1236頁。

《國語》成書年代相近的同時期古文字材料，對於我們校正今本《國語》的訛誤大有裨益。如《國語·齊語》有一句話作：

管子對曰："相地而衰征，則民不移；**政不旅舊**，則民不偷……"

此句又見於《管子·小匡》作"相地而衰其政（征），則民不移矣；正旅舊，則民不惰"，《小匡》"旅"字前脫一"不"字。"政不旅舊"之"旅"，論者頗多。如《管子·小匡》之句，尹知章注中將"旅"理解爲"軍旅"之義，或有學者謂"旅之言拒也"；或有將"旅"訓爲"進也"；或訓爲"陳"；或謂"旅"爲"賓旅"之旅，意見紛繁。① 對"旅"之釋法始終難以得到統一，蓋因諸說都有難以講通文義之處。

近來，陳劍先生從訛字的思路出發，指出"政不旅舊"之"旅"乃戰國文字中常用爲"失"的"遊"字之訛，"遊"在戰國文字多作"〓""〓"等形，而戰國文字中"旅"字或多添加"辵"形繁化爲"遮"，作"〓""〓"等形，"遊""遮"字形相近，"政不旅舊"之"旅"即"遊"之訛字，此句本當作"政不遊（失）舊"，意謂"不失舊有政事之常"。② 陳先生論説精妙，新出材料也可證成其説。清華簡《治政之道》簡10"此以亂君受之，以遮其位"之"遮"作"〓"，原整理者已指出"遮"爲"遊（失）"之訛字，同篇簡11即有"遊位"一詞。③ "以遊（失）其位"文從字順。此外，安大簡《曹沫之陣》簡34"凡遮車虜（甲），命之毋行"，上博簡《曹沫之陣》簡31作"遊車甲，命之毋行"，安大簡整理者已指出，安大簡《曹沫之陣》之"遮"爲"遊"之訛字，應讀爲"失"，此句話是説"凡是在'盤戰'中丟失車甲的士兵，命令他們不要參加'脩行'的活動"。④ 此兩例正是"遮""遊"相訛的真實案例，可作爲陳先生之説的有力證據。

---

① 蕭旭先生對諸家之説總結甚詳，參氏著《〈國語〉校補》，《群書校補》第壹冊，第124—125頁。
② 陳劍：《結合出土文獻校讀古書舉隅》，賈晋華等編：《新語文學與早期中國研究》，上海：上海人民出版社，2018年，第295—296頁。
③ 清華大學出土文獻研究與保護中心編，黃德寬主編：《清華大學藏戰國竹簡（玖）》，上海：中西書局，2019年，第135頁。
④ 安徽大學漢字發展與應用研究中心編，黃德寬、徐在國主編：《安徽大學藏戰國竹簡·二》，上海：中西書局，2022年，第70頁。

此外,將《國語》中某些語句與文義相同或相近的出土文獻材料對讀,在校正其中的訛字之餘,亦可辨明不同版本用字之正誤。如公序本《國語·越語上》"今寡人將助天滅之"之"滅",明道本作"威",《吳越春秋·句踐伐吳外傳》轉引此句作"今寡人將助天威"。徐元誥《國語集解》認爲明道本作"威"不確。① 上博簡《容成氏》簡50有"今紂爲無道,昏者百姓,至約者侯,天將誅焉。吾敳(勵)天畏(威)之"一句,"敳"讀爲"勵",表協助之義,"畏"通"威",簡文"敳(勵)天畏(威)"一句正可與《越語上》"助天滅之"相參照,陳劍先生指出,"威"即《周易·繫辭下》"弦木爲弧,剡木爲矢,弧矢之利,以威天下"之"威"。《國語》公序本"威"字作"滅",顯然是由"威"因形近而誤爲"烕"後再變爲"滅"。② 其説得之,《越語下》此句當從明道本作"今寡人將助天威之"。

先秦時期的古文字材料對於我們校正《國語》中的衍字也多有幫助。如《國語·晉語四》有一句作:

　　文公學讀書於臼季,三日,曰:"吾不能行也咫,聞則多矣。"

"咫",韋昭注:"咫尺間。"清人王引之曾指出"咫"與"只"同,並疑韋昭注,謂:

　　今本"不能行"下有"也"字,後人妄加之也。行下有"也"字,則"咫"字當下屬爲句。韋解"咫"字,亦當在句末矣。今注在"咫"字下,故知"咫"字上屬爲句,而行下本無"也"字也。今刪去"也"字。③

"吾不能行也咫"之"也"與"咫"都爲虛詞,一句句末連用兩個虛詞,語義確實頗爲拖沓,王氏認爲此句中存在衍字是值得考慮的一種意見,出土文獻材料也能證實其説。作虛詞使用的"咫"古多作"只",在戰國文字中"只"字

---

① 徐元誥撰,王樹民、沈長雲點校:《國語集解(修訂本)》,第572頁。
② 陳劍:《上博楚簡〈容成氏〉與古史傳說》,《戰國竹書論集》,上海:上海古籍出版社,2013年,第77頁。按:蕭旭先生亦有此説,見氏著《〈國語〉校補》,《群書校補》第壹冊,第215頁。
③ (清)王引之撰,李花蕾點校:《經傳釋詞》,上海:上海古籍出版社,2014年,第201頁。

作"㼽"("鎰"字所從)")"⿺"、"⿺"等形;①"也"字作"⿺"、"⿺"、"⿺"等形。②上博簡《孔子詩論》19號簡有"既曰天也,猶有怨言"一句,學者多已指出,其可與今本《詩經·鄘風·柏舟》"母也天只,不諒人只"一句相參照,③"也"與"只"相對,楊澤生先生認爲"母也天只"之"只"或即"也"之訛字。④

趙平安先生在前人意見的基礎上全面考察了出土文獻及傳世古書中"也""只"的使用情況,指出在古文字資料中目前没有發現"只"作語氣詞的用例,而從字形來看,"只"與"也"二字由於形近,在古文字資料中存在大面積的混同,加之二字讀音亦近,傳世古書中的語氣詞"只"極可能是"也"的寫訛。寫訛以後,人們誤以爲語言中有語氣詞"只"這個詞,不僅引用、模仿,而且用借字"咫""軹""旨"等來表示它。⑤ 今本《詩經·周南·樛木》"樂只君子",安大簡作"樂也君子"(簡8),亦是以"只""也"相對。趙平安先生文中亦提及《國語》"吾不能行也咫"一句,將其作爲傳世文獻中"也""只"訛混的例證。從現有材料來看,"吾不能行也咫"之"咫""也"當有一字爲衍文。就用字習慣而言,"咫"應本作"只",或是"也"的注文,誤擾入正文之中。我們猜想今本《國語》所據底本中的"也"形體與"只"十分接近,最初傳抄者可能爲注明此字用法,故在與"只"字形相近的"也"字後又加注一"也"字。在傳抄過程中後來的抄寫者由於不能正確區分戰國文字"也""只"的字形,故將注文之"也"誤識爲"只",後又轉寫爲"咫"。

古文字材料也可有助於校正《國語》中的脱字,如《國語·周語中》有關古時星宿的記録:

---

① 字形見黄德寬主編、徐在國副主編:《春秋文字字形表》,上海:上海古籍出版社,2017年,第413頁;黄德寬主編、徐在國副主編:《戰國文字字形表》,上海:上海古籍出版社,2017年,第275頁。
② 字形見黄德寬主編、徐在國副主編:《春秋文字字形表》,第531頁;黄德寬主編、徐在國副主編:《戰國文字字形表》,第1699頁。
③ 李鋭:《〈孔子詩論〉簡序調整芻議》,《上博館藏戰國楚竹書研究》,上海:上海書店出版社,2002年,第193頁;楊澤生:《説"既曰'天也',猶有怨言"評的是〈鄘風·柏舟〉》,謝維揚、朱淵清主編:《新出土文獻與古代文明研究》,上海:上海大學出版社,2004年,第47—50頁。
④ 楊澤生:《説"既曰'天也',猶有怨言"評的是〈鄘風·柏舟〉》,謝維揚、朱淵清主編:《新出土文獻與古代文明研究》,第49頁。
⑤ 趙平安:《對上古漢語語氣詞"只"的新認識》,《簡帛》第三輯,上海:上海古籍出版社,2008年,第1—6頁。

> 夫辰角見而雨畢,天根見而水涸,本見而草木節解,駟見而隕霜,火見而清風戒寒。

該句中的"辰角""天根""本""駟""火"皆爲星宿之名,其中的"本",韋昭注爲"氐也"。項名達、徐元誥均贊同韋注。王引之則謂"本"是"亢"之訛字,"又與'天根'上下互易"。關於"本"的釋讀意見紛繁,難以論定。①

近出的清華簡《五紀》簡 25—26 亦載古時星宿之名,其中有一句正可與上引《周語中》一句相參照:

> 后曰:豊(禮)、義、㤅(愛)、息(仁)、中(忠),六惪(德)會(合)五建,四維算行星:……大角、天艮、枲(本)角、駟、心、唐(尾)、笄(箕)。

兩相比較可見,清華簡《五紀》所記的東方七宿前三宿的"大角、天艮、枲(本)角"即對應《國語・周語中》的"辰角""天根""本"。《五紀》的"本"對應"本角",《國語》的"本",最早疑作"本角",在傳抄刊刻過程中,因不明辰角、本角的區别,後人誤以爲"辰角"指角宿而省去"本角"之"角"字,從而導致後來的混亂。②

本節即期望利用出土文獻所提供的古文字字形材料校正《國語》中的訛字、衍字及脱文等問題。

1. 甚好仁而强/信仁以爲親/仁所以行也,信所以守也

《國語・晋語一》"優施教驪姬譖申生"章中有辭作:

> 優施教驪姬夜半而泣謂公曰:"**吾聞申生甚好仁而强**,甚寬惠而慈於民,皆有所行之。今謂君惑於我,必亂國,無乃以國故而行强於君。君未終命而不歿,君其若之何? 盍殺我,無以一妾亂百姓。"

就這段話的表述來看,"好仁而强"的語義似無問題。但需注意的是,《國語・晋語二》"驪姬譖殺太子申生"章中還有一段話:

---

① 諸説見徐元誥撰,王樹民、沈長雲點校:《國語集解(修訂本)》,第 9—10 頁。
② 參石小力:《清華簡〈五紀〉中的二十八宿初探》,《文物》2021 年第 9 期,第 86 頁。

反自稷桑,處五年,驪姬謂公曰:"吾聞申生之謀愈深。日,吾固告君曰得衆,衆不利,焉能勝狄? 今矜狄之善,其志益廣。狐突不順,故不出。**吾聞之申生甚好信而强**,又失言於衆矣,雖欲有退,衆將責焉。言不可食,衆不可弭,是以深謀。君若不圖,難將至矣!"

《晋語一》"吾聞申生甚好仁而强"與《晋語二》的"吾聞之申生甚好信而强",都是驪姬對太子申生的評價,然而其辭一作"仁",一作"信"。"甚好仁",黃丕烈《〈國語〉劄記》謂:"後第八卷作'甚好信',韋解云:'信,言必信之。'此蓋與下'爲仁'相涉而誤。"① 黃氏顯然已意識到了"甚好仁"之"仁"存在問題。從上引《晋語一》之句的文例來看,"仁"與"强"語義不搭,再者"好仁"與下文"寬惠"的語義也略顯重複。《晋語一》"甚好仁"之"仁"實爲"信"之訛字。産生這種訛誤的原因可通過古文字材料來解釋。

在古文字中"信"字多作"訫""㐹""訐""忎""訨""㥧"等形,其聲符爲"人""千""仁"和"身",都與"仁"音近。② 由此造成了戰國、秦漢文字中以"仁"表{信}的用字習慣,如《戰國縱横家書》"蘇秦謂燕王"章有"然則仁義不可爲與"與"仁義所以自爲也",其中的"仁義",原整理者已指出皆當讀爲"信義"。③ 在出土文獻同一篇文獻的同一句中也有"仁"與"信"共用同一字形表示的情況:

> 行之聿(律):豊(禮)、義、惢(愛)、**㥧(仁)**、中(忠)、**㥧(信)**、善、永、貞(正)、良,……文、惠、武三德以塼(敷)天下。
>
> (清華簡《五紀》簡121—122)

整理者已指出,禮、義、愛、仁、忠即後文之"文德",信、善、永、正、良即後文之"惠德"。④

---

① (清)黃丕烈:《〈國語〉劄記》,《〈國語〉研究文獻輯刊》第十册,第267頁。
② 劉釗:《從秦"交仁"等印談秦文字以"仁"爲"信"的用字習慣》,《出土文獻與古文字研究》第八輯,上海:上海古籍出版社,2019年,第246頁。
③ 馬王堆漢墓帛書整理小組編:《馬王堆漢墓帛書[叁]》,北京:文物出版社,1983年,第33頁。
④ 清華大學出土文獻研究與保護中心編,黄德寬主編:《清華大學藏戰國竹簡(拾壹)》,上海:中西書局,2019年,第131頁。

結合上述證據來看,如果後世文獻的抄寫者不了解以"仁"表{信}的用字習慣,則可能將本表{信}的"仁"直接誤識爲"仁"。《晋語一》"甚好仁"的"仁"即此類原因造成的訛字,其本當作"信"。

在《國語·晋語二》"里克殺奚齊而秦立惠公"章中也有"信""仁"相混的情況:

> 舅犯曰:"不可。亡人無親,**信仁以爲親**,是故置之者不殆。父死在堂而求利,人孰**仁**我?人實有之,我以徼倖,人孰**信**我?**不仁不信**,將何以長利?"

該段話後文都是先"仁"後"信","信仁以爲親"一句則"信"在"仁"前,俞志慧先生曾指出,"信""仁"二字應斷開,二字是一個並列短語。① 其説可信。結合前文所述的在戰國文字中"信""仁"字形存在糾葛、二字常通用的現象來看,"信仁以爲親"原本的語序應爲"仁信以爲親","仁"在"信"前。後來的抄寫者可能已不甚了解戰國文字中"信""仁"的使用情況,因而誤將"仁、信"錯抄爲"信仁"。"信仁以爲親",韋昭注"當信行仁道,然後有親也",是將"信仁"理解成了一個動賓結構詞組,顯然是對於本段話的語義理解有誤。抄寫者將"仁、信"錯抄爲"信仁"可能也是出於相同的原因。

《國語·周語上》"内史興論晋文公必霸"章中也有一處"信""仁"相訛的情況:

> **且禮所以觀忠、信、仁、義也**。忠所以分也,**仁**所以行也,**信**所以守也,義所以節也。忠分則均,**仁**行則報,**信**守則固,義節則度。分均無怨,行報無匱,守固不偷,節度不攜。若民不怨而財不匱,令不偷而動不攜,其何事不濟!中能應外,忠也。施三服義,**仁也**。守節不淫,**信也**,行禮不疚,義也。臣入晋境,四者不失。

這段話首句"忠、信、仁、義","信"在"仁"前,而後文則以"忠—仁—信—義"爲序,"仁"在"信"前,此處顯然也存在訛誤。我們認爲後文中的

---

① 俞志慧:《〈國語〉韋昭注辨正》,北京:中華書局,2009年,第125—126頁。

"仁行則報,信守則固"等這些話中的"仁"都本作"信",而"信"都本應作"仁"。

《國語·周語上》"內史過論晉惠公必無後"章還有一句作:

非精不和,非忠不立,非禮不順,**非信不行**。

"非信不行"正可與"仁所以行也""仁行則報"相參照,可知《國語·周語上》"仁行則報"之"仁"實應爲"信"之訛字,典籍中"信""行"二字相配的情況也常見:

其次,見其行而信之;既見其行,而衆皆不信,斯下矣。
（《韓詩外傳》卷三）
始吾於人也,聽其言而信其行。　　　　（《論語·公冶長》）
信能行之,五穀蕃息,六畜殖,而甲兵强……　　（《管子·四時》）
言寡可行,其信乎!　　　　　　　　　（《説苑·雜言》）

在典籍中"仁"與"守"也常搭配,如:

何以守位?曰仁;何以聚人?曰財。　　（《周易·繫辭下》）
魯承周公之末,有孔子之教,守仁抱德,無欲於鄰國……
（《吴越春秋·夫差內傳》）
知及之,仁不能守之;雖得之,必失之。知及之,仁能守之。
（《論語·衛靈公》）

前引《國語·周語上》"仁行則報"本應作"信行則報",正與前文"非信不行"語義相合,而"信守則固"則本應作"仁守則固"。此外,典籍"忠""信""仁""義"四字相配的文例亦常見:

非獨忠信仁義也,中正而已矣。　　　　（《鬼谷子·謀篇》）
語仁義忠信,恭儉推讓……　　　　　　（《莊子·刻意》）
禮樂仁義忠信,願聞其合之於數。　　　（《鶡冠子·學問》）

仁義忠信,樂善不倦,此天爵也。　　　　（《孟子·告子上》）

在語序上也都是"忠"與"信"、"仁"與"義"連言。綜合上述證據,則"仁所以行也,信所以守"本應作"信所以行也,仁所以守"。後文"仁行則報,信守則固""施三服義,仁也。守節不淫,信也"中"仁"也本應作"信","信"本應作"仁"。如此以忠—信—仁—義爲序,正與該段話首句"禮所以觀忠、信、仁、義"語義相合。

《國語·晉語一》《周語上》中多次出現"信""仁"訛混的情況,很可能與其底本來源有關。《晉語》所記爲晉國之事,最初應是由晉系文字抄寫而成,前引《周語上》"且禮所以觀忠、信、仁、義也"一句爲襄王使太宰文公及內史興賜晉文公命之事中的記載,應來自春秋時期東周的史料,戰國時期由周王朝分割而成的東周、西周兩個小國也屬於晉系文字的使用區域。在戰國文字中以三晉文字中"信"字的寫法最爲多樣,有"訫""躳""諰""訐""悬"等形,其中"訐""悬"二形還是與楚系文字所共用的表"信"的字形。如此複雜的字詞關係,無疑使得傳抄過程中產生訛誤的概率極大增加,也造成今本《國語》中常見"仁""信"相混的情況。

2. 夫二國士

《國語·晉語二》"里克殺奚齊而秦立惠公"章有"夫二國士"之辭:

里克告丕鄭曰:"三公子之徒將殺孺子,子將何如?"丕鄭曰:"荀息謂何?"對曰:"荀息曰'死之'。"丕鄭曰:"子勉之。**夫二國士之所圖,無不遂也**。我爲子行之。子帥七輿大夫以待我。我使狄以動之,援秦以摇之。……"

晉獻公去世後,里克欲殺晉公子奚齊,故而分別詢問荀息與丕鄭對此事的態度,此段話即記錄此事。"夫二國士",韋昭注:"二國士,里克、荀息也。"郭萬青先生同其説。[1] 其實,清人俞樾早已指出韋注之誤,其謂:

---

[1] 郭萬青:《近百年來〈國語〉校詁研究》,第167頁。

上文:"里克將殺奚齊,荀息曰:'死吾君而殺其孤,吾有死而已,吾蔑從之矣。'"是里克、荀息初不同謀,乃曰"二國士之所圖",何哉?二國士者,其一謂里克,其一丕鄭自謂也。①

俞樾對於韋昭舊注的駁斥當可信從,然其又謂"二國士"爲里克與丕鄭,則亦於義未安。誠如徐元誥所言:"俞(按:即指俞樾)謂二國士,一爲丕鄭自謂。丕鄭雖與里克同謀,豈有自命爲國士者?"徐元誥認爲"夫二國士"之"夫"應有重文,其原文應作"子勉之夫,夫國士之所圖","上'夫'字爲歎詠之辭,絶句。下'夫'字爲發端之辭"。② 張永祥先生則認爲"二國士"之"二"當爲衍文。③

由上下文義推論,將"夫二國士"理解爲里克與荀息或里克與丕鄭,確有以文害辭之嫌。因而,方才有學者提出衍文與重文之說。此類説法頗具啓發性,我們認爲"夫二"之"二"實爲誤衍重文符號所造成的衍文,"夫二國士"本應作"夫國士",在先秦文獻中重文通常用重文號"="代替,由於"夫"與"大夫"之合文"夫="常相訛混,故"夫"應是先訛爲"夫="後又訛爲"夫二"。

俞志慧先生從韋昭之説,並反駁"夫二"爲重文或衍文之説,俞先生認爲重文號與"二"在大小、位置上都有着顯著區别,不易相混。④ 實際上,從出土文獻材料來看,"夫""大夫""夫="的確存在相訛混的情况。出土文獻中習見"大夫"的合文"夫=",多作"夫"(清華簡《繫年》11)形,⑤從字形來看,其與"夫"字十分容易相混。出土文獻中即有"夫"訛爲"夫="的情况,如清華簡《良臣》簡7:"秦穆公又(有)臂(殺)大夫。""夫"字作"夫",下有一重文號"="。原整理者已指出"臂(殺)大夫"即指秦國名臣五羖大夫百里奚,"'夫'字下重文號衍"。⑥

---

① (清)俞樾撰著,趙一生點校:《群經平議》,《俞樾全集》,第854頁。
② 徐元誥撰,王樹民、沈長雲點校:《國語集解(修訂本)》,第290頁。
③ 張永祥:《〈國語〉譯注》,第182頁。
④ 俞志慧:《〈國語〉韋昭注辨正》,第122頁。
⑤ 更多此類"大夫"合文的字形可參見黄德寬主編、徐在國副主編:《戰國文字字形表》,第2046—2047頁;馬繼:《清華大學藏戰國竹簡1—8文字編》,華東師範大學碩士學位論文(指導教師:白於藍),2019年,第1788—1791頁。
⑥ 清華大學出土文獻研究與保護中心編,李學勤主編:《清華大學藏戰國竹簡(叁)》,上海:中西書局,2012年,第161頁。

傳世文獻中也有"夫國士"訛爲"大夫國士"的例證，正可與《國語·晉語二》"夫國士"訛爲"夫二國士"的路徑相參照。賈誼《新書·諭誠》有辭作：

> 豫讓曰："我事中行之君，與帷而衣之，與關而枕之。夫衆人畜我，我故衆人事之。及智伯分吾以衣服，餡吾以鼎實，舉被而爲禮。**大夫國士遇我**，我固國士爲之報。"

清人俞樾已指出"大夫"爲"夫"之誤字："大字，衍文也。上云'夫衆人畜我'，此云'夫國士畜我'，兩文正同。古人書'大夫'字，或止於'夫'下積二畫，如《嶧山碑》'禦史夫二臣德'是也，故往往相亂。"①其説甚是。《吕氏春秋·不侵》有辭作：

> 豫讓曰："……夫衆人畜我者，我亦衆人事之。至於智氏則不然，出則乘我以車，入則足我以養，衆人廣朝，而必加禮於吾所，是國士畜我也。**夫國士畜我者**，我亦國士事之。"

此句與上舉《新書·諭誠》之辭所記之事基本相同，皆是豫讓叙述智伯對其禮遇。《吕氏春秋》成書時代較早，《新書·諭誠》裏的這段話應即轉抄自上引《吕氏春秋·不侵》之句。《吕氏春秋·不侵》"夫國士畜我者"與《新書·諭誠》"大夫國士遇我"相對應，可證《新書·諭誠》"大夫"確爲"夫"之訛字。由於"夫"與"大夫"合文"夫₌"字形近似，故其先訛爲"夫₌"，《新書》後來的轉抄者即將其視作"大夫"的合文，故又訛寫爲"大夫"二字。"夫國士遇我"與其前文"夫衆人畜我"句式一致。

由上論可知，《國語·晉語二》"夫國士"訛爲"夫二國士"過程正與《新書·諭誠》"夫國士"訛變爲"大夫國士"的情況近似。大抵而言，《國語·晉語二》"夫二國士"之"夫二"本應作"夫"，由於"夫"與"大夫"合文"夫₌"字形相近，故而"夫"先訛爲"夫₌"，後來的抄寫者又將"夫₌"的重文號"₌"誤識爲"二"，"夫國士"最後便訛爲了"夫二國士"。"夫國士"本指里克，爲丕鄭對里克的恭維之辭。

---

① （清）俞樾著，王華寶整理：《諸子平議》，南京：鳳凰出版社，2020 年，第 161 頁。

先秦文獻在流傳過程中，往往要經歷多次轉抄，由此造成的字形訛混、衍文等問題頗爲常見，其中的演變軌迹可能十分複雜，《國語·晋語二》"夫國士"訛爲"夫二國士"正是這一現象的真實寫照。

3. 使夫人怒也

《國語·魯語下》"公父文伯飲南宫敬叔酒"章有辭作：

> 公父文伯飲南宫敬叔酒，以露睹父爲客。羞鱉焉，小，睹父怒。相延食鱉，辭曰："將使鱉長而後食之。"遂出。文伯之母聞之，怒曰："吾聞之先子曰：'祭養尸，饗養上賓。'鱉於何有？**而使夫人怒也！**"遂逐之。五日，魯大夫辭而復之。

"睹父"，韋昭注："魯大夫也。""使夫人怒也"之"夫人"，徐元誥謂："夫人，猶言此人也，指睹父。"①郭萬青先生亦從此説，認爲"夫人"猶言"那個人"。② 從文義來看，"使夫人怒也"頗爲值得玩味。韋昭注以"睹父"爲"魯大夫"，此處則稱"人"，先秦稱大夫爲"人"頗爲少見。前文還有"祭養尸，饗養上賓"一句，可知"夫人"應與"上賓"語義相關。我們認爲此處的"夫人"或即"大夫"的訛字。戰國文字中"夫人"常寫作合文的形式，如：

A. ▨（《銘圖》19284）　　　▨（《銘圖》19439）

▨（《銘圖》19440）

"夫人"或在"夫"字加重文符號"="，作如下之形：

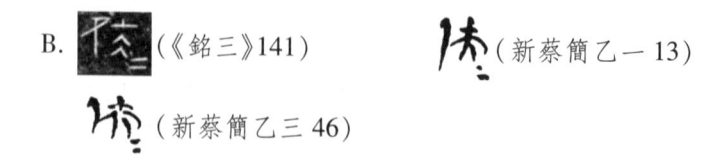

B. ▨（《銘三》141）　　　▨（新蔡簡乙一 13）

▨（新蔡簡乙三 46）

---

① 徐元誥撰，王樹民、沈長雲點校：《國語集解（修訂本）》，北京：中華書局，2002 年，第 192 頁。
② 郭萬青：《近百年來〈國語〉校詁研究》，第 131 頁。

戰國文字中"大夫"一詞亦多寫作合文形式,在"夫"下加重文符號"=",如"✦""✦""✦"等形。① 從字形來看,A 式的"夫人"合文中的"人"字其左側筆畫拉直後,便與"大夫"的合文頗爲相似,二者的區别只是重文符號的有無。而 B 式這類加重文符號的"夫人"合文除去左側的人形,亦與"大夫"合文形體相同。此外,在魏晉南北朝時期的碑刻中"夫人"或有徑直寫作"夫"者(北齊連公妻邢夫人墓誌)。

其實,在上引《國語》這段話中也有"大夫"爲"夫人"訛字的證據。"魯大夫辭而復之"中的"魯大夫"是指爲公父文伯求情的其他魯國大夫,明道本則作"魯夫人",徐元誥謂其乃"涉上文而誤",②明道本的"魯夫人"即"魯大夫"的訛字,明道本系統顯然是將本段話中的兩個"大夫"皆誤抄爲"夫人"。宋庠本仍作"魯大夫",則並未全誤。

"睹父",韋昭注爲"魯大夫也"。從文義來看,所謂"使夫人怒"的"夫人"當即"大夫"的訛字,文伯之母稱"睹父"爲"大夫"於文義更爲通暢。

4. 諄趙鞅之故

《國語·晉語九》"衛莊公禱"章有一"諄"字的用法頗值得注意,其辭作:

> 衛莊公禱曰:"曾孫蒯聵,**以諄趙鞅之故**,敢昭告於皇祖文王、烈祖康叔、文祖襄公、昭考靈公:夷請無筋無骨,無面傷,無敗用,無隕懼;死不敢請。"

"以諄趙鞅之故",韋昭注:"諄,佐也。"王引之則認爲"諄"爲"諒"之訛字:

> 書傳無訓"諄"爲"佐"者,"諄"當爲"諒"。《大雅·大明篇》"涼彼武王",毛傳曰:"涼,佐也。"《釋文》:"涼,本亦作諒,同力尚反,佐也。"是韋《注》所本也。"諒"與"諄"相似,因誤爲"諄",後人又據已誤之正文改不誤之注耳。③

---

① 黄德寬主編、徐在國副主編:《戰國文字字形表》,第 2046—2047 頁。
② 徐元誥撰,王樹民、沈長雲點校:《國語集解(修訂本)》,第 192 頁。
③ (清) 王引之撰,虞思徵等校點:《經義述聞》,第 1256 頁。

《説文》：“諄，告曉之孰也。从言臺聲。讀若庉。”《國語》成書於戰國時期，“諄”據戰國文字字形嚴格隸定應作“諄”。爲方便論述相關問題，下文逕直將《國語》“諄趙鞅之故”之“諄”寫作“諄”。上引王氏之説頗具啓發性，不過“臺”與“京”古文字字形仍存在一定差距，“京”在甲骨金文中多作“🏛”“🏛”之形，秦漢文字中作“🏛”“京”之形，字形一脈相承。而“臺”在甲骨金文中多作“🏛”“🏛”之形，在秦漢文字中則變爲“🏛”“🏛”等形，形體已産生訛變，有的字形下部已訛爲“子”形。從字形來看，“諄”與“諒”恐怕不具備訛混的條件。

我們認爲《國語》“諄趙鞅之故”之“諄”應爲从“享”得聲的“諄”字之訛字。在漢代文字中“享”字與从“臺”的“敦”字多作如下之形：

享：享 享 享 享 享

（《漢隸異體字表》第 227—228 頁）①

敦：敦 敦 敦 敦 敦

（《漢隸異體字表》第 139 頁）

從上引字形可見，“享”與“臺”字形極相似，下部都已變作“子”形，完全存在訛混的可能。《國語》“諄趙鞅之故”之“諄”或本作“諄”，“諄”从“享”得聲，“享”本有奉事、輔佐之義。如兩周金文中有“享奔走”（大盂鼎，《集成》2837）、“享奔走令”（麥方尊，《集成》6015）、“帥用牟先祖考政德，享辟先王”（逨鐘，《銘圖》15634）、“唯乃明乃心，享于乃辟”（克罍，《銘圖》13831）等辭。學者多已指出，“享”在其中即用爲奉事、輔佐之義。② 又清華簡《周公之琴舞》簡9“享會余一人”中的“享會”，陳劍先生曾指出：

---

① 于淼：《漢代隸書異體字表與相關問題研究》上編《漢隸異體字表》，吉林大學博士學位論文（指導教師：吴振武），2015年。

② 参李仲操：《燕侯克罍盉銘文簡釋》，《考古與文物》1997年第1期，第72—74頁；陳英傑：《西周金文作器用途銘辭研究》，北京：綫裝書局，2009年，第273—274頁；武振玉：《兩周金文"享"字釋義》，《古漢語研究的新探索——第十一届全國古代漢語學術研討會論文集》，北京：語文出版社，2014年，第271—280頁。

"享會"之"享"字,也不必看死作具體的"進獻"、從而認爲其物件只能是"有善德之人"。所謂"奉上謂之享",可以包含臣下奉承、服事君主的各種行爲,實與"辟"義甚近。前舉逨盤的"享辟",即係兩義近動詞連用,其對象均爲周王,"享會"與之相類。①

《國語》"諱趙鞅之故"之"諱"應爲从"享"聲的"諄"字的訛字,"諄"可讀爲"享",即用爲奉事、輔助之義。此段話大意是説曾孫蒯聵,因爲奉事、輔佐趙鞅的緣故,明告於皇祖文王、烈祖康叔等先祖某某之事。

从"享"聲的"諄"字雖未見於典籍字書中,但爬梳文獻或還能尋見其遺迹。"諄"有一異體作"啍",《荀子·哀公》"無取口啍",楊倞注:"啍,與諄(諄)同。"《集韻·諄韻》記"諄"字反切爲"朱倫切",謂:"諄或作啍、忳、純,古作譚,通作訰。"《集韻·諄韻》"啍"字的讀音與"臺"相同,按字形嚴格隸定的話應作"嘩",从"臺"得聲。但《集韻·陽韻》又收有一"虚良切"的"啍"字,由其反切可知,其古音與"享"相同。古文字中"口"與"言"因義近常互作,《集韻·陽韻》的"啍"或即是从"享"聲的"諄"字之異體。循此思路,我們懷疑很可能由於"享"與"臺"字形的訛混,从"享"聲的"諄"字被"諄"所吞併,致使"諄"字淹没在歷史長河中。《集韻·陽韻》的"啍"應是从"享"聲的"諄"之異體字,其尚保留有"諄"之古音,尤爲可貴。

5. 纂修其身/欲修先王之緒

《國語·晉語九》"郵無正諫趙簡子無殺尹鐸"章有如下一段話:

郵無正進,曰:"昔先主文子少釁於難,從姬氏於公宮,有孝德以出在公族,有恭德以升在位,有武德以羞爲正卿,有温德以成其名譽,失趙氏之典刑,而去其師保,基於其身,以克復其所。及景子長於公宮,未及教訓而嗣立矣,**亦能纂修其身以受先業**,無謗於國,順德以學子,擇言以教子,擇師保以相子。今吾子嗣位,有文之典刑,有景

---

① 陳劍:《清華簡與〈尚書〉字詞合證零札》,《出土文獻與中國古代文明——李學勤先生八十壽誕紀念論文集》,第220頁。

之教訓,重之以師保,加之以父兄,子皆疏之,以及此難。……是以修之,庶曰可以鑒而鳩趙宗乎!若罰之,是罰善也。罰善必賞惡。臣何望矣!"

"纂修其身",陳桐生先生翻譯爲"繼續修身"。① 來可泓先生翻譯爲"加強自身的修養"。② 黃永堂、鄔國義等學者亦有相似的意見,③多是將"纂修"之"修"理解爲"修治"之義。從這段話的語義來看,此説似也可講通文例。但《國語·周語上》也有"纂修"一詞,二者相互參照,則可知"纂修"之"修"乃爲"循"之訛字。

在古書中"修"常寫作"脩",文獻中有相當數量"循"與"脩(修)"相訛混的例子,學者對此已多有討論。④《國語·周語上》有"時序其德,纂修其緒"一句,"纂修其緒"之"修",或有版本作"脩",⑤此句《史記·周本紀》即作"遵脩其緒"。劉嬌先生業已指出"脩"爲"循"之訛字,其説如下:

其實,"纂脩其緒"的"纂"通"纘"(《詩·魯頌·閟宫》"纘禹之緒"即作"纘"),義爲"繼承"(《周語上》韋昭注已指出"纂,繼也")。跟"纂脩"對文的"時序"的"時"猶"承","序"猶"順",二者是並列結構,義近連用,可見"脩"與"纂"之間也有類似的關係,"脩"字表示的詞應該跟"纂(纘)"相近,是繼承、沿襲一類的意思。那麽,"脩"字無疑應是"循"的形近誤字。《史記·周本紀》沿用《周語上》這句話,作"時序其德,遵脩其緒",改"纂"爲"遵";雖然"循"字仍訛作"脩",但"遵循"爲常見詞,"遵脩"連用,足證"脩"當爲"循"字之誤。《後漢書·文苑

---

① 陳桐生譯注:《國語》,第550頁。
② 來可泓撰:《國語直解》,上海:復旦大學出版社,2000年,第712頁。
③ 黃永堂譯注:《國語全譯》,貴陽:貴州人民出版社,2009年,第456頁,以下所引《國語全譯》均爲此版;鄔國義、胡果文、李曉路撰:《國語譯注》,第463頁。
④ 參(清)王引之撰,虞思徵等校點:《經義述聞》,第779—780頁;(清)王念孫著,徐煒君等點校:《讀書雜誌》,上海:上海古籍出版社,2014年,第589、2721—2722頁;裘錫圭:《考古發現的秦漢文字資料對於校讀古籍的重要性》,《裘錫圭學術文集·語言文字與古文獻卷》,第367—368頁;劉嬌:《是"循緒"還是"脩緒"》,《古文字研究》第二十九輯,北京:中華書局,2012年,第783—785頁。
⑤ 張以仁先生對此句各版本用字情況梳理甚詳,詳見氏著《國語斠證》,臺北:臺灣商務印書館,1960年,第6頁。

傳・傅毅傳》載傅毅《迪志詩》中有"保膺淑懿，纘脩其道"一句，"纘脩"的賓語是"道"，更清楚地表明"脩"所表示的詞是繼承、沿襲的意思，應該視爲"循"的誤字。①

需補充的是，瀧川資言《史記會注考證》曾指出楓山本、三條本、南化本等版本中"遵脩其緒"之"脩"即作"循"。②《國語》"纂脩其緒"及《史記》"遵脩其緒"中之"脩"確爲"循"之訛。在漢代文字中"脩""循"二字多作如下之形，二字字形相近，極易訛混：

脩：（馬王堆漢墓帛書《五行》58）

（馬王堆漢墓帛書《天下至道談》36）

（禮器碑）　　（孔龢碑）

循：（石門頌）　　（景北海碑陰）

（銀雀山漢簡《孫臏兵法》簡358）

綜上，《晋語九》"纂修"之"修"或也本應作"脩"，爲"循"的訛字。"纂循其身以受先業"的"其身"是指前文"先主文子……基於其身"之"其身"，"身"在此用爲品德、才能之類的意思，③"其身"指先主文子之"身"（品德、才能）。"纂循其身以受先業"中"纂循"爲同義詞連用，都有繼承、沿襲之類的意思，這段話大意是說，文子（趙武）之子景子（趙成）能夠繼承、沿襲文子的品德、才能以承受先人的事業。

《國語・周語上》"虢文公諫宣王不籍千畝"章中還有一處"修"與"循"相訛混的語句：

---

① 劉嬌：《是"循緒"還是"脩緒"》，《古文字研究》第二十九輯，第784頁。
② （日）瀧川資言著，楊海崢整理：《史記會注考證》，上海：上海古籍出版社，2015年，第188頁。
③ 《漢語大詞典》《漢語大字典》都收録有"身"訓爲"品德；才能"的義項。

若是,乃能媚於神而和於民矣,則享祀時至而布施優裕也。**今天子欲修先王之緒而棄其大功**,匱神乏祀而困民之財,將何以求福用民?

劉嬌先生在討論典籍中"修""循"訛混的情況時,曾指出:

古書常有"修緒"、"修……緒"一類的話,"修"字常常是"循"字之訛,如《史記·太史公自序》"後世修〈循〉序(緒)弗能易也",又如《大戴禮記·少閒》"服禹功以修舜緒"。"緒"作爲"循"的賓語,常常被解爲"餘業",其實本當訓"餘"。①

《周語上》"今天子欲修先王之緒而棄其大功"之"修"也當爲"循"之訛字,此句是説,天子希望繼承、沿襲先王之緒業而放棄籍田的大事,如此則"匱神乏祀而困民之財",又拿什麽來求神賜福、驅使民衆?

《國語·齊語》也有"修""循"訛混的情況,《齊語》"修舊法,擇其善者而業用之""遂修舊法,擇其善者而業用之"之"修",《管子·小匡》同之,但《荀子·王霸》作"循其舊法,擇其善者而明用之"。蕭旭先生曾據此校《國語·齊語》《管子·小匡》之"修"爲"循"之訛字,蕭先生認爲:"循舊法,即《詩》'率由舊章'之誼,鄭玄箋:'率,循也。'《荀子·王霸》:'循其舊法,擇其善者而明用之。'尤爲確證。"②其説得之。

又《國語·魯語上》"展禽論祭爰居非政之宜"章中還有兩句話分別作:

黃帝能成命百物,以明民共財,**顓頊能修之。**
鯀鄣洪水而殛死,**禹能以德修鯀之功**。

"顓頊能修之",韋昭注:"顓頊,黃帝之孫、昌意之子帝高陽也,能修,修黃帝之功。""禹能以德修鯀之功",韋昭注:"鯀功雖不成,禹亦有所因,故曰修鯀之功。"由文意來看,頗疑這兩句話中的"修"也爲"循"之訛字。

---

① 劉嬌:《是"循緒"還是"脩緒"》,《古文字研究》第二十九輯,第784頁。
② 蕭旭:《〈國語〉校補》,《群書校補》第壹册,第122頁。

6. 吾秉君以殺太子

《國語·晉國二》"驪姬譖殺太子申生"章有一段優施與里克的對話：

[優施]曰："然。君既許驪姬殺太子而立奚齊，謀既成矣。"里克曰："**吾秉君以殺太子**，吾不忍。通復故交，吾不敢。中立其免乎？"

"吾秉君以殺太子"，韋昭注："秉執君志以殺太子。"學界的主流意見一般是將"秉君"之"秉"釋爲"秉執"或"順從"之義。如陳桐生先生訓"秉"爲"秉執"之義，翻譯該句話爲"讓我秉執君意來殺太子"，①黄永堂、來可泓先生亦持相同觀點。② 清人王引之則訓"秉"爲"順"，謂"吾秉君以殺太子"是説"言大子，君之所欲殺也，吾順君之意以殺大子"，③鄔國義先生從其説，翻譯此句爲"順從國君殺死太子"。④

值得注意的是，《國語·晉國二》後文中還有一段里克自述其對殺太子申生一事態度的話：

里克曰："弑君以爲廉，長廉以驕心，因驕以制人家，吾不敢。**抑撓志以從君，爲廢人以自利也**，利方以求成人，吾不能。將伏也！"

"廢人"之"人"，韋昭注："人，謂申生。"從前後文來看，"吾秉君以殺太子"與"抑撓志以從君，爲廢人以自利也"所説的都是里克對於弑殺太子申生一事的態度，二者可互相參照。"秉君"無疑與"從君"語義相當，這兩句話大意都是説順從君王之意而殺太子申生。如此來看，將"吾秉君以殺太子"之"秉"訓爲"順從"之類的意思似乎貼近文本原義。但問題的關鍵是"秉"其實並無法訓爲"順"。前人講"秉"有順從之類的意思，所舉書證除"吾秉君以殺太子"一句外，還常舉《管子·勢》"秉時養人"一句爲例，此句馬王堆漢墓帛書《十六經·勢》作"並時以養民功"，裘錫圭先生已指出《管子·勢》

---

① 陳桐生譯注：《國語》，第 308、309 頁。
② 黄永堂譯注：《國語全譯》，第 246、248 頁；來可泓撰：《國語直解》，第 401 頁。
③ （清）王引之撰，虞思徵等校點：《經義述聞》，第 1220—1221 頁。
④ 鄔國義、胡果文、李曉路撰：《國語譯注》，第 242 頁。

"秉時"之"秉"爲"並"的音近訛字,"秉"訓"順",古書中並無可靠用例。①

我們認爲"吾秉君以殺太子"之"秉"或爲"委"之訛字,"委"本有順從之類的意思,正與後文"從君"語義相合。在《國語》中即有"秉""委"相訛混的情況。《國語·吳語》:"吳王懼,使人行成。曰:'昔不穀先委制於越君,君告孤請成,男女服從。……'"清華簡《越公其事》簡69:"吳王乃懼,行成。曰:'昔不穀先秉利於越,越公告孤請成,男女……'"今本之"委制",簡本作"秉利",石小力先生曾指出:

> 今本吳王所言"昔不穀先委制於越君",與越王句踐此前委制於吳國的事實恰好相反……現由今本"委制"簡本作"秉利"可知,今本"委制"乃爲簡本"秉利"之形近訛字,當據簡本校正。"委"與"秉"形近易訛,"委"字從女從禾,"秉"字從又持禾,兩個字中皆有禾形,"女"與"又"形體相近,故二字容易發生訛混。②

在古文字中"委"與"秉"多作如下之形:

委: ![字形] (馬王堆漢墓帛書《療射工毒方》3)

![字形] (北大漢簡《周馴》簡118)

![字形] (北大漢簡《趙正書》簡47)

![字形] (銀雀山漢簡《孫臏兵法》簡409)

秉: ![字形] (睡虎地秦簡《日書甲種》36反)

![字形] (清華簡《厚父》簡8)

![字形] (《樓蘭漢文簡紙文書集成》L51)③

---

① 裘錫圭:《讀書札記四則》,《裘錫圭學術文集·語言文字與古文獻卷》,第479頁。
② 石小力:《清華簡〈越公其事〉與〈國語〉合證》,《文獻》2018年第3期,第61頁。
③ 字形取自李洪財:《漢簡草字整理與研究》下編《漢代簡牘草字彙編》,吉林大學博士學位論文(指導教師:林澐),2014年,第127頁。

從字形來看,"委"與"秉"字形十分相似,極可能産生訛混。《晉語二》"吾秉君以殺太子"之"秉"應即"委"之訛字,"委"有順從之義,《說文》:"委,委隨也。"段玉裁注:"《君子偕老》傳曰:'委委者,行可委曲從迹也。'按隨其所如曰委。"又《淮南子·本經》:"優柔委從,以養群類。"《說苑·指武》:"復柔委從,如影與響。"兩句中"委""從"連用,"委"在其中都用爲順從之義。

《晉語二》"吾秉〈委〉君以殺太子,吾不忍"之"委"也用爲順從之義,此句是説我(里克)順從君主之意弒殺太子申生,我不忍心,"委君"與後文"撓志以從君"之"從君"語義相當。

7. 兼受而介福

《國語·吴語》"夫差退於黄池使王孫苟告於周"章有"兼受"一詞:

> 周王答曰:"苟,伯父令女來,明紹享余一人,若余嘉之。昔周室逢天之降禍,遭民之不祥,余心豈忘憂恤,不唯下土之不康靖。今伯父曰:'戮力同德。'伯父若能然,**余一人兼受而介福**。伯父多歷年以没元身,伯父秉德已侈大哉!"

"兼受"一詞,韋昭無注,學者對其亦多不作解釋。文獻中多見"兼受"一詞:

> 父子一門,兼受恩寵,不能輸寫心力……
> (《蔡中郎集·上漢書十志疏》)
> 昔秦受亡周之敝,而亡以化之;漢受亡秦之敝,又亡以化之。夫繼二敝之後,承其下流,兼受其猥,難治甚矣。 (《漢書·五行志上》)
> 獨一川兼受數河之任,雖高增隄防,終不能洩。
> (《漢書·溝洫志》)
> 能理齊詩、施氏易,兼受河洛圖緯,作易説及詩解……
> (《後漢書·儒林列傳下》)

"兼"的語義往往同時涉及兩個或多個事物,從上舉文例來看,"兼受"涉及的施事者或受事者都是兩個或兩個以上的對象。而《國語》中"兼受而介福”一句,“介福”爲“伯父(吴王)”所授,“介福”的接受者爲“余一人(周王)”,施事者與受事者都爲單個的對象。“兼受”之“兼”,揆之文義,詰鞫不安。我們認爲“兼受”之“兼”乃爲“秉”之訛字。根據出土文獻與傳世文獻的對讀,可知傳世文獻中即存在“兼”“秉”互訛的情況。清華簡《子犯子餘》簡2有“不秉禍利,身不忍人”一句,劉釗先生曾據此校正《越絶書·請糴内傳》“且夫君王兼利而弗取”中的“兼利”爲“秉利”之訛,並指出“秉”就應該訓爲秉持之“秉”。① 其説可從。在戰國、秦漢文字中“兼”與“秉”有作如下之形者:

兼:(郭店簡《語叢二》簡4)(《語叢三》簡33)
(馬王堆漢墓帛書《戰國縱横家書》42)(衡方碑)

秉:(郭店簡《緇衣》簡9)(上博簡《孔子詩論》簡6)
(尹宙碑)

“兼”與“秉”字形上只有从一“禾”與从二“禾”的區别,二字字形相近,極易相混。

《國語·吴語》“余一人兼受而介福”之“兼受”應爲“秉受”之訛,“秉”在此用爲秉持之“秉”,其與“受”爲近義詞連用。該句話大意是説,余一人(周王)能够持有、接受伯父(吴王)的大福。典籍中有“秉承”一詞,其語義正可與“秉受”相參照。

上引《國語·吴語》這段話亦見於《吴越春秋》中,文句略異,兹摘録如下:

> 周王答曰:“伯父令子來乎?盟國,一人則依矣。余實嘉之。伯父若能輔余一人,**則兼受永福**,周室何憂焉?”(《吴越春秋·夫差内傳》)

“兼受而介福”與“兼受永福”語義相同。《吴越春秋》的“兼受永福”,張覺

① 劉釗:《利用清華簡(柒)校正古書一則》,復旦網,2017年5月1日。

先生解釋其語義爲:"既可依靠吳國所結盟的國家,又可依靠吳國,所以説'兼'。"①此説頗爲迂曲。實際上,"兼受永福"之"兼"也應爲"秉"之訛字。

8. 畏黷敬也

《國語·晉語四》"重耳婚媾懷嬴"章有辭作:

同姓則同德,同德則同心,同心則同志。同志雖遠,男女不相及,**畏黷敬也**。黷則生怨,怨亂毓災,災毓滅姓。

"畏黷敬也",韋昭注:"畏褻黷其類。"《左傳·僖公二十三年》孔穎達《正義》引此作"畏黷故也",宋慶元本《左傳·昭公元年》孔穎達《正義》亦引作"故",王引之《經義述聞》曾據此指出:"'黷敬'二字義不相屬,娶妻不娶同姓者,畏其黷倫,非畏其黷敬,'敬'當爲'故',字之誤也。言同姓之所以男女不相及者,畏其褻黷故也。韋《注》云'畏褻黷其類',但釋'畏黷'二字而不及'敬'字。下文'黷則生怨'云云,亦但承'黷'字言之而不及'敬'字,則'敬'爲誤字明矣。"②此説甚確,但王氏文中未舉出字形例證,今可據出土文獻字形對此説予以補證。秦漢文字中"故""敬"二字分別作如下之形:

故: 　
　　

敬: 　
　　

"敬"字本從"苟",多作"![]"(銀雀山漢簡 410)之形,其上部的"![]"形之兩撇筆或拉直,即成爲上舉之類的"敬"字,其與上舉"故"字形體已頗爲相似,完全具備訛混的可能。

---

① 張覺:《吳越春秋校證注疏》,北京:知識產權出版社,2013 年,第 165 頁。
② (清)王引之撰,虞思徵等校點:《經義述聞》,第 1239 頁。

9. 去而厚惡，惡不可重

《國語·晉語二》"驪姬譖殺太子申生"章有辭作：

> 吾聞之："仁不惡君，智不重困，勇不逃死。若罪不釋，去而必重。去而罪重，不智。逃死而惡君，不仁。有罪不死，無勇。**去而厚惡，惡不可重**，死不可避，吾將伏以俟命。"①

秦鼎曾謂："惡不可重之'重'，疑'厚'字誤，故無音。"②俞志慧先生亦從其說。③兩位學者都意識到了此句中的"厚"與"重"存在訛誤。不過，就其文義來看，"惡不可重"承前文"去而厚惡"語義而來。此外，該段話中還有"去而必重""去而罪重"，皆用"重"。我們認爲，"去而厚惡"之"厚"或乃"重"之訛字。在戰國文字中"厚"與"重"字形上存在糾葛，在文獻中完全存在訛混的可能。

戰國文字中"重"作"⿱"（上博簡《季康子問於孔子》簡18）、"⿱"（上博簡《曹沫之陣》簡30）、"⿱"（郭店簡《老子·甲》簡5），上從"石"從"主"並從其得聲。"厚"字西周金文中作"⿱""⿱"等形，至戰國文字則變爲"⿱"（郭店簡《語叢一》簡7）、"⿱"（上博簡《孔子詩論》簡15）等形，上部已變爲"石"形，下部變爲近於"干"形、"倒矢"形的字形。④戰國時期的"厚"字與"重"字形體無疑是十分相似的，完全具備訛混的條件，結合前文我們對"去而厚惡"的分析，可知"去而厚惡"之"厚"即"重"之訛字。

---

① 按：此依公序本，明道本除"惡不可重"一句外，"仁不惡君""逃死而惡君""去而厚惡"三句之"惡"均作"怨"。俞志慧先生曾指出："既然最末一個'惡'字各本同，而這'惡'字又是以頂真的方式重複前一句的末一字，則明道本三'怨'字亦皆當作'惡'。"（參氏著《〈國語〉韋昭注辨正》，第119頁），今從其説。
② （日）秦鼎定本：《國語補音》，《〈國語〉研究文獻輯刊》第二册，北京：國家圖書館出版社，2012年，第319頁。
③ 俞志慧：《〈國語〉韋昭注辨正》，第119頁。
④ 戰國時期，"厚"字上部變爲"石"，陳劍先生認爲是在"偏旁成字化"的趨勢下，"厚"的字形結構被"重新分析""理據重構"爲上從"石"旁，並且"石"旁已被看作形聲字的意符了。其説可從，參陳劍：《說"規"等字並論一些特別的形聲字意符》，楊榮祥、胡敕瑞主編：《源遠流長：漢字國際學術研討會暨AEARU第三屆漢字文化研討會論文集》，北京：北京大學出版社，2017年，第5頁。

第二節　闡明詞義

　　漢語在漫長的發展過程中某些詞彙的語義已產生了不小的變化,有些詞義今人早已不熟知。這種古今語言的間隔對於理解《國語》文本產生了不小的障礙,有時難免造成"以今律古"的錯誤。戰國、秦漢時期的簡帛資料多未經後世篡改,可算作《國語》的同時語料。其中仍保留一些詞彙在後世消失或不太常用的生僻義,通過辭例推勘的方式也可明確某一詞的用法。依據出土文獻可闡明《國語》文本中某些前人理解有誤的字詞的語義。如《國語·齊語》"美金以鑄劍戟,試諸狗馬;惡金以鑄鉏、夷、斤、斸,試諸壤土"中"美金""惡金"之"金",舊或有學者認爲其所指爲"鐵"。青銅器銘文中屢見"吉金""元金""良金"之辭,如今學者多已指出其可與"美金""惡金"合觀,"金"乃指"銅"而言,"吉""良""美""惡"都是形容青銅品質的修飾語。① 又如《國語·晉語九》有"耆其股肱"一句:

　　　　方臣之少也,進秉筆,贊爲名命,稱於前世,立義於諸侯,而主弗志。及臣之壯也,**耆其股肱以從司馬**,苟慝不産。

　　"耆其股肱"之"耆",韋昭注:"耆,致也。"後世《國語》諸注本多依韋注將"耆"訓爲"致力"之義。② 如鄔國義先生翻譯此句爲"招致得力的股肱之臣"。③ 這一類説法恐怕很難講通文義。

　　實際上,"耆其股肱"之"耆"本當訓爲"強",《廣雅·釋詁一》:"駃、勁、堅、剛、耆……強也。"傳世古書中"耆"也有訓爲"強"的語料,如《左傳·昭公二十三年》"不儒不耆",杜預注:"耆,強也。"出土文獻中也見這類用法的

---

① 參楊育坤、李澤生:《"惡金"非鐵辨》,《陝西師範大學學報(哲學社會科學版)》1985年第3期,第111—114頁;徐學書:《"惡金"辨》,《四川大學學報(哲學社會科學版)》1983年第3期,第35—36頁;白雲翔:《"美金"與"惡金"的考古學闡釋》,《文史哲》2014年第1期,第54—57頁;黃金貴、彭文芳:《"惡金"辨正》,《中山大學學報(社會科學版)》2007年第5期,第34—38頁。
② 陳桐生譯注:《國語》,第546頁;劉倩、魯竹:《國語正宗》,北京:華夏出版社,2008年,第273頁。
③ 鄔國義、胡果文、李曉路撰:《國語譯注》,第460頁。

"耆",如睡虎地秦簡《秦律十八種·司空律》"居貲、贖責(債)欲代者,耆弱相當,許之","耆""弱"對言。裘錫圭先生已據此指出"耆弱相當"即"强弱相當",上引《國語》"耆其股肱"之"耆"亦當訓爲"强",該句就是説使其股肱强健。① 出土文獻中還有數例"耆"可訓爲"强"之義的語料:

> 吴以耆士萬人勝越。越以算(選)卒萬二千復吴而伐。
> 　　　　　　　　　　　　　　(銀雀山漢簡《佚書叢殘·選卒》簡 1234—1235)
> 春宜少年,夏宜耆年,秋宜佫②年,冬宜□。
> 　　　　　　　　　　　　　　(銀雀山漢簡《佚書叢殘·曹氏陰陽》簡 1646)

銀雀山漢簡《選卒》"耆士"之"耆",整理小組已引《廣雅》訓其爲"强",並指出"耆士"即謂"强士"。③《曹氏陰陽》"耆年"之"耆",也應訓爲"强","耆年"當指"壯年",這一條簡文爲"耆"訓"强"這一意義再添一證。④

此外,清華簡《封許之命》簡 5"汝惟臧(壯)耆爾猷,虔恤王家"之"耆",學者多已指出其當訓爲"强"。⑤ 又清華簡《治政之道》簡 13—14"聞命則備(服)以可用,威以彌篤益垍"之"垍",原整理者已據前引裘先生之説讀爲"耆",訓爲"强"之義,並謂其與"篤"意義相近。⑥ 由此可見,《國語》"耆其股肱"之"耆"訓爲"强"於文義更爲通順。

利用出土文獻材料闡明《國語》字詞的語義的案例還可再舉如下一則:

> 臣聞昔者大任娠文王不變,少溲於豕牢,而得文王不加疾焉。文王在母不憂,在傅弗勤,處師弗煩,事王不怒,孝友二虢,而惠慈二蔡,刑於大姒,比於諸弟。　　　　　　　　　　　(《國語·晉語四》)

---

① 裘錫圭:《讀書札記·"耆其股肱"之"耆"當訓爲"强"》,《裘錫圭學術文集·語言文字與古文獻卷》,第 475 頁。
② "佫",整理者讀爲"胡",訓爲"壽",鄔可晶疑即"咎"的省體,"咎年"讀爲"高年"。參鄔可晶:《銀雀山漢簡"陰陽時令、占候之類"叢札》,《戰國秦漢文字與文獻論稿》,上海:上海古籍出版社,2020 年,第 323—325 頁。
③ 銀雀山漢墓竹簡整理小組:《銀雀山漢墓竹簡[貳]》,北京:文物出版社,2010 年,第 164 頁。
④ 參鄔可晶:《銀雀山漢簡"陰陽時令、占候之類"叢札》,《戰國秦漢文字與文獻論稿》,第 323 頁。
⑤ 諸家之説參見黃凌倩:《清華伍〈厚父〉〈封許之命〉集釋》,安徽大學碩士學位論文(指導教師:徐在國),2016 年,第 79—80 頁。
⑥ 黃德寬主編:《清華大學藏戰國竹簡(玖)》,第 136 頁。

"文王在母不憂"，韋昭注："體不變，故不憂。"《詩經·大雅·生民》"不坼不副，無菑無害"，孔穎達疏："《晉語》云'文王在母不憂'是謂未生在爲母。"後世學者多認爲"文王在母不憂"是說當文王之母懷孕時，文王在母腹之中不使母親擔憂，諸多《國語》注本亦從此說。然而前文已言"大任娠文王不變"，將"文王在母不憂"再解釋爲記述文王在母胎之中之事，語義頗顯重複。從"在傅弗勤，處師弗煩"的記述來看，"文王在母不憂"說的應是文王少年之事，如此理解才與前文"大任娠文王不變"一句語義相承。

信陽長臺關竹書有以下兩句可與"文王在母不憂"相參照：

□毋（母）教之七歲。　　　　　　　　　　　　　　　　（簡38）
□教箸（書）晶（叁）歲，教言三歲，教弞（射）與馭□　　（簡3）

上引兩句可與《大戴禮記·保傅》"古者年八歲而出就外舍"之說互相印證。① 《禮記·內則》又有"擇於諸母與可者……使爲子師，其次爲慈母，其次爲保母，皆居子室，他人無事不往"的記載，楊澤生先生認爲簡38之"毋"當讀爲"母"，即《禮記·內則》所記作爲"子師"的"母"。② 受此啓發，禤健聰先生認爲《國語》"文王在母不憂"之"母"亦指作爲"子師"的"母"，即專門負責貴族幼兒階段早期教育的女性長輩。《禮記·曾子問》"古者，男子外有傅，內有慈母"，"慈母"亦即作爲"子師"的"母"，該句以"傅"與"慈母"並舉，《國語·晉語四》"文王在母不憂，在傅弗勤"亦是以"母"與"傅"並舉，二者可相參照。"文王在母不憂"意謂"文王幼年時接受女性師長教導時不讓老師操心"。③ 中山王嚳鼎（《集成》2840）"寡人學（幼）埴（童），未甬（通）智，隹（唯）俌（傅）姆（姆）氏（是）從"之"俌"與"姆"，其即分別指《禮記·曾子問》"男子外有傅，內有慈母"之"傅"與"母"。④ 此句也可與《國語》"文王在母不憂，在傅弗勤"相參照。

---

① 商承祚：《戰國楚竹簡彙編》，濟南：齊魯書社，1995年，第165—166頁。
② 楊澤生：《戰國竹書研究》，廣州：中山大學出版社，2009年，第44—45頁。
③ 禤健聰：《〈國語·晉語〉"在母不憂"正解》，《戰國楚系簡帛用字習慣研究》，北京：科學出版社，2017年，第568—570頁。
④ 參商承祚：《中山王嚳壺、鼎銘文芻議》，《上海博物館集刊·建館三十周年特輯》，上海：上海古籍出版社，1983年，第69頁；馬承源：《商周青銅器銘文選》第四卷《東周青銅器銘文釋文及注釋》，北京：文物出版社，1983年，第571頁。

將"文王在母不憂"之"母"理解成作爲"子師"的"母"顯然更符合文義。"文王在母不憂,在傅弗勤,處師弗煩"是説文王幼年時接受教育的經歷,正與前文"大任娠文王不變"及後文"事王不怒,孝友二虢……"這一段描述文王成年後之事的語句彼此文義相承。

本章即期望利用出土文獻中的辭例闡明《國語》中某些字詞的用法。

1. 蔑天命/蔑卜筮

《國語・晉語二》"里克殺奚齊而秦立惠公"章記有一段秦公子縶與晉公子夷吾的對話:

> 公子夷吾出見使者,再拜稽首,起而不哭,退而私於公子縶曰:"中大夫里克與我矣,吾命之以汾陽之田百萬。丕鄭與我矣,吾命之以負蔡之田七十萬。**君苟輔我,蔑天命矣**!亡人苟入掃宗廟,定社稷,亡人何國之與有?君實有郡縣,且入河外列城五。豈謂君無有,亦爲君之東游津梁之上,無有難急也。……"

此時,晉獻公去世,晉國君位空懸,晉之諸大夫請求秦國協助擁立新君,故而秦穆公派遣公子縶試探此時居於梁國的晉公子夷吾對於歸國繼位一事的態度。由此產生了上述對話。

上舉之辭中的"君苟輔我"之"君"是指秦穆公。"蔑天命矣"一句的語義則頗爲難解,韋昭注:"蔑,無也。無復天命,在秦而已。"後世學者多從此説,如黃永堂先生翻譯"蔑天命矣"爲"就無須由天命來決定了";來可泓先生翻譯此句爲"就不必由天命來決定了";汪濟民先生則譯爲"則不要請示天命,一切可由秦定了"。① 這類訓釋需在"蔑"後添加"復""由""請示"之類的動詞,頗有增字解經之嫌。再者,此段話前文並無有關"天命"的話題,若將"蔑天命"理解爲"無復天命",從語義上來講也頗爲唐突。此外,先秦時期統治階級都十分重視"天命",文獻中習見"國之存亡,天命也"(《國語・晉語六》)、"勤天命"(《逸周書・小開武》)、"畏天命"(《論語・季

---

① 黃永堂譯注:《國語全譯》,第267頁;來可泓撰:《國語直解》,第429頁;汪濟民等譯:《國語譯注》,南昌:百花洲文藝出版社,1992年,第186頁。

氏》)之語。當時的統治者爲強調自身執政的合法性也常言"受天命"(《尚書・召誥》)、"應受天命"(《逸周書・祭公》)之語。如僅因秦穆公的幫助，公子夷吾即言"無需天命"，這也有悖於當時主流的政治意識形態。由此來看，"蔑"訓爲"無"明顯存在問題，當另尋它解。

　　從語法上來看，"蔑天命"應理解爲動賓結構較爲妥當。作爲動詞的"蔑"當訓爲"覆被、施加"之義，其可與出土文獻中所見"蔑懋"之詞相聯繫。西周金文習見"蔑懋"一詞，讀爲"懋"之字原作"󰀀"(《集成》6003)之形，舊有多種釋法。近來，陳劍先生指出此字從"秝"得聲，可讀爲"懋"，用爲"勉勵、鼓勵"之義。① 其說可從。西周金文屢見"上級+蔑+下級+懋"的辭例，如：

（1）王蔑免懋，令史懋賜免載巿同黃，作司工。（免尊，《集成》6006）
（2）王蔑庚嬴懋，錫裸章、貝十朋。　　　　（庚嬴鼎，《集成》2748）

上舉兩辭中的"王"對於"免"及"庚嬴"而言是上級，"王"是"蔑"這一動作的施行者。"上級+蔑+下級+懋"這類辭例的語法結構爲"施事主語+動詞+間接賓語+直接賓語"。② "蔑某懋"爲典型的雙賓語結構。金文中又見"加某懋"之辭：

（3）叔朕父加智懋，用赤金一鈞。　　　　　（智簋，《銘圖》05217）

"加某懋"之"加"是表"施加"之義。"加某懋"與"蔑某懋"語法結構相同，"蔑"與"加"語義相近。受此啓發，陳劍先生指出，"蔑某懋"之"蔑"當表"覆被、施加"之義，其與"被天之災"(《新書・大政上》)、"被民以德教"(《漢書・刑法志》)等辭中的"被"語義相同。③ "被"又有"施加"之義，如《廣雅・釋詁》："被，加也。"《漢書・刑法志》"被民以德教"，顏師古注："被，加也。"因

---

① 陳劍：《簡談對金文"蔑懋"問題的一些新認識》，《出土文獻與古文字研究》第七輯，上海：上海古籍出版社，2018年，第91—117頁。
② 張延俊、呂曉薇：《殷周金文"蔑歷"的語法結構和意義》，《長江學術》2013年第4期，第90—93頁。
③ 陳劍：《簡談對金文"蔑懋"問題的一些新認識》，《出土文獻與古文字研究》第七輯，第106—111頁。

而,"蔑某懋"之"蔑"亦可理解爲由"覆被"義所引申出的"施加"之義。

出土文獻中還有"蔑""被"連用的用例:

(4) 王用能奄有四叕(鄰),遠土不(丕)承,孫=(子孫)用蘪被先王之耿光。　　　　　　　　　　　　　　　　　　(清華簡《皇門》簡6—7)

"蘪"字从"蔑"得聲,此句中的"蔑"與"被"係同義詞連用,"子孫"爲間接賓語提前作受事主語,"子孫用蘪被先王之耿光"即是言"子孫"被覆被、施加於"先王之耿光"。

由上論可知,"蔑"有"覆被、施加"之義。"蔑某懋"即謂"覆被、施加某人於鼓勵、獎勵"之義。"蔑某懋"又有"某蔑懋"的變式,如:

(5) 穆王饗醴,即邢伯、大祝射。穆王蔑長囟以逨即邢伯。邢伯氏(視)彌(引)不姦,長由蔑懋。　　　　　　　　(長囟盉,《集成》9455)

(6) 趩拜稽首,揚王休對。趩蔑懋,用作寶尊彝。

(趩觶,《集成》6516)

(7) 公姞令次司田人。次蔑懋,錫馬錫裘。 (次卣,《集成》5405)

(5)辭其先言"穆王蔑長囟",可見"穆王"爲"長囟"的上級,"長囟"爲被"蔑"者,則"長由蔑懋"之"長囟"亦是間接賓語提前作受事主語,此句可翻譯爲"長由被覆被、施加於勉勵、鼓勵"。(6)(7)辭中的"趩""次"亦爲被"蔑懋"者,從語法結構來看,"趩""次"顯然也是受事主語。"某蔑懋"即謂某人被"覆被、施加於鼓勵、獎勵"之義。

《國語·晉語二》"君苟輔我,蔑天命矣"之"蔑"前缺少主語,乃是承前文的賓語"我"而省略,其完整的結構應爲"君苟輔我,[我]蔑天命矣"。"[我]蔑天命"正與前文所論"某蔑懋"的語法結構相同,"我"爲受事主語,"蔑"亦用爲"覆被、施加"之義。"君苟輔我,蔑天命矣"一句乃是説,若得到秦穆公的幫助,我(公子夷吾)如同被覆被、施加於天命。公子夷吾將秦穆公的幫助與天命相提並論,無疑是其對秦國使者的獻媚、乞求之辭。當然,公子夷吾自謂"蔑天命"某種程度上也是在重申自身繼承晉國王位的合法性,頗有強調其乃天命所歸的意味。"君苟輔我,蔑天命矣"後文"亡人苟入掃宗廟,定社稷,亡人何國之與有？君實有郡縣,且入河外列城五"之辭亦爲公子夷吾獻媚之辭,此句大意是說如受秦國幫助登上晉國王位,則整個晉國亦爲秦國所有。因而"蔑天命"似有另一層含義,即公子夷吾以"蔑天命"暗示上天最終是要予晉於秦,天命終究在秦,向秦表明忠心。①

此外,《國語·吴語》"句踐滅吴夫差自殺"章又見"蔑卜筮"之辭:

> 越大夫種乃唱謀曰:"吾謂吴王將遂涉吾地,今罷師而不戒以忘我,我不可以怠。日臣嘗卜於天,今吴民既罷,而大荒薦饑,市無赤米,而囷鹿空虛,其民必移就蒲贏於東海之濱。天占既兆,人事又見,**我蔑卜筮矣**。王若今起師以會,奪之利,無使夫悛。……"

《吴語》前文又有辭作:"大夫種乃獻謀曰:'……吾以卜之於天,天若棄吴,必許吾成而不吾足也,將必寬然有伯諸侯之心焉。既罷弊其民,而天奪之食,安受其燼,乃無有命矣。'"此句可與"天占既兆,人事又見,我蔑卜筮矣"合觀。"天占既兆"顯然是說"臣嘗卜於天"的占卜結果已得到應驗的意思。若按舊説將"蔑"理解爲"無"的意思,則"我蔑卜筮"與前文語義並不連貫。"天占既兆,人事又見,我蔑卜筮矣"一句,《吴越春秋·句踐伐吴外傳》作"夫占,兆人事,又見於卜筮",《吴語》"蔑卜筮"之義應略同於"見於卜筮"。我們認爲"我蔑卜筮"中的"蔑"亦是用爲"覆被、施加"之義。

傳世文獻中與"蔑"語義相近的"被"有以下用法:

(8) 其胤維何？天被爾禄。　　　　　(《詩經·大雅·既醉》)
(9) 故受天之福者,天不功焉;被天之災,則亦無怨天矣,行自爲取之也。　　　　　(《新書·大政上》)
(10) 絕國殊俗、僻遠幽閒之處,不能被德承澤,故立諸侯以教誨之。
　　　　　(《淮南子·脩務》)

"禄""災""德"皆可説"被",正可與"我蔑卜筮"合觀。"我蔑卜筮"中的"卜筮"所指代的正是前文的"日臣嘗卜於天"的占卜結果。"我蔑卜筮"即

---

① 此蒙鄔可晶先生提示。

是謂之前卜筮的結果已覆被、施加於我身,正承前文"天占既兆""人事又見"語義而來。

"覆被、施加"爲"蔑"字之冷僻義,傳世古書中罕見用例,前引陳劍先生文中曾列舉"文王蔑德降於國人"(《尚書·君奭》)、"追學于文武之蔑[德]"(《逸周書·祭公》)兩例。《國語·晉語二》"蔑天命""蔑卜筮"之辭亦有鉤沉古義之作用,可爲"蔑"字這一冷僻義在傳世文獻中的使用又增加一例證。

2. 復 言

《國語·楚語下》"葉公子高論白公勝必亂楚國"章有"復言"一詞:

(1) **復言而不謀身**,展也;愛而不謀長,不仁也;以謀蓋人,詐也;彊忍犯義,毅也;直而不顧,不衷也;周言棄德,不淑也。

上引的這段話爲楚葉公子高對白公勝的評價,"復言",韋昭注:"言可復,不欺人也。"此事亦載於《左傳·哀公十六年》,作:

(2) 吾聞勝也**好復言而求死士**,殆有私乎?**復言非信也**,期死非勇也。子必悔之。

韋昭注中的"言可復"當取自《論語·學而》:

(3) 有子曰:"信近於義,**言可復也**;恭近於禮,遠恥辱也。"

此類用法的"復言"又見於《左傳·僖公九年》:

(4) 初,獻公使荀息傅奚齊。公疾,召之曰:"以是藐諸孤,辱在大夫,其若之何?"稽首而對曰:"臣竭其股肱之力,加之以忠貞,其濟,君之靈也,不濟,則以死繼之。"公曰:"何謂忠貞?"對曰:"公家之利,知無不爲,忠也。送往事居,耦俱無猜,貞也。"及里克將殺奚齊,先告荀息曰:"三怨將作,秦、晉輔之,子將何如?"荀息曰:"將死之。"里克曰:"無益也。"荀叔曰:"吾與先君言矣,不可以貳。**能欲復言而愛身乎**?雖無益也,將焉辟之?"

《國語》《左傳》的"復言"應是《論語》"言可復也"的變式。(4)"復言而愛身",杜預注:"復言,言可復也。"孔穎達《正義》:"意能欲使前言可反復而行之。"楊伯峻注:"復言,猶言實踐諾言。"① (3)"言可復也",朱熹《論語集注》:"復,踐言也。"② 楊伯峻亦引朱熹之說,指出"言可復"即"實踐諾言之義"。③《漢語大詞典》"復言"此詞列有一"實踐諾言"的義項,即引楊說爲證。

(4)爲里克欲殺奚齊而詢問荀叔(荀息)意見,荀叔回答里克之語,此事亦見《國語·晉語二》,其中也有一段荀叔回答里克之語:

(5)荀息曰:"昔君問臣事君於我,我對以忠貞。君曰:'何謂也?'我對曰:'可以利公室,力有所能,無不爲,忠也。葬死者,養生者,死人復生不悔,生人不愧,貞也。'吾言既往矣,**豈能欲行吾言而又愛吾身乎**?雖死,焉避之?"

"復言而愛身"與"行吾言而又愛吾身"相對,"行吾言而又愛吾身"大意是説既踐行自己的諾言又愛惜自己的生命。從語義來看,朱熹、楊伯峻之説當更爲允洽。但問題的關鍵是"復"這一詞本身並無所謂"實踐""踐行"之類的詞義。程樹德《論語集釋》中即批評朱熹之説:"'復'訓反覆,漢唐以來舊說如是,從無'踐言'之訓,《集注》失之。"④《大戴禮記·曾子立事》"人信其言,從之以行,人信其行,從之以復","復"在"行"之後,可見將"復"直接理解成"實踐""踐行"確實也不妥當。

劉殿爵先生認爲"復言"之"復"是"重複"之義。⑤ 鄔可晶先生也持相同的看法:

古書中"復言""復其願""復期月"等……其實這只是"重複""復又"義的"復"在某種特殊語境中的語境義。此類語境規定,"非現實"

---

① 楊伯峻:《春秋左傳注(修訂本)》,北京:中華書局,2009年,第329頁。
② 朱熹之説見程樹德撰,程俊英、蔣見元點校:《論語集釋》,北京:中華書局,1990年,第51頁。
③ 楊伯峻:《論語譯注》,北京:中華書局,2009年,第8頁。
④ 程樹德:《論語集釋》,第51頁。
⑤ 劉殿爵著,楊鐘基譯:《"復言"解》,《採掇英華——劉殿爵教授論著中譯集》,香港:中文大學出版社,2004年,第61—71頁。

的内容要"重複""復又"於"現實"之中,而不是"非現實"的内容或"現實"的内容在各自場域内"重複""復又"。如"復言""復其願"就是"使其所言、所願在現實中重複、復又一遍"。①

訓"復"爲"又"這類説法的主要問題在於,"復言"之"言"指的是言語或承諾,其本即是尚未實現的非現實的内容,既然未曾實現,又談何"重複"?

《管子·形勢》篇還有"言而不可復者"之辭:

(6) **言而不可復者**,君不言也;行而不可再者,君不行也。凡言而不可復,行而不可再者,有國者之大禁也。

從《管子·形勢》之語,可以清晰地看到"言而不可復者"與"行而不可再者"本是"言""行"兩個層面的問題,若將"言而不可復者"之"復"理解爲"再"義,則這句話只能翻譯爲"言語不可再説的,君主不言",文義頗難理解。《管子·形勢解》解釋"言而不可復者"一段語義時謂:

人主出言不逆於民心,不悖於理義,其所言足以安天下者也,人唯恐其不復言也。出言而離父子之親,疏君臣之道,害天下之衆,**此言之不可復者也,故明主不言也。故曰:"言而不可復者,君不言也。"**

人主身行方正,使人有禮,遇人有理,行發於身,而爲天下法式者,人唯恐其不復行也。身行不正,使人暴虐,遇人不信,行發於身,而爲天下笑者,**此不可復之行,故明主不行也。故曰:"行而不可再者,君不行也。"**

從《管子·形勢解》"此言之不可復者也""此不可復之行"的論述來看,其編者是將《管子·形勢》"行而不可再者"之"再"理解成了"復",説明其認爲"復""再"同義。劉殿爵將"復言"之"復"訓爲"重複"之義的主要依據即是此句。這類看法也存在問題,《管子·形勢解》顯然是錯誤理解了"言而不可復者"一句的語義,黎翔鳳在疏解《管子·形勢》時已指出:

---

① 鄔可晶:《説"卬"》,《戰國文字研究》第六輯,合肥:安徽大學出版社,2022年,第22—78頁。

"復"與"再"不同。《小爾雅·廣言》:"復,白也。"《孟子》:"有復於王者曰。"口語謂之回信。"信近於義,言可復也",即此義。訓"覆"則與"再"無別,非是。①

《小爾雅·廣言》"復,白也"之"白"就是"回復"之義。"復言"就是説承諾、諾言有所回復。我們認爲"復言"之"復"實際當訓爲"報"。在傳世文獻中"復""報"常互訓,其語音也相通,韻母上幽覺對轉,聲母上並幫旁紐。劉釗先生曾指出"復"和"報"都有"回復"及"報告、報復"的意思,在這一點上,兩者是同源詞,音義皆近。② 其説可從。出土文獻中有"報""復"相通之例:

(7) 非言不讎(讎),非德亡(無)遼(復)。（郭店簡《語叢四》簡 1）
(8) 亟(極)罰則民多＝虐＝(多詐,多詐)則不＝忠＝(不忠,不忠)則亡(無)遼(復)。　　　　　　　　　　　　　　　　　（清華簡《命訓》簡 9—10）

《語叢》"非德無復"可與《詩經·大雅·抑》"無言不讎,無德不報"相參照,"復""報"相對。清華簡《命訓》之"復",今本《逸周書·命訓》作"報"。從這個角度來説,"復言""言可復"也可理解成"報言""言可報"。《國語·楚語下》"復言"及《論語·學而》"言可復"之"復"其實皆應訓爲"報"。"復言"就是説對作出的承諾要有所回應。《左傳·僖公九年》"吾與先君言矣,不可以貳。能欲復言而愛身乎"所"復"之言即前文"臣竭其股肱之力,加之以忠貞"云云,即爲荀息對獻公所作的承諾。荀息"復言"即是指面對里克將殺奚齊的情況,荀息要對自己先前對獻公所作的承諾有所回復、答對,亦即實踐自己的諾言。

在西周金文中還有"報厥誓"的説法:

(9) 气誓曰:"余某(無)弗稱公命。余自無(誣),則鞭,身笰傳出。"**報氒(厥)誓**曰:"余既曰余稱公命,襄(倘)余亦改朕辭,出棄。"對公命,用作寶盤、盉,子孫其萬年用。　　　（霸姬盉,《銘圖》14795）

---

① 黎翔鳳撰,梁運華整理:《管子校注》,北京:中華書局,2004 年,第 47 頁。
② 參劉釗:《關於〈孟子〉一處語詞訓釋和理解的辨正》,《文獻語言學》第十二輯,北京:中華書局,2021 年,第 9 頁。

(10)八月戊申,霸姬以气訟于穆公曰:"以公命,用竢(討)朕僕馭臣妾自气,不余气(乞)。"公曰:"余不女命曰:'虩霸姬。'气誓曰:'余某(無)弗廛(展)禹(稱)公命,用虩霸姬。余唯自無(誣),鞭五百,罰五百孚(鋝)。'"**報丮(厥)誓曰**:"余禹(稱)公命,用虩霸姬。裏(倘)余亦改朕辭,則鞭五百,罰五百孚(鋝)。"气則誓。曾(增)丮(厥)誓曰:"女(汝)某弗禹(稱)公命,用虩霸姬。余唯自無(誣),則鞭身,傳出。"**報丮(厥)誓曰**:"余既曰禹(稱)公命,裏(倘)余改朕辭,則出棄。"气則誓。　　　　　　　　　　　　　(霸姬盤,《銘三》1220)

霸姬盉與霸姬盤同出於山西翼城大河口西周墓地,兩器銘文所述爲一事。霸姬盤的辭例更爲完整,銘文講述了霸姬因僕馭臣妾的歸屬向穆公對"气"此人發起訴訟,"气"依據先前的判決起誓之事。其結構爲"气誓曰—報厥誓—气則誓""增厥誓—報厥誓—气則誓"。"增厥誓"後的"汝某弗稱公命"之"汝"所指稱的是"气","增厥誓"的主語則應爲穆公。嚴志斌、謝堯亭先生認爲"气誓曰"與"增厥誓"後的內容是穆公所代擬的命辭,而"報厥誓"才是"气"真正的誓言,"報厥誓就是從誓者气按照上文命誓之辭之樣進行發誓,也就是從誓"。① 董珊先生也認爲"報厥誓"即答對上述之誓辭,②其說可從。"報厥誓"之"報"即應訓作"回復、答對"之義。"報厥誓"是"气"此人針對穆公代擬的命辭所作的答對,也就是發誓者"气"通過答對回復命辭的形式,向穆公表示自己將確保自己的誓言與命辭相合,即其能夠承諾遵守誓言的決心。

西周金文中還有"孚其誓"之辭,也有助於我們理解"報厥誓"的語義:

(11)女(汝)卬上先誓。今女(汝)亦既又孚誓:"……亦兹五夫。"亦既孚乃誓,女(汝)亦既從辭從誓……　　(儣匜,《銘圖》15004)

該器銘文的結構爲"卬上先誓—孚誓—從辭從誓","卬"从"弋"得聲,讀爲"整敕"之"敕"。③ 何景成先生認爲儣匜先提及"先誓"再說"孚誓"與霸姬

---

① 嚴志斌、謝堯亭:《气盤、气盉與西周誓儀》,《中國國家博物館館刊》2018年第7期。
② 董珊:《翼城大河口鳥形盉銘文的理解》,復旦網,2011年5月5日。
③ 鄔可晶:《説"卬"》,《戰國文字研究》第六輯,第62頁。

盤先提及誓語,再説"報厥誓"結構上是一致的。① 儠匜中省略了"先誓"的内容,其可與霸姬盤的結構相參照,"既又孚誓"顯然也是針對"先誓"而言。"儠匜"中"孚"字作"[字形]",先秦古書中訓爲"信"的"孚"在出土文獻材料中亦多作此形。如《禮記·緇衣》"萬邦作孚"之"孚",上博簡《緇衣》作"[字形]",這類字形可追溯到甲骨文中,作"[字形]"。② 鄔可晶先生認爲此字前的彎筆或短橫表示"有所覆蓋、遮掩",該字整體就像跪坐之人前上方有物覆蓋之形,乃是"覆蓋"之"覆"的表意初文。③ 又"覆蓋"義很容易引申出"相合、符合"的義項,《正字通·子部》:"孚,合也。""被"有"覆蓋"義,也同樣引申出"符合"之義,《管子·立政》"令則行,禁則止,憲之所及,俗之所被,如百體之從心,政之所期也",尹知章注:"被,合也,謂俗與憲合。"儠匜的"孚其誓"即"合其誓",也就是通過答對"先誓"以重申確保前後發誓的誓言相符合的決心,"孚其誓"本質上也是對"先誓"的答對與回復。

儠匜的"孚其誓"可與霸姬盤的"報厥誓"相聯繫。這表明,此類用於與言行關係相關語境中的"復"已具有了"符合"之類的語境義。④《韓非子·南面》有辭作:

(12)主道者,**使人臣前言不復於後,後言不復於前**,事雖有功,必伏其罪,謂之任下。

《韓非子·二柄》謂:"爲人臣者陳而言,君以其言授之事,專以其事責其功。功當其事,事當其言,則賞;功不當其事,事不當其言,則罰。"正可與(12)相參照。"前言不復於後",是説先前之言不與之後的行爲相合,"後言不復於前"是説後來的言論不與先前的行爲相合,其大意還是與言行相合有關。

---

① 何景成:《西周金文誓語中的詛咒》,《社會科學》2018年第1期,第130頁。
② 此字在卜辭中表示對於占卜結果的判斷,如《合集》38169:"其遘雨。兹卩(孚)。小雨。"參裘錫圭:《𪭢公盨銘文考釋》,《中國出土古文獻十講》,上海:復旦大學出版社,2004年,第46—77頁。
③ 鄔可晶:《説"卩"》,《戰國文字研究》第六輯,第45頁。
④ 本條札記的初稿中我們曾認爲《國語》"復言"、《論語》"言可復"之"復"可讀爲"孚",二者語音相近,文獻中亦有通假之例,如上博簡《周易》中"有孚"之"孚",馬王堆漢墓帛書《周易》中多作"復"。然而爬梳材料後,終覺有些辭例難以講通,但似乎又不能完全放棄這類説法,故暫附記於此。

(12)"不復"之"復"也是表示"符合"之類的語境義。

《左傳·僖公八年》有"復期月"之説：

(13)晉里克帥師，梁由靡御，虢射爲右，以敗狄於采桑。……虢射曰："期年狄必至，示之弱矣。"

夏，狄伐晉，報采桑之役也，復期月。

"期年"即"期月"，二者互文爲義。"復期月"，杜預注："明期年之言驗。"楊伯峻先生認爲此句的"復"與《論語·學而》"言可復"之"復"義同："此謂虢射期年必至之言應驗。"①其説近是。"復期月"是説"狄伐晉，報采桑之役也"這一行爲正是對先前虢射預言"期年狄必至"的回復，亦即虢射的預言與事實相符。"復期月"之"復"自然也可以理解爲具有"相合"之類的語境義。

《大戴禮記·曾子立事》謂：

(14)君子慮勝氣，思而後動，論而後行。行必思言之，**言之必思復之，思復之必思無悔言**，亦可謂慎矣。人信其言，從之以行，**人信其行，從之以復。復宜其類，類宜其年〈言〉**，②亦可謂外内合矣。

(14)"言之必思復之"與"人信其行，從之以復"之"復"顯然當是同義。"言之必思復之"之"復"也應訓爲"報"，其是説君子出言之前必須思考對其所言要有所回報、回應。(14)"人信其行，從之以復"所"復"的是"（君子）其行"，後文講"復宜其類"，其中的"復"則是指前文"人信其行，從之以復"之"復"，"宜"表"相合"義，"類"爲"事"之義。"復宜其類"是講衆人所"復"與君子所行之事相合。"人信其行，從之以復"是説衆人信任君子之行，隨之以自己的行動回報君子之行。回報君子之行其實也可以理解爲"按照君子之行行事"或"衆人之行與君子之行相合"，這裏的"復"似也有"符合"之類的語境義，故而後文才言"復宜其類"。"衆人之行與君子之行

---

① 楊伯峻：《春秋左傳注（修訂本）》，第322頁。
② "年"在閣本中作"言"，當以作"言"爲是，因音近誤爲"年"。參黃懷信主編，孔德立、周海生撰：《大戴禮記彙校集注》，西安：三秦出版社，2005年，第459頁。

相合"即衆人與君子行爲相同,因此才能説其衆人之"復"合於君子所行之"類(事)"。"類宜其年〈言〉"是説君子所行之事與其言相合,針對的是前文"人信其言,從之以行"一句。

對言論、承諾是否有所回復同時也暗含着"覆驗"之義。《論語·學而》"信近於義,言可復也",皇侃《論語義疏》謂:"復,猶驗也……此信之言乃可復驗也。"① 其説已很接近事實。要求其所説所論能夠答對、回復,目的就在於檢驗其諾言是否施行。《大戴禮記·文王官人》有辭作:

(15) 微忽之**言久而可復**,幽閒之行獨而不克,行其亡如其存。曰順信者也。

《大戴禮記·文王官人》同篇又説"探取其志以觀其情,考其陰陽以觀其誠,覆其微言以觀其信,曲省其行以觀其備成,此之謂'觀誠'也","覆其微言"之"覆",孔廣森、王聘珍均將其訓爲"復",② "覆""復"音近,古書中常通用。③(15)説"言久而可復"可稱得上"順信","覆其微言以觀其信"與"微忽之言久而可復"的語義應該相同。"覆其微言"之"覆"即"覆驗"之義。"言久而可復"之"復"其實既可以理解成"答對"之義,也可以理解爲"覆驗"之義,言語可以答對正是"覆驗"其説是否可信的前提。"覆"的"覆驗"義也是由答對義引申而來。這種詞義引申的軌跡可以"合"作爲平行例證,"合"字甲骨文中作"🔺",本象器皿、蓋子相合之形,上下相覆即是"合","合"引申出答對之義,《左傳·宣公二年》:"見叔牂,曰:'子之馬然也。'對曰:'非馬也,其人也。'既合而來奔。"杜預注:"合,猶答也。"戰國簡帛中{答}一詞也多用"合"字表示。④"合"由此又引申出"核驗、對合"之義,《戰國策·齊策四》"使吏召諸民當償者,悉來合券"及《史記·孟嘗君列傳》"[馮驩]召諸取錢者,能與息者皆來,不能與息者亦來,皆持取錢之券書合之"之"合"即用爲此義。

傳世文獻中還有"言必有報""無言不讎"的説法:

---

① 程樹德撰,程俊英、蔣見元點校:《論語集釋》,第51頁。
② 黄懷信主編,孔德立、周海生撰:《大戴禮記彙校集注》,第1097—1098頁。
③ 高亨、董治安:《古字通假會典》,濟南:齊魯書社,1989年,第768頁。
④ 參禤健聰:《戰國楚系簡帛用字習慣研究》,第76頁。

（16）無故而不當爲誣，誣而罪。**臣言必有報，説必責用也**，故朋黨之言不上聞。　　　　　　　　　　　（《韓非子·八經》）

（17）無易由言，無曰"苟矣，莫捫朕舌"，言不可逝矣。**無言不讎，無德不報。**　　　　　　　　　（《詩經·大雅·抑》）

（16）"臣言必有報"是説臣子之言要有"報"，不少學者都指出"報"應訓爲"復"。① 陳奇猷疏解此句句意爲"謂臣之言必以後事復之，視其是否有驗"，②其説近是。"臣言必有報"之"報"也是答對、回復之義，其就是説，君主要檢驗臣子對其言論（承諾）在行爲上是否有所回應。

（17）"無言不讎"，《列女傳·周主忠妾》引作"無言不醻"，《韓詩外傳》《後漢書·明帝紀》引作"無言不酬"。不少學者都已指出，"無言不讎"之"讎"用爲"應對、回答"之義。③ "讎"與"報"對文，《詩·大雅·抑》"無德不報"之"報"，郭店簡《語叢四》簡1作"復"。可見"讎"與"復"語義也相同。（17）"無易由言"云云都是在强調慎言，"無言不讎"也是在强調言論、諾言一出必將會得到回應。

（16）"臣言必有報"及（17）"無言不讎"可與《國語·楚語下》"復言"及《論語·學而》"言可復"相參照。"報""讎""復"處於相同的語法位置，他們的語義也近似。《國語·楚語下》的"復言"的語法結構近似於文獻中常見的"復命"，"復命"是對"命令"有所"回復"，文獻中還有"報命"一詞與"復命"義同。同理，"復言"是説對自己的言論、承諾有所"回復"。

通過上述的分析，可見上舉諸句以《國語·楚語下》"復言"及《論語·學而》"言可復"爲代表的這類用法的"復"其核心的義素是"回復、答對"，在某些辭例中又產生了"符合""覆驗"之類的語境義。

---

① 陳奇猷校注：《韓非子新校注》，上海：上海古籍出版社，2000年，第1077頁；梁啓雄：《韓子淺解》，北京：中華書局，1960年，第460頁；張覺：《韓非子校疏析論》，北京：知識產權出版社，2011年，第1097頁。
② 陳奇猷校注：《韓非子新校注》，第1077頁。
③ （宋）朱熹撰，趙長征點校：《詩集傳》，北京：中華書局，2017年，第313頁；（清）馬瑞辰撰，陳金生點校：《毛詩傳箋通釋》，北京：中華書局，1989年，第952頁；高亨：《詩經今注》，《高亨著作集林》第三卷，北京：清華大學出版社，2004年，第501頁；程俊英、蔣見元：《詩經注析》，北京：中華書局，1999年，第860頁。

3. 臣不心競

《國語·晉語八》"叔向與子朱不心競而力爭"章有辭作：

> 子朱怒曰："皆君之臣也，班爵同，何以黜朱也？"撫劍就之。叔向曰："秦、晉不和久矣，今日之事幸而集，子孫饗之。不集，三軍之士暴骨。夫子員導賓主之言無私，子常易之。姦以事君者，吾所能禦也。"拂衣從之，人救之。平公聞之曰："晉其庶乎！吾臣之所爭者大。"師曠侍，曰："公室懼卑，**其臣不心競而力爭**。"

"心競而力爭"一句，韋昭無注。此句又見於《左傳·襄公二十六年》：

> 平公曰："晉其庶乎！吾臣之所爭者大。"師曠曰："公室懼卑，**臣不心競而力爭**，不務德而爭善，私欲已侈，能無卑乎？"

杜預注："謂二子不心競爲忠，而撫劍拂衣。"似是將"競"理解爲"競爭"之義。後世學者或受此影響，多將《國語》"心競而力爭"之"競"理解爲此義。如鄔國義先生翻譯此句爲"這兩位大臣不是鬥智而是鬥力"，①來可泓先生翻譯此句作"它的臣子不是鬥智而在鬥力"，②陳桐生先生翻譯此句爲"大臣們不是在鬥心，而是在鬥力"。③ 杜預訓"心競"爲"心競爲忠"有增字解經之嫌。"其臣不心競而力爭"是師曠對子朱的批評，"心競"應是褒義，與"力爭"語義相反，將"心競"翻譯成所謂"鬥心""鬥智"，恐怕都難以理解成是含有褒義的。

相比於《國語·晉語八》，《左傳·襄公二十六年》"不心競而力爭，不務德而爭善"一句的語義更爲完整。"爭善"，杜預注："爭謂所行爲善。""務德"之"務"應訓爲"強勉"之義，《説文》："敄，彊也。"承培元《廣瀟研堂説文答問疏證》："敄，彊也。凡經傳以'務'爲'彊勉'義者，皆以敄爲正字。"④李

---

① 鄔國義、胡果文、李曉路撰：《國語譯注》，第429頁。
② 來可泓撰：《國語直解》，第668頁。
③ 陳桐生譯注：《國語》，第518頁。
④ 丁福保編：《説文解字詁林》第三册，北京：中華書局，1988年，第3627頁。

夢生先生翻譯"不務德而爭善"爲"不致力於培養道德而爭執是非",①其説大體得之。"不心競而力爭"與"不務德而爭善"都是師曠對子朱的批評,"心競"與"力爭"相對,"務德"與"爭善"相對。"心競"與"務德"處於相同的語法位置,二者語義應相近,我們認爲"心競"之"競"當讀爲"強",訓爲"強勉"之義。

《廣雅·釋訓》:"勍勍、競競,武也。"王念孫《廣雅疏證》:"《説文》:'勍,彊也。'引僖二十二年《左傳》'勍敵之人'。《爾雅》:'競,彊也。'彊、勍、競古並同聲。重言之則曰勍勍、競競也。"②"彊""強"古通用。在出土文獻中也有"競"讀爲"強"的例證:

不勥(強)不桼(絿),不柔(剛)不矛(柔)。此之胃(謂)也。

（郭店簡《五行》簡41—42）

"不強不絿,不剛不柔"一句引自詩經,今本《詩經·商頌·長發》作"不競不絿,不剛不柔","強"與"競"相對應。"競"訓爲"強"也是古書中的常訓,如前引《詩經·商頌·長發》"不競不絿"之"競",朱熹《詩集傳》:"競,強。"③《詩經·大雅·抑》"無競維人,四方其訓之",鄭玄箋:"競,彊。"④

值得注意的是,《左傳·僖公七年》"諺有之曰:'心則不競,何憚於病?'既不能強,又不能弱,所以斃也",杜預注:"競,強也;憚,難也。"孔穎達疏:"言心則不能彊盛,則當須屈服於人,何得難於屈弱之病,而不下齊。"⑤"心則不競"正可與《國語·晋語八》《左傳·襄公二十六年》的"不心競"相參照。"心競"的正常語序應爲"競心",《左傳·襄公二十六年》"不心競而力

---

① 李夢生:《〈左傳〉譯注(全二册)》,上海:上海古籍出版社,1998年,第823、824頁。
② (清)王念孫撰,張靖偉等校點:《廣雅疏證》,上海:上海古籍出版社,2016年,第916頁。
③ (宋)朱熹集撰,趙長征點校:《詩集傳》,第374頁。
④ 更多例子參宗福邦等編:《故訓匯纂》,北京:商務印書館,2003年,第1662頁。
⑤ (晋)杜預注,(唐)孔穎達正義,十三經注疏整理委員會:《春秋左傳正義》,北京:北京大學出版社,2000年,第400頁。按:"心則不競",《風俗通·十反篇》引作"心苟不競",廖名春先生認爲"苟"爲"苟(敬)"之訛字,《風俗通·十反篇》"心苟不競"當讀作"心敬不競"。"敬"與《左傳·僖公七年》"心則不競"之"則"當爲同義詞,二者屬於同義换讀的關係。"則"非虚詞,而是實詞,表守規則、守規矩之義,"心苟不競"是講在道德修養上做得不好,所以下文説"何憚於病",没有好下場(參廖名春:《〈左傳〉"心則不競""德則不競"新釋》,《中華文史論叢》2018年第4期)。此説有一定的可能性,暫且附記於此。

争,不務德而争善"是説,臣子不强盛其心智而以力相争,不致力於培養道德而争執是非。《國語》"不心競而力争"亦當作此解,又《後漢書·鄭孔荀列傳》"晋侯嘉其臣所争者大,而師曠以爲不如心競"之"心競"也是此義。

4. 是知天咫,安知民則/神狎民則

《國語·楚語上》"范無宇論國爲大城未有利者"章有辭作:

> 子晳復命,王曰:"**是知天咫,安知民則。是言誕也。**"右尹子革侍,曰:"民,天之生也。知天,必知民矣,是其言可以懼哉!"三年,陳、蔡及不羹人納棄疾而弑靈王。

楚靈王修築陳、蔡、不羹城墻,派遣仆夫子晳咨詢范無宇的意見,范無宇發表了一大段修築大城不利於楚國的言論。"是知天咫,安知民則。是言誕也"則是楚靈王對范無宇之言的評判,韋昭注謂:"咫,言少也。此言少知天道耳,何知治民之法。"首先需要討論的是"咫"字的用法,現今還有學者沿用韋昭的意見,如黄永堂先生注釋"天咫"爲"天道的少部分"。① 這種看法顯然存在問題。清人王引之已指出"是知天咫"之"咫"是"只"的借字,"只,詞之'耳'也","咫"在此作虚詞使用。② 楊樹達也有類似的看法,認爲"咫"是語末助詞,與"耳"相同。③ "只"在先秦文獻中常作句末語氣詞,如《詩經·邶風·燕燕》"仲氏任只,其心塞淵";《楚辭·大招》"代水不可涉,深不可測只";《左傳·襄公二十七年》"諸侯歸晋之德只,非歸其尸盟也"。不少工具書中都將《楚語上》"是知天咫"一句作爲"咫(只)"用作句末語氣詞的例證,④這類意見應是正確的。

下面,我們主要討論"是知天咫,安知民則"一句中"則"的用法。從前引韋注來看,韋昭是將"民則"理解爲"治民之法"的意思,有的學者認爲"天

---

① 黄永堂譯注:《國語全譯》,第503頁。
② (清)王引之撰,李花蕾點校:《經傳釋詞》,第201頁。
③ 楊樹達:《詞詮》,北京:中華書局,1954年,第187頁。楊樹達在其另一本專著《高等國文法》中也有相同的意見,參氏著《高等國文法》,長沙:湖南教育出版社,2008年,第412頁。
④ 裴學海:《古書虚字集解》,北京:中華書局,1954年,第776頁;何樂士等編著:《古代漢語虚詞通釋》,北京:北京出版社,1985年,第817頁;中國社會科學院語言研究所古代漢語研究室編:《古代漢語虚詞詞典》,北京:商務印書館,1999年,第848頁。

"意爲"天道","民則"與"天咫"對文,意爲治民的方法。① 現已知"咫"爲虛詞,則此種意見也不能成立。"是知天咫,安知民則"後文又言"民,天之生也。知天,必知民矣",以"民"與"天"對舉,正呼應上文"天咫"之"天"與"民則"之"民",這裏的"民"似包含"民心"之義。將"民則"理解爲"治民的方法"與後文語義也不相承。清人俞樾認爲"是知天咫!安知民則"的"'咫'與'則'並語辭",其謂:

  "是知天咫,安知民則?"猶是言知天只,安知民只。《楚辭·大招篇》每句末皆用"只"字,蓋楚語然也。"咫"與"則"古通用。賈子《連語篇》"墻薄咫亟壞,繒薄咫亟裂,器薄咫亟毁,酒薄咫亟酸",《新序·雜事篇》"咫"並作"則",是其證也。"咫"可讀爲"只",故"則"亦可讀爲"只"矣。其下曰:"民,天之生也。知天,必知民矣。"但言知民,不言知民則,可見"則"爲語辭矣。②

現今流行的《國語》注本中也有采納俞樾之説者,如陳桐生注釋此句即謂:"咫、則,均爲語氣詞。"③賈誼《新書·連語》"墻薄咫亟壞"一句中四個"咫"在《新序·雜事》中都改作"則",俞樾似是據此認爲"是知天咫,安知民則"中的"咫"與"則"處於相同的語法位置,二者義同。不過也有學者不同意"咫""則"同義之説,王顯先生曾指出:

  四個"咫"字在《新序·雜事》中都不見,見到的却是四個"則"字,這就造成假象:好象"咫"和"則"是在同義互换,"咫"確實是個連詞似的。其實深入考察、認真分析之後,就可不受這個假像的蒙蔽。我們知道,漢語中詞與詞、詞組與詞組、小句與小句、大句與大句之間的關係,完全可以以意組合,而不一定要用連詞。例如大家所熟知的"不塞不

---

① 參李素琴:《釋〈國語〉"是知天咫,安知民則"中的"則"》,《昭通師範高等專科學校學報》2008年第6期。按:可附帶一提的是,《酉陽雜俎》有《天咫》篇,《容齋隨筆·四筆》認爲"天咫"是取自"是知天咫!安知民則",有學者在此基礎上,進一步引申認爲"天咫"即爲"天命、天道"義,這也是不正確的看法,曾文斌先生已辨其非(參氏文《〈酉陽雜俎〉語詞考辨四則》,《忻州師範學院學報》2020年第1期,第122—125頁。)
② (清)俞樾撰著,趙一生點校:《群經平議》,《俞樾全集》,第871頁。
③ 陳桐生譯注:《國語》,第610頁。

流,不止不行",就是"不塞則不流,不止則不行"的意合説法。這種意合的説法,在古代就更多一些。例如《孟子·滕文公下》的"得志與民由之,不得志獨行其道",司馬光在引用時就把原來的意合説法改成連詞聯合法,説作"得志則與民由之,不得志則獨行其道",正是添上了連詞"則"。由此類推,《新序》的"牆薄則亟壞"幾句,當是劉向不正確地删去了《新書》"牆薄咫;亟壞"的語氣詞"咫"字以後,又按語法補上連詞"則"而改造出來的語句,並不是"咫""則"的同義互换。這就是説,不能根據《新序》論證"咫"相當於"則",論證"咫"是連詞。所有上列《新書》中的"咫",如同例1(引者按,即指《國語·晋語四》"吾不能行也,聞則多矣")、例2(引者按,即指《國語·楚語上》"是知天咫!安知民則")的"咫"一樣,都是句末語氣詞,表示深有所感的感情色彩。例1、例2都可以换成另外的説法,分别説作:"文公喟然長息曰'吾不能行也,聞則多矣'";"王喟然太息曰'是知天,安知民'"。①

王先生把《新序》"牆薄則亟壞"幾句中的"則"理解爲連詞是很有啓發性的意見。我們認爲前引《楚語上》的那句話應斷爲"是知天咫,安知民。則是言誕也","則"是一個順承連詞。從這個角度來説,前引王顯文中認爲《國語·楚語上》"是知天咫,安知民則"可縮略成"是知天,安知民"也不無道理。

在討論"則"的虛詞或連詞用法時,學者常引下舉之句作爲例證:

彼求我則,如不我得。執我仇仇,亦不我力。

(《詩經·小雅·正月》)

《正月》是一首感懷自身遭遇、痛斥統治者無能的"怨刺"之詩。《禮記·緇衣》中亦引此句詩,鄭玄注:"言君始求我,如恐不得我。既得我,持我仇仇然不堅固,亦不力用我,是不親信我也。"②其説頗得詩意。

---
① 王顯:《談虛詞"只"和"軹""枳""咫"》,《語言研究與應用》,北京:商務印書館,1992年,第186—187頁。
② (漢)鄭玄注,孔穎達正義,十三經注疏整理委員會:《禮記正義》,北京:北京大學出版社,2000年,第1761頁。

《正月》"彼求我則"之"則"的意義論者紛繁。朱熹《詩集傳》把"則"理解成"法則"之義,其難以講通文義,早有已有學者考辨其非。① 近人于省吾《澤螺居詩經新證》中認爲"則"應讀作"敗","彼求我則"即"彼求我敗","敗我謂毀傷我也"。② "則"古音在精母職部,"敗"古音在並母月部,二者語音遠隔,恐難以通假。這種説法亦不可信。

對於"彼求我則"之"則",目前信從者最多看法主要有兩種:一是馬瑞辰的"句末語助詞"説,二是俞樾的"則字屬下讀"説。

馬瑞辰《毛詩傳箋通釋》云:"則字爲句末語助詞,故箋但云'王之始徵求我',不釋則字。朱子《集傳》始以法則釋之,非詩意也。"③余冠英、程俊英、周振甫等學者均持此説。④ 此外,楊合鳴先生認爲"則"爲音節助詞,也與馬瑞辰之説相近。⑤

俞樾《群經平議》云:"以箋説考之,此經當以'彼求我'三字爲句,'則如不我得'五字爲句。《禮記·緇衣》篇引此經,而鄭君解之曰'言君始求我,如恐不得我',讀亦與此同也。近人讀'彼求我則'四字爲句,文不成義,殊不可從。"⑥吳闓生也有相同的意見:"則字下屬成義,此古人斷句之奇也。'君子實維,秉心無競'二句亦然。"⑦林光義、高亨也從其説。⑧

俞樾以"則如不我得"五字爲一句實際上也是把"則"理解爲一個承上啓下的連詞。馬瑞辰則將"則"視作句末語助詞。二人意見雖不完全相同,但其中也存在可以達成共識的部分,即都將"則"理解爲一個虛詞。

《禮記·緇衣》曾引用《詩經》"彼求我則,如不我得"此句,上博簡與郭店簡兩個楚簡版本的《緇衣》中亦見此句詩。此外,近出的安大簡《仲尼曰》亦見此詩:

---

① 參(清)王先謙撰,吳格點校:《詩三家義集疏》,北京:中華書局,1987年,第670頁。
② 于省吾:《澤螺居詩經新證 澤螺居楚辭新證》,北京:中華書局,2009年,第36—37頁。
③ (清)馬瑞辰撰,陳金生點校:《毛詩傳箋通釋》,第606頁。
④ 余冠英:《詩經選》,北京:人民文學出版社,1956年,第219頁;程俊英、蔣見元:《詩經注析》,第568頁;周振甫:《詩經譯注》,北京:中華書局,2002年,第299頁。
⑤ 楊合鳴:《詩經詞典》,武漢:崇文書局,2012年,第235頁。
⑥ (清)俞樾撰著,趙一生點校:《群經平議》,《俞樾全集》,第281—282頁。
⑦ 吳闓生:《詩義會通》,上海:中西書局,2012年,第172頁。
⑧ 林義光:《詩經通解》,上海:中西書局,2012年,第220頁;高亨:《詩經今注》,《高亨著作集林》第三卷,第325頁。

第一章　利用出土文獻校釋《國語》文本　·67·

皮(彼)求我則,女(如)不旻(得)。鞕(執)我裁₌(仇仇)①,亦不我力。
（郭店簡《緇衣》簡18—19）

皮(彼)求我則,女(如)不我旻(得)。鞕(執)我戠②₌(仇仇),亦不我力。
（上博簡《緇衣》簡10）

皮(彼)求我,若不我旻(得)。埶(執)我厎₌(仇仇),亦不我力。
（安大簡《仲尼曰》簡1—2）

　　上博簡、郭店簡《緇衣》這兩個版本所引的詩句與今本《緇衣》及《詩經》基本一致。安大簡《仲尼曰》則與其他版本有一個重要的不同,即其他版本中的"彼求我則"在《仲尼曰》中作"彼求我",少了一"則"字。今本《詩經·小雅·正月》"彼求我則",鄭箋:"王之始徵求我,如恐不得我。"《禮記·緇衣》引此句詩,鄭玄注:"言君始求我,如恐不得我。"都對"則"字未作說明,似乎表明在其看來此句中的"則"並不具有實際意義。從安大簡《仲尼曰》"彼求我"的辭例來看,刪去"則"字其實也並不影響詩意的表達,"則"無疑應視作一個虛詞。結合文例來看,俞樾"彼求我,則如不我得"的斷句更爲通暢。沈培先生也曾據前引《仲尼曰》之句提出過類似的意見。③ 鄭箋謂"王之始徵求我,如恐不得我",是將"如"理解爲"好像"之義。這也是現在主流的意見。但我們懷疑安大簡《仲尼曰》的編者可能與之理解不同,《仲尼曰》少一"則"字或是受後文"若"的影響。"若"在上古漢語中也能够作順承連詞,可訓爲"則"。④ 王弼本《老子》"故貴以身爲天下,若可寄天下;愛以身爲天下,若可托天下"中的兩個"若"字用作順承連詞,其在河上公本中作"則"和"乃",在傅奕本、范應元本中則均作"則"。⑤ 我們認爲《仲尼曰》所據底本很可能本作"彼求我則若不我得",抄手或是把"則"與

---

① 陳劍:《據郭店簡釋讀西周金文一例》,《甲骨金文考釋論集》,北京:綫裝書局,2007年,第20—38頁。
② 此字原作"𢦏",其釋讀參徐在國、黃德寬:《上海博物館藏戰國楚竹書(一)〈緇衣〉〈性情論〉釋文補正》,《古籍整理研究學刊》2002年第2期,第1—6頁。
③ 沈培:《據安大簡〈仲尼曰〉引〈詩〉驗證過去各家對於〈小雅·正月〉"彼求我則,如不我得"的理解》,《中國古文字研究會第二十四屆年會論文集》,西南大學,2022年11月5日—2022年11月6日。按:論文集只收入沈先生一文的提要,未見全文。
④ (清)王引之撰,李花蕾點校:《經傳釋詞》,第145頁。
⑤ 參李若暉主編:《老子異文總彙》,上海:上海辭書出版社,2019年,第73—75頁。

"若"都理解爲順承連詞,故而删去了"則"字。若我們的猜想成立,那將"則"視爲順承連詞可能也符合詩句原意,可作爲俞樾"則字屬下讀"説的證據。

在上古漢語中有些作爲連詞的"則"往往可以省略掉,如《韓非子·勢難》《管子·立政》等書中有"令則行,禁則止"的説法,在《荀子·王制》《管子·明法》等篇中則變爲了"令行禁止",省略了連詞"則"。又如傳世本《老子》"夫樂殺人者,則不可以得志於天下矣"一句,在馬王堆帛書《老子》乙本 72/246 下—73/247 上作"夫樂殺人,不可以得志於天下矣",北大簡《老子》簡 204 作"是樂殺人,不可以得志於天下",這兩個版本都省略了連詞"則"。又如:

  謹守成皋,則漢欲挑戰,慎勿與戰。 (《史記·項羽本紀》)
  謹守成皋,若漢挑戰,慎勿與戰。 (《史記·高祖本紀》)

二者所述爲一事,《項羽本紀》"則漢欲挑戰"是連接"謹守成皋"和"慎勿與戰"的,前後項是順承關係,整個句子相當於"謹守成皋,則若漢欲挑戰,慎勿與戰"。①《高祖本紀》"若漢挑戰"一句則直接省略了"則"字。安大簡《仲尼曰》"彼求我,若不我得"也是同樣的情況,由此來看在今本《詩經》中"彼求我,則如不我得"才是原詩正確的語序。

根據安大簡《仲尼曰》"彼求我,若不我得"來看,上引《國語·楚語上》那段話應斷作"是知天咫,安知民。則是言誕也",其中的"則"是用來連接前後兩個分句的連詞。這類用法的"則"文獻習見:

  夫所借衣車者,非親友,則兄弟也。 (《戰國策·趙策一》)
  襄子如廁心動,執問涂者,則豫讓也。 (《戰國策·趙策一》)

上舉諸句都是判斷句,以"則"爲界,其前半部分是主語,後半部分是謂語,"則"作連詞表示前後兩個分句間互相呼應或順承的關係,作連詞的"則"有時還處於復指主語前。②《左傳·成公十三年》"東道之不通,則是康公絶我

---

① 蘇穎:《上古漢語"則"的多功能來源及其關聯模式》,《古漢語研究》2019 年第 1 期,第 44 頁。
② 參李佐豐:《古代漢語語法學》,北京:商務印書館,2004 年,第 381 頁。

好也"之"是"復指"東道之不通"事,該句與《國語》"是知天咫,安知民。則是言誕也"句式相同。《國語》此句可以翻譯爲"知道天就知道民了？這個話很荒謬","則"用作順承連詞,其連接的前後的分句具有事理上的相承關係,這種用法的"則"其實也就是一種複句的標誌。① 因而不翻譯"則"也不影響文義的理解。

在此還可附帶討論《國語·楚語下》的"神狎民則",該句所處辭例爲:

民匱於祀,而不知其福。烝享無度,民神同位。民瀆齊盟,無有嚴威。**神狎民則**,不蠲其爲。嘉生不降,無物以享。

"神狎民則"之"則",韋昭注爲"法也"。清人俞樾在討論《國語·楚語上》"知天咫,安知民則"一句時,亦論及"神狎民則"一句,謂:"'神狎民則','則'亦與'只'同。'神狎民只',謂神與民狎也,注曰:'則,法也。'亦失之。"② 其説不可信。《國語》中又有"狎君政"(《周語中》)、"狎君德"(《晋語四》)之類的説法,其與"狎民則"語法結構相同,"政""德"與"則"處於相同的語法位置,"則"無疑也應作實詞。出土文獻中亦見有類似説法:

志於道,虐(狎)於惠(德),𠆢(依?)③於息(仁),遊於埶(藝)。
(郭店簡《語叢三》簡50—51)

"虐"字,李零、李家浩等多位學者已指出其當讀爲"狎"。④ 此句,今本《論語·述而》作"志於道,據於德,依於仁,游於藝","據"乃"虐"之訛字。郭店簡《語叢三》以"狎"與"德"相配,正可與《國語》"狎君德"相參照,"狎"即可與"德"

---

① 蘇穎《上古漢語"則"的多功能來源及其關聯模式》一文中舉了不少"則"這類用法的辭例,茲摘録兩例如下:
　　(1) 居彼人之所,則欲其許我也。今爲我妻,則欲其爲我詈人也。
　　　　　　　　　　　　　　　　　　　　　　　　　　　　　　(《戰國策·秦策一》)
　　(2) 王如知此,則無望民之多於鄰國也。　　　　　(《孟子·梁惠王上》)
② (清)俞樾撰著,趙一生點校:《群經平議》,《俞樾全集》,第871頁。
③ 此形不識,與傳世文獻對讀應爲"依"。
④ 劉傳賓對諸家之説總結甚詳,詳見氏文《郭店竹簡研究綜論(文本研究篇)》附録一《郭店竹簡疑難文字分篇集釋》,吉林大學博士學位論文(指導教師:馮勝君),2010年,第77—78頁。

搭配,自亦可與法則之"則"搭配,"狎民則"之"則"依韋昭注解釋即可講通。

5. 拘　夏

《國語·齊語》"桓公帥諸侯而朝天子"章有辭作:

　　西征攘白狄之地,至於西河,方舟設泭,乘桴濟河,至於石枕。懸車束馬,**踰太行,與辟耳之谿拘夏**,西服流沙、西吴。

"踰太行,與辟耳之谿拘夏",韋昭注:"太行、辟耳,山名也。拘夏,辟耳之谿也。三者皆山險谿谷,故懸鉤其車、偪束其馬以渡。"是將"拘夏"理解爲地名,若以此解,則"與辟耳"之"與"應與"踰太行"之"踰"語義相近,然而"與"在古書中並無此類用法。"踰太行,與辟耳之谿拘夏"實應作一句讀,斷句爲"踰太行與辟耳之谿拘夏","太行""辟耳之谿"皆爲"踰"之賓語,故二者中間以"與"字相連。

上引《國語》之句又見於《管子·小匡》:

　　征伐楚,濟汝水,踰方地,望文山,使貢絲於周室,成周反胙於隆嶽,荆州諸侯莫不來服。中救晉公,禽狄王,敗胡貉,破屠何,而騎寇始服。北伐山戎,制泠支,斬孤竹,而九夷始聽。海濱諸侯,莫不來服。西征攘白狄之地,遂至於西河。方舟投柎,乘桴濟河,至於石沈。縣車束馬,**踰太行與卑耳之貉〈溪〉**[①]**拘秦夏**,西服流沙、西虞而秦戎始從。故兵一出而大功十二。故東夷、西戎、南蠻、北狄、中國諸侯,莫不賓服。

"踰太行與卑耳之溪拘秦夏",尹知章注:"與卑耳之貉共拘秦夏之不服者。"尹注雖對"卑耳之貉"的理解有誤,但將"拘秦夏"理解爲動賓結構,將"拘"釋爲拘禁之類的意思,則是正確的。《國語·齊語》"拘夏"之"夏",《管子·小匡》作"秦夏","秦夏"之"秦",《管子》別本有作"泰"者,學者多已指出"秦"爲"泰"之訛,"泰"與"大"同,"大夏"即《史記·封禪書》《史記·齊

[①] "辟耳之貉",《北堂書鈔·武功部二》引作"辟耳之谿","貉"應爲"溪"之訛字,參(清)王念孫著,徐煒君等點校:《讀書雜誌》,第1135頁。

世家》"西伐大夏"之"大夏"。①

《管子·小匡》中的"九夷""荆州諸侯""秦夏、秦戎""白狄"分别對應後文的"東夷、西戎、南蠻、北狄",可見"秦夏"也應是一民族之名或泛指某一片地理區域。《國語·楚語上》有"使不規東夏"之辭,《吕氏春秋·慎大覽》"東、夏之命,古今之法,言異而典殊"一句中也以"東""夏"對舉,春秋時期的莒叔之仲子平編鐘(《集成》172—180)有"聞于夏東"之語,可與春秋金文中常見的"聞於四方"相參照。此外,在《尚書》中發迹於"西土"的周人常以"夏"自居,裘錫圭先生曾指出,先秦典籍中的"東夏"是並列關係,從政治地理的角度而言,"夏"的語義與"西"相近。② 可補充的是,清華簡《尹誥》記述伊尹協助商湯伐夏之事,其中有辭作"隹(唯)尹既返(及)湯咸又(有)一惪(德),尹念天之敗(敗)西邑顕(夏)"(簡1),以"西邑"修飾"夏",可見"夏"與"西方"這一地理觀念有關。

《逸周書·王會》"大夏兹白牛",孔晁云:"大夏,西北戎。"朱右曾謂:"《史記》云:'禹鑿龍門,通大夏。'《括地志》云:'大夏,今并州晉陽及汾、絳等州地。'"③結合前引裘錫圭先生之説,可知"大夏"這一戎族因地處西土,故稱之爲"夏"。《國語》"拘夏"之"夏"即《管子·小匡》之"大夏",其並非指具體的地名,而是泛指地處西北之戎族。

6. 死生因天地之刑

《國語·越語下》"范蠡進諫句踐持盈定傾節事"章有"死生因天地之刑"與"天地形之"之辭:

> 四封之外,敵國之制,立斷之事,因陰陽之恒,順天地之常,柔而不屈,彊而不剛,德虐之行,因以爲常;**死生因天地之刑**,天因人,聖人因天;人自生之,**天地形之**,聖人因而成之。

"死生因天地之刑",韋昭注:"死,殺也。刑,法也。殺生必因天地四時之

---

① 參郭沫若:《管子集校(一)》,《郭沫若全集·歷史編》第五卷,北京:人民出版社,1984年,第562頁。
② 裘錫圭:《"東夏"解》,《裘錫圭學術文集·語言文字與古文獻卷》,第469—474頁。
③ 參黄懷信、張懋鎔、田旭東撰:《逸周書彙校集注》,上海:上海古籍出版社,2007年,第885頁。

法,推亡固存亦是也。""天地形之",韋昭注:"形,見也,見其吉凶之象。"王引之《經義述聞》認爲"天地之刑"之"刑"也當讀爲"形",謂:

  家大人曰:"刑"讀爲"形"。形,見也。"天地之刑",謂死生之兆先見於天地者也,生與殺必因乎此,故曰"死生因天地之形"。下文曰"天地形之,聖人因而成之",又曰"天地未形而先爲之征,其事是以不成",《管子·勢篇》曰"死死生生,因天地之形,天地形之,聖人成之",皆其證也。"形""刑"古多通用,不煩枚舉。①

今見諸《國語》注本亦多作此解,認爲"天地之刑"的"刑"同"形",表"徵兆"之義。② 如蕭旭先生謂:"王說是也,《六韜·軍勢》:'聖人徵於天地之動,孰知其紀。循陰陽之道而從其候。當天地盈縮,因以爲常。物有死生,因天地之形。'尤爲確證。"③

從語義來看,其實無論是王氏所舉的《管子·勢篇》"死死生生,因天地之形",還是蕭旭先生所舉的《六韜·軍勢》"物有死生,因天地之形",都可視爲"死生因天地之刑"一句的異文,但這兩句所處的上下文語義的限制性並不強。"形"依原字讀亦可,讀爲"型範"之"型"亦可,由此很難判斷《國語》"死生因天地之刑"與"天地形之"中"刑"與"形"的語義。

上舉《國語·越語下》"天地形之,聖人因而成之"一句又見於馬王堆漢墓帛書《兵容》篇:

  兵不刑天,兵不可動。不法地,兵不可昔(措)。刑法不人,兵不可成。參○□□□□□□□□之,**天地刑之,耵(聖)人因而成之**。耵(聖)人之功,時爲之庸,因時秉□,是必有成功。**耵(聖)人不達刑**,不襦傳。因天時,與之皆斷。當斷不斷,反受其亂。　　(行39下—40下)

《國語·越語下》"天地形之"之"形",《兵容》作"刑"。《兵容》前文"兵不

---

① (清)王引之撰,虞思徵等校點:《經義述聞》,第1282頁。
② 參董立章:《國語譯注辨析》,廣州:暨南大學出版社,1993年,第759頁;黃永堂譯注:《國語全譯》,第583頁;陳桐生譯注:《國語》,第720頁。
③ 蕭旭:《〈國語〉校補》,《群書校補》第壹册,第217頁。

刑天,兵不可動。不法地,兵不可昔(措)"以"不刑天""不法地"對舉,"刑""法"義同,這兩句話都是講要遵守規則之義。此段話後雖有闕文,但從語義來講,"天地刑之"應也是承接上文而來,正對應"刑天"與"法地"。後文的"聖人不達刑"亦與之關係密切,"聖人不達刑"之"刑"對應的也是"天地刑之"之"刑"。"達刑"一詞,又見於馬王堆帛書《經法·四論》《經法·亡論》等篇中。《十六經·觀》中還有"達天刑"的説法:

  耵(聖)人正以侍(待)天,静以須人。**不達天刑**,不襦不傳。當天時,與之皆斷。當斷不斷,反受其亂。（行12下—13上）

"達天刑"即《兵容》之"達刑"。"達刑"之"達",舊有多種釋法。近來,劉雲先生提出新説,認爲"達"可讀爲"褻",訓爲"輕慢""懈怠"之義。① 其説可信,"不達天刑"就是説聖人不輕慢天之法則,説的正是《國語·越語下》"聖人因天"的意思,而"聖人"所因之"天"即是前文的"天地之刑"。此外,《國語·周語下》有"上非天刑,下非地德,中非民則,方非時動而作之者,必不節矣"一句,韋昭注:"刑,法也。"鄔可晶先生曾將其與《左傳·襄公二十八年》"賞其德刑"及清華簡《芮良夫毖》"惪(德)型不齊"(簡7)、"和惪(德)定型"(簡18)相聯繫,認爲諸辭中的"刑(型)"皆係"型範"之義。《十六經·觀》"達天刑"與《國語·周語下》"非天刑"語義應相近。②

馬王堆漢墓帛書《稱》篇行144下又有辭作:

  耵(聖)人不爲始,不剸(專)己,不豫謀,不爲得,不辭福,因天之則。

此句又見於《淮南子·詮言》《文子·符言》,"因天之則"皆作"從天之則"。該句也是講"聖人"之事,"因天之則"顯然與"因天地之刑"義近,《越語下》講"天地形之,聖人因而成之",也正是與《稱》"聖人不爲始""因天之則"表達一樣的意思。文獻中又有"因天之道"(《韓非子·揚權》)、"順天之道"(《黃帝內經·素問·八正神明論》)之類的説法,亦可與"因天地之刑"相參照。

---

① 劉雲:《説帛書〈黃帝四經〉中的"達刑"》,《簡帛》第二十輯,上海:上海古籍出版社,2020年,第95—98頁。
② 鄔可晶:《"咸有一德"探微》,《戰國秦漢文字與文獻論稿》,第174—175頁。

我們認爲,上舉《越語上》一句中的"刑"與"形"都用爲型範之"型","死生因天地之刑,天因人,聖人因天"一句是説,施德或虐殺皆需順應天地的規則,天地的規則順應民衆的意志,聖人則順應天地的規則。"人自生之,天地形之,聖人因而成之"一句的語義則較難理解,其大意或是説,民衆先有招致禍福的行爲,天地以其規則規範其行爲,聖人則順應其規則成其功。

《越語下》"人自生之,天地形之,聖人因而成之"一句,《管子·勢》作:

> 天因人,聖人因天,天時不作勿爲客,人事不起勿爲始。慕和其衆,以修天地之從。人先生之,天地刑之。聖人成之,則與天同極。

陳鼓應先生曾概括此句主旨爲"聖人因順天道、地道、人道而順成其功",①對文義的把握相當準確。《越語下》"人自生之",《管子·勢》作"人先生之",若按此,或也可將此句理解爲"人先生於天地之間,天地便以規則規範其行爲"之義,此處之"先生"是説較之聖人,普通民衆先其生於天地之間,暗指聖人非生而有之,乃是因順應天之型範、規則而成爲聖人的。

7. 承 序

《國語·楚語上》"左史倚相儆申公子亹"章錄有一段左史倚相對申公子亹的諫言:

> 左史倚相曰:"唯子老耄,故欲見以交儆子。若子方壯,能經營百事,**倚相將奔走承序**,於是不給,而何暇得見?……"

"唯子老耄"之"子"是指申公子亹。"承序",韋昭注:"承受事業次序。"韋昭似將"承序"理解爲動賓結構,訓"序"爲"事業次序"。古書中"序"可通"緒",用爲事業之義,"序"本身也有次序之義,韋注對"序"字的語義似乎並不確定,態度游移不定。王引之《經義述聞·尚書上》駁其説曰:"'奔走承序'四字平列,韋《注》曰'承受事業次序',亦失之。"在《經義述聞·國語

---

① 陳鼓應:《黄帝四經今注今譯:馬王堆漢墓出土帛書(修訂本)》,北京:商務印書館,2016年,第281頁。

上》又再重申此説,謂:"《楚語》曰:'奔走承序。''序'皆謂順也。"①從文例來看,"奔走承序"中"奔走"爲近義詞並列,"承序"二字亦當義近,王引之説應可信。但學者在注釋《國語》該句時,多未采納王氏之説。如黄永堂先生翻譯"奔走承序"一句爲"我倚相只能爲您奔走效勞,按規矩辦事",似是將"序"理解爲"規矩辦事";②李維琦先生翻譯此句爲"我倚相將往來侍候,接受您的安排";③來可泓先生翻譯此句爲"我倚相將承命爲您奔走效勞";④鄔國義先生翻譯爲"我倚相將往來奔走受命辦事"。⑤這類意見似都是由韋注而來,將"承序"視作動賓結構,解釋爲"受命"之類的意思。

俞志慧先生認爲"承序"之"序"可讀爲用爲功業、事業的"緒",謂:"《詩·大雅·常武》'三事就緒'、《魯頌·閟宫》'纘禹之緒'、《商頌·殷武》'湯孫之緒'等等,因此而有'承緒''繼緒'等詞。"⑥此説之誤同於韋注,都是誤將"承序"理解爲動賓結構。

"序"有"順"義可由出土文獻材料得到證實:

　　占夢之道,必順四時而豫其類,毋失四時之所宜。
　　　　　　　　　[嶽麓秦簡《占夢書》簡1525(2)—0102(3)]⑦

"順四時"與"豫其類"文義相承,多位學者已經指出"豫"當訓爲"順"。⑧ 其中以網友"苦行僧"的意見最爲值得注意:

　　我感覺應將其讀爲"叙","叙"有順的意思。在這個意思上,"叙"與"序"古書中多混用無别,按照《説文》的解釋,"叙"應爲本字,"序"應爲假借字。《書·堯典》"百揆時叙",《康誥》"惟時叙""曰時叙",王

---

① (清)王引之撰,虞思徵等校點:《經義述聞》,第156、1176頁。
② 黄永堂譯注:《國語全譯》,第506頁。
③ 李維琦譯:《白話國語》,長沙:嶽麓書社,1994年,第366頁。
④ 來可泓撰:《國語直解》,第787頁。
⑤ 鄔國義、胡果文、李曉路撰:《國語譯注》,第518頁。
⑥ 俞志慧:《〈國語〉韋昭注辨正》,第220—221頁。
⑦ 編連參陳偉:《嶽麓秦簡〈占夢書〉1525號等簡的編連問題》,簡帛網,2011年4月9日。
⑧ 陳偉:《嶽麓秦簡〈占夢書〉1525號等簡的編連問題》;魯家亮:《嶽麓秦簡〈占夢書〉零拾》,《江漢考古》2014年第3期,第119—120頁;簡帛論壇:《關於〈占夢書〉中的"豫"字》,第4樓網友"苦行僧"發言,2011年4月11日。

引之《經義述聞》:"時叙者,承叙也。承叙者,承順也。"《書·禹貢》"三苗丕叙",江聲《集注音疏》:"叙,順也。"《國語·周語》"周旋序順",王引之《經義述聞》:"周旋序順者,序亦順也。《爾雅》曰'順,叙也'。《大戴禮·保傅》篇曰'言語不序',《周語》上篇曰'時序其德'。"①

與"順四時而豫其類"相近的說法又見於其他古書中,如《禮記·月令》"凡舉大事,毋逆大數,必順其時,慎因其類","因其類"之"因"當即"順應"之義,《荀子·天論》"順其類者謂之福,逆其類者謂之禍,夫是之謂天政"之"順其類"也與"豫其類"義近。"豫"與"叙""序"古音相近,《占夢書》"豫其類"之"豫"就應讀爲叙(序)"。由此可證,"序"有"順"義,可理解爲順從之類的意思。蔣文先生曾分析"序"的詞義引申軌迹:

(先後相繼的)次序>依(先後相繼的)次序做>(後面的人)接着(前面的人)做>繼承②

"(後面的人)接着(前面的人)做"就可理解爲後人順從前人之意的意思。由"序"的本義"次序"引申出"順從"之義合乎詞義引申的邏輯。"承"在典籍中也有順從之類的意思,如《詩經·大雅·抑》"子孫繩繩,萬民靡不承",高亨注:"承,順受。"③僞古文尚書《冏命》"以旦夕承弼厥辟",蔡沈《書集傳》:"承,承順之謂。"④

《國語》"奔走承序"之"承""序"二字爲同義連用,皆訓爲"順"。"奔走承序"一句大意是說,我倚相往來奔走順從您的命令辦事。

8. 德 音

《國語》"德音"一詞凡三見,但其語義各不相同,兹將見有"德音"的三處語句摘録如下,以便於討論:

---

① 簡帛論壇:《關於〈占夢書〉中的"豫"字》,第4樓網友"苦行僧"發言,2011年4月11日。
② 蔣文:《據出土及傳世文獻説上古漢語中"繼承"義的"序/叙"》,《中國語文》2021年第1期,第98頁。
③ 高亨:《詩經今注》,《高亨著作集林·第三卷》,第501頁。
④ (宋)蔡沈撰,王豐先點校:《書集傳》,北京:中華書局,2018年,第285頁。

齊桓、晉文,皆非嗣也,還軫諸侯,不敢淫逸,**心類德音**,以德有國。近臣諫,遠臣謗,輿人誦,以自誥也。

(《國語·楚語上》"白公子張諷靈王宜納諫"章)

且夫誦詩以輔相之,威儀以先後之,體貌以左右之,明行以宣翼之,制節義以動行之,恭敬以臨監之,勤勉以勸之,孝順以納之,忠信以發之,**德音以揚之**,教備而不從者,非人也,其可興乎!

(《國語·楚語上》"申叔時論傅太子之道"章)

夫有和平之聲,則有蕃殖之財。於是乎道之以中德,詠之以中音,**德音不愆**,以合神人,神是以寧,民是以聽。

(《國語·周語下》"單穆公諫景王鑄大鍾"章)

三處"德音"韋昭均無注,"德音"一詞又多見於《詩經》,如"德音莫違,及爾同死"(《國風·谷風》)、"彼美孟姜,德音不忘"(《國風·有女同車》)、"匪飢匪渴,德音來括"(《小雅·車舝》)、"公孫碩膚,德音不瑕"(《國風·狼跋》)。于省吾先生曾指出,古文字中"音""言"爲一字分化,二字在文獻中亦常可通用,上舉《詩經》中的"德音"應讀爲"德言","德言"二字爲平列,在"樂只君子,德音不已"這類文例中可以解爲"善名""令聞",與作主從關係的"德音"意義有別。①

值得注意的是,近年來新發表的禹器中有"德音"一詞,爲西周金文中首見:

遣伯、遣姬易(錫)禹宗彝,眔逆小子佣以友卅人,其用夙夜亯(享)卲(昭)文神,用禰祈(祈)眉壽。朕文考其巠(經)遣伯、遣姬之**德音**,其競余一子;朕文考其用乍(作)②氒(厥)身,念禹弋(哉)!亡勾(害)!

(禹簋,《銘圖》5214)

與此件禹簋銘文内容基本相同的"禹"所作器還有五件,③四件禹簋皆作"德

---

① 參于省吾:《詩"德音"解》,《澤螺居詩經新證 澤螺居楚辭新證》,第197—205頁。
② 此器中的"乍"當讀爲"作",訓爲"造就"或"興起"之義,"作厥身"與"遐不作人"(《詩經·大雅·棫樸》)、"誕作余一人"(清華簡《説命下》簡3)中之"作"用法相同。參郭理遠:《宋右師延敦銘文補説》,《出土文獻》2020年第3期,第62—68頁。
③ 禹鼎一件(《銘續》0227),禹簋兩件(《銘續》0443、0444),私人收藏禹簋一件(《銘圖》5213)、禹盨一件(《銘圖》5666)。

音",唯獨再盨(《銘圖》5666)作"德言",此器中"言"字作"▨",下部口形中無一點,是"言"字無疑,這説明在西周時期"音""言"二字仍未完全分化,還存在通用的情况。鄧佩玲先生認爲:"'德音'應當屬讚頌遣伯、遣姬之辭,用法與《鹿鳴》《南山有臺》《皇矣》《假樂》等所見例子大致相同。古人多認爲'德音'是道德之讚譽,如《鹿鳴》'我有嘉賓,德音孔昭'一語,鄭玄《箋》:'德音,先王道德之教也。'"其文中又指出:"'令聞''美譽'的訓釋皆應自'道德之音'引申而來。"①吴振武先生也認爲再盨中"德音"爲"道德之教"的意思。② 蔣文先生亦曾對先秦文獻中的"德音"一詞有過討論:

"德音"可以理解成以聲音爲形式的"德"的外在彰顯,"德音"一詞既可以指向其内在本質即"德",也可以指向其外在彰顯即"音","德"與"音"互爲表裏。

其文認爲文獻中有的"德音"强調"音"的特徵;而有的"德音"則明顯更側重於"德"的方面,似乎完全可以用"德"來替换,如再盨的"德音"即可按此處理,將其替换爲"德"亦能講通文義。③

《國語·楚語上》"心類德音,以德有國"中後一"德"字即指前一句之"德音",這裏完全可以依照蔣文先生的意見將"德音"替换爲"德"。"心類德音"之"類",王引之謂:"類之言率也。率,循也。言其心常循乎德音也。下文觀射父曰'使心率舊典者爲之宗',語意與此同。"④"以德有國"是説,内心遵循"德"(也可理解爲"善德""常德"之類的意思),憑藉"德"而擁有自己的國家。依照對"德音"的傳統看法,"心類德音"之"德音"也就是鄧佩玲、吴振武先生所説"道德之教"的意思。

《國語·楚語上》"德音以揚之"之"德音"則恐怕無法按照蔣文的意見理解爲强調"音"的特性,或將其簡單地替换爲"德"。該句前文的"恭敬""勤勉""孝順""忠信"都係二字平列,此處的"德音"當依于省吾先生的意

---

① 鄧佩玲:《禹器銘文中"其"的語助詞用法》,《〈雅〉〈頌〉與出土文獻新證》,北京:商務印書館,2017年,第314頁。
② 吴振武:《新見西周再盨銘文釋讀》,《史學集刊》2006年第2期。
③ 蔣文:《由出土及傳世文獻看先秦"德"的具象化》,《復旦學報(社會科學版)》2020年第5期。
④ (清)王引之撰,虞思徵等校點:《經義述聞》,第1266頁。

見讀爲"德言",爲二字平列的結構。李德龍先生在討論《詩經》中"德音"內涵時,曾指出"德音"之"德"是有具體實指的概念,如夫妻之間的生活行爲、貴族踐行禮制的日常行爲、周王治理天下的政治行爲等。① 《楚語上》"德音以揚之"之"德"也當理解爲有實指的行爲,"德音以揚之"是說利用符合道德規範的行爲和善言嘉語以激揚他(楚太子箴)。

《國語·周語下》"德音不愆,以合神人"之"德音",蔣文先生認爲其側重於"音",有"作爲'音'的特性",宜翻譯成"德之聲音"。② 此說亦可商榷,"德音不愆"前文還有"道之以中德,詠之以中音"一句,實際上,"德音不愆"之"德"與"音"分別是指"中德"與"中音","中德"應指"中庸之德","中音",韋昭注"中和之音",其說近是。"德音不愆"之"德音"應是二字平列的語法結構。

9. 賓 享

《國語·楚語下》"王孫圉論國之寶"章有"賓享"一詞:

龜、珠、齒、皮、革、羽、毛,所以備賦,以戒不虞者也。所以共幣帛,**以賓享於諸侯者也**。

"賓享",韋昭注:"享,獻也。"於"賓"字則無說。鄔國義先生翻譯此句爲"招待獻贈給諸侯"。③ 陳桐生先生翻譯此句爲"招待進獻各國諸侯"。④ 黃永堂先生翻譯此句爲"在接待諸侯時貢獻饋贈"。⑤ 舊說多將"賓"理解爲"招待"之義。《國語·楚語下》"公貨足以賓獻,家貨足以共用,不是過也",韋昭注:"賓,饗贈也。"則是將"賓"理解爲"贈送"之義,此舊注不可輕廢,"賓享"之"賓"實際也應用爲貢獻、贈送之義。

"賓"之"贈送"義,後世字書辭典未載,出土文獻中則多見用例。在西周金文中,"賓"即有用爲此義者,如《集成》5407 乍册䰧卣:"王姜令乍册䰧安夷伯。夷伯賓䰧貝、布。揚王姜休用。"《集成》9104 孟爵:"王令孟寧鄧

---

① 李德龍:《〈詩經〉所見"德音"考論》,《北方論叢》2013 年第 2 期,第 124 頁。
② 蔣文:《由出土及傳世文獻看先秦"德"的具象化》,《復旦學報(社會科學版)》2020 年第 5 期,第 120 頁。
③ 鄔國義、胡果文、李曉路撰:《國語譯注》,第 544 頁。
④ 陳桐生譯注:《國語》,第 646 頁。
⑤ 黃永堂譯注:《國語全譯》,第 532 頁。

伯,賓貝。""賓貝"之"賓"即用爲"贈送"義。① 在出土文獻中還有"賓""贈"連用的情況：

  送其所愛,必曰:吾奚舍之? 賓贈是已。

(上博簡《孔子詩論》簡 27)

孟蓬生先生曾指出：

  "賓贈"之"賓"亦爲賜與義,與"贈"爲同義連文。《䍗卣》:"王姜命作册䍗安夷伯,夷伯賓䍗貝布。"典籍中亦有"賓賜"之語。《周禮·宰夫》:"凡朝覲、會同、賓客,以牢禮之法掌其牢禮、委積、膳獻、飲食、賓賜之飧牽,與其陳數。"②

《楚語下》"賓享"二字也爲同義連文,皆用爲貢獻、贈送之義。典籍常見"貢獻牛馬""春秋貢獻"之類的説法,"賓享"可與"貢獻"的用法相參照,二者語義相同。

10. 寔式靈之

《國語·吳語》"申胥自殺"章有一段吳王自伐齊之役返回後,對申胥的訓斥之語：

  今大夫老,而又不自安恬逸,而處以念惡,出則罪吾衆,撓亂百度,以妖孽吳國。今天降衷於吳,齊師受服。孤豈敢自多,先王之鍾鼓,**寔式靈之**。敢告於大夫。

韋昭注:"靈,神也。"後世諸《國語》注本亦多從此説。③《左傳·昭公七年》

---

① 陳英傑:《再説〈左傳〉之"弗賓"》,《文字與文獻研究叢稿》,北京:社會科學文獻出版社,2011 年,第 92 頁。
② 孟蓬生:《〈詩論〉字義疏證》,《新出楚簡與儒學思想國際學術研討會論文集》,清華大學,2002 年 3 月 31 日—4 月 2 日,第 126 頁。
③ 薛安勤、王連生:《國語譯注》,長春:吉林文史出版社,1991 年,第 766 頁;陳桐生譯注:《國語》,第 671 頁;黃永堂譯注:《國語全譯》,第 550 頁。

"寵靈楚國",王引之《經義述聞》:"'寵靈'之'靈',非'威靈'之謂也。《廣雅》曰:'靈,福也。'言寵楚國而賜之以福也。凡《傳》稱'以君之靈''以大夫之靈'者,靈皆謂福也。"①此説可信,《國語》"寔式靈之"之"靈"亦當訓爲"福",是指先王的福佑。

上博簡《吴命》簡9+8有辭作:

我先君盍(闔)[閭]☐㚏(賴)先王之福,天子之需(靈)。孤也可(何)桼(勞)力之又(有)安(焉)!孤也敢至(致)先王之福,天子之需(靈)。

此句話與上引《國語》之句的語境頗爲相似,"先王之福"與"天子之靈"對言,"福""靈"義當相近,可知"靈"確可解爲"福"。

《國語》"孤豈敢自多,先王之鍾鼓,寔式靈之"一句,《吴越春秋》作"寡人豈敢自歸其功,乃前王之遺德,神靈之祐福也","神靈之祐福"與"寔式靈之"相對應,也是"靈"訓爲"福"的又一有利證據。

11. 服兵擐甲

《國語·吴語》"吴欲與晋戰得爲盟主"章有"服兵擐甲"一辭:

吴王昏乃戒,令秣馬食士。夜中,乃令**服兵擐甲**,繫馬舌,出火灶,陳士卒百人,以爲徹行百行。

韋昭注:"擐,貫也。甲,鎧也。"《左傳·成公二年》又有"擐甲執兵"一句,杜預注:"擐,貫也。"楊伯峻《春秋左傳注》謂:"擐音患,穿着。"②後世《國語》注本亦多將"擐"解爲"穿着"之義。③ 王光漢先生則反對此説,認爲"古代甲胄笨重","若非臨陣對敵,殆未必將甲胄穿戴於體"。又《説文》"擐"字,段注曰:"毌,穿物持之也。各本作貫,淺人所改也,今正。……今貫行

---

① (清)王引之撰,虞思徵等校點:《經義述聞》,第1103頁。
② 楊伯峻:《春秋左傳注(修訂本)》,第792頁。
③ 參陳桐生譯注:《國語》,第679頁;董立章:《國語譯注辨析》,第729頁;黄永堂譯注:《國語全譯》,第557頁;李維琦譯:《白話國語》,第405頁;鄔國義、胡果文、李曉路撰:《國語譯注》,第567頁。

而毌廢矣。"杜注《左傳》、韋注《國語》皆曰"擐,貫也"。據此,王先生認爲"擐"當是"穿物持之"之義,即今人所言之"挎",是指"把胳膊從物件中穿過去,然後彎起胳膊,用臂肘把物件鉤掛起來"。① 朱慶之先生曾利用中古佛經語料駁斥此説。②

從古文字字形來看,可知"擐"本即有"穿衣"之義。甲骨文中以"袁"表"遠","袁"作"𠠎"(《合集》30085)、"𠠎"(《合集》31774)等形,西周金文中的"遠"所從的"袁"加注聲符"○(圓)"作"𢓊"(《集成》2826),裘錫圭先生曾指出古文字中這類"𠠎"字上部的"止"形乃"手"形的訛變,其字形正象雙手持衣穿衣之形,"袁"的本義應是"穿衣"一類的意思,結合字音考慮"袁"即"擐"之初文,"擐"是表示"袁"字本義的後起字。③ 其説可從。

此外,《吴語》"服兵擐甲",《吴越春秋·夫差内傳》作"服兵被甲",《吴語》後文還有"被甲帶劍"之辭,"服"與表"穿着"義的"被"相對,舊多將"擐"理解爲"穿着"之義應可信的。

在此,還可附帶討論下《吴語》"服兵"的訓釋。《左傳·成公二年》有"擐甲執兵"之説,或受此影響,學者多將"服兵"之"服"理解爲"手持"之義,如陳桐生先生將其釋爲"拿着兵器";董立章先生釋其爲"手持兵器",黄永堂先生釋爲"執持兵器",李維琦先生翻譯"服兵"爲"手執兵器"。④ 行軍時,手持兵器恐怕多有不便。《吴語》後文還有"被甲帶劍,挺鈹搢鐸"之類的記述,則"服兵"之"服"應與"帶"義近,《吕氏春秋·季春紀·順民》"服劍臂刃",高誘注:"服,帶。"同書《三月紀》"衣青衣,服青玉",高誘注:"服,佩也。"又銀雀山漢簡《孫臏兵法·勢備》簡351"何以知劍之爲陳(陣)也?旦莫(暮)服之,未必用也"之"服",原整理亦引高誘注訓爲"帶"。⑤《吴語》"服兵"之"服"也應訓爲"帶",表佩戴、携帶之類的意思。循此思路,則

---

① 王光漢:《關於合肥方言"擐"的考釋》,《合肥學院院報(社會科學版)》2009年第4期。其説又見於氏文《説"擐"》,《古漢語研究》2006年第2期。
② 朱慶之:《也説"擐"》,《漢語史研究集刊》第十輯,成都:巴蜀書社,2007年,第125—141頁。
③ 裘錫圭:《釋殷墟甲骨文裏的"遠""𢓊"(邇)及有關諸字》,《裘錫圭學術文集·甲骨文卷》,上海:復旦大學出版社,2012年,第170—172頁。
④ 陳桐生譯注:《國語》,第679頁;董立章:《國語譯注辨析》,第730頁;黄永堂譯注:《國語全譯》,第557頁;李維琦譯:《白話國語》,第405頁。
⑤ 銀雀山漢墓竹簡整理小組:《銀雀山漢墓竹簡[壹]》,北京:文物出版社,1985年,第63頁。

《左傳》"擐甲執兵"之"執"或可讀爲"繄","繄"古書中常可訓爲"繫",表束縛之義,如《文選·嵇康〈幽憤詩〉》"繄此幽阻",吕向注:"繄,繫也。"《文選·謝靈運〈從游京口北固應詔〉》"顧己枉維繄",李周翰注:"維、繄,皆繫也。""服兵"是指將劍佩戴於身,也可理解爲將劍繫於身,二者義相因。

12. 鮮其繼/鮮民財

《國語·周語下》"單穆公諫景王鑄大鍾"章中"鮮"字的用法頗值得注意:

> 二十三年,王將鑄無射,而爲之大林。單穆公曰:"不可。作重幣以絕民資,**又鑄大鍾以鮮其繼**。若積聚既喪,**又鮮其繼**,生何以殖?……今王作鍾也,聽之弗及,比之不度,鍾聲不可以知和,制度不可以出節,無益於樂,**而鮮民財**,將焉用之!"

"鮮其繼",韋昭注:"鮮,寡也。寡其繼者,用物過度,妨於財也。""鮮其繼"與"絕民資"對文,"鮮"的語義應近於"絕"。"鮮"的這類用法在出土文獻中也有見:

> 大除道及阪險。十月爲橋,修(修)波(陂)堤,利津□,**鮮草**。雖非除道之時,而有陷敗不可行,輒爲之。　　　　　　(《青川木牘》)①

與"鮮草"一事相似的内容又見於張家山漢簡《二年律令·田律》簡246,作"恒以秋七月除阡陌之大草","鮮草"對應"除阡陌之大草"。揚雄《方言》:"虔,散,殺也。"侯娜、方勇先生認爲"鮮草"之"鮮"可讀爲"散","鮮草"即指"殺草",另外,該文中還提及陳劍先生認爲"鮮草"之"鮮"可直接讀爲"殺",古書中習見"殺草"之事,如《周禮·秋官·薙氏》:"薙氏掌殺草。"②

由出土文獻材料可知,"鮮"可讀爲"散"或"殺",表"殺"義,由"殺"義很自然可引申出"絕""盡"之類的意思。平行例證可舉"翦"爲例,文獻中

---

① 圖版、釋文參四川省博物館、青川縣文物館:《青川縣出土秦更修田律木牘———四川青川縣戰國墓發掘報告》,《文物》1982年第1期。
② 侯娜、方勇:《〈青川木牘〉補釋一則》,《魯東大學學報(哲學社會科學版)》2013年第6期。

"翦"可訓爲"殺",如《禮記·玉藻》"弗身踐也",鄭玄注:"踐當爲翦。翦猶殺也。"《廣韻·獮韻》:"翦,殺也。""翦"也可訓爲"盡",如《左傳·成公二年》"余姑翦滅此而朝食",《左傳·襄公八年》"以相救也,翦焉傾覆"之"翦",杜預皆訓爲"盡"。古書中用爲"盡"的"鮮"應也是表示"散"或"殺"之"絶""盡"的引申義。

"鮮其繼"與"絶民資"對文,此處的"鮮"也當表示"絶""盡"之類的意思。後文"鮮民財"之"鮮"亦應如此理解。

13. 若民煩,可教訓

《國語·楚語上》"申叔時論傅太子之道"章有辭作:

> 莊王使士亹傅太子箴……對曰:"夫善在太子,太子欲善,善人將至;若不欲善,善則不用。……夫豈不欲其善,不能故也。**若民煩,可教訓**。蠻、夷、戎、狄,其不賓也久矣,中國所不能用也。"

韋昭注:"煩,亂也。"王引之《經義述聞》中讀"民煩"之"民"爲"泯",謂"泯,亦亂也"。① 蕭旭先生近於王說,認爲"民"可讀爲"怋",亦訓爲"亂"。② 清人于鬯則讀"民煩"之"煩"爲"頑",其謂"故下文亦云'蠻、夷、戎、狄,其不賓也久矣',則此民頑,亦正指蠻夷戎狄言之矣"。③

《國語》"若民煩,可教訓"可與《禮記·緇衣》"大人不親其所賢,而信其所賤;民是以親失,而教是以煩"這段話相參照。《禮記·緇衣》此句又見於出土文獻之中:

> 子曰:大人不新(親)亓(其)所臤(賢),而信亓(其)所戔(賤);耂(教)此以遷(失),民此以綞(煩)。　　(郭店簡《緇衣》簡17—18)
> 子曰:大人不睪(親)亓(其)所臤(賢),而信亓(其)所賤;耂(教)此以遷(失),民此以綞(煩)。　　(上博簡《緇衣》簡10)

---

① (清)王引之撰,虞思徵等校點:《經義述聞》,第1259頁。
② 蕭旭:《〈國語〉校補》,《群書校補》第壹册,第182—183頁。
③ (清)于鬯:《香草校書》,北京:中華書局,1984年,第923頁。

上博簡、郭店簡兩個版本的《緇衣》語句基本相同,傳世本《緇衣》此句作"大人不親其所賢,而信其所賤;民是以親失,而教是以煩",簡本的"緐"字即《説文》"䋣(繁)"字或體"䋣",該字從"弁"得聲,與今本的"煩"語音相近。傳世本與簡本《緇衣》主要的差異是"民""教"二字易位。學者多已指出,揆之文義,簡本所記更爲合理,於文義更爲通暢。①

簡本的"𢼊(教)此以達(失),民此以緐(煩)"與《國語》"若民煩,可教訓"語義相近。簡本《緇衣》此句"民"與"教"語義相關。通過與簡本《緇衣》的對照,可知"民煩"之"民"即指"人民"之"民",無須破讀,再做他解。

第三節　因聲求義

本章所講的"因聲求義"是爲明確《國語》中某些字究竟是代表何詞。出土文獻對解決這一問題所提供的"觸發性機緣",實際上涵蓋傳統訓詁學所講的"破通假"和近年來越發受到學界重視的"用字習慣"兩方面的內容。

清代古音學大興,清儒在校釋《國語》的實踐中已注意到利用"破通假"來釋讀某些字詞。如王引之讀《國語·楚語上》"余左執鬼中,右執殤宫"之"宫"爲"躬",並謂"中、躬皆身也"。② 又如于鬯讀《國語·晉語八》"不知人殺乎,抑厲鬼邪"之"殺"爲"煞",謂"人煞"即"人鬼"。③ 準確地破解通假關係對校讀先秦古書的重要意義不言而喻。新出簡帛資料則爲我們總結歸納語音上的通假關係提供了極大便利。古文字的通假關係並不是隨意、無序的,實際上,某字與某字之間的通假關係在大多數情況下常呈現一定的規律性。于省吾先生曾指出利用通假關係釋讀古文字關鍵在於"律、例兼備",④所謂"律"即指符合古音音理,"例"則是指具有相通的文獻用例。出土文獻尤其是近年來大量刊布的戰國秦漢簡帛中的通假用例正爲《國語》文本的校讀提供了在"律""例"兩方面重要的證據。如《國語·越語下》

---

① 參陳偉:《上博、郭店二本〈緇衣〉對讀》,《上博館藏戰國楚竹書研究》,第420頁;虞萬里:《上博館藏楚竹書〈緇衣〉綜合研究》,武漢:武漢大學出版社,2009年,第91頁。
② (清)王引之撰,虞思徵等校點:《經義述聞》,第1265頁。
③ (清)于鬯:《香草校書》,第917頁。
④ 轉引自林澐:《古文字學簡論》,北京:中華書局,2012年,第132頁。

"上帝不考,時反是守",《史記·太史公自序》作"聖人不朽,時變是守","不朽"一詞的語義已頗爲晦昧,《漢書·司馬遷傳》作"聖人不巧,時變是守",倒還保留文本原義。王引之曾指出《越語下》"上帝不考"之"考"當讀爲"巧"。① 馬王堆漢墓帛書《十六經》正作"聖人不巧,時反是守",由出土文獻觀之,其説可謂頗有先見之明。

用字習慣是指人們記録語言時以何字來表何詞的習慣。某一時期的語言文字中往往有其固定的用字習慣,後人若不熟悉古時的用字習慣,則難免會錯解古書的文義,如裘錫圭先生所言:

> 例如古書裏往往把"早晚"的"早"這個詞寫作"蚤","蚤"字的這種用法在一般字典裏就找得到。這類古代用字方法,不會給閲讀古書的人造成多大的困難。但是如果某種已經被後人所遺忘的古代用字方法,在某種或某些古書中(通常只是在古書的某一或某些篇章甚至語句中)還保存着,就會給讀這些古書的人造成很難克服的困難。②

新近大量刊布的戰國、秦漢簡帛資料中保留有相當數量與《國語》成書年代相近的帶有戰國、秦漢時期用字習慣的材料,學界對其多有總結。③ 學者利用戰國簡帛資料校正《國語》文本也取得不少可信的成果,如本書"緒論"一章中所介紹的袁金平先生據清華簡《繫年》所見"閒"用爲{縣}的用字習慣,指出《國語·吴語》"閒陳、蔡"之"閒"也當讀爲"縣"。④ 又如《國語·越語下》有"用人無埶,往從其所"一句,裘錫圭先生曾據秦漢簡帛中常見的以"埶"表{設}的用字習慣,指出"用人無埶"之"埶"應本作"埶"讀作"設","無埶"意謂"不豫設"。⑤ 再如,陳劍先生曾據先秦出土文獻中以

---

① (清)王引之撰,虞思徵等校點:《經義述聞》,第1284頁。
② 裘錫圭:《簡帛古籍的用字方法是校讀傳世先秦秦漢文獻的重要根據》,《裘錫圭學術文集·語言文字與古文獻卷》,第464頁。
③ 參陳斯鵬:《楚系簡帛中字形與音義關係研究》,北京:中國社會科學出版社,2011年;周波:《戰國時代各系文字間的用字差異現象研究》,北京:綫裝書局,2012年;禤健聰:《戰國楚系簡帛用字習慣研究》。
④ 袁金平:《利用清華簡〈繫年〉校正〈國語〉韋注一例》,《社會科學戰綫》2011年第12期,第31—32頁。
⑤ 裘錫圭:《再談古文獻以"埶"表"設"》,《裘錫圭學術文集·語言文字與古文獻卷》,第490—491頁。

"龍"表"{隆}"一詞的用字習慣指出,《國語·楚語下》"寵神其祖,以取威於民"之"寵"當讀爲"隆",在此表"推崇、推重"之義。①

利用用字習慣校釋《國語》文本的可信意見還可再舉一例,傳世古書中"擇""釋"二字常通用,此種情況也見於出土文獻中,如今本《儀禮·大射》之"釋弓",武威漢簡《儀禮》甲本《泰射》都作"擇";漢印中"釋之""釋憂"之"釋"皆作"擇",基於漢代文字中以"擇"表{釋}的用字習慣,裘錫圭先生指出《史記·李斯列傳》"河海不擇細流"之"擇"當用爲"釋",訓爲"捨"。②《國語》中也有兩處以"擇"表{釋}的情況:

大夫種進對曰:"臣聞之賈人,夏則資皮,冬則資絺,旱則資舟,水則資車,以待乏也。夫雖無四方之憂,然謀臣與爪牙之士,**不可不養而擇也**。譬如蓑笠,時雨既至必求之。今君王既棲於會稽之上,然後乃求謀臣,無乃後乎?"　　　　　　　　　　　　　　(《國語·越語上》)

明日徇於軍,曰:"有兄弟四五人皆在此者,以告。"王親命之曰:"我有大事,子有昆弟四五人皆在此,事若不捷,則是盡也。**擇子之所欲歸者一人**。"　　　　　　　　　　　　　　　　(《國語·吳語》)

《越語上》"不可不養而擇也"之"擇",郭永秉先生認爲其即用爲"釋",訓爲"棄","不養"與"釋"文義相承。《吳語》之"擇子之所欲歸者一人"之"擇",郭先生認爲"擇"這一動作的發出者並非"昆弟四五人"而是"越王",故而此句的"擇"亦用爲"釋",訓爲捨棄之"捨"。③ 其說當可信。上引《越語上》之句中"夏則資皮……以待乏也""譬如蓑笠,時雨既至必求之"都是在講凡事要未雨綢繆,早作打算的道理。"不可不養而擇〈釋〉也"也是同義,其意謂"謀臣與爪牙之士"不可不奉養、培養而就放棄,换句話說就是對於"謀臣與爪牙之士"而言要提早搜羅、培養。《國語·吳語》"擇子之所欲歸者一人"是越王所說的話,這句話並不是説"昆弟四五人"自行選擇一人

---

① 陳劍:《結合出土文獻校讀古書雜談》,《古文獻研究》第十二輯,南京:鳳凰出版社,2024年,第20—25頁。
② 裘錫圭:《讀書札記九則·說"河海不擇細流"》,《裘錫圭學術文集·語言文字與古文獻卷》,第394—395頁。
③ 郭永秉:《以簡帛古籍用字方法校讀古書札記》,《古文字與古文獻論集》,上海:上海古籍出版社,2011年,第303—304頁。

歸家,而是説"越王釋放昆弟四五人之一人歸家",郭先生文中曾謂"擇子之所欲歸者一人"之"擇"與《國語·晉語一》"臣聞皋落氏將戰,君其釋申生也"之"釋"用法相同,其説甚是。

本章即期望利用出土文獻所提供的通假用例與用字習慣材料"因聲求義"校釋《國語》中的某些字詞。

1. 民疾其態

《國語》兩見"民疾其態"之辭:

> 君以驪姬爲夫人,民之疾心固皆至矣。……今君起百姓以自封也,民外不得其利,而内惡其貪,則上下既有判矣;然而又生男,其天道也?**天彊其毒,民疾其態**,其亂生哉!
>
> (《國語·晉語一》"史蘇論驪姬必亂晉"章)
>
> 民疾君之侈也,是以遂於逆命。今嘉其夢侈必展,是天奪之鑒而益其疾也。**民疾其態,天又誑之。**
>
> (《國語·晉語二》"虢將亡舟之僑以其族適晉"章)

《晉語一》"民疾其態"之"態",諸家多將其理解爲"狀態""態度"之類的意思,如黃永堂先生翻譯此句爲"百姓痛恨這種事態";①張永祥先生翻譯爲"百姓也不滿這種狀況";②鄔國義先生翻譯爲"民衆不滿這種狀況";③陳桐生先生翻譯爲"民衆痛恨這種狀態"。④

從上引《晉語一》之句上下文義來看,"天彊其毒"與"民疾其態"對文。《國語·周語中》"若登年以載其毒,必亡",韋昭注:"毒,害也。""天彊其毒"之"毒"也用爲此義,"態"與"毒"對文,則舊將其理解爲"狀態""態度"之類的名詞是存在問題的。"民疾其態"之"態"應讀爲表邪惡之義的"慝","態""慝"相通之例,傳世文獻有見,如《荀子·成相》"讒夫多進,反覆言語生詐態",王念孫謂:"'態',讀爲'姦慝'之'慝',言言語反覆,則詐

---

① 黃永堂譯注:《國語全譯》,第 226 頁。
② 張永祥:《〈國語〉譯注》,第 146 頁。
③ 鄔國義、胡果文、李曉路撰:《國語譯注》,第 219 頁。
④ 陳桐生譯注:《國語》,第 284 頁。

慝從此生也。以態爲慝者,古聲不分去、入也。"①《戰國策·秦策三》"足下上畏太后之嚴,下惑姦臣之態",此句又見於《史記·范雎蔡澤列傳》,司馬貞《索隱》謂:"態謂姦臣諂詐之志也。"該句中"嚴""態"對文,"態"也應讀爲"姦慝"之"慝"。出土文獻中也有二字相通之例:

> 寺(時)型(刑)罰詠(赦),晨(振)若叙(除)態(慝),冒神之福,同民之力,寺(是)名曰悳(德)。(清華簡《殷高宗問於三壽》簡16—17)

"態",原整理者已引王念孫之説讀爲"慝"。②"時刑罰赦,振若除慝"是説刑赦有時,舉善去惡。《國語·晉語一》"天疆其毒,民疾其態"之"態"也應讀爲"慝",該句大意是説,上天增強了驪姬的災害,民衆也痛恨驪姬的姦慝。《國語·晉語二》"民疾其態"與前文"民疾君之侈也"語義相承,"態"也應讀爲"慝","民疾其態,天又誑之"大意是説,民衆痛恨君主的姦慝,上天又迷惑他。此外,《説苑·辨物》"民疾其態,天又誑之"乃摘抄自《國語·晉語二》,其中的"態"也應讀爲"慝"。

2. 齒牙爲猾/猾其中/滑夫二川之神

《國語·晉語一》"史蘇論獻公伐驪戎勝而不吉"章有辭作:

> 獻公卜伐驪戎,史蘇占之,曰:"勝而不吉。"公曰:"何謂也?"對曰:"遇兆,挾以銜骨,**齒牙爲猾**,戎、夏交捽。交捽,是交勝也,臣故云。且懼有口,攜民,國移心焉。"

韋昭注:"猾,弄也。齒牙,謂兆端左右釁坼,有似齒牙。中有從畫,故曰銜骨。骨在口中,齒牙弄之,以象讒口之爲害也。"俞志慧先生認爲訓"猾"爲"弄"於文獻無徵,此句的"猾"按其常訓訓爲"亂"即可。③ 俞説更符合文義。

---

① (清)王念孫著,徐煒君等點校:《讀書雜誌》,第1893頁。
② 清華大學出土文獻研究與保護中心編,李學勤主編:《清華大學藏戰國竹簡(伍)》,上海:中西書局,2015年,第156頁。
③ 俞志慧:《〈國語〉韋昭注辨正》,第103頁。

上引《國語》之句，《史記·晉世家》作"初，獻公將伐驪戎，卜曰'齒牙爲禍'"。"禍"與"猾"對應，嚴格來講，"齒牙爲猾"之"猾"就應讀爲"禍"。戰國文字常以"褐"表{禍}，如：

　　褐(禍)不降自天，亦不出自地，唯心自賊。（上博簡《用曰》簡9）
　　周公石(適)東，三年褐(禍)人乃斯旻(得)。（清華簡《金縢》簡8）
　　吳王子晨牁(將)记(起)褐(禍)於吳，吳王盍(闔)庿(廬)乃歸，卲(昭)王女(焉)返(復)邦。（清華簡《繫年》簡84）

"褐"从"骨"得聲，《説文》："禍，害也，神不福也。从示咼聲。""禍"从"咼"得聲，"咼"又从"冎"得聲，"冎"甲骨文作" "，正象骨架支撐之形，其左右之小豎象骨節轉折處突出形。① "冎"即"骨"之初文，故"褐"與"禍"可通假。

《國語·晉語一》同章中還有幾處"猾"字：

　　且其兆云："挾以銜骨，齒牙爲猾。"我卜伐驪，龜往離散以應我。
　　雖逢齒牙，以猾其中，誰云不從？諸夏從戎，非敗而何？
　　雖謂之挾，而猾以齒牙，口弗堪也，其與幾何？

其中的"猾"舊有多種解釋，從戰國文字常以"褐"表{禍}的用字習慣來看，諸句中的"猾"也當讀爲"禍"。

又《國語·周語下》"太子晉諫靈王壅穀水"章有辭作：

　　今吾執政無乃實有所避，而滑夫二川之神，使至於爭明，以妨王宫。

"滑夫二川之神"，韋昭注："滑，亂也。"此句也見於《漢書·五行志中之下》，"滑"，顔師古注："滑，亂也。音骨。""滑"从"骨"聲，也應讀爲"禍"。"滑夫二川之神"，蕭旭先生謂："《初學記》卷6、《類聚》卷8、《文選·西征

---

① 于省吾：《釋冎》，《于省吾著作集·甲骨文字釋林》，北京：商務印書館，2010年，第390頁。

賦》李善注引'猾'並作'禍',疑爲形誤。"①其説不確,諸書中"猾"之異文作"禍",正是二者可相通最爲明顯的證據。

此外,《國語·晉語二》有辭作:

> 君若求置晉君以成名於天下,則不如置不仁以猾其中,且可以進退。

"置不仁以猾其中"之"猾",韋昭注:"猾,亂也。"其也當讀爲"禍",此句中"猾(禍)"表禍亂之義,其義尤顯。"猾""滑",古書中常訓爲"亂",此義的語源即應來自"禍"。

3. 糾虔天刑

《國語·魯語下》"公父文伯之母論勞逸"章有辭作:

> 是故天子大采朝日,與三公、九卿祖識地德;日中考政,與百官之政事,師尹維旅、牧、相宣序民事;少采夕月,與大史、**司載糾虔天刑**。

"糾虔",韋昭注:"糾,恭也。虔,敬也。"此處韋注另有異文,《魏書·武帝紀》作"君糾虔天刑,章厥有罪",裴松之注:"'糾虔天刑'語出《國語》,韋昭注曰:'糾,察也。虔,敬也。'"又《文選·潘勖〈册魏公九錫文〉》"君糾虔天刑,章厥有罪",李善注引《國語》韋昭注亦作"糾,察也",兩書引韋注,"恭"皆作"察"。

韋昭之説難以講通文義。訓"糾"爲"恭"於文獻無徵;訓"糾"爲"察"、"虔"爲"敬"亦誤,郭萬青先生曾批評此説:"漢語中常態爲表心理情態詞修飾動作動詞,而無動作動詞修飾表心理情態類動詞者。"其説甚是。郭萬青先生認爲"虔"應訓爲"取","糾虔"即"察取"。②然而"取天刑"之類説法典籍未見,此説恐怕亦難疏通文義。

值得注意的是,《文選》"君糾虔天刑",《後漢紀·孝獻皇帝紀》作"君

---

① 蕭旭:《〈國語〉校補》,《群書校補》第壹册,第93頁。
② 郭萬青:《〈國語·魯語下〉"糾虔天刑"解詁》,《語言研究》2015年第4期。

糾逖天刑"。"糾逖"一詞又見於《左傳·僖公二十八年》:"敬服王命,以綏四國,糾逖王慝。"清人惠棟《左傳補注》謂:"《衡彈碑》云'糾剔王愆',《魯頌》'狄彼東南',鄭箋云:'狄當爲剔。剔,治也。'此《傳》當訓爲'治'也。"①楊伯峻先生也贊同此説,並謂"糾逖爲近義詞連用"。②"逖"从"狄"聲,"剔"从"易"聲,"狄""易"音近常可通用,如《楚辭·天問》所載上古氏族名、人名"有狄",清華簡《保訓》簡8作"有易";又如上博簡《周易》"歠(涣)其血,厹(去)易出"之"易",今本《周易》作"逖"。③

"糾虔天刑"的異文作"糾逖天刑","虔""逖"相對,"糾逖"之"逖"有"治"義,則"糾虔"之"虔"亦應與其義近。"虔"與"逖"古音遠隔,二者應非通假關係,我們認爲"糾虔"之"虔"可讀爲訓爲"治"義的"乂",古書中"乂"或又作"刈""艾"。"虔"古音在群紐元部,"刈"古音在疑紐月部,聲母俱爲牙音,韻部陽入對轉,當可相通。驫羌鐘(《集成》157)之"韓宗獻",學者多已指出"獻"應讀爲"虔",即"韓景子虔"④。古書中的"獻民",周鳳五先生認爲其可讀爲"薛民"也即"遺民"。⑤从"獻"聲的"櫱"字,《説文》謂其或"从木辥聲"作"蘖"。裘錫圭先生已指出甲骨文中"櫱"之聲符"丯"象一刀類工具,即"乂"之初文。⑥此亦可作爲"虔""乂"輾轉相通的例證。《廣雅》:"虔、伐、隸、刈。殺也。"二字在語源上應也有同源關係。"乂"有"治"義,如《詩經·小雅·小旻》"或哲或謀,或肅或艾",毛傳:"艾,治也。"《漢書·郊祀志上》"漢興已六十餘歲矣,天下艾安",顔師古注:"艾讀曰乂。乂,治也。"《國語·楚語上》"其聖之睿廣也,其智之不疚也,猶自謂未乂",韋昭注:"乂,治也。""乂"又有"理"義,"糾虔"之"虔"即應讀爲"乂"、訓爲"治",與"糾逖"爲同義詞换用。

《國語·周語下》有"上非天刑,下非地德"一句,"天刑"與"地德"相對,《魯語下》"祖識地德"與"糾虔天刑"亦當爲對文關係,"祖識",韋昭注:

---

① (清)惠棟:《左傳補注》,北京:中華書局,1991年,第30頁。
② 楊伯峻:《春秋左傳注(修訂本)》,第465頁。
③ 更多"易""狄"相通之例可參張儒、劉毓慶:《漢字通用聲素研究》,太原:山西古籍出版社,2002年,第530頁。
④ 參楊蒙生:《驫羌編鐘銘文與清華簡〈繫年〉》,上海:上海古籍出版社,2020年,第43—44頁。
⑤ 周鳳五:《"櫱"字新探——兼釋"獻民""義民""人鬲"》,《臺大中文學報》2015年總第51期。
⑥ 裘錫圭:《甲骨文字考釋(八篇)·釋"骱""秄"》,《裘錫圭學術文集·甲骨文卷》,第72頁。

"祖,習也。識,知也。"爲近義詞連用,楊伯峻先生曾指出"糾遬"爲近義詞連用,其説得之。"糾虔天刑"之"糾虔"也爲近義詞連用。"糾"有"正""攝"之義,《周禮·夏官·大司馬》"以糾邦國",鄭玄注:"糾,猶正也。"《左傳·昭公二十年》"政寬則民慢,慢則糾之以猛",杜預注:"糾,猶攝也。"此句中的"攝"是表"整飭"之義,"正""攝"與"治"義相因。甲骨文中有一字作"（圖）"（《合集》22049）,姚萱先生曾指出其爲音義皆近的"繆、摎"和"糾"的共同表意初文,字形"象兩手執持繩之兩股而互交（使之緊）"之狀,①"持繩之兩股而互交"也可理解爲整飭、整理繩之兩股的意思,其實也含有"修治"的意味。

《魯語下》"司載糾虔天刑"之"糾""虔"爲近義詞連用,都可訓爲"治",此句是説司載修治、整理"天刑"（即"天之型範"）。

4. 教不肅而成

《國語·齊語》"管仲對桓公以霸術"章有辭作:

令夫士,群萃而州處,閒燕則父與父言義,子與子言孝,其事君者言敬,其幼者言弟。少而習焉,其心安焉,不見異物而遷焉。**是故其父兄之教不肅而成**,其子弟之學不勞而能。夫是,故士之子恒爲士。

韋昭注:"肅,疾也。"後世學者多疑此説,如近人吳曾祺認爲"肅"當訓爲"嚴"。② 沈鎔《〈國語〉詳注》亦同吳説。③ 郭萬青先生亦謂"韋注訓'疾'確乎與本文語境不協"。④ 俞志慧先生也從吳曾祺之説。⑤ 其實,細玩文義,韋昭舊注大體亦可講通文義,似不必將"肅"改訓爲"嚴",我們認爲,嚴格來講此句中的"肅"或應讀爲督促、催促之"促"。

《詩經·召南·小星》"肅肅宵征"之"肅",安大簡《詩經》中皆作"藏":

---

① 姚萱:《非王卜辭的"瘳"補説》,《河北大學學報（哲學社會科學版）》2012年第4期。
② 吳曾祺:《〈國語〉韋解補證》,《〈國語〉研究文獻輯刊》第一册,北京:國家圖書館出版社,2012年,第281頁。
③ 沈鎔:《〈國語〉詳注》,《〈國語〉研究文獻輯刊》第七册,北京:國家圖書館出版社,2012年,第128頁。
④ 郭萬青:《近百年來〈國語〉校詁研究》,第66頁。
⑤ 俞志慧:《〈國語〉韋昭注辨正》,第85頁。

蔑①=(肅肅)肖(宵)正(征),佩(夙)夜才(在)公,折(寔)命不同。
蔑=(肅肅)肖(宵)正(征),保(抱)衾與裯(幬),折(寔)②命不猷。

安大簡中的兩個"蔑"字作""""之形,從"戚"得聲,"戚"古音在清紐覺部,"肅"古音在心紐覺部,二字聲母俱在齒音,韻部相同,自可相通,出土文獻中也有二字相通的例證,如今本《老子》第二十五章"寂兮寥兮"之"寂"("寂"與"戚"都從"尗"聲),馬王堆帛書《老子》甲本作"繡",乙本作"蕭",北京大學漢簡本《老子》作"肅"。③"戚"在典籍中常通作"促",《集韻·燭韻》:"促,《說文》:'迫也。'或作'戚'。"《孔子家語·曲禮子夏問》"周以戚,吾從殷",王肅注:"戚,猶促也。"《周禮·考工記·總序》"無以爲戚速也",鄭玄注:"齊人有名疾爲戚者。""名疾爲戚"之"戚",《經典釋文》謂:"戚,李音促。""肅"可通作"戚",自也可通作"促"。

"戚"在典籍中也可通作"蹙",《說文》:"戚,戉也。"段注:"戚之引伸之義爲促迫,而古書用戚者,俗多改爲蹙。"④《漢書·李尋傳》"治國故不可以戚戚"之"戚戚",清人王念孫認爲"戚"應讀爲"蹙","蹙蹙,急也。故,事也。言治國不可急也。"⑤《詩經·召南·小星》"肅肅宵征"之"肅肅",毛傳訓爲"疾","肅肅",安大簡作"蔑蔑",姚道林先生認爲毛傳不誤,"肅"可訓作"疾"其實是"戚(蹙)"的假借,⑥其說可從。"蹙"也可訓爲"促",如《詩經·小雅·小明》"政事愈蹙",毛傳:"蹙,促也。"《儀禮·士相見禮》"始見於君執摯,至下,容彌蹙",鄭玄注:"蹙,猶促也。"

郭萬青先生曾疏解"是故其父兄之教不肅而成"一句文義,謂:"本來父教子學要有專門的程序或者成爲專門性行爲,而管仲的建議使得父子之教學在日常行爲中完成,故有'不肅''不勞'。"⑦郭先生雖不同意韋昭訓"肅"

---

① 關於此字的釋讀及字形結構分析詳見黃德寬:《新出戰國楚簡〈詩經〉異文二題》,《中原文化研究》2017年第5期。
② 參蔡偉:《安大簡"折命不猷"補證》,簡帛網,2019年10月13日。
③ 參黃德寬:《新出戰國楚簡〈詩經〉異文二題》,《中原文化研究》2017年第5期,第5—9頁。
④ (清)段玉裁:《說文解字注》,上海:上海古籍出版社,1988年,第632頁。
⑤ (清)王念孫著,徐煒君等點校:《讀書雜誌》,第884頁。
⑥ 姚道林:《利用安大簡〈詩經〉補釋〈毛詩〉字詞二則》,《中國文字學會第十一屆學術年會論文集》,南通大學文學院,2022年11月19—20日,第936頁。
⑦ 郭萬青:《近百年來〈國語〉校詁研究》,第66頁。

爲"疾"的意見,但對該句文義的把握倒是頗爲可取。所謂"教不肅而成"及後文的"學不勞而能"都是講通過日常生活中潛移默化的影響而達到對子孫的教育目標,將"不肅而成"之"肅"讀爲催促之"促"也符合文義,"是故其父兄之教不肅(促)而成"及後句的大意是説,父兄對子孫的教導,不用督促、催促子孫便能實現,子弟向父兄學習不需費力便能學成。"促"古書中多訓爲"迫""速""急"之類意思,與"疾"義近,韋昭訓"肅"爲"疾"當本有所據。

5. 樹德於民以除之

《國語·周語下》"單穆公諫景王鑄大錢"章有辭作:

> 將民之與處而離之,將災是備禦而召之,則何以經國? 國無經,何以出令? 令之不從,上之患也。**故聖人樹德於民以除之。**

"樹德於民以除之",韋昭注:"樹,立也。除,除令不從之患也。"後世學者亦多從此説,如黄永堂先生翻譯此句爲"以此來根除下面不遵政令的憂患";① 陳桐生先生翻譯此句爲"消除民衆不從命令之患"。② 我們認爲"聖人樹德於民以除之"的"之"所指代的應是"民",而非前文之"上之患"。"除"本應作"叙",表承序、承順之義。鄔可晶、施瑞峰先生曾將《逸周書·命訓》"命司德,正之以禍福,立明王以順之"與《禮記·祭義》"立教自長始,教民順也"兩句相參照,認爲"立明王"實即"立教",其目的在於"教民順","立明王以順之"的"之"當指天所生之"民",其即謂"天立明王以使民遜順"。③ 此二句的語義正可與"聖人樹德於民以叙之"相參照。又《國語·周語上》"周將亡矣! 夫天地之氣,不失其序;若過其序,民亂之也",也是強調秩序與治民之間的關係。"民以除之"之"除"本應作"叙",後世傳抄者或由於不了解戰國文字用字習慣而將"叙"誤識爲"除"。

戰國時期楚文字中多以从"余"从"攴"的"叙"字在辭例中表{除},如:

---

① 黄永堂譯注:《國語全譯》,第 105 頁。
② 陳桐生譯注:《國語》,第 130 頁。
③ 鄔可晶、施瑞峰:《説"朕""弅"》,《文史》2022 年第 2 期,第 37 頁。

命九月叙(除)路,十月而徒梁城(成),一之日而車梁城(成)。
(上博簡《鮑叔牙與隰朋之諫》簡 3+1)

夫是古(故)凢(凡)攻祝、祭祀、齊(齋)佰(宿)、𡈼(壇)叙(除)、工(貢)事,……　　　　　(清華簡《五紀》簡 49—50)

從正(政)�(敦)五惠(德)、固三折(制)、叙(除)十悁(怨)。
(上博簡《從政》甲篇簡 5)

《國語·周語中》"九月除道"及《鮑叔牙與隰朋之諫》之"除路"亦即"除道"。《五紀》"壇除",原整理者已指出其即"壇墠"除地築壇,古書又作"除壇"。① 上博簡《從政》"叙十悁"之"叙"亦表{除},文從字順。

在戰國時期的楚文字中"叙"又可以作本字使用,表次序、順序之義:

南門之惠(德)曰:我川(順)㥯(仁),叙至四寺(時),臨天下,紹(紀)皇天。　　　　　(清華簡《五紀》簡 65)

"叙至四時"就是説將四時相次序。傳世古書多用"叙""序"表次序之義,是秦系文字的用字習慣。②

"叙"由"次序"義可引申出"順"之義,王引之《經義述聞》謂:"《堯典》曰:'百揆時叙。'《康誥》曰:'越厥邦厥民,惟時叙。'又曰:'乃女盡孫,曰時叙。'《顧命》曰:'爾尚明時朕言。'傳皆訓'時'爲是,'叙'爲次叙。引之謹案:'時叙'者,承叙也。'承叙'者,承順也。""《爾雅》曰:'順,叙也。'《大戴禮·保傅篇》曰:'言語不序。'《周語》曰:'周旋序順。'是'叙'與'順'同義。"③

《國語》的傳抄者可能由於不熟悉戰國文字的用字習慣,將本表"次序""順"之義的"叙"誤識爲表{除}的"叙",進而將"叙"直接改爲"除"。上舉《國語》之句本應作"聖人樹德於民以叙之"。"叙"在此用爲"順"義,此句大意是説,聖人立德於民以使民相順。"使民相順"才能使政令通行無礙,正與前文"令之不從,上之患也"語義相承。

---

① 清華大學出土文獻研究與保護中心編,黄德寬主編:《清華大學藏戰國竹簡(拾壹)》,第 108 頁。
② 參周波:《戰國時代各系文字間的用字差異現象研究》,第 75 頁。
③ (清)王引之撰,虞思徵等校點:《經義述聞》,第 155 頁。

6. 民旁有慝

《國語·魯語上》"里革論君之過"章有"民旁有慝"的表述：

> 里革曰："……且夫君也者，將牧民而正其邪者也，若君縱私回而棄民事，**民旁有慝**，無由省之，益邪多矣。若以邪臨民，陷而不振，用善不肯專，則不能使，至於殄滅而莫之恤也，將安用之？……"

"民旁有慝"，王引之《經義述聞》訓"旁"爲"徧"，謂"旁之言溥也，徧也。言民徧有姦慝，而君不能察也"。① 戎輝兵先生認爲王説可商，謂"'言民徧有姦慝'，天下豈無善民？似不合情理"，進而指出"旁"讀爲"放"，訓爲"邪曲、邪僻"之義，"有"讀爲"又"，"民旁有慝"，表示民邪僻又姦惡。② 戎先生駁斥王氏之説頗有據，但其讀"旁"爲"放"則亦有可商榷之處。先秦文獻中，"有""又"作連詞時，主要是連接整數與零數、連接數量關係，其他用法極爲少見。③ "民邪僻又姦惡"這樣的解釋似不符合當時的語法規則。

我們認爲"民旁有慝"中的"旁"應讀爲"方"，在此表示常法、常道之義，可與出土文獻中"民向方"之辭相參照。"民向方"見於郭店簡《尊德義》簡28—29：

> 爲古(故)率民向方者，唯惪(德)可。惪(德)之流，速乎置蚤(郵)而傳命。

"率民向方"之類的説法又見於傳世文獻中，如"故樂行而民向方，可以觀德矣"(《説苑·脩文》)；"開道之於善，而民向方矣"(《文子·符言》)；又如《詩經·大雅·皇矣》"萬邦之方，下民之王"，毛傳："方，則也。"清人馬瑞

---

① (清)王引之撰，虞思徵等校點：《經義述聞》，第1201頁。
② 戎輝兵：《〈國語集解〉訂補》，南京師範大學博士學位論文(指導教師：趙生群)，2007年，第39頁。
③ 劉凌：《戰國楚簡連詞語體差異研究》，上海：上海古籍出版社，2017年，第68—74頁；中國社會科學院語言研究所古代漢語研究室編：《古代漢語虛詞詞典》，第752頁下"有"字條、第757頁下"又"字條。

辰亦曾指出：

>《爾雅》："矩、則，法也。"《廣雅》："榘，方也。"榘所以爲方，榘爲法則，知方亦爲則。"萬邦之方"猶云"萬邦爲憲"，憲亦法也、則也。《廣雅》又云："方，正也。"正亦所以爲灋則也。①

"方"在上古漢語中可用爲常法、常道之類的意思，劉釗先生已指出郭店簡《尊德義》之"向方"即是説"走向常道"之義。②《魯語上》"民旁有慝"中的"旁"也應讀爲"方"，表示常法、常道之義。典籍又見"民道"之類的説法：

> 民道弊而所重易也，世事變而行道異也。　　　（《商君書·開塞》）
> 民道繁多，而亦不可沽（怙）。　　　　　　　（上博簡《用曰》簡19）

"民道"也指民之常法、常道。文獻中還有"無方之民"（《荀子·禮論》）之類的説法。前引《魯語上》"君縱私回而棄民事"之"民事"與"民旁"語義相承，"民旁"也應理解爲定中結構的詞組，表示民之常法、常道。此句是説正是由於"棄民事"因而才導致民之常法、常道"有慝"。

7. 審　固

《國語·周語中》"富辰諫襄王以狄伐鄭及以狄女爲后"章有"審固"一詞：

> 王曰："利何如而内，何如而外？"對曰："尊貴、明賢、庸勳、長老、愛親、禮新、親舊。**然則民莫不審固其心力以役上令**，官不易方，而財不匱竭，求無不至，動無不濟。……"

"審固"一詞，韋昭無注。黄永堂先生翻譯"然則民莫不審固其心力以役上令"一句爲"能夠做到以上這些，人民没有不安定内心，盡力報效上令差遣

---

① （清）馬瑞辰：《毛詩傳箋通釋》，北京：中華書局，1989年，第852頁。
② 劉釗：《郭店楚簡校釋》，福州：福建人民出版社，2005年，第128頁。

的",①應是將"審固"理解爲"安定"之類的意思。受此啓發,我們認爲"審固"或可讀爲"申固"。"申固"一詞見於下列之句中:

於是乎弭其百苛,殄其讒慝,合其嘉好,結其親昵,億其上下,以申固其姓。　　　　　　　　　　　　　　　(《國語·楚語下》)
後之人或者將敬奉德義以事神人,而申固其命,若之何待之?
　　　　　　　　　　　　　　　　　(《左傳·宣公十五年》)

"申固其命",楊伯峻注:"申固其命,猶言強固其國家之命運。"②該詞除上舉兩例外,其他先秦文獻中似未見,然在出土文獻中則多見:

用卬(仰)邵(昭)皇天,䚷(申)圉(固)大命,康能三(四)或(國)。
　　　　　　　　　　　　　　　　　　(毛公鼎,《集成》2841)
共(恭)明(明)德,秉威義(儀),用䚷(申)圉(固)奠保我邦、我家。
　　　　　　　　　　　　　　　　　　(叔向父簋,《集成》4242)
䚷(申)圉(固)皇帝大魯令(命),用嚳保我家、朕位、㦴身。
　　　　　　　　　　　　　　　　　　(㝬簋,《集成》4317)
用䚷(申)圉(固)大令(命),甹(屏)王立(位)。
　　　　　　　　　　　　　　　　　　(番生簋蓋,《集成》4326)
寿(前)文人覃(墉)厚多福,用䚷(申)圉(固)先王受皇天大魯令(命)。　　　　　　　　　　　(五祀㝬鐘,《銘圖》15583)
余䚷(申)圉(固)楚成,整返(復)曾疆。(曾侯與鐘,《銘續》1029)

裘錫圭先生曾讀"䚷"爲"申",並指出毛公鼎、叔向父簋之"䚷圉"義同於前引《國語》《左傳》中之"申固",似有"鞏固"一類的意思。③ 2010 年棗莊市徐樓村出土一宋公鼎,其中有銘文作"有殷天乙唐(湯)孫宋公圉",李學勤先生認爲"宋公圉"之"圉"字以通假求之,無疑是宋平公的上一代共公,《左

---

① 黃永堂譯注:《國語全譯》,第 47 頁。
② 楊伯峻:《春秋左傳注(修訂本)》,第 762 頁。
③ 裘錫圭:《談曾侯乙墓鐘磬銘文中的幾個字》,《裘錫圭學術文集·金文及其他古文字卷》,第 58—59 頁。

傳》記其名爲"固",《史記·宋世家》則説他名"瑕","圃"與"固"音近,金文中的"蠫圃"之"圃"可讀爲"固",訓爲"安定"之義。① 由此印證了裘先生之前的釋讀意見,"蠫圃"即古書中的"申固"。

又清華簡《子產》簡2—3有"所以緅(申)命固位,位固邦安,邦安民蘿(遂)"一句,"申命""固位"對文,"申""固"應義同,將"申固"理解爲"安定""鞏固"之類的意思應是可信的。

我們認爲"審固"也應讀爲"申固","民莫不審固其心力以役上令"是説,民衆無不安定、鞏固其心力以報效上令。

"審"古音在書母侵部,"申"古音在書母真部,二字聲紐相同,侵部與真部聲雖有隔,但亦有相通之例。如《石鼓文·汧沔》"何以橐之? 唯楊及柳"之"橐"從"壬"得聲,陳劍先生已指出其與"紉"可能同表一詞,語音相通。"壬"古音屬侵部,"紉"從"刃"聲,古音屬文部,真文兩部關係密切,陳先生在文中曾列舉侵部字與真文二部之字相通之例:

> 楚昭王之名古書作"壬""任",亦或作"軫""珍"(真部);"唸"(侵部)或與"殿"(文部)通,《詩·大雅·板》"民之方殿屎",《説文》卷二上口部"唸"字下引"殿屎"作"唸㕧"。以上都是侵部字跟文部以及真部字相通之例。
> ……
> "壬/任"常與從"仁"(真部)聲之"佞"通("佞"字常通作"年",也是真部字)。《尚書·舜典》"而難任人",《史記·五帝本紀》作"遠佞人";《尚書·皋陶謨》"何畏乎巧言令色孔壬",《史記·夏本紀》"孔壬"作"佞人";"壬/任"與"佞"皆"巧言善辯"之意。②

---

① 李學勤:《談棗莊徐樓村宋公鼎》,《夏商周文明研究》,北京:商務印書館,2015年,第97—99頁。按:此文最早發表於《史學月刊》2012年第1期,收入《夏商周文明研究》時又有所修正,今據此版本引用。此外,關於"圃"的釋讀,其後亦有學者予以補證,參蘇建洲:《隨州文峰塔曾侯與墓編鐘銘文"圃"字補説》,《簡帛》第十二輯,上海:上海古籍出版社,2016年,第19—28頁;劉光:《補論金文"申固"與"固"字的釋讀》,《出土文獻》第八輯,上海:中西書局,2016年,第61—65頁;蔣瓊傑:《〈繫年〉簡56"貉"字的文字學解釋》,《出土文獻》第十二輯,上海:中西書局,2018年,第113—118頁。
② 陳劍:《説石鼓文的"橐"字》,《文字與解釋:學術交流會論文集》,上海:中西書局,2015年,第98—99頁。

"審固"一詞又見於《禮記·射義》"内志正,外體直,持弓矢審固"(此句又見於《説苑·脩文》《論衡·超奇》);《蔡中郎集·司空臨晉侯楊公碑》"特以其静則貞一審固,動則不違則度";《蔡中郎集·薦邊文禮書》"口辨辭長,而節之以禮度。安詳審固,守持内定"。諸句中的"審固"似可也理解爲"安定""鞏固"之類的意思,"持弓矢審固"是説,握持弓矢要穩定;"其静則真一審固"之"審固"應表"安定"之類的意思,正承前文"静"之義;"安詳審固"爲同義詞並列,"審固"訓爲安定之義,正與"安詳"義相因。

8. 不式諸戎、狄、楚、秦

《國語·吳語》"吳欲與晉戰得爲盟主"章有辭作:

> 吳王親對之曰:"天子有命,周室卑約,貢獻莫入,上帝鬼神而不可以告。無姬姓之振也,徒遽來告。孤日夜相繼,匍匐就君,君今非王室不平安是憂,億負晉衆庶,**不式諸戎、狄、楚、秦**;將不長弟,以力征一二兄弟之國。……"

"不式諸戎"一句,韋昭注:"安恃其衆而不用征伐戎、狄、楚、秦卑周者。"應是將"式"理解爲"征伐"之義。或有學者不從韋注,而訓"式"爲"因此、就此"。① 蕭旭先生認爲:"《廣韻》:'式,敬也。'當讀爲'軾',由'伏軾'引申訓'敬'。不式,即'不敬'。"②此説亦誤。

"不式諸戎"與後文"以力征一二兄弟之國"對文,"式"與"力征"當語義相近。從上下文來看,韋注將"式"理解爲"征伐"之義於文義最爲允愜。不過,"式"之"征伐"義,後世字書辭典皆未載,嚴格來講,此處的"式"應讀爲從"式"聲的"試",由出土文獻中的辭例,可知"試"在某些語境中即可表示干犯、征伐之類的語義:

> 夫故以氏(是)功(攻)戰,天下弗敢塞;以氏(是)守禦,天下弗敢

---

① 來可泓撰:《國語直解》,第864頁;黄永堂譯注:《國語全譯》,第557頁。
② 蕭旭:《〈國語〉校補》,《群書校補》第壹册,第204頁。

試也。　　　　　　　　（馬王堆漢墓帛書《明君》12/415—13/416）

可築武室，塞故缺，寇盜弗犯也。可鑄劍戟兵刃器，適（敵）人弗試也。　　（銀雀山漢簡"陰陽時令、占侯之類"《三十時》1826—1827）

《明君》"天下弗敢塞"之"塞"應訓爲"當"，《漢書·王莽傳中》"欲以承塞天命"，顏師古注："塞，當也。"《尉繚子·制談》"天下莫能當其戰矣"及同書《武議》"三軍之衆，有所奇正，則天下莫當其戰矣"中的"當"都與"天下弗敢塞"之"塞"義同。① "攻戰"對應"塞"，"守禦"對應"試"，"試"與"塞"應語義相反。銀雀山漢簡《三十時》"敵人弗試也"與"寇盜弗犯也"，"試"與"犯"對文，上舉兩句中的"試"在語境中都含有干犯、征伐之類的意思。"不式諸戎"之"式"亦有此類意思，韋昭理解爲"征伐"當可講通文義。不過，嚴格來說，韋昭此訓乃隨文釋義。"試"古書中常用爲"用""嘗試"之義，例不勝舉，其在上舉諸例中用爲干犯、征伐之義乃是由"用""嘗試"義所產生的臨時語境義。"億負晉衆庶"一句是指"不把這些人力、兵力用於戎、狄、楚、秦，把人力用於（有異心之國）"，這個意思合在一起即是"征伐"之義。

由上舉出土文獻的例證來看，"不式諸戎"之"試"，韋昭理解爲"征伐"之義當可信。"億負晉衆庶"之"億"，韋昭注"億，安也"，其或可讀爲"抑"，用爲語氣詞，表轉折。前引《吳語》這段話大意是說，晉國不爲周王室的平安擔憂，却依靠晉國之衆庶，不用來去征伐諸戎、狄、楚、秦，而不講長幼之序以暴力征討兄弟之國。

9. 暱於權

《國語·晉語八》"陽畢教平公滅欒氏"章有如下一段話：

公曰："子實圖之。"對曰："圖在明訓，明訓在威權，威權在君。君掄賢人之後有常位於國者而立之，亦掄逞志虧君以亂國者之後而去之，是遂威而遠權。民畏其威，而懷其德，莫能勿從。……"

……

---

① 參裘錫圭主編，湖南省博物館、復旦大學出土文獻與古文字研究中心編纂：《長沙馬王堆漢墓簡帛集成·肆》，第111頁。

陽畢曰:"**夫正國者不可以暱於權**,行權不可以隱於私。**暱於權**,則民不導;行權隱於私,則政不行。政不行,何以導民? 民之不導,亦無君矣,則其爲**暱與隱也**,復害矣,且勤身。君其圖之!"

"夫正國者不可以暱於權",韋昭注:"暱,近也。言當遠權爲久長計。"後世學者多遵從韋注,如黃永堂先生亦訓"暱"爲"近",翻譯此句爲"想要矯正國家弊病的人,不應該只注意眼前的權威"。① 李維琦翻譯此句爲"使國家走上正道,不可以只顧近期權力"。② 前文講"明訓在威權,威權在君""民畏其威,而懷其德",都是在強調威嚴、權力對於君主的重要性,將"暱於權"理解爲"不應該只注意眼前的權威"的意思,顯然與前文語義不合。來可泓先生訓"暱"爲"近",訓"權"爲"權宜",翻譯"暱於權"爲"只圖淺近的權宜之計"。③ 陳桐生先生亦同之,翻譯"不可以暱於權"爲"不可以只想權宜之計",④俞志慧先生亦有相類似的看法。⑤ 這一類看法也存在問題,從上下文來看,"暱於權"之"權"即"明訓在威權""遂威而遠權"之"權",諸句中的"權"顯然不能理解爲"權宜"之義。

上引"遂威而遠權"一句,韋昭注:"遂,申也。遠權,權及後嗣。"該句中的"威"與"權"顯然是指其前文"明訓在威權"之"威權"。"威權"一詞古書常見,如《管子·法法》"法重於民,威權貴於爵禄";《焦氏易林·升之巽》"臣尊主卑,威權日衰";《焦氏易林·歸妹之乾》"威權在下,國亂且傾"。"威權"即指"威勢與權力"。吴銘認爲"遠權"與"暱於權"之"權"都指擅權之權臣。⑥ "遂威而遠權"中的"威"與"權"處於相同語法位置、語義相近,且可以與前文"明訓在威權"對應。若按吴先生的意見,則二者一指事,一指人,恐怕也難以講通文例。"遂威而遠權"之"遂",韋昭注:"遂,申也。"吴銘先生認爲其與"申威""伸威""信威"義同,是指將"'威'伸展至本來不

---

① 黄永堂譯注:《國語全譯》,第412頁。
② 李維琦譯:《白話國語》,第295頁。
③ 來可泓譯注:《國語直解》,第647頁。
④ 陳桐生譯注:《國語》,第502頁。
⑤ 俞志慧:《〈國語〉韋昭注辨正》,第185頁。
⑥ 吴銘:《"行權"三説》,《孚甲集——吴銘訓詁札記》,上海:上海辭書出版社,2023年,第257頁。

及之域"。① 此説倒頗爲可取。"遂威而遠權"中的"遂"與"遠"也處於相同的語法位置,"遠"也有"伸展""擴展"之義,如《漢書·韋玄成傳》"四垂無事,斥地遠境,起十餘郡",顔師古注:"斥,開也。遠,廣也。"《晉語八》"遠權"説的就是"擴展權力"之義。對於君王而言,無論是"立""賢人之後有常位於國者"抑或是"去""逞志虧君以亂國者",其目的都在於擴展君王的權威。韋昭訓"暱於權"之"暱"爲"近也。言當遠權爲久長計"自然是存在問題的,但其將"遠權"與"暱於權"合觀,倒頗爲可取。《國語·晉語八》"夫正國者不可以暱於權,行權不可以隱於私"中"暱於權"與"隱於私"對文,後文又有"暱與隱也,復害矣"一句,將"暱"與"隱"並舉,可見"暱"與"隱"語義當相近。

我們認爲"暱於權"之"暱",當讀爲匿藏之"匿","暱於權"是指隱藏權力(暗指君王不行使威權),"遠權"是指"擴展權力","暱於權"正與"遠權"語義相反,符合《晉語八》此段話的叙事邏輯。"暱"從"匿"得聲,二字在出土文獻中也有相通之例:

皮(彼)丌(其)匿(暱)因逐(遹)臣至獻[言]以忠㤅(愛)之,乃令色弗受以固御之。　　　　　　　　　　　　（清華簡《治政之道》簡38）
殹命匿(暱)因群父兄昆弟。　　　　　　　　（清華簡《殹命二》簡1）

這兩句中匿藏之"匿"都讀爲親暱之"暱"。"匿"與"隱"語義相近,《國語·周語中》"武不可覿,文不可匿",韋昭注:"匿,隱也。言不當尚武隱文也。"又《玉篇·阜部》:"隱,不見也,……匿也。"

"暱於權,則民不導"之"暱於權"是指隱藏權力(暗指君王不行使威權),則民衆就無法得到訓導。正與前文"明訓在威權,威權在君""民畏其威,而懷其德"相對應。上引"夫正國者不可以暱於權……政不行"一段話是説,治理國家的人不可以匿藏權力(即指不行使威權),行使權力不可以被私情隱蔽,匿藏而不彰顯威權,則民衆無法得到訓導,行使權力被私情隱蔽,則政令不行。

---

① 吴銘:《"行權"三説》,《孚甲集——吴銘訓詁札記》,第254頁。

10. 不更厥貞

《國語·晉語三》"惠公改葬共世子"章有如下一段話：

> 惠公即位，出共世子而改葬之，臭達於外。國人誦之曰："貞之無報也。孰是人斯，而有是臭也？貞爲不聽，信爲不誠。國斯無刑，偷居倖生。**不更厥貞**，大命其傾。……"

此段話大意是説，惠公即位，欲以正禮改葬含冤而死的共世子（申生），但"臭達於外"，不獲吉報（即所謂"貞之無報"）。"貞"訓爲"正"，指改葬申生所用之"正禮"。

這段話中的"不更厥貞"語義頗難理解，韋昭注："不變更其正。"王引之批駁此説謂："不變更其正，則當爲鬼神所祐矣，何以大命反傾乎？韋説非也。"並指出"更"當訓爲"償也、報也"。① 陳桐生先生翻譯此句爲"申生之靈不報償正禮"，②其意見應是來源於王氏之説。訓"更"爲報償之義，是將"共世子"視爲"不更厥貞，大命其傾"一句的主語，如此解釋，則"大命其傾"的主語也只能理解爲申生，語義扞格難通。前文"偷居倖生"所説的明顯是"惠公"，韋昭注："言惠公偷竊居位，徼倖而生。"其説得之。"不更厥貞，大命其傾"語義與此相承，其主語實際還是"惠公"。

我們認爲"不更厥貞"之"更"當讀秉持之"秉"，在此表示持有、操持之義。《説文》分析"更"爲"从攴丙聲"。學者多認爲古文字中"更"即從"丙"得聲，也有學者反對此説。③ 對於"更"字的構形尚有可討論的空間，但"更"“丙"音近却是可以確定的，出土文獻材料中也有二者相通之例，如"綢（怠）緦（慢）④繃（懈）思（緩），悑（更）則任之"之"悑"，原整理者已指出應

---

① （清）王引之撰，虞思徵等校點：《經義述聞》，第1225頁。
② 陳桐生譯注：《國語》，第345頁。
③ 參裘錫圭：《大河口西周墓地2002號墓出土盤盉銘文解釋》，《出土文獻與古文字研究》第八輯，第137—140頁；張富海：《利用諧聲構擬上古音應該注意的幾個問題》，《出土文獻》2021年第1期，第134頁。
④ 石小力先生讀爲"怠慢"，參清華大學出土文獻讀書會：《清華六整理報告補正》，清華網，2016年4月16日。

讀爲"更",訓爲"改"之義。① 在戰國文字中也出現了大量"丙"聲字與"秉"聲字相通的通假用例。如睡虎地秦簡《日書甲種·詰》"以棘椎桃秉(柄)以敲其心","桃秉"當讀爲"桃柄",即桃木所作之柄。銀雀山漢簡《孫臏兵法·兵情》簡366"弩張㮨(柄)不正,偏强偏弱而不和","㮨"當讀爲"柄",指弩臂。②

《國語》"不更厥貞"之"更"當讀爲"秉"。"更(秉)厥貞"可與傳世文獻中"秉常"(《國語·晉語一》)、"秉德"(《尚書·君奭》)之類的説法相參照。"不更厥貞,大命其傾"是説惠公不能秉持、持有其"正"(指"正禮",其似乎也含有"正法""常道"之義),故而"大命其傾"。這段話中"國斯無刑"之"刑",韋昭訓爲"法",嚴格來講,其應是表示型範、常法之義。正是因爲惠公欲以正禮改葬申生,而"貞之無報也",故後文才言"國斯無刑",進而再言惠公"不更(秉)厥貞",彼此語義相承。

11. 今晉寡德而安俘女

《國語·晉語一》"史蘇論獻公伐驪戎勝而不吉"章有辭作:

> 史蘇曰:"……太子出奔申。申人、鄫人召西戎以伐周。周於是乎亡。**今晉寡德而安俘女**,又增其寵,雖當三季之王,不亦可乎?……"

"今晉寡德而安俘女"之"安",韋注無説。陳桐生先生訓其爲"心安"之義,翻譯此句爲"晉國少德而安於俘虜的驪戎美女"。③ 此説似難以講通文例。來可泓先生翻譯此句爲"晉君德行不高而沉迷於被俘的女人",則是將"安"理解爲沉迷之義。④ 黃永堂先生翻譯此句爲"而今晉君寡少德行却很順利地俘虜美女",是將"安"理解爲順利之義。⑤ "沉迷""順利"也皆非"安"之常訓,古書中亦罕見其用例,諸説恐皆有誤。

我們認爲"晉寡德而安俘女"之"安"是作虛詞使用。"安"用爲虛詞,

---

① 清華大學出土文獻研究與保護中心編,李學勤主編:《清華大學藏戰國竹簡(陸)》,上海:中西書局,2016年,第142頁。
② 銀雀山漢墓竹簡整理小組:《銀雀山漢墓竹簡[壹]》,第65頁。
③ 陳桐生譯注:《國語》,第277頁。
④ 來可泓撰:《國語直解》,第357頁。
⑤ 黃永堂譯注:《國語全譯》,第223頁。

古書常見，其又可讀爲作虛詞使用的"焉"，戰國簡帛中即常以"安"表"焉"。①"安""焉"在文獻中常作承接連詞使用，王引之《經傳釋詞》謂："安，猶'於是'也，'乃'也，'則'也。字或作'案'，或作'焉'，其義一也。其作'安'者，《吳語》曰：'王安挻志，一日惕，一日留，以安步王志。'言王乃寬志以行，疾徐如意也。……又曰：'王安厚取名而去之。'言王乃厚取名而去之也。"②"晉寡德而安俘女"之"而安(焉)"猶言"而乃"。

此外，我們不能排除另一種可能，即"晉寡德而安俘女"之"安"或是注文誤衍入正文中。吳昌瑩《經詞衍釋》謂："焉，猶'而'也。（此義《釋詞》不載。）《禮記》：'季武子成寢，杜氏之葬，在西階之下，請合葬焉，許之。'《漢書·定陶丁姬傳》引作'請合葬而許之'。《史記·弔屈原賦》：'鳳皇翔於千仞之上兮，覽德輝焉下之。'《漢書》作'覽德輝而下之'。是'焉'義之同'而'也。"③"而""焉"用法相同，"晉寡德而安俘女"一句中用爲"焉"的"安"很可能就是"而"的注文，後在傳抄過程中被誤攙入正文中。

12. 擊菓除田

《國語·齊語》"管仲對桓公以霸術"章有"擊菓除田"一句：

　　令夫農，群萃而州處，察其四時，權節其用，耒、耜、枷、芟，及寒，**擊菓〈菒〉除田**，以待時耕。

今流傳的各版本《國語》中"菓"或有作"菒"者。張以純先生曾指出："'菓'乃'菒'之誤。韋解作'菒'可證。金、秦、董、日、時、崇本皆作'菒'。"④其説可從。"菒"，韋昭注："菒，枯草也。""菓"乃"菒"之訛字。

《管子·小匡》與《齊語》文本關係密切，二者多可相參照。"擊菓除田"，《管子·小匡》作"擊藁除田"。郭萬青曾考察今存的《國語》各版本中"菓""菒"之異，並指出，"菒"字不見於《説文》，《故訓匯纂》也只錄韋昭注、《廣韻》《類編》的故訓，"菒"字唐以前文獻似唯《國語·齊語》有，各書亦

---

① 參禤健聰：《戰國楚系簡帛用字習慣研究》，第368—369頁。
② （清）王引之撰，李花蕾點校：《經傳釋詞》，第33頁。
③ 轉引自謝紀鋒編纂：《虛詞詁林（修訂本）》，北京：商務印書館，2015年，第633頁。
④ 張以仁：《國語斠證》，第181頁。

唯引《齊語》,此字當晚出。① 實際上,"菒"字在漢代已有見,其在武威漢代醫簡中作如下之形:

菒（武威醫簡88甲）　菒（武威醫簡88乙）

上舉兩字所處辭例皆爲"菒草二束"。武威醫簡原整理者注:"菒草,應即應'藁本'。《神農本草經》稱藁本:'味辛溫,主婦人疝瘕,陰中寒腫痛,腹中急,除風頭痛,長肌膚,悦顔色。'"②"菒""藁"二字古音皆在見母宵部,《國語》作"菒"《管子》作"藁",乃是語音通假關係。

另外,可附帶一提的是,《管子·小匡》中的"藁"字,陸佃《增修埤雅廣要》卷七、陳立《公羊義疏》卷五〇等書引作"草";《通志》卷九二、《六書故》卷二二等書則作"菒"。漢代文字中"草"字有作如下之形者:

草（居延漢簡286.18）　草（武威醫簡82乙）

草（武威醫簡88甲）

漢簡中的這類"草"字與上舉的"菒"的區别只有底部左右兩點的有無。從字形來看,"菒"完全有訛爲"草"字的可能。

13. 困鹿空虚

《國語·吳語》"句踐滅吳夫差自殺"章有"困鹿空虚"之辭:

　　曰臣嘗卜於天,今吳民既罷,而大荒薦饑,市無赤米,而**困鹿空虚**,其民必移就蒲蠃於東海之濱。

---

① 郭萬青:《從"菒""菓"之異試談黄刊明道本〈國語〉及其覆刻本的版本系統》,《安徽文獻研究集刊》第5卷,合肥:黄山書社,2013年,第14—15頁。按:郭萬青此説又見於氏著《近百年來〈國語〉校詁研究》,第337頁。
② 甘肅省博物館、武威縣文化館合編:《武威漢代醫簡》,北京:文物出版社,1975年,第17頁。

"困鹿空虚",韋昭注:"員曰困,方曰鹿。"是將"鹿"理解爲穀倉、倉庫之類的意思。其對"鹿"語義的説解當可從。當然,如果繼續深究的話,則可看出此處的"鹿"明顯是一通假字。清華簡《治政之道》簡 35 有一"稟"字作"㝩"形,其所處辭例爲:

[穜]不登,廩(府)定(庫)倉稟,是以不實,車馬不完,兵甲不修,其民乃寡以不正。

《治政之道》原整理者注釋:"稟,糧倉,典籍作'鹿'。《國語·吴語》'市無赤米,而困鹿空虚',韋注:'員曰困,方曰鹿。'"簡文中府、庫、倉、稟四字平列,語義相近。《國語》"困鹿空虚"之"鹿"的本字即是"稟","稟"从"宀"从"鹿"得聲,从"宀"之字的語義多與建築相關,如"宅""宇"等,"彔""鹿"音近,戰國文字中還有一字作"䝙"(清華簡《晋文公入於晋》簡 7),可隸定作"麇","彔""鹿"皆爲其聲符。後世字書中還保留有"稟"的異體"庬",《玉篇·广部》:"庬,庾也,倉也。"《廣雅·釋宫》:"庬,倉也。"

14. 味一無果

《國語·鄭語》"史伯爲桓公論興衰"章有"味一無果"之辭:

於是乎先王聘后於異姓,求財於有方,擇臣取諫工而講以多物,務和同也。聲一無聽,物一無文,**味一無果**,物一不講。王將棄是類也而與剸同。

"味一無果",韋昭注:"果,美。"清人俞樾駁斥韋注曰:"果之訓美,未聞其義。果當訓爲成。《論語·子路篇》'行必果',皇侃《義疏》引繆協曰:'果,成也。'……五味合然後可食,若止此一味,則不成味矣,故曰'味一無果'。"①蕭旭先生贊同俞説,認爲"果"也可訓爲"濟"。②

郭萬青先生則認爲這段話表達的中心思想是"强調多樣性,多樣性即

---

① (清)俞樾撰著,趙一生點校:《群經平議》,《俞樾全集》,第 869 頁。
② 蕭旭:《〈國語〉校補》,《群書校補》第壹册,第 180—181 頁。

構成和諧,亦即美,落到飲食上,即爲五味調和,才好吃",並指出"果"可讀爲"和"。① 其説得之。《鄭語》前文有"夫和實生物,同則不繼"之句,上引的這段話正是以此爲中心思想,展開論述,該段話前文還有"是以和五味以調口",正與"味一無果"語義相當。從語義上講,讀"果"爲"和"文從字順。恐怕是由於傳世文獻未見二者相通之例,故郭萬青先生文中也未舉出"果"讀爲"和"的例證,出土文獻中則有見之,可作爲郭説的補充:

是故《履》以果行也,《嗛(謙)》以制禮也。

（馬王堆漢墓帛書《周易經傳·衷》46下）

"《履》以果行",今本《周易·繫辭下》作"履以和行","果""和"相對。"果"古音在見母歌部,"和"古音在匣母歌部,二字同韻,"和"從"禾"得聲,《説文》:"窠,空也。穴中曰窠,樹上曰巢。从穴果聲。"段注:"或借科爲之,《孟子》'盈科而後進'是。……从穴果聲。""科"從"禾"聲,"果""和"音近可通。

此外,清華簡《叁不韋》簡5"顯五色唯文,食五味唯和"、清華簡《管仲》簡10"文之以色,均之以音,和之以味",均是以"和"與"味"相配,也可作爲"味一無果"之"果"讀爲"和"的旁證。

15. 主楚怨

《國語·晋語四》"文公救宋敗楚於城濮"章有辭作:

先軫曰:"**不若使齊、秦主楚怨**。"公曰:"可乎?"先軫曰:"使宋舍我而賂齊、秦,藉之告楚。我分曹、衛之地以賜宋人。楚愛曹、衛,必不許齊、秦。**齊、秦不得其請,必屬怨焉**,然後用之,蔑不欲矣。"

"不若使齊、秦主楚怨"一句,韋昭注:"先軫,晋中軍原軫也。主楚怨,爲怨主,謂激齊、秦,使之怨楚。"後世學者多從韋注,如陳桐生先生翻譯此句爲

---

① 郭萬青:《近百年來〈國語〉校詁研究》,第89—90頁。

"不如讓齊、秦成爲怨楚的主要國家"。① 董立章、黄永堂、來可泓等學者亦持相同的意見。②

值得注意的是,"不若使齊、秦主楚怨"後文還有"齊、秦不得其請,必屬怨焉"一句,韋昭注:"屬,結也。"蕭旭先生曾指出:

《戰國策·西周策》:"吾得將爲楚王屬怨于周。"鮑注:"屬,連也,猶結。"屬怨,猶言注怨。《管子·大匡》:"公若先反,恐注怨焉。"屬,猶言集中、專注。《齊語》韋昭注:"屬亦會也。"《晉語五》韋注:"屬,猶注也。"③

"注""屬"音近,傳世文獻多見二字相同之例,如《周禮·考工記·匠人》"水屬不理孫,謂之不行",鄭玄注:"屬,讀爲'注'。"《漢書·武五子傳》"是時天雨,虹下屬宮中飲井水,水泉竭",顏師古注:"屬,猶'注'也。"又《韓詩外傳·卷七》"盡一日而走五百里,使之瞻見指注"之"注",《新序·雜事五》作"屬"。出土文獻中亦見"注""屬"相通之例,今本《道德經》"百姓皆注其耳目",馬王堆漢墓帛書《老子》甲本24作"百姓皆屬耳目焉",帛書《老子》乙本11/185下"屬"作"注",北大漢簡《老子》簡33作"而百姓皆屬其耳目焉","屬"與"注"相對。

蕭旭先生將"屬怨"之"屬"理解爲"集中、專注"之義,驗之文義,無疑較韋昭訓"屬"爲"結"更爲通暢。"齊、秦不得其請,必屬怨焉"是説,齊、秦若達不到要求,必然要將怨恨集中、專注於楚國,此句正可與"不若使齊、秦主楚怨"相參照,"注"從"主"得聲,"主楚怨"之"主"也當讀爲"屬",用爲"集中、專注"之義,"不若使齊、秦主楚怨"就是説不如讓齊、秦兩國將怨恨集中、專注於楚國。

第四節 鈎沉古義

《國語》主體成書於戰國時期,距今已有兩千餘年,漢語的詞彙系統在其間

---

① 陳桐生譯注:《國語》,第419頁。
② 董立章:《國語譯注辨析》,第448頁;黄永堂譯注:《國語全譯》,貴陽:貴州人民出版社,2008年,第336、337頁;來可泓撰:《國語直解》,第536頁。
③ 蕭旭:《〈國語〉校補》,《群書校補》第壹册,第150頁。

也發生了不小的變化。戰國時期某些詞的用法可能早已消失於歷史長河之中，即使去古未遠的《説文》《爾雅》這類字書中也未見收録。誠如林澐先生所言：

> 雖然先秦時代的字義通過種種渠道有相當一部分傳到後代，並通過歷代訓詁學者們的整理、研究，我們今天尚能通曉，但仍有許多字義湮滅在歷史的長河中。①

這種情況對正確理解《國語》文本造成了不小的障礙。幸運的是，近年來大量出土的戰國簡帛中出現了不少傳世文獻、字典辭書少見或未載的漢語詞彙的古老義項，正可與《國語》中某些詞的用法合觀，可起到"鉤沉古義"的作用。如我們前文"緒論"一章所舉的"大采""小采"便是這類情況的典型案例。李守奎先生在《〈國語〉故訓與古文字》一文中曾指出"《國語》這部書保存古語尤其多"，②這的確是頗值得注意的一種現象。

1. 曾 孫

《國語·晋語九》"衛莊公禱"章有"曾孫"一詞：

> 衛莊公禱曰："**曾孫蒯聵**，以諄趙鞅之故，敢昭告於皇祖文王、烈祖康叔、文祖襄公、昭考靈公：夷請無筋無骨，無面傷，無敗用，無隕懼；死不敢請。"

《左傳·哀公二年》亦記此事：

> 衛大子禱曰："**曾孫蒯聵**，敢昭告皇祖文王，烈祖康叔，文祖襄公：鄭勝亂從，晋午在難，不能治亂，使鞅討之。蒯聵不敢自佚，備持矛焉。敢告無絶筋，無折骨，無面傷，以集大事，無作三祖羞。大命不敢請，佩玉不敢愛。"

二書皆有"曾孫蒯聵"一詞，但與《國語》相比，《左傳·哀公二年》所記

---

① 林澐：《古文字學簡論》，第 140 頁。
② 李守奎：《〈國語〉故訓與古文字》，《漢字漢語研究》2018 年第 2 期，第 101 頁。

的衛莊公的禱祭對象無"昭考靈公"。"昭考靈公"爲蒯聵之父,清人于鬯認爲《國語》的"昭考靈公"爲後人所加,其謂:"而不知上文明言曾孫蒯聵,蒯聵乃靈公之子,若靈公在列,又豈得以曾孫槩稱乎?則不特考據之疏,讀本文亦鹵莽太甚矣。《左傳》無此句,又曰'無作三祖羞',尤爲足證。"①俞志慧先生亦持此説,認爲《左傳》文本較之更優,其説如下:

> 惟二文蒯聵皆自稱"曾孫",雖爲當時祭祀時的常用語,但既云"孫",則與之相對的先輩自當在祖父以上……,據《春秋穀梁傳·成公三年》載:"迫近不敢稱謚,恭也。"則當時的禮俗決定了蒯聵不會直指靈公。故亦當以《左傳》爲優。②

實際上,此説多有可商榷之處。從出土文獻材料來看,春秋時期金文銘文中作器者對其父輩先祖,其實亦可自稱"曾孫"。如:

> 隹(唯)正九月初吉丁亥,**曾孫僕兒**,余,迭斯于之孫,余,兹佫之元子,曰:"於(烏)嘑(呼),敬哉……以鑄鯀鐘,以追考(孝)<u>侁(先)且(祖)</u>,樂我<u>父兄</u>,……"　　　　　　　　　(僕兒鐘,《集成》0183)
> 隹(唯)王三(四)月初吉丁子(巳),**曾孫三兒**曰:余吕以□之孫,殹□敃子,□又之[曰],擇氒(厥)吉金,用乍寶籃,用[喜]考(孝)于□□……　　　　　　　　　(三兒籃,《集成》4245)

上舉二器銘文中皆有"曾孫"之辭,其後又有先祖、父兄、某某之孫、某某之子的稱謂。按照一般的理解,"曾孫"是指孫子的兒子。但在先秦時期,"曾孫"也可作爲曾孫以下後代的統稱。《詩經·周頌·維天之命》"駿惠我文王,曾孫篤之",鄭玄箋:"自孫之子而下,事先祖皆稱曾孫。"僞古文尚書《武成》"有道曾孫周王發",孔穎達《正義》:"稱'曾孫者'……言己承藉上祖奠享之意。"李家浩先生曾據此指出,上舉兩器中的"曾孫"是對曾孫以下的統稱,二器作器的目的之一在於"追孝先祖",就此而言,上舉二器的作器者自

---

① (清)于鬯:《香草校書》,第917—918頁。
② 俞志慧:《〈國語〉韋昭注辨正》,第203頁。

然可自稱"曾孫"。①

此外,傳世文獻中又見"元孫"之詞,《尚書·金滕》中録有一段周公所作祝禱之辭:

> 周公曰:"未可以戚我先王?"公乃自以爲功,爲三壇同墠。爲壇于南方,北面,周公立焉。植璧秉珪,乃告太王、王季、文王。
> 史乃册,祝曰:"**惟爾元孫某**,遘厲虐疾。若爾三王是有丕子之責于天,以旦代某之身。予仁若考能,多材多藝,能事鬼神。"

周公自稱"爾元孫某",但前文又言"乃告太王、王季、文王",則周公所祝禱對象亦包括其父周文王。

從上舉材料可知,"追孝先祖"類銘文的作器者及祝禱之辭中祝禱者自稱爲"曾孫",都是就其與所祭祀、禱告的祖先中輩分最高者的親屬關係而言。如三兒簋中的"三兒"自稱曾孫,是指作爲"吕以□之孫"而言,《尚書·金滕》中的"元孫"是指周公與"太王、王季"的關係而言。同理,《國語·晋語九》中的蒯聵自稱"曾孫"是就"皇祖文王、烈祖康叔"而言。因而在蒯聵的禱辭中自"皇祖文王"以下的祖先包含有"昭考靈公"並無不妥。在兩周金文中"高祖"即可指始祖,亦可指曾祖以上某位或某幾位先祖,"亞祖"指次一輩的先祖,但也不局限於特指某一代先祖。② "亞祖""高祖"都爲泛稱,其性質可與"曾孫"的指稱範圍相參照,"曾孫"在先秦文獻中也應作如此理解。

童書業先生認爲《左傳》少"昭考靈公"一句,是因太子蒯聵不説於其父,故去其四字,此亦可證《左傳》著作在《國語》之後,故其所述蒯聵禱詞較《國語》更爲近情也。③ 從現有材料來看,《左傳》中的這段禱辭的記載可能是裁剪與《國語》同源的原始文本而成。《左傳》的編纂者因删去"昭考靈公",故而又在後文加入"無作三祖羞",以求文義前後呼應,由此導致了《國

---

① 李家浩:《僕兒鐘銘文新釋》,《中國文字學報》第三輯,北京:商務印書館,2010年,第56—61頁,該文後又收入氏著《安徽大學漢語言文字學研究叢書·李家浩卷》,合肥:安徽大學出版社,2013年,第41—46頁。
② 參陳民鎮:《説兩周金文與典籍的"高祖""皇祖"》,《出土文獻》2021年第4期,第72—86頁。
③ 童書業:《〈國語〉與〈左傳〉問題後案》,《童書業著作集》第三卷《童書業史籍考證論集》,北京:中華書局,2005年,第25—26頁。

語》與《左傳》諸句彼此之異。就文本原始性而言,《國語》較之《左傳》或更爲存古。

此外,清華簡《禱辭》是一篇有關祭禱的簡文,文中多是與告事求福有關的祝禱之辭。《禱辭》簡 7"曾孫某含(今日)命(令)辰吉日,敢以告于后稷是(氏)"之語,正與《國語》"曾孫蒯聵……敢昭告於皇祖文王、烈祖康叔、文祖襄公、昭考靈公"的句式近似。可見《國語》此句所記當爲先秦時期祝禱之辭的實錄。

2. 男女相及

《國語·晉語四》"重耳婚媾懷嬴"章有"男女相及""男女不相及"之辭:

> 黄帝以姬水成,炎帝以姜水成。成而異德,故黄帝爲姬,炎帝爲姜,二帝用師以相濟也,異德之故也。異姓則異德,異德則異類。異類雖近,**男女相及**,以生民也。同姓則同德,同德則同心,同心則同志。同志雖遠,**男女不相及**,畏黷敬也。

"男女相及",韋昭注:"相及,嫁娶也。""及"的此類用法也見於出土文獻中:

> 季繇(連)初降於騩(騩)山,……逆上訓水,見盤庚之子,尻(處)于方山,女曰比(妣)隹,秉茲銜(率)相,胥胃四方。**季繇(連)聑(聞)亓(其)又(有)鳴(娉),從,及之盤(泮)**,爰生絟白(伯)、遠中(仲)。
>
> (清華簡《楚居》簡 1—2)

"從,及之盤(泮)",原整理者注釋:"從,追趕。及,追上。盤,讀爲'泮',水涯,《易》'鴻漸于磐',《經義述聞》讀'磐'爲'泮'。"①劉麗先生則認爲《楚居》的"及"應如《國語》"男女相及"之"及"一樣,訓爲"嫁娶",其説如下:

---

① 清華大學出土文獻研究與保護中心編,李學勤主編:《清華大學藏戰國竹簡(壹)》,上海:中西書局,2010 年,第 183 頁。

我們可以看到"男女相及,以生民也"和"季纏(連)聞(聞)亓(其)又(有)𦣞(聘),從,及之盤(泮),爰生經白(伯)、遠中(仲)"在表述上的相似性。筆者認爲《楚居》中"從,及之盤(泮)"的"及"也應該訓爲"相嫁娶也"。意思是,季連聽説妣隹有聘婚之事,就去追她,並在水涯和她結爲了夫妻,於是生下了經伯、遠仲兄弟二人。①

《楚居》後文簡 2—3 還有"穴酓(熊)遲(遲)遲(徙)於京宗,爰旻(得)妣厲(厲),……乃妻之,生侸嗌(叔)、麗季"的表述。"乃妻之,生侸嗌(叔)、麗季"與"及之盤(泮),爰生經白(伯)、遠中(仲)"的句式相同,"妻"與"及"處於基本相同的語法位置,這也提示"及"有嫁娶之義。

此外,春秋時期的金文中也有"及"用爲嫁娶之義的例證:

鮑子作媵仲匋姒,其獲之男子,勿或闌(變)巳(改),它它熙熙,男女無期。**仲匋姒及子**,思(式)其壽君(引)毋死,保而兄弟,子子孫孫永保用。　　　　　　　　　　　　　　　(鮑子鼎,《銘圖》2404)

邿子姜首及邿公典,爲其盥盤,用祈眉壽難老,室家是保,它它熙熙,男女無期,丂(考)終有卒,子子孫孫永保用之,不用勿出。

(公典盤,《銘圖》14526)

公典盤之"及"或有學者認爲其是並列連詞,相當於"和""與"之類的意思。但涂白奎先生曾指出,邿子姜首與邿公典爲夫妻關係,若訓"及"爲"與"之類意思,在夫妻共同作器的銘文中,妻名列於夫名前不合禮制,②其説可從。目前,學者多認爲"仲匋姒及子""邿子姜首及邿公典"之"及"爲"往嫁"之義。③

---

① 劉麗:《談〈楚居〉中"及"字的一個特殊用法》,《出土文獻》第四輯,上海:中西書局,2013年,第 52—53 頁。
② 涂白奎:《鮑子鼎銘別解——兼談邿公典盤銘文的"及"字》,《中國國家博物館館刊》2013 年第 9 期。
③ 涂白奎:《〈邿公典盤〉及相關問題》,《考古與文物》2003 年第 5 期;吳鎮烽:《鮑子鼎考釋》,《中國歷史文物》2009 年第 2 期;程燕:《鮑子鼎銘文補釋:兼論邿子姜首盤銘文中的"及"》,《中國歷史文物》2010 年第 2 期;張俊成:《邿公典盤銘補釋》,《考古與文物》2014 年第 3 期;張志鵬:《邿公典盤銘文新釋》,《考古》2018 年第 11 期。

"及"有"到達""前往"之義,在古漢語中,一些具有此類義項的詞彙往往可引申出"往嫁"之義。如"徂",揚雄《方言》:"嫁、逝、徂、適,往也。自家而出謂之嫁,由女而出爲嫁也。逝,秦晉語也。徂,齊語也。"《詩經·衛風·氓》"自我徂爾,三歲食貧",鄭玄箋:"徂,往也。我自是往之女家。"結合鄭箋可知,"自我徂爾"實際也就是我嫁去你家的意思。此外,在兩周金文中還有"叔姬霝乍黃邦"(曾侯簠,《集成》4598)、"不叚女夫人姶乍鄧公"(鄧公簋,《集成》4055)之辭,多位學者均已指出,此類辭例中的"乍"即應讀爲"徂",訓爲"往嫁"之義。① 古書中"徂"也常訓爲"及",嫁女即是由女子所居的父家前往其所嫁的夫家,本身也隱含前往、到達某地的意味,"及"由"到達""前往"義引申出"往嫁"義也合乎邏輯。

3. 狃中軍之司馬

《國語·晉語七》"悼公始合諸侯"章有一"狃"字用法頗爲特殊:

公讀書曰:"臣誅於揚干,不忘其死。日君乏使,**使臣狃中軍之司馬**。臣聞師衆以順爲武,軍事有死無犯爲敬,君合諸侯,臣敢不敬,君不説,請死之。"

"使臣狃中軍之司馬",韋昭注:"狃,正也。"俞志慧先生反對韋注,謂:"如前文所述,'狃'有狎、驕、習等義涵,置於本句中,相當於今天所説的忝列、待罪,只是一謙詞耳,若釋爲'正',就不知所云了。"②此説恐怕難講通文義。

晉公盆有辭作:

秉德秩秩,𤯓(珅—柔)燮(和)萬邦。　　　　(《集成》10342)

"𤯓(珅)"字,陳劍先生曾指出其从"由"得聲,可讀爲"柔",並認爲"丑"聲字與"柔"聲字、"夒"聲字常相通用,《國語》"使臣狃中軍之司馬"之"狃"應

---

① 參陳英傑:《西周金文作器用途銘辭研究》,第 226 頁;袁金平、楊婷婷:《讀金文札記三則》,《出土文獻》第八輯,第 58 頁;鄭芙都、馬超:《金文考釋拾零三則》,《商周青銅器與金文研究學術研討會論文集》,鄭州,2017 年,第 525 頁。
② 俞志慧:《〈國語〉韋昭注辨正》,第 182 頁。

讀爲"柔/揉"或"擾",訓爲"安""順"之類意思。① 此説頗具啓發性,不過我們認爲韋昭訓"狃"爲"正"其實亦可講通文義。

"狃"字見於春秋晚期的復公仲簠(《集成》4128):

> 復公中(仲)若我曰:其擇吉金,用乍(作)我子孟媿寢小尊媵簠,其邁(萬)年用壽,**用狃萬邦。**

"用狃萬邦"之"狃",《金文形音義通解》一書即曾引韋昭注,訓其爲"正"。② 又逨盤(《銘圖》14543)有辭作:

> 方狄不(丕)言(享),**用奠四或(域)萬邦。**

"用奠四或(域)萬邦"與"用狃萬邦"句式相同,"奠"與"狃"處於相同的語法位置,可知"用狃萬邦"之"狃"應與"奠"義近,用爲"安定"之義。前引陳劍先生之文已指出可與"狃"相通的"柔/揉"或"擾"字,古書常訓爲"安""順"。所謂"安""順"之類的訓釋其實都可以概括爲"安定"的意思。"安定"這一類的義項又完全可以引申出"治理"之義,"正"字古書中即常訓爲"安定"與"治理"兩義。"正"訓爲"定"爲古書中的常訓,例不勝舉,"正"在典籍也可訓爲"治",如"正于五刑"(《尚書·吕刑》)、"正域彼四方"(《詩經·商頌·玄鳥》)、"湯克夏而正天下"(《吕氏春秋·順民》),這類語句中的"正",學者也多將其解釋爲治理之"治"。③ 又如《戰國策·齊策一》"田忌爲齊將"章"則齊君可正,而成侯可走"之"正",鮑彪謂:"正,猶制治。"同理,"狃"也可由"安""順"之類義項引申出"治理"之義。此外,上博簡《命》簡1有辭作:

> 鄡(葉)公子高之子見於命(令)尹子₌旾₌(子春,子春)胃(謂)之曰:"君王竆(窮)亡人,命虐(吾)爲楚邦。……"

---

① 參陳劍:《釋"屮"》,《出土文獻與古文字研究》第三輯,上海:復旦大學出版社,2010年,第61—62頁。
② 張世超、孫凌安等撰著:《金文形義通解》,京都:中文出版社,1996年,第2405頁。
③ 參宗福邦等編:《故訓匯纂》,第1179頁。

"君王竆(窮)亡人,命虘(吾)爲楚邦"之"爲",原整理者陳佩芳已指出:"'爲',《左傳·文公六年》'何以爲民',《經典釋文》:'爲,治也。'《小爾雅·廣詁》:'爲,治也。'"①網友"魚遊春水"認爲此句與《國語·晉語七》"日君乏使,使臣狃中軍之司馬"語義相近,②其說可從。"狃"與"爲"處於相同的語法位置,此亦可作爲"狃"有"治理"之義的佐證。

《國語》"使臣狃中軍之司馬"之"狃",韋昭訓爲"正",此處即表"治理"之義。"狃"用爲"治"義者,典籍罕見,而在《國語》中還可見其用例,頗爲難得,由此也足見《國語》用詞之古樸。

4. 日　完

《國語·周語中》"定王論不用全烝之故"章有"日完"一詞:

飫以顯物,宴以合好,故歲飫不倦,時宴不淫,月會、旬修、**日完**不忘。

"日完不忘",有學者指出其有日反其身之意,可與《論語·學而》"吾日三省吾身"相參照。③《周禮·天官·冢宰》"一曰正,掌官法以治要。二曰師,掌官成以治凡。三曰司,掌官法以治目",鄭玄注:"治要,若歲計也;治凡,若月計也;治目,若日計也。""日完不忘"說的也就是"日計"。"日完"之"日"與"月""旬"處於相同的語法位置,也是作時間名詞使用。換句話說"日完"可理解爲"一日",也就是"一整天"的意思。甲骨文中也有相類似的說法,二者可互相參照。甲骨文中有一字作" "" ",學者多已指出此即《說文》中訓爲"山羊細角者"的"莧"字。④ 甲骨文中有"毋/妹莧日"之類的辭例:

---

① 馬承源主編:《上海博物館藏戰國楚竹書(八)》,上海:上海古籍出版社,2011年,第193頁。
② "魚遊春水"之說轉引自俞紹宏:《上海博物館藏楚簡校注》,北京:中國社會科學出版社,2016年,第646頁。
③ 王文元:《亨嘉五論》卷五《日完錄》,北京:中國檔案出版社,2007年,第19頁。
④ 參李宗焜:《卜辭所見一日内時稱考》,《中國文字》新十八期,臺北:藝文印書館,第188—189頁;謝明文:《商代金文的整理與研究》,復旦大學博士學位論文(指導教師:裘錫圭),2012年,第688頁;單育辰:《甲骨文所見的動物之"鹿"和"莧"》,《出土文獻研究》第十五輯,上海:中西書局,2016年,第43頁。

……毋薎日大啓,昃亦雨自北,黃昃啓。(《合集》11845+20957)①

癸亥卜,貞:旬。一月。昃雨自東,九日辛未大采各雲自北,雷,延大風自西,刜雲率雨,毋薎日……

[《合集》21021(去除《乙編》366)+21316+21321]②

甲午卜:庚子十牢。用。昃雨,妹薎日啓。　　　(《村中南》340)

"薎日"一詞頗難理解,舊多以爲其與氣象有關,或爲一時稱。③ 蔣玉斌先生則以《村中南》340 爲例指出,"薎日"中的"薎"前亦常見否定詞,與其在"否定詞+薎"這一常見用法中的意義並無區別,進而否定了"薎日"爲時稱之說。④ 爲其釋讀提供了新的方向。戰國簡帛資料中有"還年"一詞,其應可與甲骨文中"薎日"一詞相參照:

還年而聞(問)于曹沫。　　　(上博簡《曹沫之陣》簡12—13)

季旭昇先生認爲:

"還"通"環",首尾相接爲"環",因此"還年"猶如"滿一年",數詞"一"常可省略。從這個意思出發,"還"有"復"解,見《荀子·王霸》楊注。還年,謂復一年;還四年,謂復四年。⑤

受此啓發,並依裘先生釋"薎"之說,沈培先生認爲"薎日"之"薎"即可讀爲"還",並指出:"'還日'就是'滿一日'的意思,'毋/妹還日'就是未滿一日的意思。"⑥王挺斌先生在此基礎上,指出上博簡《曹沫之陣》中的"還年"一

---

① 綴合參宋雅萍:《背甲新綴第二十四則》,先秦史研究室網站,2011 年 8 月 25 日。
② 綴合參宋雅萍:《史語所第十三次發掘背甲新綴二例》,先秦史研究室網站,2007 年 2 月 17 日。
③ 李宗焜:《卜辭所見一日内時稱考》,《中國文字》新十八期。
④ 孫亞冰:《讀〈殷墟近出刻辭甲骨選釋〉劄記》文後武漢(蔣玉斌)評論,先秦史研究室網站,2010 年 9 月 17 日。
⑤ 季旭昇:《〈上海博物館藏戰國楚竹書(四)〉讀本》,臺北:萬卷樓,2007 年,第 170 頁。
⑥ 沈培:《甲骨文"巳""改"用法補議》,《古文字與古代史》第四輯,臺北:"中研院"歷史語言研究所,2015 年,第 55 頁。

詞"'還'即訓爲'轉','年'指時間,'還年'亦即'轉年'",甲骨文中的"'毋/妹還日'也可以理解爲尚未轉入第二日"。① 上引沈、王之説皆正確可從。

古人常以太陽的位置變化作爲劃分時段的標誌,如古書中常見"日中""日昳"之類的説法。《説文》謂"莧""讀若丸。寬字从此","日弗莧"之"莧"也應讀爲"還",太陽清晨東升傍晚西落,至第二日清晨再次由東邊升起,在古人的概念中太陽由第一日的東升到第二日再次由東邊升起,其位置首尾相接環繞了一圈,也就是一整日的時間。"滿一年"可稱爲"還年",同理,"日弗莧"即謂"日未滿""日未轉",猶言"今日尚未結束"。"日弗莧(還)雨"即是占卜今日之内是否下雨。

《説文》謂"莧""讀若丸","丸""完""還"古音皆在匣母元部。《國語·周語中》"日完"之"完"或也可讀爲"還","日完(還)"與甲骨文中的"莧日""日弗莧"都可相互參照。"日完(還)"也是説太陽由第一日的東升到第二日再次由東邊升起,位置的移動首尾相接環繞一周,即表示"滿一日","日完不忘"也就是"終日不忘"之義。

5. 子 女

《國語》中"子女"一詞凡四見:

公子再拜稽首對曰:"**子女**玉帛,則君有之。羽旄齒革,則君地生焉。" (《晉語四》"楚成王以周禮享重耳"章)

越國南則楚,西則晉,北則齊,春秋皮幣、玉帛、**子女**以賓服焉,未嘗敢絶,求以報吳。願以此戰。 (《吳語》"句踐滅吳夫差自殺"章)

寡君之師徒不足以辱君矣,願以金玉、**子女**賂君之辱。

(《越語上》"句踐滅吳"章)

夫差行成,曰:"寡人之師徒,不足以辱君矣。請以金玉、**子女**賂君之辱。" (《越語上》"句踐滅吳"章)

---

① 王挺斌:《戰國秦漢簡帛古書訓釋研究》,清華大學博士學位論文(指導教師:趙平安),2018年,第85—86頁。

《晋語四》之"子女",韋昭注:"子女,美女。"後世學者多從此説。① 亦有學者態度較爲謹慎,如黄永堂先生《國語全譯》一書除取韋注"美女"之解外,又謂"子女"一詞"也有解作'男女奴隸',可參考"。② "男女奴隸"之説應來自楊伯峻先生的意見。"子女玉帛,則君有之"一句又見於《左傳·僖公二十三年》,楊伯峻曾指出:"韋注《晋語四》以子女爲一,云'子女,美女也',不可信,子女蓋指男女奴隸,此以'子女'與'玉帛'並列,猶師寰段之'毆俘士、女、羊、牛',以'士女'與'羊牛'並列。"③ "士女"一詞,金文多見,學者多已指出其是"男女"之義。俞志慧先生亦不從韋注,俞先生認爲"釋'子女'爲美女,於古未聞。'子女'一詞除今天所使用的'兒子與女兒'這一常用義外,還有男和女之意"。因而"子女玉帛"之"子女"可釋作"男女"或"少女"之義。④

"子女"一詞又見於戰國簡帛中:

毋愛**貨資子女**,以事其便嬖,所以距内。

（上博簡《曹沫之陣》簡17—18）

《説文》:"資,貨也。从貝次聲。""資"於古書中常訓爲"貨"。⑤ 傳世文獻中也有"貨資"連文之例,《韓非子·解老》"故服文采,帶利劍,厭飲食,而貨資有餘者,是之謂盜竽矣","貨""資"意義相近,都表示財物、財産之類的意思,"貨資子女"之"貨資"是並列結構,"子女"應也是並列結構,是説男與女,或男奴隸與女奴隸,《晋語四》之"子女"亦當作此解。

又清華簡《繫年》簡59—60中有"女子"一詞:

臧(莊)王衛(率)自(師)回(圍)宋九月,宋人女(焉)爲成,以**女子**與兵車百輛(乘),以芊(華)孫兀(元)爲教(質)。

---

① 李維琦譯:《白話國語》,第225頁;陳桐生譯注:《國語》,第388頁;鄔國義、胡果文、李曉路撰:《國語譯注》,第305頁。
② 黄永堂譯注:《國語全譯》,第309頁。
③ 楊伯峻:《春秋左傳注(修訂本)》,第409頁。
④ 俞志慧:《〈國語〉韋昭注辨正》,第145頁。
⑤ 參宗福邦等編:《故訓匯纂》,第2186頁。

原整理者認爲:"女子,疑當乙爲'子女'。《左傳·僖公二十三年》:'子女玉帛,則君有之。'《國語·晉語四》同。"①《繫年》簡 120 有"齊與戉(越)成,以建昜(陽)、郎陵之田,曼(且)男女服"之辭,"男女"正可與"女子"相參照,亦與金文常見的"士女"一詞義同,"女子"當斷爲"女、子",也是並列結構,是指男女奴隸。②

《國語》四例"子女"都當理解爲男女或男女奴隸之義,其又可變換語序作"女子"。

6. 蹌

《國語·吳語》"句踐滅吳夫差自殺"章有辭作:

於是吳王起師,軍於江北,越王軍於江南。越王乃中分其師,以爲左右軍,以其私卒君子六千人爲中軍。明日將舟戰於江,及昏,乃命左軍銜枚泝江五里以須,**亦令右軍銜枚蹌江五里以須**。夜中,乃令左軍、右軍涉江鳴鼓中水以須。

該句"蹌"的用法頗爲特殊,韋昭注:"蹌,度也。"顯然難以講通文義。清人于鬯曾指出:

蹌江與上文泝江爲對。泝江爲逆流而上,則蹌江必謂順流而下。惟蹌字無順流之詁,故韋解訓爲度。度即渡也。然下文始云,乃命左軍右軍涉江鳴鼓,中水以須,方是使其半渡至江中,此時實未渡也。蓋此時越王在江南,分軍爲左右,則左軍在西,右軍在東。上文云,乃令左軍銜枚泝江五里以須者,使左軍又西五里。此云亦令右軍銜枚蹌江五里以須者,使右軍又東五里,離開兩軍以爲夾攻吳軍之計。然則左軍逆江水而西上,故曰泝江。右軍順江水而東下,故曰蹌江。此義甚顯。③

---

① 清華大學出土文獻研究與保護中心編,李學勤主編:《清華大學藏戰國竹簡(貳)》,上海:中西書局,2011 年,第 161 頁。
② 參蘇建洲:《〈清華大學藏戰國竹簡(貳)·繫年〉考釋七則》,《中國文字研究》第十九輯,上海:上海書店出版社,2014 年,第 70 頁。其說又見於蘇建洲、吳雯雯、賴怡璇:《清華二〈繫年〉集解》,臺北:萬卷樓,2013 年,第 469 頁。
③ (清)于鬯:《香草校書》,第 932 頁。

于鬯釋"踰江"之"踰"爲順流而下之義,與文義頗爲允當。後出的出土文獻新材料也證實了這一意見的可信性。鄂君啓舟節(《集成》12113)中屢見一"逾"字:

　　自鄂市,**逾**油(淯),让(上)灘(漢),就厭,就芸(鄖)易(陽),**逾**灘(漢),就裹,**逾**夏,內(入)邔(溳),**逾**江,就彭射(澤),就松(樅)易(陽),內(入)瀘江,就爰陵,让(上)江,內(入)湘,就滦,就郮(洮)易(陽),內(入)潘,就郘,內(入)濱、沅、澧、滁(油),让(上)江,就木闌(關),就郢。

鄂君啓舟節中的"逾",劉和惠、孫劍鳴、陳偉等多位學者已先後指出其爲"順流而下"之義。① 陳偉先生在《楚簡册概論》一書中已直接將鄂君啓舟節中的"逾"與《國語·吳語》中的"踰"相聯繫:

　　"踰""逾"一字。韋昭注云:"踰,度也。"不確。這裏,"踰"與"泝"相對而言,並且左右軍是在後來(夜中)才"涉江"到"中水"(韋昭注:"中水,水中央也。"),可見"踰"指沿"江"而下,與"泝"指溯"江"而上對應。在楚國金文《鄂君啓節·舟節》中,"逾"與"上"相對爲文。節銘記述的鄂君商船免稅通行的路綫,是自鄂邑(今河南南陽市北),"逾油(淯水,約當今白河)",在入漢後分"上漢""逾漢"兩路展開,再在入江後分"逾江""上江"兩路展開。節銘中的"逾",顯然與《吳語》中的"踰"類似,是指順水而下的航行。②

《國語·吳語》"亦令右軍銜枚踰江五里以須"之句,又見於清華簡《越公其事》:

　　及昏,乃命左軍監(銜)梡(枚)泝(溯)江五里以須,亦命右軍監

---

① 參劉和惠:《鄂君啓節新探》,《考古與文物》1982年第5期,第60—65頁;孫劍鳴:《鄂君啓節續探》,安徽省考古學會編:《安徽省考古學會會刊》第六輯,1982年,第28—34頁;陳偉:《〈鄂君啓節〉之"鄂"地探討》,《江漢考古》1986年第2期,第88—90頁。
② 陳偉:《楚簡册概論》,第87頁。

（衡）梡（桄）逾江五里以須。　　　　　　（清華簡《越公其事》簡64—65）

《吳語》"踰江"之"踰",《越公其事》作"逾",其與"魣（溯）"相對成文,"溯"指逆流而上,可知"逾"即順流而下。戰國楚簡中還有"逾"字也表示此類意思：

酪（沈）尹子桱（莖）倉（答）曰："四與五之閒（間）虖（乎）？"王曰："女（如）四與五之閒（間）,軒（載）之專車以坒（上）虖（乎）？殹（抑）四航以逾虖（乎）？"酪（沈）尹子桱（莖）曰："四航以逾。"
　　　　　　　　　　　　　　　　　　　　（上博簡《莊王既成》簡2—4）

"專車以上"與"四航以逾"相對,可見"逾"與"上"語義相反,其所表示的就是順流而下的意思。此外,"逾"訓爲"下"的辭例出土文獻中也多見：

天地相合也,以逾甘露。　　　　　　　　　（郭店簡《老子·甲》簡19）
賽禱于荆王以逾順至文王以逾☐。　　　　　（新蔡簡甲三5）
荆王就禱荆牢,兆;文王以俞（逾）就禱大牢,兆。（新蔡簡乙四96）
武王齋三日,端服、冕,盦（逾）堂階,南面而立。
　　　　　　　　　　　　　　　　　　　　（上博簡《武王踐阼》簡2）

"以逾甘露"之"逾"即用爲"降、下"之類的意思。新蔡簡甲三5"逾順至"之"逾"表示的是由上至下的意思,此句是説由世系在前的"荆王"向下至於"文王"進行"賽禱"。上博簡《武王踐阼》"逾堂階"即"下堂階"。王輝先生曾對"逾"字的詞義引申脈絡予以詳論,認爲據《説文·辵部》"逾,迻進也"、《足部》"踰,越也"的訓釋來看,"逾"本義爲"越進、越過",又引申出"勝過、超過"之義,"勝過、超過"即表明某方處於下風,引申則指"降下"。①

鄂君啓節、清華簡《越公其事》、上博簡《莊王既成》多種出土文獻的材料都可以證成于邑之説,《國語·吳語》"踰江"之"踰"即"順流而下"之義。

----

① 參王輝：《釋"卑隃"——兼談"逾"有"降下、降服"義》,《辭書研究》2013年第4期,第87—90頁。

"逾""渝"訓爲"下"的語料多見於春秋末戰國時期的楚地及吳越一帶的出土文獻中,①這種用法的"踰"在《國語》中也僅見於《吳語》篇,這似乎也有助於我們對於《吳語》編纂者的國别作出判斷。

7. 反

《國語·晉語四》"鄭叔詹據鼎耳而疾號"章中"反"字的用法頗值得注意,其辭作:

> 文公誅觀狀以伐鄭,**反其陴**。

"反其陴",韋昭注:"反,撥也。陴,城上女垣。"《晉語四》一句所載之事又見於以下文獻中:

> 文公見民之可戰也,於是遂興兵伐原,克之。伐衛,東其畝,取五鹿。攻陽,勝虢,伐曹。南圍鄭,**反之陴**。　（《韓非子·外儲説右上》）
> 晉文公將欲明刑以親百姓……舉兵伐曹五鹿,及**反鄭之埤**,東衛之畝,勝荆人於城濮。　　　　　　　　（《商君書·賞刑》）

《漢語大詞典》爲"反"列出了一"毁壞,推倒"的義項,即以上舉諸句爲例證。清華簡《繫年》簡1—2有"克反商邑"之辭:

> 昔周武王監觀商王之不龏(恭)帝=(上帝)……**以克反商邑**,尃(敷)政天下。

李守奎先生曾將"克反商邑"與小臣單觶（《集成》6512）"王後[图]克商"一句相聯繫,釋"[图]"爲"反",分析該字構形爲"手毁'厂(即崖之象形)',崖土墜落之象,所以,毁壞當是其本義,'又'突出手爪,或與這個本義相關"。②"反"之"毁壞"義正可由古文字字形及出土文獻辭例得到解釋。"反"的此

---

①　參蘇建洲:《説北大簡〈趙正書〉的"揄趣至"》,《文史》2021年第4期。
②　李守奎:《據清華簡〈繫年〉"克反邑商"釋讀小臣單觶中的"反"與包山簡中的"鈑"》,《簡帛》第九輯,上海:上海古籍出版社,2014年,第133頁。

類用法又見於其他出土文獻材料中：

> 人君好垂（埵）盧（爐），反山求金鐵。（北大漢簡《陰陽家言》6—7）
> 人君好垂（埵）盧（爐）橐，抗金盧，反山破石。
> （銀雀山漢簡"陰陽時令、占候之類"《人君不善之應》1935）

"反山"之"反"即表示採金鐵礦時將山體毀壞鑿開，類似古書中的"隨（墮）山"，"反"即用爲"毀壞"義。① 晋文公反鄭陴之事又見於清華簡《晋文公入於晋》簡 8：

> （晋文公）敗（敗）楚䘒（師）於坕（城）僕（濮），畫（建）壟（衛），成宋，回（圍）䚄（許），反奠（鄭）之厙（陴），九年大得河東之者（諸）厌（侯）。

"反鄭之厙"即《晋語四》"反其陴"，可見《國語》文本來源之古老。

8. 誰使先若夫二公子而立之

《國語·晋語二》"里克殺奚齊而秦立惠公"章有辭作：

> 秦穆公許諾，反使者，乃召大夫子明及公孫枝，曰："夫晋國之亂，**吾誰使先若夫二公子而立之**？以爲朝夕之急。"大夫子明曰："君使縶也。縶敏且知禮，敬以知微。敏能竄謀，知禮可使；敬不墜命，微知可否。君其使之。"

此時，晋國大夫里克先後殺死驪姬與奚齊、卓子，晋國君位空懸，故而派人向秦穆公請求協助立君。"二公子"即指流亡在外的晋國公子重耳與夷吾。"若夫二公子而立之"，韋昭注："若，之也，使之二公子擇所立也。"《說文》："若，擇菜也。"段玉裁注："《晋語》：秦穆公曰：'夫晋國之亂。吾誰使先若夫二公子而立之。'以爲朝夕之急。此謂使誰先擇二公子而立之。若正訓

---

① 參王挺斌：《讀北大簡零拾》，《出土文獻》第八輯，第 204 頁。

擇。擇菜引申之義也。"後世學者多從此説,訓"若"爲"擇"。① 但誠如楊樹達所言"此義,經籍用之者甚鮮,此其僅見"。② 就古書中用例來看,"若"訓爲"擇"確實難以落實。傳統訓詁學常講"以形索義",即"運用表意漢字的字形與它所記録的詞彙相互適應的關係來推求本義"。③ 根據古文字字形來看,"若"字確實本有"選擇"一類的意思。陸宗達與王寧先生在討論"若"字語義時曾指出:

其實,金文 字即"若"字,正象以手擇菜之狀。擇菜並非引申之義,不過是"擇"這個概括詞義在造字繪形時的具體化。④

甲骨金文中" "(《合集》11418)、" "(《集成》10176)之類字形,主流意見多從羅振玉之説釋爲"芻"。⑤ 近年來,新刊布的出土文獻中出現了大量"芻"字:

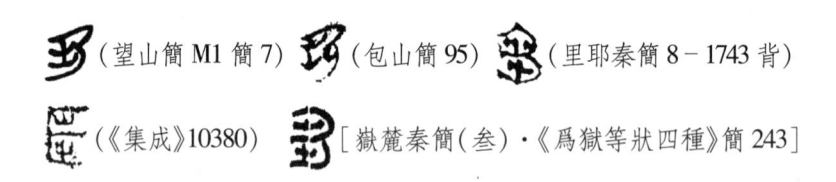

（望山簡 M1 簡 7） （包山簡 95） （里耶秦簡 8－1743 背）

（《集成》10380） ［嶽麓秦簡（叁）·《爲獄等狀四種》簡 243］

" "字從"又",在古文字無變作" "者,鄔可晶先生認爲上舉"芻"字在字形上無法與" "建立直接聯繫,而且古書中"芻"多用爲"刈草"義,刈草當用鐮刀一類工具,與" "從"又"在字形上也不符," "實當釋爲"若",其正象"擇菜"之形。⑥ 鄔可晶先生釋"若"之説於字形與語義的説解證據充分,當可信。"若夫二公子"之"若"用爲"選擇"義,由此可得到解釋。"若"的這一用法文獻罕見,而《國語》中尚還保留,足見《國語》底本來源之古老。

---

① 郭萬青對此類説法總結甚詳,參氏著《近百年來〈國語〉校詁研究》,第 70—71 頁。
② 楊樹達:《詞詮》,北京:中華書局,1965 年,第 247 頁。
③ 王寧主編:《訓詁學(第 2 版)》,北京:高等教育出版社,2010 年,第 166 頁。
④ 陸宗達、王寧:《訓詁與訓詁學》,太原:山西教育出版社,1994 年,第 31 頁。
⑤ 參于省吾主編,姚孝遂按語編撰:《甲骨文字詁林》,第 890—895 頁。
⑥ 鄔可晶:《"芻、若"補釋》,《古文字研究》第三十二輯,北京:中華書局,2018 年,第 278 頁。

此外，對於"先若夫二公子而立之"之"先"的用法，我們認爲"先"或可讀爲"選"。清華簡《繫年》簡 18 記錄衛康叔受封一事："旁設出宗子，以作周厚屏，乃先建衛叔封于康丘，以侯殷之餘民。"此事又見於《左傳·定公四年》，作"成王定之，選建明德，以蕃屏周"。李天虹先生認爲"先建衛叔"與"選建明德"可相參照，"先"可讀爲"選"。① "先"爲心母文部字，"選"爲心母元部字，古音相近，當可通假。"先若夫二公子而立之"之"先"似也可讀爲"選"，"先（選）""若"都表"選擇"之義，爲近義詞連用，猶言"選擇"。

———————

① 李天虹：《小議〈繫年〉"先建"》，簡帛網，2012 年 6 月 14 日。

第二章　衍生性文本生成過程中的誤抄與誤改：利用出土文獻材料考辨《國語》異文

古人著書常講"述而不作"，並無明確的著作權觀念。前人所講的"秦漢書多同""古人之言，所以爲公也"，闡釋的就是這種著作觀念。所謂"述"是指"將過去已有的書籍，重新用新的體例，加以改造、組織的工夫，編爲適應於客觀需要的本子"的工作。① 在既有文本基礎上經過"編述"形成的新文本即所謂的"衍生性文本"，而其所據的既有文本則可稱之爲"始源性文本"。② 兩漢時期《史記》《潛夫論》《吴越春秋》等書中有大量摘抄、改編自《國語》而成的語句或段落。《國語》可稱之爲這類文獻的"始源性文本"。另一方面，《國語》中也存在不少抄纂自《尚書》《詩經》等早期文獻改編而成的語句、段落。在這種情況下《國語》又成爲了《尚書》《詩經》等早期文獻的"衍生性文本"。《國語》實際是一個兼具"始源性文本"與"衍生性文本"雙重屬性的典型文本。

《史記》《潛夫論》《吴越春秋》等《國語》的"衍生性文本"摘抄、改編《國語》文本組合成新文本的過程中由於種種原因往往會產生不少誤抄與誤改的情況。另一方面，《國語》在摘抄《尚書》這類早期文本的過程中也存在不少誤抄與誤改的情況。這些誤抄與誤改使得《國語》與其他諸書出現了不少異文。本章即期望利用出土文獻材料提供的多種"觸發性機緣"分析《國語》與其他文本的互見語句，以此探究衍生性文本生成過程中對始源性文本的誤抄與誤改。

復述與改編是衍生性文本生成中最爲核心的兩道程序。復述過程中對

---

① 張舜徽：《中國文獻學》，武漢：華中師範大學出版社，2004年，第25頁。
② 關於"衍生性文本"與"始源性文本"的定義也可參看真大成：《論中古"衍生性文本"的語料意義——以〈世説新語〉爲例》，《中國語文》2020年第1期。

於始源性文本字形的誤識，常造成文字層面的誤抄；改編過程中對始源性文本語義及敘事邏輯的誤解則會造成深層語義邏輯、篇章結構層面的誤改。這也就是下文所要討論的衍生性文本生成過程中誤抄與誤改現象。近年來刊布的出土文獻材料使我們能夠對《國語》異文產生過程中的誤抄與誤改形成更爲清晰的認識。兹舉一例如下：

清華簡《説命中》	《國語·楚語上》	《潛夫論·五德志》	僞古文尚書《説命》
武丁曰："諾！格汝説，聽戒朕言，慎之于乃心。**若金，用隹汝作礪**。……啓乃心，日沃朕心。**若藥，如不瞑眩**，越疾罔瘳。朕畜汝，佳乃腹肺乃身。**若天旱，汝作淫雨。若圓（滿）水，汝作舟。汝佳哉……若詆不視，用傷**。"（簡2—7）	武丁於是作書，曰："……曰：'**若金**，用女作礪；**若津水**，用女作舟；**若天旱**，用女作霖雨；啓乃心，沃朕心；**若藥不瞑眩**，厥疾不瘳；**若跣不視地**，厥足用傷。'"	武丁…得傅説……則勅曰：'**若金**，用汝作礪；**若濟巨川**，用汝作舟楫；**若時大旱**，用汝作霖雨。啓乃心，沃朕心。**若藥不瞑眩**，厥疾不瘳；**若跣不視地**，厥足用傷。爾交修余，無棄！'	命之曰："朝夕納誨，以輔台德。**若金**，用汝作礪；**若濟巨川**，用汝作舟楫；**若歲大旱**，用汝作霖雨。啓乃心，沃朕心；**若藥弗瞑眩**，厥疾弗瘳；**若跣弗視地**，厥足用傷。……"

清華簡《説命》分爲三篇，每篇最後一支簡都有篇題《専（傅）敓（説）之命》，其内容也與先秦文獻所引《尚書·説命》的文字相合，顯然與百篇《書序》中所載《説命》具有源流關係。上舉《楚語上》的這段話，學者多已指出其是采自漢代或已亡佚的《尚書·説命》。換言之，《楚語上》的這段話應是自清華簡《説命》或與之同源的文獻衍生而來。東漢時期《説命》三篇已亡佚。《潛夫論》爲東漢時人王符所作，其應無法見到《説命》三篇原文，《潛夫論》之語則當是轉抄自《國語》。

上引清華簡《説命中》一句，由五個以"若"開頭的短句構成，其中前四個"若"字句都是比擬句，可翻譯爲"好像""好比"之義，最後"若詆不視，用傷"一句則是假設句。而《國語·楚語上》的編纂者則因不明語義將此若干個"若"字句前後相接合於一處，使得前後各句之間的語義產生了不協調的情況。沈培先生對此有過詳論：

我們在前面已經對比了清華簡《傅説之命》和《楚語上》相應的

"若"字句,從中可以看出,簡文前四個"若"字句前面都有相應的表示本體的話,"若"字句本身跟它們構成本體與喻體的關係。因此每一個"若"字句都是對其前面表示本體的話的一種生動的比喻,各有所當。反觀《楚語上》的"若"字句,連續排列在一起,分不清各自所喻到底因何而發。至於最後一個"若"字句,在清華簡裏承接上文,本是假設句,但在《楚語上》却也被改造爲比擬句,這顯然是爲了與前面四個比擬句取得一致。而且,被改造成比擬句後,整個句子的含義跟前面幾個比擬句其實是不够協調的。因爲前幾個比擬句的大意可以理解爲是武丁希望傅説在各種情況下説明他,但是,最後一個比擬句則很難看出有這種意義。孔傳解釋此句的意思是"跣必視地,足乃無害,言欲使爲己視聽",這也是爲了使此句的大意跟前面幾句取得一致而作出的一種勉强的解釋。因此,如果從文章學角度來看,《楚語上》這一段文字實在不能算作是好文章。究其根本,正是由於它不是原創,而是摘抄過來的。①

上舉諸句中還存在其他衍生性文本生成過程中所造成的誤抄誤改。如清華簡《説命中》"若圝水,汝作舟"一句,《國語·楚語上》作"若津水,用女作舟"。"圝"字作"![]",此字又見於清華《芮良夫毖》,在辭例中讀爲"滿"。孫合肥先生認爲"圝"在《説命中》裏也當讀爲"滿",與前面的"旱"相對應,表水之"盈溢"之義。②"![]"這類字形源自春秋金文中的"![]"字,此字可隸定作"圝",從"莧"得聲,"莧""滿"音近。傳抄古文中的"滿"作"![]""![]"亦是由"![]"演變而來。③戰國文字中常以"![]"(郭店簡《窮達以時》簡4)、"![]"(上博簡《容成氏》簡51)這類字形表"津",此字從"薦"得聲,"津""薦"音近。"![]"所從的"薦"與"![]"所從的"莧"形近,《國語·楚語上》的編纂者很可能受此影響,將簡本《説命中》"圝"字誤認爲"薦",故而誤讀爲"津"。

---

① 沈培:《談談清華簡〈傅説之命〉和傳世文獻相互對照的幾個"若"字句》,《簡帛》第十輯,上海:上海古籍出版社,2015年,第62頁。
② 孫合肥:《讀〈清華大學藏戰國竹簡(叁)〉札記》,簡帛網,2013年1月9日。
③ 參何景成:《史頌器"瀆蘇滿"新解》,《吉林大學古籍研究所建所30周年紀念論文集》,上海:上海古籍出版社,2014年,第38—44頁。

上舉諸句中另一個不同則是清華簡《說命》、《國語·楚語上》的"若天旱"與《潛夫論》"若時大旱"、偽古文尚書《說命》"若歲大旱"的差異。"天""大"相訛的情況在先秦兩漢時期頗爲常見,加之古書中"大旱"一詞常見。由此或可得出一個簡單的結論:"若時大旱""若歲大旱"之"大"皆是"天"之誤抄。但如果深入考察文本的衍生過程,則會發現問題並非如此簡單。我們可以借鑒西方校勘學的譜系理論來梳理各文獻之間的衍生關係。偽古文尚書《說命》、《潛夫論》與《國語》的異文中既有"天"訛爲"大"這類連接性訛變,也有"歲"與"時"、"不"與"弗"的區別性成分(約等同於譜系理論中的"區別性訛誤"),①這暗示著二者各自的獨立性。從邏輯上來講,對偽古文尚書的作者而言,《國語》並不是難以獲取的文獻,似乎並沒有理由放棄時代更早的《國語》,而選擇時代偏晚的《潛夫論》作爲始源性文本進行改編。因而偽古文尚書《說命》與《潛夫論》應是分別摘錄自《國語》生成的文本。具有同源衍生關係的兩書中的"天"這一共同的訛誤或都指向一個可能,即兩書摘抄所據的某個版本的《國語》中"天大旱"之"天"或已訛爲"大"。今存《國語》許宗魯本、閔齊伋本、薈要本、文津閣本等諸版本中"若天旱"作"若大旱"或正是這一情況的遺留。② 因而偽古文尚書《說命》與《潛夫論》中的"大旱"恐怕只是沿襲《國語》某一版本的抄寫之誤。這也提示我們在分析誤抄現象時應注意到始源性文本自身傳抄所造成的訛誤,不可將衍生性文本的沿襲之誤輕易地視爲其對始源性文本的誤解所造成的誤改。

在討論上舉清華簡《說命》、《國語·楚語上》等諸句時,沈培先生曾對古書的生成與流傳有過一段頗爲精彩的論述:

　　古代一種新文本的形成,有時經歷過這樣的過程,即先摘抄,然後

---

① "連接性訛變"是指兩個抄本之間相比於各自與其他抄本聯繫更爲密切的訛誤,"區別性訛誤"是指 A 抄本具有 B 抄本所沒有的一個或多個訛誤,從而可以證明 A 抄本的獨立性。詳參(英)L.D.雷諾兹、N.G.威爾遜著,蘇傑譯:《抄工與學者:希臘、拉丁文獻傳播史》,北京大學出版社,2022 年,第 272 頁;蘇傑編譯:《西方校勘學論著選》,上海:上海人民出版社,2009 年,第 51 頁。

② 當然還存在另一種可能,即《國語》最初在轉抄原本《說命》時已將"天"誤抄爲"大",後續有的版本作"天",很可能是在傳抄過程中基於文義所作的校勘。但需要承認的是《國語》的校勘者所能見到的異文材料恐怕只有作"大"的偽古文尚書《說命》與《潛夫論》,基於這樣的異文材料,《國語》的校勘者恐怕很難將"大"校爲"天"。因而我們認爲這一情況可能性較小。

加以重組和改編。這樣形成的新文本,跟所據原文本已經有了一定的差異,就其本身來說有一定的合理性,但其缺點還是可以通過比較原文本或所從出的文本而知道的。今後我們在進行相似文本的比較時要充分注意這些特點。①

衍生性文本的編纂者對於始源性文本的復述與改編包含改換字詞、刪減增益内容,調整語句、離散拼合語句等多重工序。因而衍生性文本並非完全的"述而不作",或許稱其爲"述中有作"更爲合理。由此也使得"始源性文本"與"衍生性文本"之間産生了大量異文,呈現出明顯的互文性特徵。其中有的差異只是單純換用同義詞、同音詞,文本的深層結構並未産生改變。但另一方面,衍生性文本編纂者在複製轉録文本過程中對於始源性文本原有字形的誤識、對文本語義的誤解都會使得衍生性文本與始源性文本在文字、語義、篇章結構上出現不同程度差異甚至是矛盾。使得衍生性文本偏離了始源性文本的原有語義與叙事邏輯。早期文本具有"公共資源"的屬性,古人認爲他們擁有權利按照自身的經驗與認知改造文本,以達到闡釋文本的目的。② 衍生性文本的誤改現象背後實際暗含着其編纂者試圖基於自身的知識與經驗重新構建文本有序性,形成他們心目中"合理文本"或"理想文本"的意圖。然而,由於對始源性文本的誤解與誤改,這種重構與改編有時却會使得衍生性文本變爲一種"曲解的文本"。

以往對於衍生性文本與始源性文本的研究主要從校勘學的層面出發,即通過分析二者異文判斷衍生性文本是否忠於始源性文本,以消除文本轉録過程中的失真。但對於衍生性文本的誤解與誤改現象的生成機制則關注不足。《國語》與其他諸書的異文材料正爲我們深入到衍生性文本的深層結構,觀察衍生性文本編纂者按照何種標準,采取何種方式闡釋、改編始源性文本,提供了絶佳視角。這對於還原衍生性文本的生成過程也具有重要的意義。

---

① 沈培:《談談清華簡〈傅説之命〉和傳世文獻相互對照的幾個"若"字句》,《簡帛》第十輯,第64頁。
② 關於早期文本的"公共資源"屬性的討論可參見徐建委:《戰國秦漢間的"公共素材"與周秦漢文學史叙事》,《中山大學學報(社會科學版)》2012年第6期;孫少華:《鈔本時代的文本抄寫、流傳與文學寫作觀念》,《華中師範大學學報(人文社會科學版)》2015年第9期。

第一節　因襲、同源：考察《國語》
異文材料的兩個維度

　　對於存在相似的語句或段落的兩種或多種早期文本而言，其之間的關係無外乎因襲與同源兩個維度。以往對於衍生性文本的生成，學者多關注其與始源性文本之間的因襲關係。以此角度解釋《吴越春秋》《史記》這類成書年代明確的文獻與《國語》之間的關係無疑是合適的。但也應注意到《國語》與《左傳》《管子》等書之間亦有不少相似的語句或段落，這些異文材料的生成恐非一書沿襲自另一書如此簡單。如《國語·齊語》與《管子·小匡》内容高度重合。唐人孔穎達認爲"外傳《齊語》與《管子》大同，《管子》當是本耳"。① 顧頡剛也認爲《齊語》乃後人據《管子·小匡》抄出改編而成。② 亦有學者據《齊語》與《小匡》中對戰國制度的記載及用詞古奥程度的差異，認爲《小匡》乃抄自《齊語》。③

　　對於《國語》與《左傳》《管子》等文獻之間相似的語句或段落，如果没有成書時代先後與因襲關係的絕對證據，不如采信"同文同源説"。④ 承認古書的流傳並非都是原始文本單綫傳播連續複製而成的，將《國語》與《左傳》《管子》等文獻的關係理解爲取材於共同的"族本"形成的"同源性衍生性文本"。⑤ 雖然由於古書的佚失，這類"族本"或已不可考，但通過分析同源性衍生性文本彼此的異文，仍可窺見不同衍生性文本對作爲"族本"的始源性文本復述的忠實程度，以及改編過程中的誤抄與誤改。如比較《管

---

① （晋）杜預注，（唐）孔穎達正義，十三經注疏整理委員會：《春秋左傳正義》，第 272 頁。
② 顧頡剛：《春秋三傳及國語之綜合研究》，成都：巴蜀書社，1988 年，第 95 頁。
③ 李學勤：《〈齊語〉與〈小匡〉》，《清華大學學報（哲學社會科學版）》1986 年第 2 期；張居三：《〈國語·齊語〉與〈管子·小匡〉的關係》，《古籍整理研究學刊》2010 年第 5 期。
④ 李鋭：《"同文"分析法評析》，《新出簡帛的學術探索》，北京：北京師範大學出版社，2020 年，第 27 頁。
⑤ 所謂"族本"是指"思想、言論由於記載、引用、篇章别行，乃至前後期寫作的不同、口傳到記録的歷時差異、復述時的差舛，而形成了反映思想的諸多彼此主題思想、主體内容相似的'族本'系統，這就是文本的源頭"。（參李鋭：《同文與族本：新出簡帛與古書形成研究》，上海：中西書局，2017 年，第 223 頁。）"族本"某種意義上也具有"公共資源"的屬性，其既可以指某些共同的思想、言論，也可指已編纂成書的類似校勘學意義上的"祖本"性質的文獻。

子·小匡》與《國語·齊語》,便可發現《管子·小匡》摘抄、引用"族本"的過程中出現了不少錯抄、誤改的情況,如《國語·齊語》"相地而衰征,則民不移;政不旅舊,則民不偷"一句,《管子·小匡》作"相地而衰其政(征),則民不移矣;正旅舊,則民不惰","政不旅舊"與"正旅舊"相對應。戰國文字中表"失"的"遊"字與表"旅"的"遬"字形相近,"政不旅舊"之"旅"爲"遊(失)"之訛字,"政不失舊"本是説"不失舊有政事之常"。《管子·小匡》"正旅舊"則顯係摘抄過程中對《國語》原文之誤改,很可能《管子·小匡》摘抄所據的《國語》其"政不遊(失)舊"之"遊"已訛爲表"旅"的"遬"字,《小匡》的編者爲求勉強講通文義,故而將"政不遊(失)舊"之"不"字删去,遂形成了今本《小匡》"正旅舊"的面貌。

李學勤先生也曾就《管子》錯抄、誤改的情況舉過一典型例,茲摘録如下:

> 《齊語》記管仲追述周昭王、穆王事跡,云:"合群叟,比校民之有道者,設象以爲民紀,……勸之以賞賜,糾之以刑罰,班序顛毛,以爲民紀統。"依韋注:"合,會也。叟,老也。""班,次也。序,列也。顛,頂也。毛,髮也。統,猶經也。言次列頂髮之白黑,使長幼有等,以爲治民之經紀。"這是古代社會中尊崇父老的一種制度,對探索當時禮制頗有價值,而《小匡》將"合群叟"改作"合群國","班序顛毛"改爲"糞除其顛旄"(有著作以爲是髡刑),意義就全變了。相比之下,我們覺得修改者對古代禮制及其在社會中的作用並没有深刻的認識。①

胡佳聰先生曾指出《齊語》與《小匡》是出自同一底本輾轉傳抄而成的兩種傳抄本。《齊語》文辭較爲古奧,更爲接近古時底本,《小匡》這一系統的傳抄本由於古時底本文辭古奧,故對其多有改動,有的改動已不符合底本原意。② 這一看法可能更符合事實。近年來,荆州棗林鋪造紙廠46號戰國楚墓出土了一篇題爲《齊桓公自莒返于齊》的戰國竹書,其内容多可與《齊語》《小匡》對讀,三者關係密切,整理者曾介紹其大體内容:

---

① 李學勤:《〈齊語〉與〈小匡〉》,《清華大學學報(哲學社會科學版)》1986年第2期,第51頁。
② 胡家聰:《〈管子〉新探》,北京:中國社會科學院出版社,1995年,第266頁。

簡文叙述順序同於《齊語》而内容略多，《小匡》則又多於簡文。大抵於"天子致胙"之前，文承《齊語》，其後言趣《小匡》。筆者認爲這三種文本形成時間的先後順序爲"《齊語》→簡本→《小匡》"，但三者之間並非簡單的直綫繼承。①

《齊桓公自莒返于齊》的出土無疑是《齊語》與《小匡》爲"同源性衍生性文本"最有力的證據。不過，從上舉《管子·小匡》摘抄、引用"族本"的過程中諸多誤抄、誤改之例來看，相對而言《國語·齊語》更保留有二者"族本"的原始面貌。

由於讀寫能力、個人認知的差異，即使面對同一始源性文本，不同衍生性文本的編纂者的改編也不盡相同。這一情況反映在文本層面，即出現了在轉録文本過程中由於"釋讀"意見不同所形成的"異質性文本"。② 上舉《國語·齊語》與《管子·小匡》即是這一情況的真實寫照。如果各文本所據始源性文本已亡佚，判斷文本改編合理性的工作無疑具有相當難度。當孤立地看待某一衍生性文本，我們恐怕也難發現其中語義邏輯的矛盾。這或許也是衍生性文本編纂者所希望達到的理想狀態，即在始源性文本佚亡的情況下，經其闡釋而改編的文本，被後人視爲一種邏輯合理且保存始源性文本原貌的"理想文本"。但如果將不同的"異質性文本"羅列排比，考察異同，仍可窺見其中誤抄與誤改的痕迹。相比《國語·齊語》，《管子·小匡》出現了較多的誤抄與誤改，正體現了不同衍生性文本編纂者理解、復述始源性文本的差異性。

第二節　考釋性的轉録方式與《國語》異文的生成

衍生性文本的"述而不作"實際包含着復述與闡釋的雙重屬性。當始源性文本脱離了原本的時代背景與語言環境，作爲"述者"的衍生性文本的

---

① 趙曉斌：《荆州棗紙簡〈齊桓公自莒返于齊〉與〈國語·齊語〉〈管子·小匡〉》，《出土文獻研究》第二十一輯，第100頁。
② 關於"異質性文本"的討論可參看程蘇東：《寫鈔本時代異質性文本的發現與研究》，《北京大學學報(哲學社會科學版)》2016年第2期。

編纂者必然也要承擔起解釋文本的責任。因而,衍生性文本的編纂者實際也是始源性文本的"注釋者",如《史記》抄錄《尚書》,常以當時通行的文字、詞彙改編文本,這其實也體現了司馬遷對始源性文本某些字詞意義的理解。這與馬融、鄭玄等後世經典文獻的注釋者以注疏、箋證等方式在文獻某字下注釋其字義、音讀、異體字來闡釋文本無疑具有相近的性質。不同之處只是在於作爲衍生性文本編纂者的注釋行爲是通過直接改編文本而實現的。"漢人用經,改字者多矣"①正是這一現象的真實寫照。這種"改字"的正確與否則與編纂者的讀寫能力具有直接關係。"讀寫能力"主要包含以下幾個方面:②

（一）掌握必要的識字能力,可以正確地釋讀字形,並能利用當時的文字系統進行準確的古今文字轉化(這一過程類似古文字釋讀中"隸定"的程序)。

（二）具備必要的詞彙儲備與語法知識,可以準確理解文本内容。

（三）了解文本標點符號的使用及文字佈局及書寫格式,能夠準確區分文本中不同的語句與段落(類似古籍整理中"句讀"這一環節)。

"讀寫能力"包含"閱讀"與"復述"兩個層面的問題。在"讀"的層面能否正確理解文本與在"抄"的層面能否正確複製文本都是決定衍生性文本是否發生誤改情況的重要因素。

衍生性文本編纂者對始源性文本的"編述"實際也包含着"考釋"的因素。這就如同我們今天希望理解一部用戰國文字書寫的戰國簡帛古書,通常需要依次進行識別古文字字形、辨明字詞關係以確定字形所表示的詞、疏通文意等多項文本釋讀的工作。轉錄始源性文本的過程本質上也是一個釋讀文本的過程,衍生性文本的編纂者的讀寫能力是決定文本復述忠實度、改編合理性的關鍵因素。當編纂者缺乏必要的讀寫能力必然會導致"這種自由的或者説考釋性的轉錄方式常有淪爲武斷的、無法控制的編輯決定的危險"。③

兩漢典籍的編纂者摘抄《國語》,最爲典型者莫過於《吴越春秋》。清人朱

---

① （清）王引之撰,虞思徵等校點:《經義述聞》,第395頁。
② 早期文本抄寫者"讀寫能力"與"識字能力"的討論又可參看李孟濤:《試探書寫者的識字能力及其對流傳文本的影響》,《簡帛》第四輯,上海:上海古籍出版社,2009年,第395—402頁。
③ 柯馬丁:《方法論反思:早期中國文本異文之分析和寫本文獻之產生模式》,《當代西方漢學研究集萃·上古史卷》,上海:上海古籍出版社,2012年,第360頁。

第二章　衍生性文本生成過程中的誤抄與誤改：利用出土文獻材料考辨《國語》異文　　·139·

彝尊曾言：“《吳越春秋》作於東漢趙曄，後世補亡之書耳。大抵本《國語》《史記》而附以所傳聞者爲之。”①《吳越春秋·夫差内傳》《吳越春秋·句踐伐吳外傳》分别與《國語·吳語》《吳語·越語》有相當數量相同或相近的語句、段落，顯然是摘抄《國語》而來的。《吳越春秋》在摘抄《國語》的過程中，其編寫者或摘抄者由於不熟悉早期文字字形、用字習慣，或是誤解《國語》原文語義，遂造成了相當數量的訛誤與文義難通之處。如《國語·吳語》“無會而歸，與會而先晉，孰利”一句，《吳越春秋·夫差内傳》作：“無會、前進，孰利？”“先晉”“前進”相對，“進”實即“晉”之音訛；《吳語》“今大國越録，而造於弊邑之軍壘，敢請亂故”之“亂”，《吳越春秋·夫差内傳》作“辭”，也顯係訛字。後文所要討論的《吳越春秋》“周室卑弱約”“故忽於夷狄”也是類似的情況。

編纂者對始源性文本正文與注文關係的混淆，對古文字字形的誤釋，對詞義、語法的錯解都會造成衍生性文本的誤抄與誤改。下文就從以上幾方面分析由於衍生性文本生成過程中的誤抄與誤改所形成的《國語》與他書的異文。

一、誤識字形

衍生性文本的編纂者如果不熟悉始源性文本所使用的字形及用字習慣，往往也容易造成文本的誤抄、誤改。兹舉兩例如下：

“序三辰”與《禮記》《論衡》“序星辰”

《國語·魯語上》	《禮記·祭法》	《論衡·祭意》
帝嚳能序三辰以固民，堯能單均刑法以儀民，舜勤民事而野死。	帝嚳能序星辰以著衆，堯能賞均刑法以義終，舜勤衆事而野死。	帝嚳能序星辰以著衆，堯能賞均刑法以義終，舜勤民事而野死。

《國語》“序三辰”，韋昭注：“三辰，日、月、星。謂能次序三辰，以治曆明時，教民稼穡以安也。”《路史·疏仡紀·高辛氏》引《國語》之句作：“高陽崩而嚳是立。叙三辰以著象……故《魯語》云：‘俈能次序三辰，以治曆明時，教民稼穡以因民也。’”②亦作“三辰”。帝嚳序三辰之事還見於《潛夫

---

① （清）朱彝尊撰，林慶彰等主編：《經義考新校》，上海：上海古籍出版社，2010年，第4969頁。
② 羅泌：《路史》，《四庫備要》本，上海：中華書局，第107頁。

論·五德志》："後嗣帝嚳，代顓頊氏。其相戴干，其號高辛。厥質神靈，德行祗肅，迎逆日月，順天之則，能叙三辰以周〈固〉民。"

《國語》之"三辰"，《禮記》《論衡》作"星辰"，此處的"星"應是衍生性文本編纂者由於不熟悉古文字字形及用字習慣造成的誤抄。

"晶""曐(星)"爲一字分化，朱駿聲《説文通訓定聲》："晶字不從三日，乃象星三兩相聚之形。或曰：晶即古星字，亦通論也。"①其説得之，甲骨文中"晶"作"品""晶"，正象天上群星環繞之形，"晶"後加注聲符"生"分化出"曐(星)"字。

戰國文字常以"參"表｛三｝，"參"或省作"厽"形，"厽"或又變爲"晶"形，②如"品"（郭店簡《語叢四》簡3）、"晶"（清華簡《子犯子余》簡4）、"晶"（清華簡《管仲》簡8）。③ 這種用字習慣也延續到秦漢文字系統中，馬王堆漢墓帛書《二三子問》《要》篇中都以"晶""晶"這類字形表｛三｝。漢代文字中"晶"或有作"晶""晶"形者，④"晶"《説文》小篆作"晶"，都與表｛三｝的"厽"字形近。

"晶"與"厽"字形的相近造成古文字系統中出現了兩個用途有別、音義無關的"晶"字：一是與"曐(星)"存在同源關係，可表｛星｝的"晶"字；二是表｛三｝的"參"字的異體"晶(厽)"。二者屬音義都無關的同形字。《國語》"序三辰"之"三"可能本寫作"晶"這類字形的"晶"，《禮記》《論衡》的編纂者不熟悉戰國、秦漢時期文字的用字習慣，因而將《國語》中本表｛三｝的"晶"誤識爲"曐(星)"的同源字"晶"，故又將"厽(晶—三)辰"改爲"星辰"。

"亦在今日"與《吴越春秋》"命在今日矣"

《國語·吴語》	《吴越春秋·夫差內傳》
孤之事君在今日，**不得事君亦在今日**。爲使者之無遠也，孤用親聽命於藩籬之外。	孤之事君，決在今日，**不得事君，命在今日矣**。敢煩使者往來，孤躬親聽命於藩籬之外。

---

① 丁福保編：《説文解字詁林》，第6944頁。
② 參禤健聰：《戰國楚系簡帛用字習慣研究》，第270—271頁。
③ 戰國文字更以"晶"表｛三｝的用例還可參看馬繼：《清華大學藏戰國竹簡1—8文字編》，華東師範大學中文系碩士學位論文（指導教師：白於藍），2019年，第971—972頁。
④ 字形見趙平安、李婧、石小力編：《秦漢印章封泥文字編》，上海：中西書局，2019年，第594頁。

《國語·吳語》"不得事君亦在今日",《吳越春秋·夫差內傳》作"不得事君,命在今日矣","亦"與"命"相對應,徐天祐謂:"命字當作亦。"①周生春先生《吳越春秋輯校匯考》亦持此說。② 張覺先生則認爲"漢代人多迷信,作者用'命'字來表達取勝之意""它很可能是作者別具匠心之處,故原文可通,不宜據《國語》改字"。③ 我們猜想張先生認爲此句"不宜據《國語》改字"的原因可能還在於從字形來看,常見的"命"字與"亦"字字形區別明顯。不過,在漢代文字中,"命"有一類特别的異體字形與"亦"十分相近,二者完全存在相訛混的可能。

東漢時期的《吳岐子根墓記》中"命"字作:

[命]:沛郡故吏吳岐子根,禀~不長。

"禀命"一詞傳世典籍習見。作"[命]"形的"命"字是將其下部變爲"丙"以起表音的作用,④屬於文字系統中常見的變形音化現象。秦漢文字中"亦"字多作"[亦]""[亦]"等形,⑤傳抄古文中"亦"字又有作"[亦]""[亦]"形者(俱見《古文四聲韻·古老子》)。這類"亦"字的形體與"[命]"十分接近的,完全存在訛混的可能。

我們認爲,《吳越春秋·夫差內傳》"命在今日"的"命"即"亦"之訛字。該句應摘抄自《國語》,很可能《吳越春秋》的編者或其後世的傳抄者由於不熟悉秦漢文字字形,將"亦"誤識爲作"[命]"形的這類"命"字,遂致誤。

二、混淆正文與注文

兩漢時期已出現了隨文注疏、經傳合一的注釋體例。正文與注文字體大小相同,且常無符號間隔,如時代在西漢中後期的海昏侯漢墓出土的《詩

---

① (元)徐天祐注:《吳越春秋》,上海:商務印書館,1937年,第112頁。
② 周生春:《吳越春秋輯校匯考》,北京:中華書局,2019年,第79頁。
③ 張覺:《吳越春秋校證注疏》,第161頁。
④ 參王立軍:《漢碑文字通釋》,北京:中華書局,2020年,第67頁。
⑤ 字形見徐無聞主編:《秦漢魏晉篆隸字形表》,北京:中華書局,2019年,第725頁。

經》與《春秋》體例均如此。① 這種正文與注文混抄的形式很容易使衍生性文本的編纂者混淆二者，由此造成誤抄。

"將施於宜"與《潛夫論》"必施其德義"

《國語·晉語四》	《潛夫論·遏利》
守天之聚，<u>將施於宜。宜而不施</u>，聚必有闋。	昔曹羈有言："守天之聚，<u>必施其德義。德義弗施</u>，聚必有闋。"

  上舉兩句所記皆爲曹羈之言，兩書中"宜"與"德義"相對。戰國文字常以"直"表{德}，②這種用字習慣也延續至秦漢文字中。如放馬灘秦簡《日書乙種·刑德》簡乙347貳"刑直並在土，刑徙所勝直，直徙所不勝刑"中的"直"皆用爲{德}，"刑德"一詞古書常見。傳世文獻中"德""宜"二字亦常相混。③ 漢代文字中"直"字有作"直""直""宜"者，④漢代文字中"宜"字上的"宀"也有寫作近似"亠"形者，如"宜""宜"，⑤在後世俗字中，"宜"作"宜"者則更爲常見。⑥ "直""宜"字形極易相混。《潛夫論·遏利》"德義"之"德"即是"宜"之訛字，"義"則應是衍文。《國語》"將施於宜"之"宜"，韋昭注"宜，義也"，典籍中"宜"常訓爲"義""儀"，出土文獻中也有以"宜"表{義}的用字習慣。⑦ "義"應是"宜"之注文，加之文獻亦有"德義"一詞，《潛夫論》的編纂者或是混淆了正文與注文的關係，將"宜（注文：義）"誤抄爲"德義"。

---

① 參江西省文物考古研究院等：《江西南昌西漢海昏侯劉賀墓出土簡牘》，《文物》2018年第11期。
② 參白於藍：《簡帛古書通假字大系》，第598頁。
③ 參鄔可晶：《說上博簡〈容成氏〉"民乃宜怨"的"宜"及古書中的相關字詞》，《戰國秦漢文字與文獻論稿》，第123—133頁。
④ 于淼：《漢代隸書異體字表與相關問題研究》，吉林大學博士學位論文（指導教師：吳振武），2015年，第567頁。
⑤ 李洪財：《漢簡草字整理與研究》下編《漢代簡牘草字彙編》，第332頁。
⑥ 參梁春勝：《楷書部件演變研究》，復旦大學博士學位論文（指導教師：張涌泉、施謝捷），2009年，第104頁。
⑦ 參白於藍：《簡帛古書通假字大系》，第483—484頁。

"周室卑約"與《吳越春秋》"周室卑弱約"

《國語·吳語》	《吳越春秋·夫差内傳》
吴王親對之曰："天子有命，**周室卑約**，貢獻莫入，上帝鬼神而不可以告。……"	吴王親對曰："天子有命，**周室卑弱約**，諸侯貢獻，莫入王府，上帝鬼神而不可以告。……"

《吴語》中的"約"當訓爲"弱"，《荀子·宥坐》"淖約微達，似察"，楊倞注："約，弱也。"《説苑·雜言》"綿弱而微達，似察"可與此句相參照，"弱"與"約"相對。又《淮南子·原道》"淖溺流遁，錯繆相紛"之"淖溺"，《文子·道原》作"淖約"。"約"訓爲"弱"實際上來源於戰國時期的用字習慣，"約"從"勺"得聲，在出土文獻中常以從"勺"聲字表{弱}，如清華簡《繫年》103簡"諸侯同盟于鹹泉以反晉，至今齊人以不服于晉，晉公以勺（弱）"；郭店簡《語叢四》22—23簡"君有謀臣，則壤地不鈔（削）。士有謀友，則言談不勺（弱）"，這兩句的"仢""勺"讀爲"弱"，①皆文從字順。

《國語·吳語》之"卑約"在《吴越春秋》中變爲"卑弱約"。注家多在"弱"後點斷，"約"字屬後讀，"約諸侯貢獻"的語義頗難理解。由《國語·吳語》的異文來看，《夫差内傳》之"約"實乃衍文。考慮到出土文獻中以從"勺"聲字表{弱}的用字習慣，則《吴越春秋》"周室卑弱約，諸侯貢獻"之"弱"應是衍文，乃注文混入正文中。《吴越春秋》此句或本作"周室卑約（弱）"，"弱"爲注文，可能由於文獻中"弱"常見而"約"字少見，因而傳抄者將本是注文的"弱"寫入正文後又將其提前至"約"字前，形成了今本"周室卑弱約"的面貌。

【編按】：胡敕瑞先生在2017年的一次講座中亦指出，《吴越春秋》"周室卑弱約"之"約"是注文攙入正文中。② 此條札記寫於2021年夏，當時失察胡先生之説，實屬不該。鄔可晶先生《"弱""約"有關字詞的考察》③一文亦曾對《吴越春秋》"周室卑弱約"一句有所討論，讀者也可參看。】

---

① 白於藍：《簡帛古書通假字大系》，第659頁。
② 參鍾馨：《胡敕瑞教授來我中心作講座》，復旦網，2017年6月17日。胡先生此説後應正式發表於《利用出土文獻校讀〈吴越春秋〉》，《念兹在兹：復旦大學出土文獻與古文字研究中心成立廿載紀念論文集》，上海：中西書局，2025年，第476—478頁。
③ 鄔可晶：《"弱""約"有關字詞的考察》，《漢語字詞關係研究（二）》，中西書局，2021年，第96頁。

三、不明詞義與語法

衍生性文本編纂者對詞的語義與語法結構的誤解同樣也容易造成文本的誤改,茲舉幾例如下:

"小白余"與《管子·小匡》"小白"

《國語·齊語》	《管子·小匡》
桓公懼,出見客曰:"天威不違顏咫尺,**小白余**敢承天子之命曰'爾無下拜',恐隕越於下,以爲天子羞。"	桓公懼,出見客曰:"天威不違顏咫尺,**小白**承天子之命而毋下拜,恐顛蹶於下,以爲天子羞。"

《國語·齊語》的"小白余",徐元誥謂:"'余'字疑衍。君前臣名稱'小白',不當又曰'余'。"① 其說不確。《國語》此句,《左傳·僖公九年》作"小白余敢貪天子之命無下拜?"清人姚鼐謂:"齊桓自稱'小白余',此'余'字是語辭,非'我'字義,《說文》'余,語之舒也',正得此'余'字之解。"② 此說也難講通文義。"小白"與"余"其實是一個整體,二者共同組成同位結構作此句的主語。傳世文獻中第一人稱與同位語人名構成的同位結構,常是"第一人稱代詞+人名"的語序,如《尚書·洛誥》:"周公拜手稽首曰:'……予旦以多子越御事篤前人成烈……'""予旦"之"予"爲第一人稱代詞,"旦"即周公之名。③ 不過,"小白余"這種"人名+第一人稱代詞"語序的同位結構在傳世文獻中較爲少見,出土文獻中則不乏用例,如:

攻敔王光自作用劍,**趄余**允至,克戬多攻。

(攻敔王光劍,《集成》11666)

祭公拜手稽首曰:"天子,**謀父朕**疾惟不瘳。朕身尚在茲,朕魂在朕辟昭王之所。"

(清華簡《祭公之顧命》簡2—3)

---

① 徐元誥撰,王樹民、沈長雲點校:《國語集解(修訂本)》,第237頁。
② 姚鼐:《惜抱軒筆記·左傳》,《惜抱軒全集》,北京:中國書店,1991年,第539頁。
③ 日本學者竹添光鴻認爲"小白余"或是"余小白"的倒裝結構,其說亦有可能,參氏著《左氏會箋》,東京:富山房,1978年,第48頁。

攻敔王光劍"趞余"之"趞"與"攻敔王光"之"光"在意義上有聯繫,二者應是一名一字的關係,"趞"爲"攻敔王"之名,"趞余"是"人名+第一人稱代詞"同位結構。① 清華簡《祭公之顧命》之"謀父"乃祭公之名,"謀父朕"是祭公之自稱,同樣也是"人名+第一人稱代詞"的同位結構。上引"謀父朕疾惟不瘳"一句,今本《逸周書·祭公》作"謀父疾維不瘳","謀父"後一"朕"字,應是傳抄者不明"謀父朕"爲同位結構,誤解"朕"爲衍文,遂刪去。這正與《管子·小匡》誤改"小白余"爲"小白"的錯誤思路一致。

出土文獻中還有"某某+(余)+某某之孫"一類的同位結構,也與"小白余"的語法結構類似,如"曾孫僕兒余迭斯于之孫"(僕兒鐘甲,《集成》0183)、"紀夫人余余(徐)王□叡孫"(紀夫人匜,《集成》10261)。

"小白余"這類"人名+第一人稱代詞"的語法結構頗爲罕見。《管子·小匡》作"小白"顯然是《管子》的編纂者摘錄始源性文本的過程中由於不了解罕見的語法現象所造成的誤刪與誤改。而《國語·齊語》則仍忠實地保留有始源性文本的原貌。

"業用之"與《管子》"嚴用之"《荀子》"明用之"

《國語·齊語》	《管子·小匡》	《荀子·王霸》
管子對曰:"**修舊法,擇其善者而業用之**;遂滋民,與無財,而敬百姓,則國安矣。"桓公曰:"諾。"**遂修舊法,擇其善者而業用之**;遂滋民,與無財,而敬百姓。	管子對曰:"**修舊法,擇其善者,舉而嚴用之**。慈於民,予無財。寬政役,敬百姓,則國富而民安矣。"	**循其舊法,擇其善者而明用之**,足以順服好利之人矣。

《國語·齊語》與《管子·小匡》顯然是"同源性衍生性文本",《荀子·王霸》"循其舊法"一句應也來自與兩書相同的"族本"。

上舉諸句第一處不同是《國語·齊語》"擇其善者而業用之"之"業",《管子·小匡》《荀子·王霸》中分別作"嚴"與"明"。《國語·齊語》之"業",韋昭注:"業,猶創也。"清人王引之認爲韋注不確,並指出"業"應訓爲"叙","擇其善者而業用之"是言"擇舊法之善者而次叙用之也",② 俞樾

---

① 參李家浩:《攻敔王光劍銘文考釋》,《著名中年語言學家自選集·李家浩卷》,合肥:安徽教育出版社,2002年,第53—56頁。
② (清)王引之撰,虞思徵等校點:《經義述聞》,第1563頁。

亦曾指出"既云'舊法',不得謂之創用,韋注非也",此處之"業"用爲"次第"義,該句是説"擇其善者而次第用之"。①

上舉諸句第二處不同是《國語》《管子》"修舊法"之"修",《荀子》作"循"。此處的"修"應是"循"之譌字。二者相譌混的例子古書常見。②《國語》本身也存在二字譌混的情況。③ 從文義來看,《荀子》作"循其舊法"無疑更爲順暢。"循舊法,即《詩》'率由舊章'之誼,鄭玄箋:'率,循也。'《荀子·王霸》:'循其舊法,擇其善者而明用之。'尤爲確證"。④《國語·齊語》一句原文本應作"循舊法,擇其善者而業用之"。此句中的"業"就應如王引之、俞樾的意見理解爲"次第""次叙"之義,"業"訓爲"次叙",正與前文"循舊法"之"循"語義相承,該句就是説遵循舊有法度,擇其善者而次叙用之。

確定了《國語·齊語》原文之"修舊法"本應作"循舊法"後,另一個需要解釋的問題是《國語·齊語》之"業"爲何在《管子·小匡》及《荀子·王霸》中改爲了"嚴"與"明"。"嚴"與"明"在古書中都有用爲"恭敬""嚴肅"之類意思的文例,⑤頗爲巧合的是,"業"也有此類意思,《廣韻·業韻》即謂:"業,敬也。"《小匡》及《王霸》的編纂者顯然是誤解了《國語·齊語》中"擇其善者而業用之"之"業"的語義,將本表"次第"義的"業"錯誤地理解爲"恭敬""嚴肅"之類的意思,進而將其改寫成了"嚴"與"明"。俞志慧先生曾以《管子·小匡》"舉而嚴用之"爲據,認爲"業""嚴"古音相近可通用,"'業'古有'嚴'義。嚴用舊有之善法,猶今'有法必依、執法必嚴'之意,亦當時法家的通識"。⑥ 蕭旭先生亦認爲"業""嚴"皆可訓爲"敬","《荀子》

---

① (清)俞樾撰著,趙一生點校:《群經平議》,《俞樾全集》,第994頁。
② 參(清)王引之撰,虞思徵等校點:《經義述聞》,第779—780頁;裘錫圭:《考古發現的秦漢文字資料對於校讀古籍的重要性》,《裘錫圭學術文集·語言文字與古文獻卷》,第367—368頁;劉嬌:《是"循緒"還是"脩緒"》,《古文字研究》第二十九輯,第783—785頁。
③ 如《國語·周語上》有"時序其德,纂修其緒"一句,"纂修其緒"之"修"或有版本作"脩",此句《史記·周本紀》引作"遵脩其緒",而楓山本、三條本、南化本等版本中"遵脩其緒"之"脩"或作"循"。劉嬌曾指出《國語》"纂修其緒"及《史記》"遵脩其緒"中之"脩"皆爲"循"之譌,"纂循""遵循"爲近義詞連用,表示的是繼承、沿襲之類的意思,參氏文《是"循緒"還是"脩緒"》,《古文字研究》第二十九輯,第783—785頁。
④ 蕭旭:《〈國語〉校補》,《群書校補》第壹册,第122頁。
⑤ 參宗福邦等編:《故訓匯纂》,第390、1013頁。
⑥ 俞志慧:《〈國語〉韋昭注辨正》,第89頁。

作'明',明猶尊也,三書正同義"。① 這類錯誤的意見與《小匡》及《王霸》誤改"業"爲"嚴"與"明"無疑是由相同原因所致的誤解。

《國語·齊語》《管子·小匡》"循"訛爲"修"的誤抄,《管子·小匡》《荀子·王霸》對"業"的誤改,這類具有差異性的誤抄與誤改正體現了不同衍生性文本編纂者理解、復述始源性文本的差異。

"子女以賓服焉"與《吴越春秋》"子女以貢獻焉"

《國語·吴語》	《吴越春秋·句踐伐吴外傳》
王曰:"越國南則楚,西則晉,北則齊,春秋皮幣、玉帛、**子女以賓服焉**,未嘗敢絶,求以報吴。願以此戰。"	王曰:"邦國南則距楚,西則薄晉,北則望齊,春秋奉幣、玉帛、**子女以貢獻焉**,未嘗敢絶,求以報吴。……"

《國語·吴語》"賓服"與《吴越春秋》"貢獻"語法位置相同,構成異文。二者語義却並不相同,"賓服"爲歸順、服從之義,"貢獻"則多用爲進貢之義。《國語》之"賓服"何以在《吴越春秋》中被改寫爲與之語義不同的"貢獻"是值得探討的問題。

"賓"之"贈送"義,後世字書辭典未載。在前文討論《國語·楚語下》"賓享"一詞時,我們已據出土文獻指出,"賓"有贈送之義。我們懷疑很可能《吴越春秋》的編纂者應是知道"賓"有"贈送"這一冷僻義。加之典籍中又有"春秋貢獻"(《國語·吴語》)、"四方各以土地所生貢獻"(《鹽鐵論·未通》)之類的説法,《吴越春秋》的編纂者受此誤導,對《國語·吴語》"春秋皮幣、玉帛、子女以賓服焉"一句的語義理解有誤,故而將《吴語》"賓服"之"賓"錯誤地理解成"贈送",進而無視"服"的語義,直接將"賓服"改寫爲"貢獻"。

此外,《國語·吴語》中的"皮幣",《吴越春秋》作"奉幣",其將名詞"皮"改爲動詞"奉"應也是爲了遷就後文"貢獻"的詞義所作的改動。

第三節 衍生性文本的誤改與文本的曲解、失序

從語篇分析的角度而言,"一切言語體裁都具有對話性,每一個表述中

---

① 蕭旭:《〈國語〉校補》,《群書校補》第壹册,第122頁。

都充滿了他人話語的回聲"。① 衍生性文本的生成過程也可視作編纂者與始源性文本創造者的對話過程,在這一過程中伴隨着兩種意識在文本敍事層面的交流甚至是交鋒。

站在始源性文本的視角,衍生性文本中凡與其在文字與語義層面存在差異的異文都可算作是誤抄與誤改。但對衍生性文本編纂者來説,當他面對一個時代久遠的始源性文本,首先需要處理的問題是如何以個人已有的知識與經驗消除他與始源性文本之間存在的語言文字甚至是文化觀念上的差距,又如何以合理的方式將這種消除文本差異性的"理解"行爲反映到衍生性文本中。因而,在與始源性文本的"對話"過程中,所謂"誤改"在衍生性文本創作者眼中可能只是基於自身經驗對始源性文本進行的"合理"改編。此外,如果衍生性文本創造者認爲其所據的始源性文本中某些文字詞語的使用存在問題,也會根據自身經驗對其作出"正確的糾正"。而這種"糾正"有時也是因誤解産生的以不誤爲誤的錯誤修改。衍生性文本的誤改也反映了衍生性文本的編纂者"控制文本"的傾向。某種意義上,這種行爲或許可以稱之爲一種"讀者的反叛",而這種"反叛"往往會造成衍生性文本對始源性文本的曲解與其自身文本語義結構内部的失序。如:

《國語・吴語》	《吴越春秋・夫差内傳》
吴王親對之曰:"天子有命,周室卑約,貢獻莫入,上帝鬼神而不可以告。無姬姓之振也,徒遽來告。孤日夜相繼,匍匐就君,**君今非王室不平安是憂,億負晉衆庶,不式諸戎**、狄、楚、秦;將不長弟,以力征一二兄弟之國。……"	吴王親對曰:"天子有命,周室卑弱約,諸侯貢獻,莫入王府,上帝鬼神而不可以告。無姬姓之所振,懼,遣使來告,冠蓋不絶於道。**始周依負於晉,故忽於夷狄**。會晉今反叛如斯,吾是以蒲服就君。……"

我們在本書第一章"因聲求義"小節中曾指出《國語・吴語》"不式諸戎"之"式"當用爲干犯、征伐之義,乃是由"用""嘗試"義所産生的臨時語境義。《國語》"億負晉衆庶,不式諸戎、狄、楚、秦"與《吴越春秋》"始周依負於晉,故忽於夷狄"相對。

從"億負晉衆庶"的表述來看,《國語・吴語》"不式諸戎"的主語"君"

---

① 此觀點由巴赫金提出,見辛斌、賴彦:《語篇互文性分析的理論與方法》,《互文性與互文語篇研究》,上海:復旦大學出版社,2020年,第201頁。

是指"晉君",《吳越春秋》"忽於夷狄"的主語則改爲了"周王",這説明《吳越春秋》的編纂者可能對整段話的主語理解有誤,其是將"君今非王室不平安是憂,億負晉衆庶"的"君"理解成了"周王",故而將這句話縮略爲"始周依負於晉"。對於"不式諸戎"之"式"的語義,《吳越春秋》編纂者的理解也存在問題。"式"在古書中可訓爲"敬",如《後漢書·明帝紀》"帝謁陵園,過式其墓",李賢注:"式,敬也。"如果將"不式諸戎"之"式"誤解爲"敬",則"不式"正與"忽於夷狄"中用爲"忽視"義的"忽"意義相合。蕭旭先生曾謂:"《廣韻》:'式,敬也。'當讀爲'軾',由'伏軾'引申訓'敬'。不式,即'不敬',故《吳越春秋》改作'忽'。"①顯然也是誤解了《國語》中"式"的詞義,《吳越春秋》的編纂者將"不式"錯改爲"忽"恐怕也是出於相同的原因。

《國語》後文"以力征一二兄弟之國"的主語也是"晉君",從當時情勢來看,周王也不具備"以力征一二兄弟之國"的能力,故而《吳越春秋》爲了調和其與"始周依負於晉,故忽於夷狄"的矛盾,不得不又將"以力征一二兄弟之國"一句刪除。這又是一種錯上加錯的誤改。

總的來説,上舉《吳越春秋·夫差内傳》之句對《國語·吳語》的復述與改編都難稱得上準確與合理,其"控制文本"的嘗試既偏離了《國語·吳語》原文的叙事邏輯,也造成了其自身文本結構的失序。

此外,爲保證改編的合理性,衍生性文本的編纂者往往會對一段話中的語詞、前後細節進行加工,以求叙事邏輯的統一。這種精心的"改編"使某些衍生性文本"誤改"之處就文本内部的叙事邏輯而言並無矛盾,但站在忠實始源性文獻的角度而言,通過對比異文,仍可明顯看出衍生性文本對始源性文本語義與叙事邏輯的曲解。茲舉一例如下:

《國語·晉語九》	《左傳·哀公二年》
衛莊公禱曰:"**曾孫蒯聵**,以諄趙鞅之故,**敢昭告於皇祖文王、烈祖康叔、文祖襄公、昭考靈公**:夷請無筋無骨,無面傷,無敗用,無隕懼;死不敢請。"	衛大子禱曰:"**曾孫蒯聵,敢昭告皇祖文王,烈祖康叔,文祖襄公**:鄭勝亂從,晉午在難,不能治亂,使鞅討之。蒯聵不敢自佚,備持矛焉。敢告無絶筋,無折骨,無面傷,以集大事,**無作三祖羞**。大命不敢請,佩玉不敢愛。"

---

① 蕭旭:《〈國語〉校補》,《群書校補》第壹册,第204頁。

上舉兩句應是根據共同的始源性文本衍生而來。兩書雖都有"曾孫蒯聵",但與《國語》相比,《左傳·哀公二年》所記衛莊公的禱祭對象是蒯聵之父"昭考靈公"。我們在本書第一章"鉤沉古義"小節中曾指出在先秦文獻中"曾孫"都是指其與所祭祀、禱告的祖先中輩分最高者的親屬關係而言。《國語·晉語九》中的蒯聵自稱"曾孫"是就"皇祖文王、烈祖康叔"而言。因而在蒯聵的禱辭中自"皇祖文王"以下的祖先包含有"昭考靈公"並無不妥。

而《左傳》的編纂者顯然是誤解了"曾孫"的語義,因而在對始源性文本的改編中删去"昭考靈公",爲求前後文義呼應,又在後文加入"無作三祖羞"一句。這種改編在《左傳》文本内部固然可以做到叙事邏輯的自洽。但就文本原始性而言,《國語》無疑較《左傳》更爲存古。通過與《國語》的對比,可以明顯地看出《左傳》的作者對於始源性文本的"曲解"。

再者,古書流傳過程中常存在通過改易增損文字、調整語序使文本句式整齊化的傾向。① 這種"趨同"的傾向也見於衍生性文本對始源性文本的改編中,是編纂者試圖"控制文本",重構文本有序性的嘗試。但如果編纂者誤解文本語義,這種嘗試往往會造成文本的誤改。兹舉一例如下:

《國語·魯語下》	《列女傳·母儀傳·魯季敬姜》
公父文伯退朝……其母歎曰:"……是故天子大采朝日,與三公、九卿祖識地德。**日中考政,與百官之政事、師尹維旅牧相宣序民事**;少采夕月,與大史、司載糾虔天刑。日入監九禦,**使潔奉禘、郊之粢盛**,而後即安。諸侯朝修天子之業命,畫考其國職,夕省其典刑,夜儆百工,**使無慆淫,而後即安**。"	敬姜歎曰:"……是故天子大采朝日,與三公、九卿組織地德。**日中考政,與百官之政事,使師尹維旅牧宣叙民事**。少采夕月,與太史司載糾虔天刑。日入監九禦,**使潔奉禘、郊之粢盛**,而後即安。諸侯朝脩天子之業令,畫考其國,夕省其典刑,夜儆百工,**使無慆淫,而後即安**。"

上舉之句亦見於《中論·譴交篇》,其文直言"《春秋外傳》曰",當是采自《國語》。《列女傳·母儀傳》應也是衍生自《國語·魯語下》。二者最大不同是《列女傳·母儀傳》在"師尹維旅牧"前添加了"使"字。"百官之政事",清人王引之已指出:

---

① 參李零:《關於〈孫子兵法〉研究整理的新認識》,《〈孫子〉古本研究》,北京:北京大學出版社,1995年,第283頁;劉笑敢:《〈老子〉演變中的趨同現象——從簡帛本到通行本》,《文史》2004年第2期。

"政事"之"政"讀曰"正",《爾雅》曰:"正,長也。"《説文》曰:"事,職也。"百官之政事,謂百官府之爲長官及任群職者,猶《酒誥》言"有正有事",《立政》言"立政立事"也。①

從《國語》的語義來看,"百官之政事"與後文的"師尹""旅""牧"等都爲並列結構,指官職名。"百官之政事"前的"與"是連詞,連接"天子"與"百官之政事""師尹"等成分。《列女傳·母儀》在"師尹維旅牧"前添加了"使",恐怕是爲了與後文"使潔奉禘、郊之粢盛""使無慆淫"在句式上形成統一。而這一誤改背後的深層邏輯大概是由於誤解了"政事"的詞義。《列女傳》的編纂者很可能將"政"與"事"這兩個作官職名的並列成分所構成的詞組"政事"錯解爲"政務之事",若按此理解則"與百官之政事"之"與"恐怕也只能理解爲表"參與"義的動詞"與"。加之後文又有"使潔奉禘""使無慆淫",出於使文本句式整齊化的需要,編纂者遂在"師尹、維旅、牧"前添加了"使"字,讓其和"與百官之政事"之"與"形成對應關係。"(天子)與百官之政事、師尹、維旅、牧"這一完整的句子也被誤改成了"(天子)與百官之政事""(天子)使師尹、維旅、牧"兩個分句,"與"的詞性也改變了,這些無疑是錯誤割裂、變更《國語》原有語法結構所造成的誤改。此外,較之《國語》,《列女傳》"師尹維旅、牧"後還少一"相"字,大概也是轉録過程中的漏抄。

以往學者多從文本校勘的角度將上文所討論的衍生性文本的誤抄與誤改稱爲妄改或臆改,這種看法固然有其道理,但我們也應跳出文本校勘的層面,進入文本結構與語義邏輯所構成的互聯網絡中,分析誤抄與誤改現象的產生。如果説始源性文本的作者是真正的"歷史作者",具有注釋者與讀者身份的衍生性文本的編纂者在某種程度上則可以稱爲"解釋作者","很多時候,他的目的(假若他是個人)僅僅是理解這個歷史文本。然而他常常最終建構了一個理想文本,而不是理解這個歷史文本"。② 自衍生性文本開始編纂的那一刻起,其與始源性文本的關係也由歷時層面轉入了共時層面。對於任何始源性文本的闡釋與改編都無法脱離衍生性文本編纂者個人經驗

---

① (清)王引之撰,虞思徵等校點:《經義述聞》,第1204頁。
② (美)喬治·J. E. 格雷西亞著,汪信硯、李白鶴譯:《文本:本體論地位、同一性、作者和讀者》,北京:人民出版社,2015年,第168頁。

知識、所處時代的語言文字使用習慣與當時文化觀念的制約。而衍生性文本的誤抄與誤改現象正是在這種因素影響下產生的。出於闡釋文本的需要，衍生性文本必然傾向於將始源性文本中的某些字詞替換爲更符合當時語言習慣的詞語。另一方面，衍生性文本的編纂者對於始源性文本的"編述"也帶有批判的意味，當編纂者認爲始源性文本的某些句式、語句按照當時語言習慣或知識觀念無法作出合理解釋時，便會傾向於依照自身的經驗知識對這些"不合理"之處作出改造。因而，確切地説，衍生性文本對始源性文本的改編是爲了創造一個符合共時層面文本合理性的"理想文本"。但這種旨在消除閱讀困難、重構共時層面文本"合理性"的改編或許並不具有真正的合理性，最終形成的却是另一個偏離始源性文本原始語義的全新的文本，由此造成了對始源性文本的誤抄與誤改。

第三章 利用出土文獻校釋《國語》所應注意的問題

　　作爲新材料的出土文獻對於校釋傳世古書固然提供了新綫索與新方向,可謂充滿機遇,但同時也暗含不少風險。在利用出土文獻校釋《國語》文本的實踐中,應充分認識到出土文獻材料本身的複雜性,避免陷入"新材料"的陷阱中。其中,有兩個問題最值得注意,一是避免將出土文獻與《國語》文本進行不恰當的趨同與立異;二是對出土文獻中字形、辭例的正確理解是校釋《國語》文本的前提。本章即從這兩方面出發,以探討在利用出土文獻校釋《國語》文本的實踐中所應注意的問題。

第一節　避免不恰當的趨同與立異

　　裘錫圭先生在討論出土文獻與傳世文獻的整理、校釋工作時,曾指出:

> 在將簡帛古書與傳世古書(包括同一書的簡帛本和傳本)相對照的時候,則要注意防止不恰當的"趨同"和"立異"兩種傾向。前者主要指將簡帛古書和傳世古書中意義本不相同之處說成相同,後者主要指將簡帛古書和傳世古書中彼此對應的、意義相同或很相近的字說成意義不同。[①]

防止不恰當的"趨同"和"立異",對於利用出土文獻校釋《國語》也具有重

---

① 裘錫圭:《中國古典學重建中應該注意的問題》,《出土文獻與古典學重建論集》,上海:中西書局,2018年,第7頁。

要的指導意義。利用出土文獻校釋《國語》的過程中要充分重視避免不恰當的趨同與立異，不能將不同性質的問題混爲一談或據新材料刻意地另立新説。在此，我們可舉《國語·楚語上》"騷離"一詞的訓釋爲例：

> 夫君國者，將民之與處；民實瘠矣，君安得肥？且夫私欲弘侈，則德義鮮少；德義不行，則**邇者騷離**而遠者距違。

"騷離"，韋昭注："騷，愁也。離，叛也。"後世學者多將其與《楚辭》的篇題"離騷"相聯繫。如宋人王應麟即認爲"伍舉所謂'騷離'，屈平所謂'離騷'，皆楚言也"。① 清人傅山也認爲"騷離"與"離騷"兩字顛倒用之，想當時楚國好用此語耶"。② 近人蔣伯潛謂"距與違，二字同義平列；騷與離，亦二同義字平列。故'騷離'可例言'離騷'也"。③ 一般多將《楚辭》"離騷"之"騷"訓爲"憂"，近代學者的《國語》注釋本中亦多用此説，訓《國語》"騷離"之"騷"爲"憂"，④顯然也是受"離騷"傳統解釋的影響。

不過，對於將《國語》"騷離"與"離騷"相聯繫的意見，錢鍾書先生曾提出過反駁：

> "騷離"與"距違"對文，則"騷"如《詩·大雅·常武》"繹騷"之"騷"，謂擾動耳……韋昭解"騷"爲"愁"，不甚貼切《國語》之文，蓋意中有馬遷、王逸輩以《楚辭》"騷"爲"憂""愁"之舊解，遂沿承之。韋解本采《楚辭》注……韋解"騷離"爲民"憂"而"叛"，項（按：此指項安世《項氏家説》）、王（按：此指王應麟《困學紀聞》）遂解"離騷"爲屈原以民"叛"而"愁"。夫即使《國語》之韋解愜當，《楚辭》文既倒置，詁之分者未遽即可移用。⑤

---

① （宋）王應麟撰，欒保群、田松青校點：《困學紀聞》，上海：上海古籍出版社，2015年，第158頁。
② （清）傅山著，尹協理主編：《雜記（三）·騷離》，《傅山全書》第三册，太原：山西人民出版社，2016年，第100頁。
③ 蔣伯潛：《諸子通考》，上海：上海古籍出版社，2013年，第206頁。
④ 參陳桐生譯注：《國語》，第604頁；來可泓撰：《國語直解》，第780頁；黃永堂譯注：《國語全譯》，第497頁。
⑤ 錢鍾書：《管錐編（二）》，北京：三聯書店，第2007年，第306頁。

錢氏之説批駁有力，當可信從。近年來，陳劍先生曾依據戰國文字字形對《楚辭》之"離騷"提出新説，陳先生認爲"騷"本寫作在戰國文字中表{尤}的"蚤"字，从"又"从"虫"，以"又"爲聲符，用爲"憂慮"之義。而漢代人多把"蚤"字寫作上从"又"下从"虫"形，漢人根據自己的用字習慣將"蚤"誤認爲"蚤"，進而在轉寫時又逕改爲"騷"，"離蚤（尤）"即"遭到責怪"之義。① 陳劍先生文中也談到了《國語》"騷離"的問題，其文中也贊同錢鍾書先生的意見，進而指出："王逸《離騷經章句·序》亦云'騷，愁也'。但訓'騷'爲'憂'或'愁'實於古無徵。從詞義演變的角度講，騷動之'騷'基本意義爲'動'，也很難引申出'憂''愁'一類意思。"②陳先生在利用古文字材料對《楚辭》"離騷"提出新説的同時，並沒有盲目地將新見古文字材料與《國語》中的"騷離"進行不恰當的"趨同"，其謹慎的態度無疑是值得學習的。從前引《國語》上下文的語義來看，錢鍾書認爲"騷離"與"距違"對文，訓"騷"爲"擾動"的意見當是值得重視的。《國語·楚語上》"德義不行，則邇者騷離而遠者距違"一句，大意是説邇者擾動叛離，遠者抗拒。

類似《國語》"騷離"這樣的情況還可再舉一例，上博簡《季康子問於孔子》簡9—10有辭作：

君子弻（强）則遺（隤?）③，愄則民不道。

"愄則民不道"一句，原整理者謂：

"愄"，同"愧"，讀爲"威"。"道"，讀爲"導"。陽畢曾在回答晋平公的問題時，解釋過"威則民不導"的道理。《國語·晋語八》："陽畢曰：'夫正國者，不可以曖於權，行權不可以隱於私。曖於權則民不道；行權隱於私則政不行。政不行，何以道民？民之不道，亦無君矣，則其爲曖與隱也，復産害矣，且勤君身。君其圖之！'"孔子也反對暴虐威

---

① 陳劍：《據楚簡文字説"離騷"》，謝維揚、朱淵清主編：《新出土文獻與古代文明研究》，第137—139頁。
② 陳劍：《據楚簡文字説"離騷"》，謝維揚、朱淵清主編：《新出土文獻與古代文明研究》，第137頁。
③ 陳劍先生認爲"遺"當與前"立"意義相對，或當讀爲"隤"，顛撲、跌倒。此説轉引自侯乃峰：《上博楚簡儒學文獻校理》，上海：上海古籍出版社，2018年，第239頁。

民,希望有一個理想的和諧社會……①

原整理者顯然是將《國語·晉語八》所說的一段話的主旨理解爲"威則民不導",而這種理解恰恰正與事實相反。在本書"因聲求義"一節,我們曾指出,"夫正國者不可以曀於權,行權不可以隱於私"中"曀於權"與"隱於私"對文,後文又有"曀與隱也,復害矣",這都説明"曀"與"隱"語義相近。我們認爲,此處的"曀"實應讀爲匿藏之"匿"。"曀於權,則民不導"之"曀於權"是指隱藏權力(暗指君王不行使威權),則民衆就無法得到訓導。正與前文"明訓在威權,威權在君""民畏其威,而懷其德"相對應。《國語·晉語八》這段話及其前文都是在强調掌握威權對於君王的重要性,與"愚則民不道"的意思正相反。《季康子問於孔子》的整理者將"愚則民不道"與《晉語八》陽畢所説的話相聯繫,認爲二者主旨相同,是錯誤理解了《晉語八》"夫正國者不可以曀於權"一句的語義,將出土文獻材料與傳世文獻進行了不恰當的趨同。

本章即以舊有利用出土文獻校釋《國語》的考釋意見及出土文獻整理、釋讀過程中引用的《國語》語料爲基礎,對這兩方面的研究工作中由於不恰當的"趨同"與"立異"所造成的誤釋、誤解爲例,探討如何在具體的實踐過程中避免此類問題。

以"舉國留之"爲例

清華簡《殷高宗問於三壽》簡18—19有"留邦晏兵"一句:

龏(恭)神以敬,和民甬(用)政(正),畱(留)邦晏(偃)兵,四方達寍(寧),元折(哲)並進,譖(讒)繇(謡)則敝(屏),寺(是)名曰聖(聖)。

原整理者將"留邦晏兵"與《國語》"舉國留之"相聯繫,謂:"畱,讀爲'留',《國語·楚語上》'舉國留之',韋昭注:'治之也。'"②"舉國留之"一詞見於

---

① 馬承源主編:《上海博物館藏戰國楚竹書(五)》,上海:上海古籍出版社,2005年,第215—216頁。
② 清華大學出土文獻研究與保護中心編,李學勤主編:《清華大學藏戰國竹簡(伍)》,第157頁。

《國語·楚語上》"伍舉論臺美而楚殆"章：

今君爲此臺也，國民罷焉，財用盡焉，年穀敗焉，百官煩焉，**舉國留之**，數年乃成。

"舉國留之"，韋昭注："留，治之也。"俞樾認爲"留"當讀爲"摺"，"靈王爲章華之臺，國人皆爲之摺土，故曰'舉國摺之'。作'留'者省偏旁耳"。① 《國語·楚語上》"舉國留之"前的"罷""盡""敗""煩"都與"留"處於相同的語法位置，構成排比句，其語義也應相近，將"留"訓爲"治"顯然與"罷""盡"等詞的語義不合，再者"留"用爲"治"義，古書也罕見用例，韋注不確，俞樾讀"留"爲"摺"也存在相同的問題。由此來看，將清華簡《殷高宗問於三壽》"窗（留）邦晏（偃）兵"之"窗（留）"訓爲"治"恐亦不確。

《殷高宗問於三壽》"窗邦晏（偃）兵"之"窗"，學者多不同意整理者之説，如網友"暮四郎"認爲"窗"可讀爲"保"，用法同於《詩經·小雅·瞻彼洛矣》"君子萬年，保其家邦"及《周禮·春官·大宗伯》"大宗伯之職，掌建邦之天神人鬼地示之禮，以佐王建保邦國"之"保"。② 王寧先生認爲"留"可讀爲"揉"或"柔"，《詩經·大雅·崧高》"揉此萬邦"，《箋》："揉，順也。"《釋文》："揉，本亦作柔。""柔"古亦訓"和"、訓"安"，"揉（柔）邦"即安邦。③ 王凱博先生認爲"留"可讀爲"穆"，用爲安、和、靜之意。④ 諸家意見雖有不同，但均將"窗"的語義理解爲"安""保"之類的意思，其對文義的把握無疑是正確的。"留邦晏（偃）兵"之"窗"與有貶義的"舉國留之"之"留"的語義是不同，《殷高宗問於三壽》的整理者將二者相聯繫顯然也是不恰當的趨同。

回頭再來看"舉國留之"的訓釋。其實，前人早已指出韋昭注及俞樾之説存在問題，如朱城先生即認爲，揆之文意，"舉國留之"的大意應是"由於此舉耗費巨大，全國的財力物力人力都淹留其中"，⑤是將"留"理解爲"淹

---

① （清）俞樾撰著，趙一生點校：《群經平議》，《俞樾全集》，第871頁。
② 簡帛論壇：《清華五〈殷高宗問於三壽〉初讀》，第23樓"暮四郎"發言，2015年4月12日。
③ 王寧：《讀〈殷高宗問於三壽〉散札》，復旦網，2015年5月17日。
④ 王凱博：《出土文獻資料疑義探研》，吉林大學博士學位論文（指導教師：林澐），2018年，第95—96頁。
⑤ 朱城：《〈漢語大字典〉取用欠當古注建項釋義舉例》，《古漢語研究》2008年第1期，第94頁。

留"之義。《漢書·霍去病傳》"常留落不耦",顔師古注:"留,謂遲留。"《吕氏春秋·圜道》"一不欲留,留運爲敗",高誘注:"留,滯。"《黄帝内經·素問·瘧論》"風氣留其處,故常在",王冰注:"留,謂留止。"上舉諸句中的"留"與"舉國留之"之"留"語義相近,都爲"滯留""留止"之類的意思。

《國語·楚語上》"舉國留之"之"留"除解釋爲"滯留""留止",或也可讀爲"勞"。"留"古音在來母幽部,"勞"古音在來母宵部,聲母相同,韻母旁轉。"牢"古音在來母幽部,"留""勞"皆可與"牢"相通。在楚簡中表祭祀所用犧牲義的{牢}多用"留"聲字表示,如葛陵簡甲三261:"大罶(牢)饋,棧鐘樂之。"葛陵簡甲三209:"競平王大罶(牢)饋,棧鐘樂之。"《後漢書》"多其牢賞"之"牢",李賢注:"或作勞;勞,功也。""舉國留之"之"留"可讀爲"勞",該句大意是說舉國爲君主築臺之事而操勞、勞苦。

以"達王於甬句東"爲例

《國語·吳語》"句踐滅吳夫差自殺"章有辭作:

> 因使人告於吳王曰:"天以吳賜越,孤不敢不受。以民生之不長,王其無死!民生於地上,寓也,其與幾何?**寡人其達王於甬句東**,夫婦三百,唯王所安,以没王年。"

此段話是越伐吳,吳王戰敗後向越王句踐求成,越王所作的答復。"達王於甬句東"之"王"即指吳王夫差,"達",韋昭注:"達,致也。"此事亦見於《國語·越語上》"句踐滅吳"章,其辭作:

> 句踐對曰:"昔天以越予吳,而吳不受命;今天以吳予越,越可以無聽天之命而聽君之令乎!**吾請達王甬句東**,吾與君爲二君乎?"

《越語上》之"達王",韋昭注:"達王出之東境也。"《國語》中兩處都記將吳王"達"至"甬句東",清華簡《越公其事》簡72—74有《國語·吳語》之異文,作:

> 句戔(踐)不許吳成。乃使(使)人告於吳王曰:"天以吳土賜雪

(越),句戔(踐)不敢弗受,殹(抑)民生不[圖],王亓(其)母(毋)死。民生墜(地)上,寓也,亓(其)與幾可(何)！**不敦(穀)亓(其)牀(將)王於甬句重(東)**,夫婦三百,唯王所安,以屈盡王年。"

《國語》"達於王甬句東"之"達",《越公其事》作"牀",其形作"[圖]",原整理者括注爲"將",謂:"將,送行。《詩·燕燕》'之子于歸,遠于將之',鄭玄箋:'將亦送也。'"① 關於《國語》"達"與《越公其事》"將"二字之間的關係,多位學者都懷疑"達"是"將"之訛字。② 此類意見認爲,戰國文字中常以"牀"表示將帥之義的"將","牀"又通常寫作"遅",作"[圖]""[圖]""[圖]"等形,或又省爲"遅",作"[圖]""[圖]""[圖]"等形,从"羊"得聲。③ 而在戰國文字中,"達"多作"[圖]""[圖]""[圖]"等形,在秦漢文字則變爲"[圖]""[圖]"等形。④ "達"字下部也訛爲"羊"形,與"遅""遅"等形極爲相似。今本《國語·吳語》"所謂的'達',很可能是'遅'字傳寫訛誤,其原本應與《越公其事》一樣,記寫的是將送之'將'這一音義"。⑤

僅從字形層面來看,將"達"視爲作"遅""遅"形的"將"之訛字,確實很具迷惑性,但其實"達"本就有"致送"之義,無需將其理解爲訛字。古書中的"達"多訓爲"通",如《尚書·禹貢》"浮于濟漯,達于河",《荀子·君道》"公道達而私門塞矣"。⑥ 這類用法的"達"即表示"到達"之義,具有"通到""通行無阻地到達"的意味。⑦ 由"到達"義常可引申出"致送"義,"致"即有此二義。"達"亦有"致送"之義,如《大戴禮記·曾子事父母》"孝子之諫,達善而不敢爭辯",孔廣森曰:"'達善',以善言達於親也。"王聘珍曰:"達,

---

① 清華大學出土文獻研究與保護中心編,李學勤主編:《清華大學藏戰國竹簡(柒)》,第151頁。
② 魏宜輝:《讀〈清華大學藏戰國竹簡(柒)〉札記》,《〈清華簡〉國際會議論文集》,澳門大學,2017年10月26—28日;石小力:《清華簡〈越公其事〉與〈國語〉合證》,《文獻》2018年第3期,第62頁;禤健聰:《據出土文獻辨讀傳抄訛字二例》,《中國文字學報》第九輯,北京:商務印書館,2018年,第126—127頁。
③ 字形見黃德寬主編、徐在國副主編:《戰國文字字形表》,第422頁。
④ 黃德寬主編、徐在國副主編:《戰國文字字形表》,第210—211頁;劉釗主編:《馬王堆漢墓簡帛文字全編》,北京:中華書局,2020年,第200—201頁。
⑤ 禤健聰:《據出土文獻辨讀傳抄訛字二例》,《中國文字學報》第九輯,第127頁。
⑥ 參宗福邦等編:《故訓匯纂》,第2295頁。
⑦ 王鳳陽:《古辭辨》,北京:中華書局,2011年,第738頁。

致也。"①此句之"達"即用爲"致送"之義。《周禮・夏官・懷方氏》"掌來遠方之民,致方貢,致遠物,而送逆之,達之以節",鄭玄注:"達民以旌節,達貢物以璽節。"此處的"達"也用爲"致送"之義。此外,《越公其事》的"將"作"牂",目前也未發現在有關《越公其事》的其他異文材料中,有"牂"作"遷"或"送"者。因而説《國語・吴語》"達王甬句東"之"達"爲"將"之訛字,恐怕仍顯證據不足。

從目前材料來看,"達"本有致送之義,《國語》"達王於甬句東"之"達"在辭例中即可講通文義,無需改釋。有學者將其視作"將"之訛字,顯然是將出土文獻材料與傳世文獻進行不恰當的趨同所造成的錯誤。

第二節　文本校釋的前提:正確理解出土文獻中的字形與辭例

在利用出土文獻校釋《國語》的實踐中,古文字字形及辭例是開展工作的基本"定點"。若對作爲"定點"的字形、辭例分析存在錯誤,由其得出的意見自然也無法取信於人。本節即以"降狄師"與"舌庸"的校釋爲例,探討正確理解出土文獻中字形、辭例對於利用出土文獻材料校釋《國語》文本的重要性。

以"降狄師"爲例

《國語・周語中》"富辰諫襄王以狄伐鄭及以狄女爲后"章有"降狄師"一辭:

> 襄王十三年,鄭人伐滑。王使游孫伯請滑,鄭人執之。王怒,將以狄伐鄭。富辰諫曰:"不可……古之明王不失此三德者,故能光有天下,而和寧百姓,令聞不忘。王其不可以棄之。"王不聽。十七年,**王降狄師以伐鄭**。

---

① 參黃懷信主編,孔德立、周海生參編:《大戴禮記彙校集注》,第545頁。

"王降狄師以伐鄭"之"降",韋昭注:"降,下也。"此句亦見《史記·周本紀》,作"王降翟師以伐鄭"。現今諸多《國語》《史記》的注本,或同韋注,將"降"理解爲"派遣"之類的意思,如陳桐生先生訓"降"爲"下",翻譯此句爲"襄王派狄國軍隊討伐鄭國"。[1] 許嘉璐先生主編的《二十四史全譯·史記》、韓兆琦先生的《史記箋證》亦持此説。[2] 或有學者另立新説,將"降"理解爲"下令"之義,如黄永堂先生翻譯此句爲"襄王下令讓北狄的軍隊去討伐鄭國",[3]有的學者則訓《史記》"王降翟師"之"降"爲"賜予"之義。[4] 可見關於"降"字的訓釋,諸家多有不同,尚未達成共識。

近年刊布的清華簡《繫年》簡5—7有"曾人乃降西戎"一句:

孚(褒)佲(姒)辟(嬖)于王=(王,王)與白(伯)盤达(逐)坪=王=(平王,平王)走西繻(申)。幽王起(起)自(師),回(圍)坪(平)王于西繻=(申,申)人弗敢(畀)。**曾人乃降西戎**,以攻幽=王=(幽王,幽王)及白(伯)盤乃滅,周乃亡。

《繫年》原整理者對"降西戎"並未做解釋。"降西戎"最易使人聯想到"降"在此用作"降服"義,但此戰是申、繒、西戎三方聯合作戰,三者實力相當,應不存在互相兼併的情況,"降"理解爲"降服"之義於史實不合。

張新俊先生提出新説,認爲"曾人乃降西戎"之"降"乃"徵"的訛字:

我們認爲《繫年》簡此處的"降",應該是"徵"字之誤。根據近些年所出土的楚簡文獻,"徵"字常常用"阩""陞""陹"等形來表示,而"降"字則常寫作"降""𨽸"等形,"路"或寫作"逄"形,或省去"口"形。再加上古文字中常見的飾筆、省形、訛變等因素,使得這三個字的形體變得撲朔迷離,甚至不易區別。尤其是"徵""降"二字,更是混同難辨。

---

[1] 陳桐生譯注:《國語》,第51—52頁。
[2] 許嘉璐主編:《二十四史全譯·史記(全兩冊)》,上海:漢語大詞典出版社,2004年,第45頁;韓兆琦:《史記箋證》,南昌:江西人民出版社,2004年,第257頁。
[3] 黄永堂譯注:《國語全譯》,第47頁。
[4] 楊忠賢:《全校全注全譯全評史記》,天津:天津古籍出版社,1997年,第140頁。

在此基礎上,張先生認爲"曾人乃降西戎"與上引《國語》"王降狄師以伐鄭"句式相同,"王降狄師"的"降"亦爲"徵"之訛字。① 傳世文獻常見"徵兵""徵師"之類的説法,從字形及文例來看其説確實很有可能。但問題的關鍵是楚文字中"降""徵"訛混是有條件的,王輝先生已指出,在楚文字中"降"有多種異體寫法,惟有作"⿰阝圣""⿰阝坙"等形的"降"才與作"⿰阝㣙""⿰阝㣙"等形的"徵"字形相近,而《繫年》"降西戎"之"降"作"⿰阝夅",並不具備與"徵"訛混的條件。②

此外,《繫年》"曾人乃降西戎"之"降",或有學者讀爲共同之"共"③,如吴雯雯先生即持此説,認爲簡文"繒人乃降西戎以攻幽王"意爲"繒人於是跟西戎一起攻打幽王"。④ 萬德良先生亦有相同觀點,並謂《國語》"王降狄師以伐鄭"之"降"亦當讀爲"共"。其文中援引李學勤的觀點,指出清華簡《殷高宗問於三壽》的簡文中有"降""共"相通之例。⑤ 萬德良所引《殷高宗問於三壽》的簡文原文爲:

我寅晨共㦸九尾。　　　　　(清華簡《殷高宗問於三壽》簡23)

馬楠等學者已指出:"共讀爲'供',才讀爲'兹',尾讀爲'度',訓爲標準。指代上文九種標準。"⑥其説可從。實際上,楚系文字資料中並無確切可信的"共"讀爲"降"之例,將"降西戎"的"降"讀爲"共"也不符合楚文字的用字習慣。從文義上來講,若將《國語》"王降狄師以伐鄭"之"降"讀爲"共",則是説"周王"與"狄師"共同伐鄭國,將周王與狄師視爲同等地位,恐怕亦難講通文義。

將《國語》"王降狄師以伐鄭"之"降"視爲"徵"之訛字是未正確理解古文字字形所造成的誤釋。讀"降"爲"共"則是對《繫年》"曾人乃降西戎"的

---

① 張新俊:《清華簡〈繫年〉"曾人乃降西戎"新詁》,《中國語文》2015年第5期。
② 王輝:《也談清華簡〈繫年〉"降西戎"的釋讀——兼説"降""陛"訛混的條件及"升""皇"之别》,《清華簡〈繫年〉與古史新探》,上海:中西書局,2016年,第489—490頁。
③ 萬德良:《清華簡〈繫年〉"繒人乃降西戎"小劄》,《清華簡與儒家經典國際學術研討會論文集》,上海:上海古籍出版社,2017年,第215頁。
④ 蘇建洲、吴雯雯、賴怡璇:《清華二〈繫年〉集解》,第63—64頁。
⑤ 萬德良:《清華簡〈繫年〉"繒人乃降西戎"小劄》,《清華簡與儒家經典國際學術研討會論文集》,第215頁。
⑥ 清華大學出土文獻讀書會:《清華簡第五册整理報告補正》,清華網,2015年4月8日。

文義理解有誤。此二說恐皆未確。

上文所舉《國語·周語中》"王降狄師以伐鄭"之事,《左傳·僖公二十四年》亦有記載：

（1）鄭之入滑也,滑人聽命。師還,又即衛。鄭公子士、洩堵俞彌,帥師伐滑。王使伯服、游孫伯如鄭請滑。鄭伯怨惠王之入而不與厲公爵也,又怨襄王之與衛滑也。故不聽王命,而執二子,王怒,將以狄伐鄭。富辰諫曰……**王弗聽,使頹叔、桃子出狄師**。

《國語·周語中》"王不聽。十七年,王降狄師以伐鄭"與"王弗聽,使頹叔、桃子出狄師"所記都爲周王最後所作的伐鄭的決定,"降"與"出"語義當相近。"出"古書習見有"軍隊出動"之義,如：

（2）初六,師出以律,否臧凶。　　　　　　（《易經·師》）
（3）始攻大梁而秦出上黨矣,兵至釐而六城拔矣。
　　　　　　　　　　　　　　　　　　　　（《韓非子·飾邪》）
（4）外有軍,内有事。……且吾子之心有出焉,可徵訊也。
　　　　　　　　　　　　　　　　　　　　（《國語·晉語八》）

（4）韋昭注："出,以軍旅出也。"《左傳·僖公二十四年》"使頹叔、桃子出狄師"中的"出"顯然也用作"軍隊出動""發兵"之類的意思。古書中還習見"師出""出師""兵出""出兵"之類的說法,"出"在其中亦用作"軍隊出動"義：

（5）伐虢之役,師出於虞。　　　　　　　（《國語·晉語二》）
（6）邾人以須句故出師。　　　　　（《左傳·僖公二十二年》）
（7）韓亡之後,兵出之日,非魏無攻矣。　（《戰國策·魏策三》）
（8）趙聞之,遂出兵救燕。　　　　　　（《戰國策·燕策一》）

由此可見,《繫年》"降西戎"與《國語·周語中》"降狄師"之"降"皆有"出兵"之類的意思。"降""下"互訓之例古書習見。如《禮記·射義》"君子無所爭,必也射乎?揖讓而升,下而飲,其爭也君子",鄭玄注:"下,降也。""降""下"亦有互作異文的情況,《楚辭·九辯》"白露既下百草兮",朱熹注:"下,一作降。"①《尚書·堯典》"釐降二女于媯汭",《史記·五帝本紀》作"舜飭下二女於媯汭"。可見,韋昭訓"降"爲"下",當源自故訓,有所根據。

"下師""下兵"之詞,古書亦常見:

(9) 親魏善楚,下兵三川。　　　　　(《戰國策·秦策一》)
(10) 今秦人下兵,魏不敢東面。　　　 (《戰國策·齊策六》)
(11) 秦下兵攻衛、陽晉,必開扃天下之匈。
(12) 昔者秦人下兵攻懷,服其人,三國從之。
　　　　　　　　　　　　　　　　　　(《戰國策·趙策二》)
(13) 秦得百二焉。地勢便利,其以下兵於諸侯。
　　　　　　　　　　　　　　　　　　(《史記·高祖本紀》)
(14) 秦人下兵,魏不敢東面。　(《史記·魯仲連鄒陽列傳》)
(15) 秦王曰:"善。"果下師於殽以救韓。(《戰國策·韓策二》)

(9)高誘注:"下兵,出兵也。"《漢語大詞典》"下"字下還列有"攻克;征服"這一義項,其所引語料如下:②

(16) 人知不棄,爰守正户,上下和協,靡敵不下。
　　　　　　　　　　　　　　　　　　(《逸周書·允文》)
(17) 廣陵人召平於是爲陳王徇廣陵,未能下。張守節正義:"以兵威服之曰下。"
　　　　　　　　　　　　　　　　　　(《史記·項羽本紀》)

又《呂氏春秋·爲欲》:"晉文公伐原,與士期七日,七日而原不下,命去之。"其前言"伐"後言"下",則此句中的"下"亦即"攻克、征服"之義。"七日而原不下",高誘注:"下,降也。"《晏子春秋·内篇諫下》"以兵降城,以

---

① 見(宋)朱熹撰,蔣立甫校點:《楚辭集注》,上海:上海古籍出版社,2001年,第118頁。
② 羅新鳳主編:《漢語大詞典》第一卷,上海:上海辭書出版社,1986年,第307頁。

衆圖財,不仁",孫詒讓云:"'降'《藝文類聚》作'攻'。"①可見"降"與"下"可俱表"攻克、征服"之類意思。

"降""下"與"出"也常見互訓的情況。《詩經·豳風·七月》"上入執公宫",毛傳:"入爲上,出爲下。"《尚書·益稷》"在治忽,以出納五言,汝聽",蔡沈《集傳》:"自上達下謂之出。"②又《國語·晉語四》:"公曰:'是君子之言也。'乃出陽人。"韋昭注:"出,降也。"《國語·周語中》亦記録此事,"乃出陽人"作"乃出陽民",韋昭注:"放令去也。"韋昭以"放令去"訓"出"顯然更符合語境,但是訓"出"爲"降"亦當有所根據,由此來看,"降"大概也有"自内而外"這類意思。如《山海經·大荒西經》謂:

(18)成湯伐夏桀于章山,克之,斬耕厥前。耕既立,無首,走厥咎,乃降于巫山。

"走厥咎",郭璞注:"逃避罪也。""乃降于巫山",郭璞注:"自竄於巫山。""竄"即"逃亡"之義,"逃亡"這一行爲表示空間上"自内而外"的位移,從這點上來講,"乃降于巫山"之"降"自然也可以訓爲"出"。

在詞義引申的過程中存在着"同步引申"現象,即一個詞在意義延伸的過程中常會"擴散"到其同義詞、近義詞身上,帶動後者也沿着類似的綫路引申。③"降""下"與"出"三詞大概也存在這種情況。"降""下"具有"自上而下"義,"出"具有"自内而外"義,其中都可抽離出"位移"這一核心義素。"出"引申出"出兵""出師"之類片語中的"發動、出動"義,"降""下"或即是受此影響,引申出"出動、出兵"之類的義項。

通過上述語料的分析可見"降"與"下""出"一樣具有"出兵"之義,"繒人乃降西戎以攻幽王"即王輝所言是"繒人發西戎之兵進攻周幽王"之義。

從甲骨文、西周金文形體及其用法看,"降"字"本從雙止向下,從𨸏,會從高處降下之意"。④《孫子兵法·行軍》云:"凡處軍、相敵:絶山依谷,視

---

① 見吳則虞編著,吳受琚、俞震校補:《晏子春秋集釋(增訂本)》,北京:國家圖書館出版社,2011年,第86頁。
② (宋)蔡沈撰,王豐先點校:《書集傳》,北京:中華書局,2018年,第42頁。
③ 許嘉璐:《論同步引申》,《中國語文》1987年第1期。
④ 李學勤主編、趙平安副主編:《字源》,天津:天津古籍出版社,2012年,第1259頁。

生處高。""處高",杜牧注:"處軍當在高。"又《行軍》同篇云:"凡軍好高而惡下。"張預注:"居高則便於覘望,利於馳逐;處下則難以爲固,易以生疾。"兩軍交鋒之際,攻方往往會想盡辦法占領高地,以獲取地勢優勢,由上向下俯攻,常會占得先機。大抵"降"的"出兵"之義即由"高處降下"這一義項引申而來。

<h3 style="text-align:center">以"舌庸"爲例</h3>

"舌庸"是春秋時期越國名臣,《國語》有兩處"舌庸"的記載,都見於《吴語》之中:

於是越王句踐乃命范蠡、**舌庸**,率師沿海泝淮以絶吴路。
(《吴語》"吴晋争長未成句踐襲吴"章)
大夫**舌庸**乃進對曰:"審賞則可以戰乎?"王曰:"聖。"
(《吴語》"句踐滅吴夫差自殺"章)

"范蠡、舌庸",韋昭注:"二子,越大夫。"又《吴語》"越王句踐乃召五大夫",韋昭注:"五大夫,舌庸、苦成、大夫種、范蠡、皋如之屬。"上引《吴語》二句,《吴越春秋》分别有異文作:"越王聞吴王伐齊,使范蠡、洩庸率師屯海通江。"(《夫差内傳》)"曳庸曰:'審賞則可戰也。……'王曰:'聖哉!'"(《句踐伐吴外傳》)"曳庸""洩庸"亦即"舌庸",其或有作"泄庸"(《漢書·董仲舒傳》),"曳""洩""舌""泄"皆音近可通。①

從《吴語》"越王句踐乃命范蠡、舌庸,率師沿海泝淮以絶吴路"的記載來看,舌庸在吴越争霸的過程中起到了頗重要的作用,因而學者們也一直試圖在出土文獻中尋覓其記載。春秋時期的姑馮句鑃中有銘文作:

隹(惟)王正月初吉丁亥,姑虜(?),󰎠同之子,羃(擇)氒(厥)吉金,自乍(作)商句鑃。 (姑馮󰎠同之子句鑃,《集成》424)

該器中的"󰎠同"便有學者認爲其即是《國語》之"舌庸",據我們所知

---

① 參朱起鳳:《辭通》,上海:上海古籍出版社,1982年,第65頁。

此説爲楊樹達先生首倡,楊先生釋"䇂"爲"昏",並又謂:

> 《左傳》及《國語》之舌庸,亦即昏同也。《左傳》襄公二十六年云:"夏五月,叔孫舒帥師會越皋如、舌庸(今本誤作后庸,此據石經及宋本注疏)。宋樂茷納衛侯。"又二十七年云:"春,越子使舌庸來聘。"《國語·吳語》云:"越王句踐乃命范蠡、舌庸(今本誤作后庸,此據宋庠本),率師沿海泝淮以絕吳路,敗王子友於姑熊夷。"此舌庸之事見於二書者。昏字隸變作舌,與口舌之舌形同,刮括諸字所從是也,庸與同古音近。以銘文證之,春秋內外傳之舌庸實是昏同,不惟今本之后庸爲誤字,讀昏庸之昏爲口舌之舌,亦誤讀也。①

此説得到了多位學者的支持。② 在漢字隸變的過程中,"昏"變爲"舌"是一種常見現象。"昏"的《説文》小篆作"䇂",也確實與姑馮句鑃之"䇂"形近。但如果繼續向上考察"昏"的早期字形,則會發現"䇂"並無法釋爲"昏"。郭店簡《緇衣》簡30中有一字作:

"䛡" 《寺(詩)》員(云):訢(慎)爾出~,敬爾悂(威)義(儀)。

此句出自《詩經·大雅·抑》,"䛡"對應之字爲"話"。《説文》:"䛡(話),合會善言也。从言,昏聲。""䛡"右部所從的"舌"顯然即"昏",趙平安先生曾據此考釋出了甲骨金文及戰國文字中一系列从"舌(昏)"之字,並指出古文字中的"昏"本从"氒",後隸變爲"舌"。③ 後出的清華簡《攝命》簡13中的"話"作"䛡",與此同形,可見此字確可釋爲"話"。

從古文字字形來看,姑馮句鑃之"䇂"與真正的"昏"字形體迥異,以往

---

① 楊樹達:《姑鵬句鑃再跋》,《積微居金文説》,北京:中國科學院,1952年,第144—145頁。
② 參何琳儀:《戰國古文字典》,北京:中華書局,1998年,第907頁;李家浩:《關於姑馮句鑃的作者是誰的問題》,《傳統中國研究集刊》第七輯,上海:上海人民出版社,2010年,第6—7頁;趙平安:《續釋甲骨文中的"氒""舌""䛡"——兼釋舌(昏)的結構、流變以及其他古文字資料中从舌諸字》,《華學》第四輯,北京:紫禁城出版社,2000年,第11頁;後收入氏著《新出簡帛與古文字古文獻研究》,北京:商務印書館,2009年,第40頁。
③ 趙平安:《續釋甲骨文中的"氒""舌""䛡"——兼釋舌(昏)的結構、流變以及其他古文字資料中从舌諸字》,《華學》第四輯。

學者將"㗉同"與《國語》之"舌庸"相聯繫，顯然是基於錯誤的古文字字形考釋所得出的錯誤意見。

不過，隨着新出土文獻材料的不斷湧現，學者也確實在其中發現了"舌庸"的記載，清華簡《良臣》簡7有辭作：

　　雩(越)王句賤(踐)又(有)大同，又(有)軴(范)羅(蠡)。

其中"大同"與"范蠡"並舉，《國語·吳語》中也是"范蠡"與"舌庸"並舉，二者正可互相參照。廣瀨薰雄先生認爲"大"與"舌"音近，"同""庸"亦聲近，"大同"當讀爲"舌庸"，並指出，"㗉"與刮、括等所從"舌(昏)"並非一字，古書"舌庸"之"舌"就是口舌之"舌"，而不是"昏"隸變爲"舌"的結果。①

清華簡《越公其事》簡61又出現了一越國臣子之名"太甬"：

　　乃詎(屬)邦政於夫=(大夫)住(種)，乃命軴(范)羅(蠡)、太甬大鬲(歷)雩(越)民。

"太甬"，原整理者已指出其即清華簡《良臣》篇之"大同"。② 石小力先生排比了大量史料指出，"太甬"與古書所載"舌庸"之事相近，"《越公其事》之'太甬'和《吳語》之'舌庸'在越國的地位和職能是相同的，都是和范蠡一起率領越國的軍隊，可見二者確爲一人"，廣瀨薰雄讀"大同"爲"舌庸"之説亦可信。③ 基於此，針對"㗉同"，石先生認爲：

　　現在根據楚簡中，"舌庸"作大同、太甬，"舌"字皆作"大"聲系之字，這進一步降低了姑慮句鑃的人名"昏同"爲"舌庸"的可能性。④

---

① 廣瀨薰雄：《釋清華大學藏楚簡(叁)〈良臣〉的"大同"——兼論姑馮句鑃所見的"昏同"》，《古文字研究》第三十輯，第415—418頁。
② 清華大學出土文獻研究與保護中心編，李學勤主編：《清華大學藏戰國竹簡(柒)》，第146頁。
③ 石小力：《據清華簡(柒)補證舊說四則》，《簡帛語言文字研究》第九輯，成都：巴蜀書社，2017年，第12—24頁。
④ 石小力：《據清華簡(柒)補證舊說四則》，《簡帛語言文字研究》第九輯，第18頁。

胡敕瑞先生亦認爲"大同""太甬"即《國語》之"舌庸",並指出"舌庸"之異稱"曳庸""洩庸""泄庸"中的"曳""洩""泄"與清華簡《良臣》"大同"、《越公其事》"太甬"之"大""太"音近可通,文獻中亦有相通之例。①

從語音通假及文獻記録的相似性兩方面來看,將戰國楚簡中的"大同""太甬"視爲《國語·吳語》之"舌庸",當是可信的。

---

① 胡敕瑞:《"太甬""大同"究竟是誰?》,《民俗典籍文字研究》第二十二輯,北京:商務印書館,2018年,第110—116頁。

第四章 出土文獻視域下的《國語》文本編纂與生成

《國語》凡二十一卷,是先秦時期第一本按照"以國分類""以語爲主"原則編纂的國别史類文獻。《國語》與《左傳》關係密切,自古以來人們多將二者合觀。在討論《國語》的成書、編纂等問題時,一般也多以《左傳》爲參照,從二書內容異同、是否爲一書割裂、語言文字使用習慣的差異等方面着手。但《左傳》本身的成書、流傳等問題歷來也多有爭議,依靠這樣的材料作爲探討相關問題的"定點",恐怕也難以深入分析《國語》成書等問題。

新中國成立以來,"井噴式"地出土了大量戰國秦漢簡帛資料,其中存在不少與《國語》相同或近似的語句、段落、篇章。其中最爲典型的可與《國語》直接對讀的材料主要是慈利楚簡《吴語》篇、清華簡《越公其事》及西漢時期的馬王堆漢墓帛書《老子》乙本卷前的四篇古佚書。戰國秦漢時期的簡帛古書書寫時代較爲明確,文本內容也更爲"存古",無疑提供了一個可靠的"定點",使我們能跳出《左傳》的束縛,以全新的視角觀察探討《國語》編纂、流傳等問題。

第一節 文本未定之時:慈利楚簡與《國語·吴語》文本的生成

慈利楚簡 1987 年出土於湖南省慈利縣城關石板村 36 號戰國墓。從該墓的同出器物特徵分析可知墓葬年代應在戰國中期前段。[①] 慈利楚簡應是

[①] 湖南省文物考古研究所等:《湖南慈利縣石板村戰國墓》,《考古學報》1995 年第 2 期,第 202 頁;張春龍:《慈利楚簡概述》,《新出簡帛研究》,第 5 頁。

目前所見時代最早的《國語·吳語》抄本,具有重要意義。不少學者都曾對慈利簡《吳語》簡的内容予以研究。廖群先生《慈利楚簡〈吳語〉與〈國語〉成書、流傳新證》一文後出轉精,其説多有所得,但亦有可商榷之處,如該文指出:"通過全面比對,可以斷言,慈利殘簡與《國語》有關的文字全部對應於今本《國語》中的《吳語》,而且是與今本《吳語》起訖、順序、篇章、對話等均相吻合的完整的篇目。"①這種意見可能並不準確。從目前披露的材料來看,慈利簡《吳語》有一些内容並不見於今本《吳語》,其分章與今本也多有不同。此外,從慈利楚簡來看,當時《國語》很可能處於由單篇流傳到全帙編定的過渡階段。這正體現了早期文本流傳過程中"文本未定之時"的不穩定狀態。

據慈利楚簡整理者張春龍《慈利楚簡概述》(下文簡稱爲《概述》)一文介紹慈利楚簡的内容主要可分爲兩類:一是可與傳世文獻對讀的《國語·吳語》《逸周書·大武》;二是《管子》《寧越子》等書的佚文或者是古佚書。其中以《吳語》簡"最具規模",簡文内容基本同於今本《國語·吳語》,"現存簡的字數相當於今本的四分之一强"。② 目前已公布的竹簡圖版分别見於《湖南慈利石板村36號戰國墓發掘簡報》圖三○、圖版柒(《文物》1990年第10期),26支;《湖南慈利縣石板村戰國墓》圖版陸(《考古學報》1995年第2期),9支;《湖南考古漫步》第52頁(湖南美術出版社,1999年),6支;《中國書法全集·先秦秦漢卷》第49頁(文物出版社,2009年),8支;《湖湘簡牘書法選集》第4—14頁(湖南美術出版社,2012年),6支;《湖南出土簡牘選編》第9—10頁(嶽麓書社,2013年),9支。去除重複著録的圖版後,有10支簡的内容與《國語·吳語》有關,可直接對讀。此外,張春龍《概述》一文還披露了18支可與今本《吳語》對讀的竹簡釋文,據其介紹可知,簡文的形制主要有以下特點:

    1. 少部分簡簡背標有數字,相當於我們今日書籍的頁碼編次。統

---

① 廖群:《慈利楚簡〈吳語〉與〈國語〉成書、流傳新證——兼及先秦事語類作品的文本特點》,《文學遺産》2023年第2期。
② 張春龍:《慈利楚簡概述》,《新出簡帛研究》,第8頁。有關慈利楚簡的介紹還可見湖南省文物考古研究所等:《湖南慈利石板村36號戰國墓發掘簡報》,《文物》1990年第10期;湖南省文物考古研究所等:《湖南慈利縣石板村戰國墓》,《考古學報》1995年第2期。

計簡背標有數字者合計 14 支。

2. 每簡約書寫 50 字,若一章寫畢,不論空出多少,換簡書寫。

一、由"章"到"篇"的過渡形態:慈利簡《吳語》與今本《吳語》內容、分章的差異

我們按照今本《國語·吳語》的語序將寫有簡背數位的 14 支竹簡的簡文臚列如下,再以作分析:

原簡號	慈利簡《吳語》釋文	今本《國語·吳語》語句	簡背數字	今本《國語》章節
24-1	……吾道路悠遠,吾毋會而……	A1:今吾道路修遠,無會而歸,與會而先晉,孰利?	十三	第六章"吳晉爭長未成句踐襲吳"
52-11	……出朋勢,以返高位重畜女……	A2:請王屬士,以奮其朋勢,勸之以高位重畜……	十七	第六章"吳晉爭長未成句踐襲吳"
94-14	……[先]我,著者(諸)侯止(之)秉(柄)以……	A3:令各輕其死,彼將不戰而先我,我既執諸侯之柄	十一	第六章"吳晉爭長未成句踐襲吳"
114-13	……卑周室既……	B1:周室既卑,諸侯失禮於天子。	廿□	第七章"吳欲與晉戰得爲盟主"
121-14	……君命長弟?許諾,吳……	B2:晉乃令董褐復命曰:"……夫諸侯無二君……孤敢不順從君命長弟?"許諾。	五□	第七章"吳欲與晉戰得爲盟主"
53-10	……[不貰不]忍,披甲帶劍,挺鈹晉(揖)[鐸]……	C1.1:吾先君闔廬不貰不忍,被甲帶劍,挺鈹搢鐸,以與楚昭王毒逐於中原柏舉。 C1.2:夫差不貰不忍,被甲帶劍,挺鈹搢鐸……	一	第八章"夫差退於黃池使王孫苟告於周"
16-6	……吳止(之)既服遠者,彼(疲)而未[至]……	D1:王若今起師以會,奪之利,無使失悛。夫吳之邊鄙遠者罷而未至	十□	第九章"句踐滅吳夫差自殺"

續 表

原簡號	慈利簡《吳語》釋文	今本《國語·吳語》語句	簡背數字	今本《國語》章節
48-1	……止(之)中貽(病)者吾昏(問)止(之)死……	D2：越國之中，疾者吾問之，死者吾葬之……	十九	第九章"句踐滅吳夫差自殺"
141-19	……勞止(之)勇，不勇則不能……	D3：不仁，則不能與三軍共饑勞之殃。不勇，則不能斷疑以發大計。	十	第九章"句踐滅吳夫差自殺"
140-6	……王曰："猛。"大夫種進合(答)曰……	D4：大夫苦成進對曰："審罰則可以戰乎？"王曰："猛。"大夫種進對曰……	二	第九章"句踐滅吳夫差自殺"
5-10	……可以戰乎？王曰：巧。大夫[皋如]	D5：大夫蠡進對曰："審備則可以戰乎？"王曰："巧。"大夫皋如進對曰……	廿二	第九章"句踐滅吳夫差自殺"
5-3	……[內有辱]，是子，外有辱，是我……	D6：內有辱，是子也，外有辱，是我也。吾見子於此止矣。王遂出，夫人送王……	三	第九章"句踐滅吳夫差自殺"
11-11	……於邦，是子。軍士死，外有辱，是我。自今日止(之)後，內政毋(無)……	D7：食土不均，地之不修，內有辱於國，是子也；軍士不死，外有辱，是我也。自今日以後，內政無出，外政無入，吾見子於此止矣。	五（簡中）	第九章"句踐滅吳夫差自殺"
20-11	相昏(問)也。明日遷軍……	D8："……莫如此以環瑱通相問也。"明日徙舍……明日遷軍接龢……	一	第九章"句踐滅吳夫差自殺"

從目前披露的材料來看，慈利簡《吳語》篇確如《概述》一文所言簡背數字"相當於我們今日書籍的頁碼編次"。如 5-3 簡簡背數字爲"三"，11-11 簡在簡中標有數字"五"，二者相隔一簡，慈利簡《吳語》單簡約書寫 50 字。5-3 簡與 11-11 簡對應今本《吳語》D6 與 D7 兩句，這兩句在今本《吳語》中相隔 50 餘字，與簡本的情況基本一致。《湖南慈利石板村 36 號戰國墓發掘簡報》"圖版柒"錄有一支簡，簡文作"出甹(屛)，迖

(避),盍(闔)☐①闔(?)實之土,吴(?)王(?)昃(側)筶(席)……"對應今本《吴語》"夫人送王,不出屏,乃闔左闔,填之以土,去筭側席而坐,不掃",其或即是5-3簡與11-11簡之間所缺之簡,但簡文内容與今本略有不同。

不過,比較今本《國語》與簡背標有數字的慈利簡《吴語》,也可發現二者的内容與分章存在一定的差異。② 如《概述》一文所披露的135-36號簡簡文作"[盛]者(諸)鴟夷,而投者(諸)江。吴王",此句今本《吴語》作"乃使取申胥之屍,盛以鴟鵜,而投之於江。吴王夫差既殺申胥,不稔於歲,乃起師北征"。以"而投之於江"爲界,這段話在今本《吴語》中,一般都被整理者分屬"申胥自殺"及"吴晋争長未成句踐襲吴"兩章。這種分章方式也符合今本《吴語》的叙事結構,"乃使取申胥之屍,盛以鴟鵜,而投之於江"爲今本第五章"申胥自殺"一事的結局,"吴王夫差既殺申胥……乃起師北征"爲今本第六章所述黄池之會一事的開端。簡本《吴語》則兩句書於一簡,可見簡本與今本分章似有不同。

此外,慈利簡《吴語》53-10號簡與20-11號簡簡背都標有數字"一",何有祖先生認爲這可能表明"慈利簡文有着比今本《國語》更爲細緻的劃分,並且每個局部的順序都是重新從'一'開始"。③ 從目前出土戰國楚簡的簡背數位編號方式來看,一般同一書手抄寫的單篇竹書的編號都是由"一"開始,同篇采用一個順序依次編數,即使是清華簡《繫年》這種有138支簡的長篇竹書也是如此,並無從中間重新編號的情況。先秦時期的古書多采用短章的形式叙事,每一短章圍繞一個故事情節或一段道理展開叙述。因而,我們懷疑慈利簡《吴語》的寫手可能並未將其視爲獨立的單篇文獻,結合慈利簡"若一章寫畢,不論空出多少,换簡書寫"的情況,我們認爲慈利簡《吴語》仍是按章編號,每章有其單獨的編號次序。慈利簡《吴語》各章的劃分似也較今本更爲細緻,如48-1簡與141-19簡分别對應今本《吴語》"越國之中,疾者吾問之,死者吾葬之……"(D2)、"不仁,則不能與三軍共饑勞之殃……"(D3)兩句,按今本《吴語》的語序,D2在D3之前,但慈利簡48-1

---

① "盍☐"與今本《吴語》"闔左"相對,諸家多釋"☐"爲"右",魏宜輝認爲"☐"左部筆畫有殘泐,應隸定爲"右",即楚文字常見的"左"字寫法,參氏文《慈利楚簡校讀札記》,《古典文獻研究》第十八輯上,第220頁。當以此説爲是。

② 今本《國語》的版本主要有明道本和公序本兩種,二者的分章基本相同,參俞志慧:《〈國語〉分章商兑》,《古籍整理研究學刊》2011年第5期。

③ 何有祖:《從慈利竹書數字簡看今本〈吴語〉的分章》,《人文論叢》2011年卷,第72頁。

簡(對應 D2)簡背編號爲"十九",141－19 簡(對應 D3)簡背編號爲"十",順序與今本《吴語》相反。這存在兩種可能,一是慈利簡《吴語》語序與今本不同,二是 48－1 簡與 141－19 簡分處不同的短章中,故而分別編號。今本《吴語》D2、D3 兩句都是越王句踐與楚大夫申包胥的問答之句,D3 句爲申包胥的答句,後接:"越王曰:'諾。'"D3 是這一段問答的總結。若將 D3 放於 D2 前,則殊爲不辭。由此看 48－1 簡與 141－19 簡當是分處不同的短章中,故而簡背編號無法相連。

戰國簡帛中記錄各國之事的"事語"類文獻數量頗爲可觀。如上博簡中就有《昭王毀室》《柬大王泊旱》《莊王既成》等一系列關於楚王故事的"事語"類文獻。《國語》的成書與此類文獻密切相關。這些文獻都是圍繞一個故事情節記錄故事人物各方的對話,具有"短章"的性質。"西漢以前的古書中,短章是一類占比很高的文獻類型,古書的篇大多由短篇組合而成"。[①] 早期文本一般具有"章—篇—書"的三重結構。在上博簡中有《靈王遂申》《平王問鄭壽》等十四篇記錄楚國故事的簡文,各篇形制均呈兩端平齊、兩道編繩、簡長在 33 厘米左右的共同特點,楊博先生認爲"形制相近的簡册似顯示出時人對相關文獻彙集的現象"。[②] 如果按照今本《國語》的體例,完全可以將上博簡中記錄楚國故事各篇竹書匯總爲一個整體,形成一個獨立的"篇",視作另一個版本的《楚語》,則《靈王遂申》《平王問鄭壽》等各篇實際就具有了"短章"的性質。此外,清華簡有記錄商湯與伊尹故事的三篇竹書,分別是第一輯的《尹至》《尹誥》及第三輯的《赤鵠之集湯之屋》,各篇簡背皆有獨立不相連的次序編號,其每篇簡末都有"∠"符,代表一篇寫畢,簡下留白,這説明其應是三個各自獨立的短章。但這三篇竹書形制相同,且其簡背有連貫的走勢呈左高右低的刻劃綫。肖芸曉先生曾據此指出,三篇原是按《赤鵠之集湯之屋》→《尹至》→《尹誥》的順序編連於一卷,並謂:

> 從内容上來看,三篇竹書均叙伊尹與湯事迹:《赤》篇中伊尹懼湯之怒,逃往夏地→《尹至》中伊尹"自夏徂亳",回到商都→《尹誥》時已

---

① 徐建委:《牘與章:早期短章文本形成的物質背景》,《文獻》2022 年第 1 期。
② 楊博:《由篇及卷:區位關係、簡册形制與出土簡帛的史料認知》,《史學月刊》2021 年第 4 期,第 15 頁。

滅夏,頒布誥命——亦按時間順序。①

清華簡三篇伊尹故事竹書正是早期文本由短章編連成篇的實例,今本《國語》各單篇本質上也是由衆多短章構成。按照《國語》的體例,完全可以將清華簡三篇伊尹故事稱之爲《商語》。慈利簡《吴語》的情況也與之類似,其内部按短章編號,説明仍具有短章的性質,故而竹簡的編連仍保留有短章的痕迹。但簡本内容與今本基本相同,其前後各故事情節已頗爲連貫,這説明在叙事結構上"短章"的獨立性已大幅減弱。原本各自獨立的"短章"在簡本《吴語》中已進行了整合,形成了一個成熟的整體,這也體現了簡本《吴語》已處於由"章"到"篇"的過渡形態。直至漢代簡帛中仍保留有這種區分短章的書寫習慣,如抄寫時代大約在新莽時期的武威漢簡《儀禮》簡甲本包含《士相見之禮》《服傳》《特牲》等七篇,其中的《服傳》篇由60枚簡組成,每一支簡的正面或反面下端地頭位置標有代表頁碼的編號,全篇連續編號,表明時人已將其視爲一篇完整的"篇"。但《服傳》篇"新章必另簡開始,簡首作一圓點或圓圈",②説明抄手仍注意對不同短章的區分。不過,相比於慈利簡《吴語》每章各自單獨編號,《服傳》篇采用了全篇統一標號的模式,這也體現了早期文獻發展過程中"篇"對"章"整合能力的加强。

如果我們以出土文獻材料爲參照物,檢視今本《吴國》,其實仍可窺見其編纂者整合不同短章或短章群的痕迹。清華簡《越公其事》主要記載了春秋晚期吴越爭霸,越王句踐滅吴的歷史故事。各章之間以"┗"符號相隔,每章寫畢或換行另起,或在上一章結束後空出醒目的間距,再繼續抄寫。根據間隔符號"┗"的使用情況,可將《越公其事》分爲十一章,按其内容又可將全篇分爲三部分:

  1. 第1—3章:吴伐越,越王句踐求成,吴王夫差許成之事。
  2. 第4—9章:句踐勵精圖治,施行"五政"安民强國之事。
  3. 第10—11章:句踐伐吴,吴王求成,句踐不許,終滅吴之事。

---

① 肖芸曉:《試論清華竹書伊尹三篇的關聯》,《簡帛》第八輯,上海:上海古籍出版社,2013年,第473頁。
② 甘肅省博物館,中國科學院考古研究所編:《武威漢簡》,北京:中華書局,2005年,第36頁。

清華簡《越公其事》與《國語·吳語》《國語·越語上》內容基本相同的篇章主要是第一章越國戰敗向吳王求成及最後兩章越公滅吳的記述，尤其與《吳語》相似者爲多，似與《吳語》關係更密切。《越公其事》與今本《吳語》《越語上》最大的不同則是其出現了傳世文獻所載吳越爭霸故事從未見到的"句踐勵精圖治，施行'五政'安民強國"的內容。所謂"五政"指"好農""好信""得人""好兵""整民"，一政一章，結構齊整。"五政"各章少見故事人物對話，而是皆鋪陳直叙，李學勤先生曾指出這一部分"很好地體現了治國的理念，有較高的政治思想價值"，[1]其已具有"政論"的性質。"五政"各章的行文風格與首三章和尾二章區別明顯，應該是有不同的材料來源。何家歡先生曾根據虛詞"于"的使用時代早於"於"這一漢語史上的變化規律，指出"五政"部分多用"于"，簡文其他部分則多用"於"，説明"五政"部分的時代可能早於簡文其餘部分的時代。[2] 此外，不少學者都曾指出"五政"部分具有"黄老之學"的思想特徵。[3] 而據我們觀察，《越公其事》的其他部分並没有特别突出的思想傾向。從簡文的語言使用習慣及思想特徵來看，"五政"部分顯然與其他部分非同一來源，也就是説《越公其事》其實是由不同來源的文本嫁接整合而成。從《越公其事》的叙事結構也能看出文本嫁接的痕迹，駱珍伊曾分析《越公其事》的叙事結構有如下特點：

> 《越公其事》從第五章起，到最後第十一章，每一章的末尾，都會提到那一章越王所做的事情、所實施的舉措的結果；到了下一章，起首幾句話則會先概括前一章的事情，即重述前一章末尾所提到的結果，然後以一"乃"字承着接下來要做的或接下來發生的事情。[4]

其實《越公其事》從第四章起已出現了這種叙事結構：

---

[1] 李學勤：《在〈清華大學藏戰國竹簡（柒）〉成果發布會上的講話》，《出土文獻》第十一輯，上海：中西書局，2017年，第2頁。
[2] 何家歡：《清華簡（柒）〈越公其事〉集釋》，河北大學碩士學位論文（指導教師：張振謙），2018年，第54—57頁。
[3] 孫飛燕：《論清華簡〈越公其事〉的黄老思想》，《第二届古代文明研究前沿論壇會議論文集》，貴州大學，2018年3月31日—4月1日，第194—201頁；劉成群：《清華簡〈越公其事〉與黄老之學的源起》，《華中國學》2018年第2期，第40—48頁。
[4] 駱珍伊：《〈清華柒·越公其事〉補釋》，《第二十九届中國文字學國際學術研討會論文集》，臺灣中央大學，2018年，第528—529頁。

第三章段尾：使者反命越王，乃盟，男女服，師乃還。（簡 24—25）
第四章段首：吴人既襲越邦，越王句踐將恁復吴。　　　　（簡 26）

《越公其事》前三章主要叙述了吴伐越、越國求成、吴王許成之事。第四章段首"吴人既襲越邦"正是概括前文所述之事，"越王句踐將恁復吴"則是指越王接下來要作的事，此句只是較《越公其事》的慣例少一"乃"字而已。蔡瑩瑩認爲這種首尾相銜、以修辭爲喻的現象是類似"連環體"的修辭形式，由此使得"各章之間，則或文意緻密銜交，或語氣蟬聯相續，形成一有機的整體架構，頗不同於先秦傳世、出土文獻常見單篇流傳，故事在短章之内完足的'短篇事例'（anecdote）型態，其作者匠意經營的整體篇章架構，實值得重視"。① 《越公其事》"連環體"的修辭方式也可視作一種"彌縫"的行爲，目的就在於將原本獨立的各短章或短章群在文意與語氣上連接在一起，形成完整的文本叙事架構。《越公其事》前三章爲一個整體。自第四章至第十章則是嫁接"越王行五政"文本的内容。《越公其事》在第四章段首采用"連環體"的修辭方式，目的就是期望將兩種不同來源的文本整合在一起的"彌縫"之舉。

今本《吴語》呈現出複合式叙事的特徵，在"吴越争霸"這條主綫外，還穿插有吴國"北上伐齊""晋吴黄池之會"的支綫故事，這些支綫故事是否也如同《越公其事》"越王行五政"是後插入的部分？以《越公其事》的叙事結構作爲參照，其實也可窺見今本《吴語》利用"連環體"的修辭方式整合來源不同的短章或短章群的"彌縫"之舉。兹將今本《國語·吴語》中需要討論的語句臚列如下，再以作分析：

今本《國語·吴語》章節	段　首	段　尾
第一章 （吴伐越，越王求成）	吴王夫差起師伐越，越王句踐起師逆之。	敢使下臣盡辭，唯天王秉利度義焉。（越諸稽郢行成之語）
第二章 （吴王許成）	吴王夫差乃告諸大夫曰……	吴王乃許之，荒成不盟。

---

① 蔡瑩瑩：《論〈清華簡（柒）·越公其事〉的體裁結構與人物文辭》，《臺大中文學報》2020年總第71期，第16頁。

續　表

今本《國語·吳語》章節	段　首	段　尾
第三章 （吳王將伐齊）	吳王夫差既許越成，乃大戒師徒，將以伐齊。	齊師敗績，吳人有功。
第四章 （吳王伐齊）	吳王夫差既勝齊人於艾陵，乃使行人奚斯釋言於齊曰……	天若不知有罪，則何以使下國勝！（夫差之言）
第五章 （吳王訊申胥）	吳王還自伐齊，乃訊申胥曰……	乃使取申胥之屍，盛以鴟夷，而投之於江。
第六章 （黃池之會）	吳王夫差既殺申胥，不稔於歲，乃起師北征。	吳王許諾。（"吳王許諾"前屬王孫雒之言）
第七章 （黃池之會）	吳王昏乃戒，令秣馬食士。	吳王許諾，乃退就幕而會……以焚其北郭焉而過之
第八章 （王孫苟告勞於周）	吳王夫差既退於黃池，乃使王孫苟告勞於周曰……	伯父秉德已侈大哉！（周王之語）
第九章 （句踐伐吳）	吳王夫差還自黃池，息民不戒。	

　　由上表可見，今本《吳語》第二章段尾與第三章段首、第三章段尾與第四章段首、第五章段尾與第六章段首采取了嚴格的"連環體"修辭方式以彌縫。

　　第四章段尾與第五章段首、第七章段尾與第八章段首則采取了準"連環體"的修辭方式。第四章段尾是"夫差之言"，而第五章段首"吳王還自伐齊，乃訊申胥"一句既概述上一章的結果，又講述了下一章將要發生的事。同理，第七章段尾雖未概述此章所述之事的結果，但是第八章段首"吳王夫差既退於黃池"也可算作概述了上一章吳王所作之事，其後所言"乃使王孫苟告勞於周"則是指吳王接下來的行爲。需略作補充的是，今本《吳語》第三章主體是伍子胥對吳王將伐齊一事的諫語，第五章則記述了伍子胥進諫的結果——"吳王還自伐齊，乃訊申胥"，二者語義連貫，可能本係一體。第四章吳王"使行人奚斯釋言於齊"或是後插入的部分，因而在段首以"吳王夫差既勝齊人於艾陵"一句與第三章構成"連環體"以彌縫。

第九章的敘事結構較爲特殊，需略作解釋。今本《吳語》第六章與第七章的敘事主題是"黃池之會"，第八章段首言"吳王夫差既退於黃池"，與前一章構成"連環體"。第九章段首言"吳王夫差還自黃池，息民不戒"，看似也與上一章或第七章構成"連環體"。《吳語》采用"連環體"修辭方式的各個部分，雖然可能來源不一，但均是以"吳王"爲叙事主體展開叙述。第九章段首句的主語是"吳王"，按照整篇的慣例，接下來所言也應是"吳王"所作之事。但第九章段首"息民不戒"一句言畢後，叙事主體馬上轉爲了越王句踐，並記述了一大段越大夫種之言及句踐與楚申包胥對答的話，後又緊接講述了句踐伐吳的過程，其所述多爲越王句踐伐吳之事。《國語》此章與清華簡《越公其事》第十章所述"句踐伐吳"之事有大段相近或相似的語句，我們懷疑今本《國語》第九章可能本是取材自叙事主體爲越王句踐的文獻，爲了使該章與《吳語》整篇的叙事主體統一，故而不得不采用"連環體"的修辭方式在段首以"吳王夫差還自黃池，息民不戒"試圖"彌縫"不同來源的文本。但這一"彌縫"之舉恰恰暴露了此章與《吳語》前幾章之間的巨大差異，其嫁接、拼湊的痕迹尤爲明顯。

在今本《吳語》中第一章與第二章、第四章與第五章、第六章與第七章之間都没有采取"連環體"的修辭方式。他們有一個共同特點，即上一章的結尾是某人所説的話，後一章段首直述接下來要做的或接下來發生的事情。今本《吳語》第一章與第二章的主題是"越王求成之事"，它們可視作是一個獨立的"短章"或"短章群"，故而未用"連環體"彌縫。清華簡《越公其事》前三章也是以"越王求成之事"爲主題，這三章之間也未采用"連環體"。這似乎説明"越王求成之事"這一主題在很早就已經形成了獨立的"短章群"流傳開來。今本《吳語》第六章與第七章的叙事主題是"黃池之會"，二章也視作一個獨立的叙事單元，構成一個"短章群"，故而兩章之間未采用"連環體"彌縫。今本《吳語》第八章記述的是黃池之會結束後吳王使者王孫苟告勞於周之辭，這屬於黃池之會的尾聲，似乎也可以和第六章與第七章歸爲一個叙事"單元"。但第八章段首"吳王夫差既退於黃池"正是對上一章發生之事的總結，也是利用"連環體"彌縫，這説明第八章與記述黃池之會的第六章與第七章文本來源不同。上博簡《吳命》中有一段楚國伐陳而吳軍救陳後"吳君使臣向周天子的告功之辭"，[1]爲"楚人爲不道，不思其先君之臣

---

[1] 王暉：《楚竹書〈吳命〉主旨與春秋晚期争霸格局研究》，《人文雜誌》2012年第3期，第115頁。

事先王,廢其贐(貢)獻,不共(恭)承(承)王事。我先君盇(闔)[閭]☒"(簡9),此句與今本《吴語》第八章"昔者楚人爲不道,不承共王事,以遠我一二兄弟之國。吾先君闔廬不貰不忍……"一句表述近似。但《吴命》篇其餘語句均未見於今本《國語》,由此來看,第八章可能原是利用其他的吴國告勞於周王之辭改編而成,本與黄池之會無涉,故而在篇首采取了"連環體"彌縫。

通過對今本《吴語》如何運用"連環體"修辭方式的考察,可見《吴語》原本可能是由以下幾個部分嫁接拼湊而成:1. 第一章至第二章"吴伐越,越王求成,吴王許成";2. 第三章"吴王將伐齊,伍子胥進諫";3. 第四章"吴國使者奚斯釋言於齊";4. 第五章"吴王訊申胥";5. 第六章至第七章"黄池之會";6. 第八章"王孫苟告勞於周";7. 第九章"句踐伐吴"。

由上述分析可見,今本《吴語》是由來源不同的短章或短章群拼合而成,其内部通過"連環體"的修辭方式將不同的短章或短章群"彌縫"整合在一起。早期文獻生成過程中由"章"到"篇"的過渡形態在今本《吴語》的文本結構中仍可尋覓出痕迹。這正可與慈利簡《吴語》按章編號,每章有其單獨的編號次序的情況相對照。

二、編選與删改:慈利簡所見《吴語》佚文

張春龍先生《概述》一文中曾指出,慈利楚簡有部分簡文文字風格同於《吴語》簡,内容與之關係密切,可能爲《國語·吴語》之佚文。① 《概述》所録的簡140－6與簡5－10分别對應今本《國語·吴語》"大夫苦成進對曰……"(D4)與"大夫蠡進對曰……"(D5)兩句,今本《吴語》中這兩句話前後相連,中間相隔僅十餘字。簡140－6的簡背編號爲"二",而簡5－10簡背編號爲"廿二",假設兩簡同處一章,則二者最少相隔二十支簡,與今本《吴語》面貌大爲不同。當然也有可能簡5－10與簡140－6分處兩章,但即便如此,假設簡5－10爲上一章最後一支簡,簡140－6爲後一章第二支簡,二者仍相差一簡。慈利簡《吴語》一簡約書寫50字,而今本《吴語》D4、D5兩句之間僅相隔十餘字,而且如果二簡分屬兩章,其語序亦與今本不同。看來無論是何種情況,簡5－10與簡140－6之間必然存在今本《吴語》所無的

---

① 張春龍:《慈利楚簡概述》,《新出簡帛研究》,第8頁。

佚文。除此之外,慈利簡中還有一些簡文可能爲《國語·吳語》佚文:

(1) 又吳土以毀其强以稱。　　　　　(《慈利楚簡概述》簡 16-14)
(2) □越王句戔將欲□□□□乃☒。
　　　　　　(《湖南慈利石板村 36 號戰國墓發掘簡報》圖版柒)
(3) 🈳(鎛?)🈳、大甬皆雁(應),三軍皆……
　　　　　　　　(《湖南慈利縣石板村戰國墓》圖版陸)

(1)與(2)的内容應都與吳越史事有關,當爲《吳語》佚文。(3)張春龍所作原釋文爲"金大甬皆□□三軍皆"(《概述》第 9 頁),並疑其爲《吳語》佚文。肖毅據圖版所作釋文"鐏(?)釘(?)大甬(勇)皆雁(應)三軍皆",認爲其可與今本《吳語》"丁寧、錞于振鐸,勇怯盡應,三軍皆譁釦以振旅"一句對讀。① 如按此理解,則簡文"大"字無從着落,此外,"甬(勇)皆雁(應)"相比今本的"勇怯盡應"也少一"怯"字。乙 8 號中的"大甬"很可能應連讀,其或即是越公的名臣"舌庸","舌庸"在清華簡《良臣》簡 7 作"大同",清華簡《越公其事》簡 61 中作"太甬"。"大甬"與"大同""太甬"皆音近可通。② 若此猜測成立,則乙 8 號簡似難與上舉今本《吳語》"王乃秉枹"一句對讀。我們認爲該簡或如張春龍所言是《吳語》之佚文。

早先已有學者指出今本《國語》爲殘本,如清人廖平即認爲"考《周語》《晉語》文例,是《國語》原文,乃一君一篇",而"《齊語》一篇,只桓公初年謀伯事,餘皆缺。《鄭語》只桓公與史伯謀遷一事。是所存八國,亦爲殘本"。③ 慈利簡《吳語》爲這種意見提供了重要的佐證。今本《國語》"致殘"的原因固然有文本傳抄過程中的脱簡、脱字等因素的影響,但編纂者對原始文獻有意地删選或許是更爲重要的原因。《齊語》《鄭語》所記皆爲一君之事,與《周語》《晉語》體例不同,恐怕即是出於此原因。又如上博簡《吳命》中有

---

① 肖毅:《慈利竹書零釋》,《古文字研究》第二十六輯,第 332 頁。
② 胡敕瑞亦認爲"大同""太甬"即《國語》之"舌庸",並指出"舌庸"之異稱"曳庸""洩庸""泄庸"中的"曳""洩""泄"與清華簡《良臣》"大同"、《越公其事》"太甬"之"大""太"音近可通。參氏文《"太甬""大同"究竟是誰?》,《民俗典籍文字研究》第二十二輯,第 110—116 頁。
③ 廖平:《群經凡例·國語義疏凡例》,《六譯先生選集》上册,成都:巴蜀書社,2019 年,第 404 頁。類似的意見又可見徐仁甫:《左傳疏證》,北京:中華書局,2014 年,第 20 頁。

一段"吳君使臣向周天子的告功之辭",①簡9"楚人爲不道,不思其先君之臣事先王,廢其賵(貢)獻,不共(恭)承(承)王事。我先君盍(闔)[閭]☐"一句即與今本《吳語》"昔者楚人爲不道,不承共王事,以遠我一二兄弟之國。吾先君闔廬不貰不忍……"表述近似。但《吳命》篇其餘語句均未見於今本《國語》。由此也可見,今本《國語》本身並不是記錄各國之"語"的原始史料,而是其編纂者圍繞統一的主題,按照一定標準對各國之"語"經過有意選材、删减所形成的"選本"。

今本《吳語》還存在同一篇章、段落中的某些語句未見於簡本《吳語》的"溢出部分"。如簡20-11"相昏(問)也。明日遷軍",今本《吳語》作:

王乃之壇列,鼓而行之,至於軍,斬有罪者以徇,曰:"**莫如此以環瑱通相問也**。"明日徙舍,斬有罪者以徇,曰:"莫如此不從其伍之令。"明日徙舍……明日徙舍……王乃命有司大徇於軍,曰:"有父母耆老而無昆弟者,以告。"……明日徇於軍……明日徇於軍……明日徇於軍……**明日遷軍**接獻,斬有罪者以徇……

簡本"明日遷軍"緊接在"相問也"之後。與今本相比,未見"明日徙舍……""明日徇於軍……"等數句。從今本的記述來看,越王先是"徙舍"再是"徇於軍"後是"遷軍",這三方面語義連貫,就語義來講,似以今本更優。簡本可能存在漏抄或錯抄的情況。

此外,就簡本與今本的一些異文來看,似也以今本表述更優。如今本《吳語》:"食土不均,地之不修,内有辱於國,是子也;軍士不死,外有辱,是我也。"此句《吳越春秋·句踐伐吳外傳》引作"臨敵不戰,軍士不死,有辱於諸侯,功隳於天下,是孤之責"。而在簡本中"軍士不死"則作"軍士死",從《吳語》前文"食土不均,地之不修"的文例來看,當以"軍士不死"爲是,"死"有"殊死拼命"之義,如銀雀山漢簡《孫臏兵法》"將者不可以不義……不嚴則不威,不威則卒弗死";《管子·入國》"士民死上事,死戰事"。"軍士不死"是說軍士若不拼命搏殺,對外戰爭有辱。陳送文認爲簡文脱一

---

① 王暉:《楚竹書〈吳命〉主旨與春秋晚期爭霸格局研究》,《人文雜誌》2012年第3期,第115頁。

"不"字,其説可從。①

目前慈利簡所見《吴語》佚文及今本《吴語》中的"溢出部分"恐非流傳過程中無意佚失所致,而應是編纂者有意刪減、修改的結果。先秦古書編纂、流傳的過程極爲複雜,受多種因素影響。同一古書可能有多個版本共行,即使是同一版本,在流傳過程中,其文本也可能逐漸出現差異,常處於一種"文本未定"的動蕩階段。簡本《吴語》與今本《吴語》之間可能並非簡單的綫形文本衍生關係,而是《吴語》祖本在漫長的文獻衍生過程中分別衍生出的兩個系統的版本。不過根據今本的情況來看,今本《吴語》在編纂的過程無疑應是參考過簡本《吴語》及上博簡《吴命》這類文獻的。目前出土的戰國簡帛中見有大量"事語"類文獻,多以"短章"形態各自流傳,不少還没有篇題,"往往只紀一事之本末,呈分散、片段狀態",②文本結構也相對鬆散。今本《吴語》則是由多個"短章"或"短章群"組成的叙事結構完整的單篇文獻,具有較高的成熟度,應是對戰國時期流傳的衆多版本的《吴語》及其他相關文本整理編纂而成的一個相對完善的"定本"。其在編纂過程中對多種來源的原始文本也進行了有意識的整理、裁剪與糅合。

從《國語》慣用的叙事結構中也可窺見今本《國語》對於慈利簡《吴語》這類原始文本加工與整理的痕跡,《國語》中《周語》《楚語》《晋語》等諸篇常呈現"背景或緣起——嘉言嘉語——嘉言嘉語結果"的三段式結構模式,"其中尤以保存嘉言嘉語爲重點"。③ 清華簡《晋文公入於晋》主要講述的是晋文公自秦返國後整頓内政、軍事等諸事的舉措,可與《國語·晋語四》的相關内容對照。簡文對於晋文公返國的背景及整頓内政、軍事等諸事的結果記述都較爲簡略,其中所記之"語"也多係晋文公整頓諸事的發令之辭。與簡本相比,《國語·晋語四》對於晋文公返國的背景與結果的記述則頗爲詳細,在"文公出陽人""文公伐原""鄭叔詹據鼎耳而疾號"等諸章中還有大量晋文公自述或賢臣進諫的"嘉言嘉語","記言"的風格更爲明顯。又如清華簡《子犯子餘》篇中一段秦穆公與子犯的對話,可與《國語·晋語

---

① 陳送文:《慈利竹書和〈國語·吴語〉對勘(兩則)》,《古文字研究》第三十輯,第523頁。
② 劉全志:《出土文獻視域下的〈左傳〉成書過程》,《北京師範大學學報(社會科學版)》2022年第4期,第77頁。
③ 俞志慧:《國語·周、魯、鄭、楚、晋語的結構模式及相關問題研究》,《漢學研究》2005年第2期,第35頁。

二》"公子縶吊公子重耳於狄"時舅犯所説的話相參照。① 簡文雖然也記録了大段的"嘉言嘉語",但却缺乏對背景與結果的記述。兩相比較可見,《國語》三段式的結構模式明顯是對於原始文獻進行加工後的産物。李零先生在討論古書形成問題時曾指出:"早期的古書多由'斷片'(即零章碎句)而構成,隨時所作,即以行世,常常缺乏統一的結構,因此排列組合的可能性很大,添油加醋的改造也很多,分合無定,存佚無常……戰國秦漢的古書好像氣體,種類和篇卷構成同後世差距很大。"② 站在今本《吴語》的角度而言,處於由"章"到"篇"的過渡形態的慈利簡《吴語》無疑仍具有典型的"氣體"特質,尚未完全定型。這也是簡本《吴語》與今本《吴語》在分章與内容上存在差異的主要原因。

三、單篇流傳亦或全帙編定:《國語》的成書過程

學界一般認爲慈利簡《吴語》篇在當時已處於單篇流行的狀態。廖群先生則提出了另一種可能,即"在《吴語》乃至《楚語》《晋語》單篇流傳之前,《國語》全帙已經成編。全帙完成後再單篇傳播"。③ 我們認爲慈利簡《吴語》篇實際處於單篇流傳到全帙編定的過渡階段。

慈利簡至今仍未全部發表,我們難以窺見全貌。但有部分學者應參與過其前期的整理工作或審閲過原整理者所作釋文,據顧史考介紹,在2007年於美國康奈爾大學舉辦的"當地背景下的古代文本:湖南慈利所發現的中國古代竹書國際工作坊"會議上,慈利簡原整理者曾公布了部分材料,一是《國語·吴語》及《逸周書·大武》篇的釋文及圖版;二是不見於傳世文獻的失傳部分,這部分未附圖版,只公布了釋文。顧史考認爲"此慈利楚簡的失傳部分並非全部失傳,而實有與《國語·齊語》(或《管子·小匡》篇)相當者"。④ 顧先生在2007年的會議上應目驗過原始材料,其意見無疑相當值得重視。這一部分簡文大概就與張春龍《概述》一文所説的《管子》佚文

---

① 參鄔可晶:《〈清華(柒)·子犯子餘〉子犯答秦穆公問有關簡文補説》,《簡帛研究·2018秋冬卷》,桂林:廣西師範大學出版社,2018年,第41—48頁。
② 李零:《簡帛古書與學術源流(修訂本)》,北京:三聯書店,2004年,第198頁。
③ 廖群:《慈利楚簡〈吴語〉與〈國語〉成書、流傳新證——兼及先秦事語類作品的文本特點》,《文學遺産》2023年第2期,第9頁。
④ 顧史考:《慈利楚簡〈齊語〉簡及佚文零釋(存目)》,《上博等楚簡戰國逸書縱横覽》,上海:中西書局,2018年,第315—316頁。

有關。《國語·齊語》與《管子·小匡》的關係密切,學者多有討論,李學勤、張居三都曾指出《國語·齊語》對戰國制度的記載較爲"存古",用詞也更加古奧,《管子·小匡》乃抄自《齊語》。① 現在基本可以確定,在慈利簡中有兩部分與《國語》相關的內容,即《吳語》和"與《國語·齊語》相當者"的《齊語》。

《晉書·束皙傳》記載"太康二年,汲郡人不准盜發魏襄王墓,或言安釐王塚,得竹書數十車",其中有"《國語》三篇,言楚晉事"。② 由於汲塚竹書今已亡佚,《國語》究竟是簡本原有的篇名還是當時的整理者根據簡文內容所自擬的篇名今已不得而知。《晉書·束皙傳》記載此批竹書"大凡七十五篇。七篇簡書折壞,不識名題",一般認爲"《國語》三篇"明言篇名《國語》,則其應非"不識名題"的一部分,"汲塚本《國語》亦當如《束皙傳》中所引諸書之名,應爲原題,而非整理者後來所加"。③ 但從目前發現的戰國時期出土文獻而言,一般以"邦"表示"國家"義。後世被認爲讀爲"國"的"或"字在戰國時期一般表示"疆域"之義,直至漢初爲避劉邦諱,才以"國"代替"邦",表"國家"之義。④ 慈利簡《吳語》與今本《國語》"國"字對應之字也皆作"邦",廖群也認爲"戰國中後期墓中的《國語》不太可能題爲'國語',《晉書》所謂'《國語》三篇'之'國語'當爲簡書整理者所稱的書名"。⑤ 從戰國時期的詞彙使用習慣而言,當以此説爲是。汲塚竹書"《國語》三篇"內容是否完全同於今本《國語》也是一個可以再探討的問題。但現在基本可以確定的是,即使"《國語》三篇"是當時整理者自擬的篇名,其與今本《國語》性質、內容也應相似,否則整理者也不會如此命名。《晉書》謂"《國語》三篇,言楚晉事",按照今本《國語》的體例而言,可以説汲塚本《國語》應包括《楚語》《晉語》兩部分。這正與慈利楚簡中有"吳""齊"二語情況相同。

這裏還需考慮的一個問題是,汲塚竹書中"楚""晉"二語並存、慈利楚

---

① 李學勤:《〈齊語〉與〈小匡〉》,《清華大學學報(哲學社會科學版)》1986年第2期;張居三:《《國語·齊語》與〈管子·小匡〉的關係》,《古籍整理研究學刊》2010年第5期。
② (唐)房玄齡等撰:《晉書》卷五一《束皙傳》,北京:中華書局,1974年,第1432—1433頁。
③ 袁逢:《早期文獻中關於"國語"之名的記載》,《漢字文化》2020年第11期。
④ 參大西克也:《論古文字資料中的"邦"和"國"》,《古文字研究》第二十三輯,北京:中華書局、合肥:安徽大學出版社,2002年,第186—194頁。
⑤ 廖群:《慈利楚簡〈吳語〉與《國語》成書、流傳新證——兼及先秦事語類作品的文本特點》,《文學遺產》2023年第2期,第12頁。

簡"吴""齊"二語並存是一種偶然的現象還是由於當時社會政治環境,時人有意爲之？我們認爲後者的可能性爲大。在荆州棗林鋪造紙廠46號戰國楚墓出土的竹簡中有一篇整理者命名爲《齊桓公自莒返于齊》的文獻,其可與《國語·齊語》及《管子·小匡》直接對讀。該篇簡文的整理者趙曉斌曾指出：

> 此次出土的竹書,簡文敘述順序同於《齊語》而内容略多,《小匡》則又多於簡文。大抵於"天子致胙"之前,文承《齊語》,其後言趣《小匡》。筆者認爲這三種文本形成時間的先後順序爲"《齊語》→簡本→《小匡》"。①

根據整理者的意見,我們完全可以將《齊桓公自莒返于齊》視爲與今本《國語·齊語》具有同源關係的另一個版本的《齊語》。頗爲巧合的是,荆州棗林鋪造紙廠46號戰國楚墓中又出土了一篇擬題爲《吴王夫差起師伐越》的簡文,與清華簡《越公其事》内容大體相同,二者爲同文異本。②《越公其事》與《國語》的文本屬性相似,是典型的"事語"類文獻。其記述與《國語·吴語》《國語·越語上》近似的部分,主要是第1—3章越王句踐戰敗向吴王求成的部分,以及第10、11章越王句踐伐吴的部分。《吴王夫差起師伐越》與《越公其事》也可視作戰國時期流行的一種吴國之"語",將其看作另一個版本的《吴語》也未嘗不可。棗林鋪造紙廠46號戰國楚墓中與慈利楚簡都並存吴、齊二國之"語"恐非偶然。就吴、齊兩國的關係而言,春秋晚期吴國曾多次北上伐齊,形成了吴齊争霸的局面。兩國的知識分子之間也存在着規模的流動,如齊國的大夫慶封、鮑子都曾外逃至吴國,曾協助吴王闔間伐楚的孫武也來自齊國,伍子胥爲避禍曾托子於齊國鮑。"齊"語也應是隨着這種廣泛的人員流動傳入了吴國,吴人對其進行了整理,並將其與記録本國之事的"吴"語彙集於一處。這類文獻後又傳入楚國,形成了慈利楚簡中"吴""齊"二語並存的面貌。

---

① 趙曉斌:《荆州棗紙簡〈齊桓公自莒返于齊〉與〈國語·齊語〉〈管子·小匡〉》,《出土文獻研究》第二十一輯,第100頁。
② 參趙曉斌:《荆州棗紙簡〈吴王夫差起師伐越〉與清華簡〈越公其事〉》,《清華戰國楚簡國際學術研討會論文集》。

就汲塚本《國語》而言,春秋五次大規模的戰爭有三次發生在"楚""晉"之間(城濮之戰、邲之戰、鄢陵之戰),誠如童書業先生所言,"晉、楚兩國的歷史是一部《春秋》的中堅"。① 這種觀念在戰國時期早已有之,記録楚國史事的長篇戰國竹書清華簡《繫年》中即以"楚以與晉固爲怨"(簡118)概括兩國之間的關係。與此同時,兩國的知識分子階層也有大規模的自由流動,《左傳·襄公二十六年》言"雖楚有材,晉實用之",提到了晉國曾任用申公巫臣、王孫啓、雍子、析公臣、苗賁皇五位來自楚國的人才。汲塚竹書中的"楚"語也應是隨着這種人才的流動傳入了晉國。主要以楚文字書寫的清華簡中也有不少篇具有典型三晉文字特徵,如《良臣》《晉文公入於晉》《趙簡子》等,已有學者指出這些文獻的底本可能來自晉地,故在傳入楚地後,書手在利用楚文字轉寫的過程中仍保留有一定程度的三晉文字特徵。②可見兩國密切的交流。由於晉楚二國常年爭霸,晉國無疑也會有意識地對這類涉及楚國的文獻材料進行搜集。作爲晉國政治遺産主要繼承者之一的魏國君王墓地出現了"楚"語,恐怕也與這一時代背景有關。

因而,汲塚竹書及慈利楚簡中多國之"語"並存可能並非一種偶然現象,而與春秋時期的政治局勢有密切的關係,是時人特意搜集整理的結果。

出土慈利楚簡的城關石板村36號戰國墓從墓室形制及隨葬品等分析來看,屬於下大夫一級的墓,③而汲塚竹書出土於戰國時期魏王的墓地,屬於諸侯一級的墓地。此外,郭店楚簡中也有"事語"類文獻《魯穆公問子思》一篇,郭店楚簡出土於荆門市郭店1號墓,時代在戰國中期偏晚,其主人應是"低級貴族,大概與'士'相當"④。這説明在戰國時期,《國語》這類記録各國之事的"事語"類文獻在社會各階層之間已廣爲流傳。考慮到先秦時期古書常單篇流傳的情況,當時《國語》應尚未全帙編定。但從慈利楚簡並存"吴""齊"二語、汲塚竹書並存"楚""晉"二語的情況來看,時人已有意識地將具有密切關係的兩國或多國之"語"搜集於一處,這正體現了《國語》成書過程中由單篇流傳到全帙編定的過渡階段,因而也可將其視作今本《國

---

① 童書業:《春秋史》,北京:中華書局,2006年,第218頁。
② 王永昌:《清華簡文字與晉系文字對比研究》,吉林大學博士學位論文(指導教師:李守奎),2018年,第153—158頁。
③ 湖南省文物考古研究所等:《湖南慈利石板村36號戰國墓發掘簡報》,《文物》1990年第10期,第45頁。
④ 陳偉等:《楚地出土戰國簡册(十四種)》,北京:經濟科學出版社,2009年,第138頁。

語》之雛形。換言之,在戰國時期這些已擺脱單篇流傳狀態,而被成組、成套匯於一處或編於一卷的兩國或多國之"語",可能才是今本《國語》的直接來源。今本《國語》可能並不是直接將單篇流傳的各國之"語"匯集而成,而是經歷了"單篇流傳"→"相關之'語'匯於一處或編於一卷"→"全帙編定"三個階段才最終成書。

  由於目前慈利簡的材料尚未完全發布,我們難以一窺其中《吴語》篇的全貌。但從慈利簡《吴語》篇按短章分別編號的情况來看,仍可明顯地看出其還處於由"章"到"篇"的整合階段。今本《吴語》也是將多個吴國故事的"章"通過"連環體"之類的修辭方式拼接在一起,構成一個講述吴國故事的"篇"。早期文獻多以短章構成最基本的叙事單位,每個叙事單位圍繞一個事例展開叙述,各短章可以根據叙事的需要裁剪、拼接成叙事的"章節",呈現"開放性"的特點。慈利楚簡《吴語》這種由章到篇的整合行爲則體現了早期文本由開放性到閉合性的轉變。早期文本的經典化過程(或可稱爲"定型化"過程),正是其不斷被整理的過程。在《國語·吴語》的成書過程中,今本《吴語》的編纂者也會對慈利簡《吴語》這類原始材料進行有意識的整理、裁剪與糅合,形成一個相對完善的"定本"。從慈利楚簡吴、齊二語並存,處於單篇流傳到全帙編定的過渡階段來看,《國語》在當時仍未完全定型。

第二節　文本的捃摭與整合: 清華簡《越公其事》與《國語》文本的編纂

  清華簡《越公其事》篇經綴合拼接,現存竹簡 74 支,[1]單支竹簡抄寫 31—33 字,整篇約 2 200 字。"全篇共十一章,章尾有標誌符號,或簡尾留

---

[1]　原整理者認爲該篇經拼綴後存 75 支簡(参清華大學出土文獻研究與保護中心編,李學勤主編:《清華大學藏戰國竹簡(柒)》,第 112 頁)。陳劍先生認爲"簡 18 插入簡 36 上與 34 之間,三段應本爲一簡之折,可以遥綴"(参陳劍:《〈越公其事〉殘簡 18 的位置及相關的簡序調整問題》,復旦網,2017 年 5 月 14 日)。棗紙簡《吴王夫差起師伐越》此段未殘,其正與陳劍先生拼綴重排後的簡文内容相同(参《荆州棗紙簡〈吴王夫差起師伐越〉與清華簡〈越公其事〉》,《清華戰國楚簡國際學術研討會論文集》,第 8 頁),可知陳劍先生拼綴無誤,《越公其事》實際現存 74 支簡。

白,或章間空白",①該篇較爲完整地記述了吴越争霸、句踐滅吴之事。其中不少内容可與《國語·吴語》《國語·越語上》相參照,它們屬於典型的"内容相同而字句歧異"的兩書異文。② 另據趙曉斌先生介紹,荆州棗林鋪造紙廠46號戰國楚墓中出土了一篇擬題爲《吴王夫差起師伐越》的簡文,其内容與清華簡《越公其事》内容大體相同,二者爲同文異本,但也存在個别異文與記事之不同。③ 面對具有相似語句或段落的兩種或多種出土文獻與傳世文獻之間的關係,學者往往會不自覺地對其成書年代的先後作出推斷,如《越公其事》的整理者李守奎先生即認爲"歷史記載變成歷史傳聞,不斷被故事化、小説化""從故事化傾向來看,我們可以大致排出一個次序來,《左傳》《越公其事》《吴語》《越語上》《越語下》,越往後故事性越强"。④ 李先生雖然未明言各文本成書年代的先後,但從其"越往後故事性越强"的叙述來看,其實已隱含了某種判斷。也有學者認爲由春秋史官"傳聞"制度所形成的春秋史文本多是片段、分散式單章存在的紀事本末體"事語"。⑤ 可見依靠所謂"故事性"的强弱來判斷成書年代的先後恐怕難以達成共識。我們認爲針對這類問題應充分認識到早期文本的"公共資源"及"公共素材庫"屬性,⑥古人認爲他們擁有權利按照編纂需要對"公共素材庫"進行拼接重組以形成新的文本。前人所講的"秦漢書多同""古人之言,所以爲公也",闡釋的就是這種著作觀念。對於《國語·吴語》《國語·越語上》與《越公其事》這類具有相似的語句或段落的文本,如果没有關於成書時代先後與因襲關係的絶對證據,不如采信"同文同源説"。⑦ 承認古書的流傳並

---

① 清華大學出土文獻研究與保護中心編,李學勤主編:《清華大學藏戰國竹簡(柒)》,第112頁。
② "兩書異文"的定義參朱承平:《異文類語料的鑒别與應用》,長沙:嶽麓書社,2005年,第1—3頁。
③ 參趙曉斌:《荆州棗紙簡〈吴王夫差起師伐越〉與清華簡〈越公其事〉》,《清華戰國楚簡國際學術研討會論文集》,第9頁。
④ 李守奎:《〈越公其事〉與句踐滅吴的歷史事實及故事流傳》,《文物》2017年第6期,第80頁。
⑤ 參劉全志:《出土文獻視域下的〈左傳〉成書過程》,《北京師範大學(社會科學版)》2022年第4期。
⑥ 關於早期文本的"公共資源"屬性的討論可參見徐建委:《戰國秦漢間的"公共素材"與周秦漢文學史叙事》,《中山大學學報(社會科學版)》2012年第6期;孫少華:《鈔本時代的文本抄寫、流傳與文學寫作觀念》,《華中師範大學學報(人文社會科學版)》2015年第9期。
⑦ 李鋭:《"同文"分析法評析》,《新出簡帛的學術探索》,第27頁。

非都是由原始文本單綫傳播連續複製而成的,而是將它們理解爲取材於共同的"族本"形成的"同源性衍生性文本"。①

本節我們希望從《越公其事》與《國語·吳語》《國語·越語上》諸篇敘事立場的差異及諸篇相同或相近的語句、段落兩方面分析各文本之間的關係。

一、改編與重構:《越公其事》與《國語》敘事立場的差異

清華簡《越公其事》與《國語》諸篇存在不少文義相同或相近的語句、段落,此即本章所要討論的"同文"。這些同文有的出現於相同故事情節中,可能如整理者所言取材於"共同的史料來源";②有些同文却出現於迥異的故事情節或不同人物的言語中,由此產生了不同的敘事作用,此即所謂的"文辭挪用"。在《越公其事》與《國語》諸篇編纂過程中,"都'挪用'過某些'公共素材'或'語料',又因應不同的敘事理念或史觀,而各自安排運用"。③ 因而在分析《越公其事》與《國語》諸篇的同文前,首先有必要對《越公其事》與《國語》在文本結構與人物形象等方面的差異進行分析,以探討其背後各自不同的敘事立場。我們先將《越公其事》與《國語》諸篇的故事情節總結如下,再作分析:

出處 結構	《越公其事》	《國語·吳語》	《國語·越語上》	《國語·越語下》
情節一	越王敗於會稽,遣大夫種求成於吳王夫差	吳伐越,越王遣諸稽郢求成	越王敗於會稽,遣大夫種求成於吳王夫差	越王拒範蠡之諫伐吳戰敗,求成於吳王夫差
情節二	伍子胥進諫	伍子胥進諫	伍子胥進諫	
情節三	吳王拒諫,與越國行成	吳王拒諫,與越國行成	吳王拒諫,與越國行成	

---

① 所謂"族本"是指"思想、言論由於記載、引用、篇章別行,乃至前後期寫作的不同、口傳到記録的歷時差異、復述時的差舛,而形成了反映思想的諸多彼此主題思想、主體内容相似的'族本'系統,這就是文本的源頭"。(參李鋭:《同文與族本:新出簡帛與古書形成研究》,第223頁。)"族本"某種意義上也具有"公共資源"的屬性,其既可以指某些共同的思想、言論,也可指已編纂成書的類似校勘學意義上的"祖本"性質的文獻。

② 清華大學出土文獻研究與保護中心編,李學勤主編:《清華大學藏戰國竹簡(柒)》,第112頁。

③ 蔡瑩瑩:《論〈清華簡(柒)·越公其事〉的體裁結構與人物文辭》,《臺大中文學報》2020年總第71期,第95頁。

續　表

出處 結構	《越公其事》	《國語·吳語》	《國語·越語上》	《國語·越語下》
情節四		吳王伐齊,伍子胥自殺		
情節五		吳晉黃池之會爭先		
情節六		王孫苟告勞於周		
情節七	越公安民定邦,行五政	越王句踐安民備戰	越王句踐勵精圖治	范蠡進諫,句踐從之,安邦備戰
情節八	越敗吳,吳國戰敗	越伐吳,吳國戰敗	越伐吳,吳國戰敗	越伐吳,吳國戰敗
情節九	吳王求成,越王不許,吳王自殺	吳王求成,越王不許,吳王自殺	吳王求成,越王不許,吳王自殺	吳王求成,越王遣范蠡拒成

　　就諸篇叙事結構而言,《越公其事》與《越語上》《越語下》結構相似,呈現單綫條的叙事結構,都圍繞"吳越爭霸、越國復仇"的主題展開,已具有"紀事本末"的特徵。《吳語》則呈現複合式叙事的特點,在"吳越爭霸"的主題外,還穿插有吳國"北上伐齊""晋吳黄池之會"的故事情節,是整合來源不同的短章或短章群而成的文本。《越公其事》的第二部分記述施行"好農""好信""得人""好兵""整民"的"五政",這一部分内容在記述"吳越爭霸"故事的早期文本中未曾出現過。學者多已指出"五政"部分帶有濃厚的"政論"色彩,與其他兩部分行文風格區别明顯,並非同一來源,也是後"插入"的部分。"五政"部分的插入,其目的在於凸顯主人公越王句踐的個人形象,以表達其鮮明的"君主"叙事立場。

　　在《國語》諸篇"吳越爭霸"故事中所凸顯的往往是范蠡、文種這類賢臣的"嘉言善語",如在《吳語》中有"楚申包胥使於越,越王句踐問焉"及"越王句踐乃召五大夫"兩大段句踐與申包胥、范蠡等賢臣的問答之語。《越語下》的中心人物甚至完全轉變成了范蠡,全文的主要内容是范蠡的進諫之語,顧頡剛即認爲此篇"專記范蠡事,可謂《范蠡興越史》"。[1] 在《國語》諸

---

[1] 顧頡剛:《春秋三傳及國語之綜合研究》,第66頁。

篇中句踐更多地是被描述成一個虛心納諫的君主形象。《越語下》中句踐是由於"即位三年而欲伐吳"時未曾接受范蠡的諫言,導致了越國第一次的戰敗,而後句踐虛心納諫,最終"居軍三年,吳師自潰",得以復仇成功。《吳語》中的吳王夫差則是由於不曾接納伍子胥的諫言導致了失敗。可見在《國語》諸篇中是否接納賢臣的諫言成爲了決定君王能否取得成功的關鍵。這也與《國語》"記諸國君臣相與言語、謀議之得失也"①的編纂主旨有關,其目的就在於通過君問臣答的方式,以突出賢臣的"嘉言善語",表達了編纂者"尊賢重士"的思想傾向。

清華簡《越公其事》對伍子胥、范蠡等"賢臣"角色則存在有意的弱化,通過"五政"部分重點突出君主句踐的形象。"五政"部分采取了"總一分"的敘事結構,先介紹了"吳人既襲越邦,越王句踐將惎復吳"的背景,後又逐一介紹"五政"的內容,每"政"之後都有"越邦乃大多食""越邦乃皆好信"這類對政策實行結果的記述,首尾完整,結構縝密,突出了越公"治國有道"的形象。《越語上》同《越公其事》一樣,也有"令壯者無取老婦,令老者無取壯妻""其達士,絜其居,美其服"等對句踐施政政策的記載。不過,《越語上》這方面的記載相對《越公其事》而言較爲簡略,《吳語》《越語下》對句踐具體的施政政策則著墨更少。《越公其事》則將越國復仇成功的主要功績都歸於句踐,從某種意義上來說,其也可以視作以句踐爲主人公的人物傳記。

作爲吳越爭霸故事另一主角,夫差的形象在《越公其事》與《國語》諸篇中有所不同。《越公其事》及《吳語》《越語上》都有一段吳敗越後,吳王夫差欲許成,而伍子胥進諫表示激烈反對的故事情節:

	《吳語》(伍子胥第一次進諫)	《吳語》(伍子胥第二次進諫)	《越語上》	《越公其事》
背景	吳王夫差乃告諸大夫曰:"孤將有大志于齊,吾將許越成,而無拂吾慮。若越既改,吾又何求?若其不改,反行,吾振旅焉。"	吳王夫差既許越成,乃大戒師徒,將以伐齊。	夫差將欲聽與之成。	吳王聞越使之柔以剛也,思道路之修險,乃懼,告申胥曰:"孤其許之成。"(簡9)

---

① 任繼昉纂:《釋名匯校》,濟南:齊魯書社,2006年,第341頁。

續 表

	《吴語》（伍子胥第一次進諫）	《吴語》（伍子胥第二次進諫）	《越語上》	《越公其事》
諫語	申胥諫曰："不可許也。……及吾猶可以戰也，爲虺弗摧，爲蛇將若何？"	申胥進諫曰："昔天以越賜吴，而王弗受。……越人必來襲我，王雖悔之，其猶有及乎？"	子胥諫曰："不可。夫吴之與越也，仇讎敵戰之國也。……失此利也，雖悔之，必無及已。"	申疋胥曰："王其勿許！天不仍賜吴於越邦之利。……今越公其胡又有帶甲八千以敦刃偕死？"（簡9—11）
結果	吴王曰："大夫奚隆于越，越曾足以爲大虞乎？若無越，則吾何以春秋曜吾軍士？"乃許之成。	吴王還自伐齊，乃訊申胥曰……（伍子胥）遂自殺……（夫差）乃使取申胥之尸，盛以鴟鵜，而投之於江。	越人飾美女八人納之太宰嚭……太宰嚭諫曰……夫差許之成。	（夫差回復伍子胥後）申疋胥乃懼，許諾。（簡14—15）

在《國語》諸篇中夫差被塑造成一個驕傲自大、剛愎自用的君主形象，如在《吴語》中夫差傲慢地認爲"越曾足以爲大虞乎"，夫差同意越國求成的原因是其"將有大志于齊"，夫差認爲即使越國再次反叛，恰可以"若其不改，反行，吾振旅焉""以春秋曜吾軍士"。在《越語上》中夫差許成的原因被記述爲聽信了接受越國賄賂的太宰嚭"古之伐國者，服之而已。今已服矣，又何求焉"的讒言，在《史記·伍子胥列傳》中也有太宰嚭挑撥夫差與伍子胥的記載。與《國語》不同的是，《越公其事》所載夫差同意越國行成、反駁伍子胥之諫的理由則頗具"理性"的成分：

吴王猷（聞）雩（越）徒（使）之柔以弪（剛）也，思道逐（路）之攸（修）險（險），乃思（懼），告繡（申）疋（胥）曰："孤亓（其）許之成。"繡（申）疋（胥）曰："王亓（其）勿許！天不乃（仍）賜吴於雩（越）邦之利。虞（且）皮（彼）既大北於坪（平）备（邊），以鄖（潰）去亓（其）邦，君臣父子亓（其）未相旻（得）。今雩（越）公亓（其）故（胡）又（有）繡（帶）甲仐=（八千）以敦刃皆（偕）死？"

吴王曰："夫=（大夫）亓（其）良煮（圖）此！……今我道逐（路）攸（修）險（險），天命反吴（側），敼（豈）甬（庸）可智（知）自旻（得）？虞

(吾)囙(始)俴(踐)雪(越)堅(地)以芉=(至于)今,凡吴之善士牀(將)中畔(半)死已(矣),今皮(彼)新(新)去亓(其)邦而筨(篤),母(毋)乃豖(豰),虐(吾)於膚(胡)取仐(八千)人以會皮(彼)死?"繻(申)疋(胥)乃思(懼),許諾。　　　　　　　　　　　　　　　（簡9—15）

《越公其事》謂"吴王聞越使之柔以剛也,思道路之修險,乃懼",一個"懼"字便形象地展示了夫差謹慎的態度。針對伍子胥乘勝追擊、一舉滅吴的建議,夫差舉出"道路修險""吴之善士將中半死矣""吾於胡取八千人以會彼死"等諸多理由,認爲此時並不具備徹底消滅越國的條件。夫差此時擔心的是如果繼續征伐越國,會招致越國魚死網破的抵抗,到時不僅會消耗吴國的國力,很可能還會導致更爲嚴重的後果。夫差選擇"許越成"完全是基於當時實際情況作出的"理性"判斷。

《吴語》記述在夫差伐齊取勝歸來後,又"訊申胥",斥責其"今大夫老,而又不自安恬逸,而處以念惡,出則罪吾衆,撓亂百度,以妖孽吴國",在伍子胥自殺後又"取申胥之尸,盛以鴟鵊,而投之於江"。完全是一副暴君的面孔。在《吴語》中記載夫差戰敗,走投無路時的自白之語中又對未聽伍子胥的勸諫表達了極度的後悔:

> 夫差辭曰:"天既降禍於吴國,不在前後,當孤之身,實失宗廟社稷。凡吴土地人民,越既有之矣,孤何以視於天下!"夫差將死,使人説於子胥曰:"使死者無知,則已矣;若其有知,吾何面目以見員也!"遂自殺。　　　　　　　　　　　　　　　　（《國語·吴語》）

夫差這種悔恨的態度與前文夫差拒絶伍子胥之諫時得意忘形、驕横跋扈的形象形成了鮮明的對比。《越公其事》則並不存在伍子胥極力進諫以及勸諫不成被殺的情節,在全篇最後夫差自白之語中也只言"孤余奚面目以視于天下"（簡75）,並無涉及伍子胥的言論,或是在有意弱化伍子胥的存在。

與夫差形象的劇烈反差相對應的是《越公其事》中伍子胥的形象也與《國語·吴語》中的記載大爲不同。《越公其事》記述的伍子胥"王其勿許!天不仍賜吴於越邦之利"云云的勸諫之語頗爲簡略。而在《吴語》《越語上》

中對伍子胥的勸諫之言則記述頗詳,伍子胥直言不諱地指出"有吳則無越,有越則無吳"(《越語下》),"及吾猶可以戰也,爲虺弗摧,爲蛇將若何?"(《吳語》)。吳王夫差許成之後準備伐齊,伍子胥又再次進諫,強調"越之在吳,猶人之有腹心之疾也""夫齊、魯譬諸疾,疥癬也""越人必來襲我,王雖悔之,其猶有及乎?"(《吳語》)。後續的發展果然如伍子胥所料,越國最終成爲吳國的心腹大患。通過忠臣諫語中的精準"預言"以彰顯忠臣的先見之明也是《國語》敘事的慣用套路。

《越公其事》所載的伍子胥的諫語也見於棗紙簡《吳王夫差起師伐越》篇簡11—13:

申胥曰:"王亓(其)勿之許!天賜吳於郞(越)邦之利,含(今)弗述(遂)取,後必慼(悔)之。虗(且)甫新大伐於坪(平)昀,以渭(潰)迲(去)亓(其)邦,君臣父子亓(其)未相旻(得)。……"①

《吳王夫差起師伐越》篇較《越公其事》多出"弗遂取,後必悔之"一句,誠如趙曉斌先生所言此句"既增強了人物的語言性格,又突出了其政治遠見"。②這種記述也與《國語》諸篇相近。《越公其事》刪除此句可能並非傳抄中的遺漏,而是有意爲之,其目的就在於削弱"吳越爭霸"故事中伍子胥這類"賢臣"的形象。

《國語·吳語》載"吳王還自伐齊,乃訊申胥",面對夫差的質詢與批駁,伍子胥的反應是選擇以死明志,在自殺前,伍子胥更是放言"以懸吾目於東門,以見越之入,吳國之亡也",其悲憤之情溢於言表。《越絕書·外傳紀策考》謂"子胥至直,不同邪曲。捐軀切諫,虧命爲邦",以此來形容《吳語》中的伍子胥的人物形象可謂若合符節。而在《越公其事》中,面對吳王夫差拒絕乘勝追擊,選擇"許越成"時。伍子胥的反應是"乃懼,許諾",一個"懼"字強烈地突出了君臣之別,表現了伍子胥對於君主威勢的屈從,與《國語》塑造伍子胥剛烈耿直的形象大相徑庭。

---

① 目前《吳王夫差起師伐越》圖版未公布,釋文參趙曉斌:《荆州棗紙簡〈吳王夫差起師伐越〉與清華簡〈越公其事〉》,《清華戰國楚簡國際學術研討會論文集》,第10頁。
② 趙曉斌:《荆州棗紙簡〈吳王夫差起師伐越〉與清華簡〈越公其事〉》,《清華戰國楚簡國際學術研討會論文集》,第10頁。

《越公其事》與《國語》諸篇根據各自的編纂需要對史料進行了裁剪,使得其故事情節與人物形象多有不同。《國語》諸篇採取了一種"君—臣"的二元化敘事模式,對於范蠡、伍子胥這種賢臣的"嘉言善語"着墨甚多,以君臣關係的對立營造故事情節的衝突,將是否能夠從諫如流作爲君主獲得最終成功的關鍵。戰敗後的句踐選擇了聽從范蠡賢臣等諫言,最終得以復仇成功,虛懷若谷的明君與足智多謀的賢臣構成一種模範的君臣關係。而最初獲得勝利的夫差却因爲沒有聽從伍子胥的勸諫,最終走向了滅亡,伍子胥作爲盡忠職守的賢臣最後也未得善終。剛愎自用的昏君與忠直諫諍而又不得善終的忠臣無疑是君臣關係的反面教材。

《越公其事》具有鮮明的"君主"立場,句踐幾乎是以一己之力"復吳"。在《越公其事》中,講述富國强兵之策的"五政"部分是篇幅最多、最爲重要的部分,這一部分中所記述的富國强兵之策皆出自句踐的自我謀劃,而非來自范蠡等賢臣的勸諫。句踐完全是一副勵精圖治、英明果斷的君主形象。而在《吳語》《越語下》中句踐"獨立執政"的能力則被大幅削弱。《吳語》將越國的富國强兵之策寓於句踐與楚大夫申包胥的問答之中,《越語下》越國的富國强兵之策也寓於范蠡勸諫之語中。《越公其事》與《吳語》《越語下》,誠如尤瑞先生所言"在關於國運興衰背後的君臣作用上,兩種記載隱隱地針鋒相對"。①

《越語上》的敘事結構可以概括爲"句踐戰敗、大夫種進諫—吳王許成—句踐卧薪嘗膽、復仇成功",在"句踐卧薪嘗膽、復仇成功"的故事情節中其實也呈現了相當程度的"君主"立場。《越語上》記載了一段與《越公其事》"五政"相同的句踐實施富國强兵之策的內容:

> 令壯者無取老婦,令老者無取壯妻。女子十七不嫁,其父母有罪;丈夫二十不娶,其父母有罪。……其達士,潔其居,美其服,飽其食,而摩厲之於義。四方之士來者,必廟禮之。句踐載稻與脂於舟以行,國之孺子之游者,無不哺也,無不歠也,必問其名。非其身之所種則不食,非其夫人之所織則不衣,十年不收於國,民俱有三年之食。

---

① 尤瑞著,陳鵬宇譯:《教訓類敘事與自强之道——讀清華簡〈越公其事〉》,《出土文獻》2023年第4期,第146頁。

《越語上》與《越公其事》的記述相同,種種富國強兵之策完全是其獨立執政意識的體現,句踐在這一過程中起到了主導性的作用,只是其記述較《越公其事》比較簡略。不過,與《越公其事》"五政"部分鋪陳直叙的叙事方式不同,《越語上》還保留有越王句踐的一些訓令,如:

> (越公)乃致其父母昆弟而誓之曰:"寡人聞,古之賢君,四方之民歸之,若水之歸下也。今寡人不能,將帥二三子夫婦以蕃。"

在《越語上》句踐伐吳之前所作的戰前動員中也有類似訓令的一段話:

> 句踐既許之,乃致其衆而誓之曰:"寡人聞古之賢君,不患其衆之不足也,而患其志行之少恥也。……進則思賞,退則思刑,如此則有常賞。進不用命,退則無恥,如此則有常刑。"

此外,在《越語上》開頭中還保留有大夫種向句踐進諫這類"語"類文獻常見的故事情節,因而其"君主"立場尚不如《越公其事》明顯。這顯然與《國語》通過記錄"嘉言善語"而"教之'語',使明其德"(《國語·楚語上》)的編纂目的有關,《越語上》既有"尚賢"的賢臣立場,又兼具"尊王"的君主立場。而《越公其事》則是"把各國通過變法實施君主集權制度、王權因而逐漸強大的社會現實融入'句踐滅吳'的故事叙述中",[1]呈現出強烈的君主立場。

就整體風格而言,《越語上》具有較強的"語"的屬性,這一點也與《吳語》《越語下》保持一致。《越公其事》則是"事""語"並舉,相對而言,更偏重於故事的叙述,在"事"的部分力求樸素,具有政論性質的"五政"部分即是以平鋪直叙的方式説理,在"語"的部分則采取"君主言+大夫言"爲主要的記言模式,並未刻意突出臣子之言的"規諫"屬性,也未將國運興衰與是否接納臣子的諫言相聯繫。《國語·吳語》《國語·越語上》等篇則以"言"爲主,將説理寓於君臣"對話"之中,重在突出臣子的規諫,其一般是"背景+

---

[1] 李健勝:《清華簡〈越公其事〉的文本性質及其所見戰國國家統治思想》,《湖南師範大學社會科學學報》2023年第4期,第144頁。

君臣對話+結果"的三段式結構,"君臣對話"記述的主體是臣子的勸諫或預言,如《吳語》既記載有伍子胥對夫差的勸諫及其"將必越實有吳土"等預言,也記載有楚申包胥對越王句踐"夫戰,智爲始,仁次之,勇次之"云云的勸諫之語,這一部分往往還有意通過君臣關係的對立製造故事情節的"矛盾衝突點",《吳語》中伍子胥與夫差關係就是頗爲典型的例子。"結果"部分則與"君臣對話"相呼應,記述臣子的進諫是否最終被君主所采納,如《國語》諸篇中記載虛心納諫的句踐最終得以滅吳,而剛愎自用的夫差最終落得身死國滅的下場,這是將是否接納臣子的諫言作爲決定國運興衰的關鍵,以期突出"求多聞善敗以鑒戒"(《國語·楚語下》)的編纂目的。誠如白壽彝所言《國語》在"在許多條記載的末尾,指出具體事件的歷史影響,就是表達這個觀點的通常的形式"。[1] 相比《越公其事》中結構較爲簡單的記言模式,《國語》顯然是經過加工、重構的產物。

"吳越爭霸"是戰國時期傳播頗廣的歷史事件,作爲爭霸雙方的史官應對其有所記載,《越公其事》與《國語》的主綫敘事脈絡當取自相同的"原始史料"。《國語》重在突出賢臣的嘉言善語,將是否接納臣子的諫言作爲決定國運興衰的關鍵,某些故事情節中君臣的對立使得文本呈現出強"故事性"的特點。《越公其事》則是堅定的君主立場,其主要的敘事邏輯是塑造"獨立性"的君主形象,突出集權式的君主對於國運興衰的決定性作用,因而無需刻意營造君臣對立關係的故事情節。作爲"同源衍生性文本"的《越公其事》與《國語》在人物形象、記言模式方面的差異根本上還是其各自不同的敘事立場所造成的。

二、捃摭與雜糅:清華簡《越公其事》與《國語》的同文文本

清華簡《越公其事》的文本主要分爲三部分:

1. 第1—3章:吳伐越,越王句踐求成,吳王夫差許成之事。
2. 第4—9章:句踐勵精圖治,施行"五政"安民強國之事。
3. 第10—11章:句踐伐吳,吳王求成,句踐不許,終滅吳之事。

---

[1] 白壽彝:《中國史學史教本初稿》,《白壽彝文集》第四卷,開封:河南大學出版社,2008年,第29頁。

先秦時期,不同古書之間常存在大量相同或文義相近的語句、段落,這些文字之間的關係,以往學界有"異文"或"重文""對文"等多種稱呼。本節中,我們采取李鋭先生的意見,借用牟庭《同文尚書》之説,稱其爲"同文"。①

清華簡《越公其事》與《國語·吴語》《國語·越語》内容關係最爲密切的部分主要是第1—3章越國戰敗向吴王求成及第10—11章越公滅吴的記述,這兩部分存在大量與《國語》相關的同文。這些同文大體可分爲兩類,一是出現在相同的故事情節或人物口中的同文,大概如整理者所言具有"共同的史料來源"。② 二是出現在不同故事情節或不同人物口中的同文,其中有的是由表達"求成"這類"特定情境"的"套語"而形成的同文;另一部分則是有的學者所指出的"文辭挪用"現象。③ 其取材於"公共素材庫",編纂者則按其需要安置在不同的故事情節中,體現了編纂者不同的叙事立場。

"吴越争霸"是戰國時期頗爲流行的故事母題,《左傳》《國語》《墨子》等書皆有記載,"越王句踐破吴"是整個"吴越争霸"故事中很重要的一個情節,《越公其事》與《吴語》對此事的記載幾乎完全相同:

《國語·吴語》	清華簡《越公其事》
於是吴王起師,軍於江北,越王軍於江南。越王乃中分其師,以爲左右軍,以其私卒君子六千人爲中軍。明日將舟戰於江,及昏,乃命左軍銜枚泝江五里以須,亦令右軍銜枚踰江五里以須。夜中,乃命左軍、右軍涉江鳴鼓中水以須。吴師聞之,大駭,曰:"越人分爲二師,將以夾攻我師。"乃不待旦,亦中分其師,將以禦越。越王乃令其中軍銜枚潛涉,不鼓不譟以襲攻之,吴師大北。越之左軍、右軍乃遂涉而從之,又大敗之於没,又郊敗之,三戰三北,乃至於吴。	吴王起帀(師),軍於江北。雩(越)王起帀(師),軍於江南。雩(越)王乃中分亓(其)帀(師)以爲左軍、右軍,以亓(其)厶(私)萃(卒)君子辛=(六千)以爲中軍。若明日,𣂈(將)舟戰(戰)於江。及昏,乃命右(左)軍監(銜)栿(枚)鮴(溯)江五里以須,亦命右軍監(銜)栿(枚)渝江五里以須。叜(夜)中,乃命右(左)軍右軍涉江,鳴鼓,中水以壐(須)。吴帀(師)乃大戠(駭)曰:"雩(越)人分爲二帀(師),涉江,𣂈(將)以夾□(攻)[我師]。"□□壐(須)旦,乃中分亓(其)帀(師),𣂈(將)以御(禦)之。雩(越)王句戔(踐)乃以亓(其)厶(私)萃(卒)辛=(六千)鼛(竊)涉,不鼓不喿(譟)以滯(侵)攻之,大𥝩(亂)吴帀(師)。右(左)軍右軍乃述(遂)涉,戊(攻)之。吴帀(師)乃大北,厇(三)戰(戰)厇(三)北,乃至於吴。

---

① 參李鋭:《"同文"分析法評析》,《同文與族本:新出簡帛與古書形成研究》,第156頁。
② 清華大學出土文獻研究與保護中心編,李學勤主編:《清華大學藏戰國竹簡(柒)》,第112頁。
③ 參蔡瑩瑩:《論〈清華簡(柒)·越公其事〉的體裁結構與人物文辭》,《臺大中文學報》2020年總第71期,第43頁。

《越公其事》中"逾江",《吴語》作"蹻江"之"蹻","逾""蹻"爲異體字關係,該字的使用很值得注意。鄂君啓舟節(《集成》12113)有"逾+地點"的辭例:

> 自鄂市,**逾**油(淯),辻(上)灘(漢),就屑,就芸(鄖)昜(陽),**逾**灘(漢),就裏,**逾**夏,内(入)邔(溳),**逾**江,就彭射(澤),就松(樅)昜(陽)。

此句中的"逾"與《吳語》"蹻江"之"蹻"同義,即順流而下之義。① 《越公其事》之"逾"與"鮴(溯)"相對成文,"溯"指逆流而上,可知"逾"即順流而下。上博簡《莊王既成》簡3—4中也有用爲"順流而下"之義的"逾":

> 女(如)四與五之閈(閒),軯(載)之專車以生(上)虞(乎)?殹(抑)四航以逾虞(乎)?

"逾"與"上"對文,"上"是指從陸路直上到晉國,"下"則是指從水路順流而下到吳國,這裏的"逾"也是"順流而下"義。

石從斌先生曾統計相關語料指出,"逾"字的這類特殊用法未見於出土與傳世的齊、晉、燕、秦等地的文獻中,而多見於楚簡中的典型楚國語料、楚系金文及傳世楚語文獻中,應是楚地特有的方言詞,具有鮮明的地域特色。② 清華簡《越公其事》是用典型楚文字抄寫的戰國竹書,在戰國時期吳、越二國也屬於楚文字的使用範圍。《越公其事》與《吳語》都保留有"逾"字的這類特殊用法,說明二者在地域上具有"同源性"。"越王句踐破吳"這一故事情節很可能在當時在楚地與吳越二國已廣爲流傳,並有着基本固定的記述。

越王句踐破吳後,句踐拒絕夫差求成之語在諸篇中的記述也極爲相似:

---

① 陳偉:《楚簡冊概論》,第87頁。
② 石從斌:《楚簡常用詞研究》,清華大學博士學位論文(指導教師:黄德寬),2023年,第260—272頁。

《越語上》	句踐對曰:"昔天以越予吳,而吳不受命;今天以吳予越,越可以無聽天之命,而聽君之令乎! **吾請達王甬句東,吾與君爲二君乎?**"
《吳語》	越王曰:"昔天以越賜吳,而吳不受;今天以吳賜越,孤敢不聽天之命,而聽君之令乎?"乃不許成。因使人告於吳王曰:"天以吳賜越,孤不敢不受。以民生之不長,王其無死,民生於地上,寓也,其與幾何? **寡人其達王於甬句東,夫婦三百,唯王所安,以没王年。**"
《越公其事》	乃使人告於吳王曰:"天以吳土賜寽(越),句戔(踐)不敢弗受,殹(抑)民生不仞(仍),王亓(其)母(毋)死。民生陞(地)上,寓也,亓(其)與幾可(何)! **不穀亓(其)牉(將)王於甬句重(東),夫婦晉=(三百),唯王所安,以屈聿(盡)王年。**"

《吳語》與《越公其事》中都出現了與《越語上》"昔天以越予吳,而吳不受命"相似的表述。再者,三書中也都有"達王於甬句東""將王於甬句東"這種相同的敘事要素。此事亦見於《左傳·哀公二十二年》:"冬十一月丁卯,越滅吳,請使吳王居甬東。"在夕陽坡楚簡中有"越涌君嬴將其衆以歸楚之歲"之辭,李學勤先生認爲,"越涌君"之"涌"即《國語》"甬句東"之"甬",並指出:"越國之地有甬,因有甬江,故簡文從'水'作'涌'。甬與句章相連,可能當時句章即屬於甬,故《左傳》稱'甬東',《國語》稱'甬、句東'。"①《越公其事》與《國語》中的"甬句東"大概就是楚地及吳越二國對"甬"及周邊地區具有地域性特點的命名方式,故而與《左傳》稱呼不同。

在"越王句踐破吳"這一故事情節中,《越公其事》與《國語》諸篇記述基本相同,且還共同出現"逾""甬、句東"這類具有地域性特點的詞彙,說明其當取自"共同的史料來源"。

《越公其事》與《國語》諸篇在運用相同史料叙述歷史故事時,有時又會按其各自不同的編纂目的對原始材料進行增補、修改。如在句踐破吳後拒絕了吳王夫差的求成部分之後,夫差對此有一段回復之語:

---

① 李學勤:《越涌君嬴將其衆以歸楚之歲考》,《古文字研究》第二十五輯,北京:中華書局,2004年,第312頁。

《國語·越語上》	夫差對曰："寡人禮先壹飯矣，君若不忘周室，而爲弊邑宸宇，亦寡人之願也。君若曰：'吾將殘汝社稷，滅汝宗廟。'寡人請死，**余何面目以視於天下乎！越君其次也。**"（"句踐滅吳"章）
《國語·吳語》	夫差辭曰："**天既降禍於吳國，不在前後，當孤之身**，實失宗廟社稷。凡吳土地人民，越既有之矣，**孤何以視於天下！**"夫差將死，使人説於子胥曰："使死者無知，則已矣；若其有知，**吾何面目以見員也！**"遂自殺。（"句踐滅吳夫差自殺"章）
清華簡《越公其事》	吳王乃詷（辭）曰："**天加𥚢（禍）于吳邦，不才（在）耑（前）逡（後），丁（當）殳〈役〉孤身**。女（焉）述（遂）遂（失）宗宙（廟）。凡吳陛（地）民人，雩（越）公是書（盡）既有之，**孤余絭（奚）面目以見（視）于天**下？雩（越）公元（其）事。"①（簡73—75）

　　三段話中皆有"孤何以視於天下"這一要素。《越公其事》這段話整體上與《吳語》中夫差之語高度相似，《越語上》的"越君其次"也見於《越公其事》中。三者具有很明顯的同源關係。《吳語》較《越語上》與《越公其事》多出"吾何面目以見員也"一句，"員"即指"伍子胥"。在《吳語》中有一大段伍子胥向夫差進諫被拒後憤而自殺的故事情節，《吳語》中的"吾何面目以見員也"一句顯然是爲了與此情節相呼應，以表現夫差的後悔之情，其最終的目的還是在於突出"是否接納臣子的諫言是決定國運興衰的關鍵"這一立場。

　　《越公其事》第1—3章記述吳伐越，越王句踐求成，吳王夫差許成之事，這一部分也有不少與《國語》相合的同文。如《越語上》"越王句踐棲於會稽之上"，《越公其事》簡1作"［越王句踐］赶登於會稽之山"，棗紙簡《吳王夫差起師伐越》簡1作"越王句踐失邦，移登會稽之山"，《越公其事》"赶登"前的闕文可據棗紙簡《吳王夫差起師伐越》補齊，這三處語句顯然是取材於"共同的史料來源"。

　　《越公其事》第1章所載的越王句踐求成之語中的一些短語、詞彙，又見於夫差戰敗後的求成之語中：

---

① "越公其事"，整理者認爲其爲篇題，此説不確。王輝先生已指出"越公其事"當爲吳王夫差所説的話，參氏文《説"越公其事"非篇題》，復旦網，2017年4月28日，該文後經修改發表於《出土文獻》第十一輯，第239—241頁。

同文辭 1	語　句　1	主　題
降禍/降威/加禍不在前後，當孤之身。	上帝降□□雫(越)邦，不才(在)夯(前)逡(後)，丁(當)孤之殜(世)。 （《越公其事》簡 2—3）	夫差伐越，句踐求成
	孤不天，上帝降畏(威)愍於邾(越)邦，不才(在)夯(前)逡(後)，當孤之身。 （《吳王夫差起師伐越》簡 4）	
	上天降禍於越，委制於吳。	句踐問范蠡
	吳王乃辝(辭)曰：天加禍于吳邦，不才(在)夯(前)逡(後)，丁(當)役〈伇〉孤身。女(焉)述(遂)遳〈失〉宗盅(廟)。 （《越公其事》簡 74）	句踐伐吳，夫差求成
	夫差辭曰：天既降禍於吳國，不在前後，當孤之身，實失宗廟社稷。 （《吳語》"句踐滅吳夫差自殺"章）	句踐伐吳，夫差求成

同文辭 2	語　句　2	主　題
男女服	孤其銜(率)雫(越)庶眚(姓)，齊剗(膝)同心，以臣事吳，男女備(服)。 （《越公其事》簡 6）	夫差伐越，句踐求成
	句踐請盟：一介嫡女，執箕帚以晐姓於王宮。一介嫡男，奉槃匜以隨諸御。 （《吳語》"越王句踐命諸稽郢行成於吳"章）	夫差伐越，句踐求成
	願以金玉、子女賂君之辱，請句踐女女於王，大夫女女於大夫，士女女於士。 （《越語上》"句踐滅吳"章）	夫差伐越，句踐求成
	今吳邦不天，旻(得)辠(罪)於雫=□□□□□□人之敝邑。孤請成，男女備(服)。 （《越公其事》簡 70—71）	句踐伐吳，夫差求成
	君告孤請成，男女服從。……今孤不道，得罪於君王……男女服爲臣御。① （《吳語》"句踐滅吳夫差自殺"章）	句踐伐吳，夫差求成

---

① 《吳語》"男女服爲臣御"據《越公其事》應斷爲"男女服，爲臣御"，"服"爲"服事"義，此句大意是"國中男女都去服事,作大王的僕御"。參石小力：《清華簡〈越公其事〉與〈國語〉合證》，《文獻》2018 年第 3 期。

西方學者在研究口傳史詩時曾提出過"套語"的理論,如帕里認爲不識字的口頭詩人在表演中是通過"常備的片語"和"習用的場景"來創作的,①所謂"套語"即"在相同的格律條件下爲表達一種特定的基本觀念而經常使用的一組詞"。②"套語"這一概念也可用以解釋上舉諸多同文,雖然《國語》《越公其事》並不具備詩歌的韻律條件,但上舉"降禍""男女服"等同文應都是"求成"這一"習用的場景"中的"常備的片語",其所表達的都是相同的觀念。

《國語》《越公其事》記述的越王句踐與吳王夫差各自的求成之語基本采用了同一套"套語",但《國語》對求成的"套語"則有所改編,如"男女服"在《吳語》中采用了"一介嫡女、一介嫡男"的説法,在《越語上》則改編爲了"女女於王,大夫女女於大夫,士女女於士"。這種相近語義短語或詞彙的换用應是出於"避複"的需要,也與《國語》試圖記録"嘉言善語"以"求多聞善敗以鑒戒"的編纂目的有關。將同一個"套語"加以改編置於不同的情節中,其目的就在於避免記"言"的重複性,以增强文本的文學性。

《越公其事》"男女服"在後世文獻中又引申出"句踐親入吳國服事"之説,如《史記·吳太伯世家》謂:"越王句踐乃以甲兵五千人棲於會稽,使大夫種因吳太宰嚭而行成,請委國爲臣妾。"《史記·越王句踐世家》云:"句踐曰:'諾。'乃令大夫種行成於吳,膝行頓首曰:'君王亡臣句踐使陪臣種敢告下執事:句踐請爲臣,妻爲妾。'"《淮南子·人間》云:"昔越王句踐卑下吳王夫差,請身爲臣,妻爲妾。"這顯然也是出於文學創作的需要,借此以增强句踐忍辱負重的人物形象。

另一方面,在《越公其事》的第一部分與《國語》表述相近的一些同文,則"分置於不同時空情境,或出於對立人物之口,導致在二書中發揮的效用與詮釋迥異",③此即所謂的"文辭挪用"。這種現象最爲典型的例子就是《國語·吳語》中涉及黄池之會的大量語句出現在《越公其事》其他的故事情節中:

---

① (美)約翰·邁爾斯·弗里著,朝戈金譯:《口頭詩學:帕里-洛德理論》中譯本前言,北京:社會科學文獻出版社,2000年,第3頁。
② (美)阿爾伯特·貝茨·洛德著,尹虎彬譯:《故事的歌手》,北京:中華書局,2004年,第40頁。
③ 蔡瑩瑩:《論〈清華簡(柒)·越公其事〉的體裁結構與人物文辭》,《臺大中文學報》2020年總第71期,第87頁。

同文辭 3	語　句　3	主　題
挾經秉枹	虘(吾)君天王,以身被甲冒(胄),戟(敦)力(釛)鍛鎗(槍),**圭(挾)弪秉櫜(枹)**,昬(振)鳴□□□(親)辱於奡(寡)人之䑦=(敝邑),奡(寡)人不忍君之武礪(勵)兵甲之鬼(威),……君乃陣(陳)吳甲□,□□□帶(旆)胥(狟),**王親鼓之**,以觀句狺(踐)之以此仐(八千)人者死也。 (《越公其事》簡 3—8)	句踐求成之語,形容吳軍軍威之盛
	吳王昏乃戒,令稱馬食士。……十行一嬖大夫,建旌提鼓,**挾經秉枹**。十旌一將軍,載常建鼓,挾經秉枹。萬人以爲方陣,皆白裳、白旂、素甲、白羽之矰,望之如荼。……既陳,去晉軍一里。昧明,**王乃秉枹,親就鳴鐘鼓**、丁寧、錞于振鐸,勇怯盡應,三軍皆譁釦以振旅,其聲動天地。 (《吳語》"吳欲與晉戰得爲盟主"章)	黄池之會,形容吳軍軍威之盛

《吳語》"挾經秉枹"之"經",韋昭注爲"兵書也",清人俞樾已懷疑此說,謂:"世無臨陣而讀兵書者,經,當讀爲莖,謂劍莖也。"①《越公其事》"圭弪秉櫜"與《吳語》"挾經秉枹"對應,《越公其事》"圭弪秉櫜"雖也是形容吳軍軍容之盛,但却是出自句踐求成之語中,與《吳語》的語境不同。《越公其事》原整理者已指出:"弪,見於馬王堆漢墓遣册,當是弓箭類兵器。"②"圭"字形象手中持二矢之形,即"挾矢"之"挾"的表意初文,③李守奎先生據此認爲《國語》之"經"可讀爲"莖",指箭矢之莖。④《越公其事》"圭弪秉櫜"之"櫜"讀爲"枹",指"鼓槌"。"挾經秉枹"這種說法在其他文獻中罕見,當非是"男女服"這種用於"習用的場景"中的"常備的片語"。

《吳語》所載黄池之會夫差與晉國使臣的答對之語又見於《越公其事》所載句踐求成、夫差的回復之語中:

---

① (清)俞樾撰著,趙一生點校:《群經平議》,《俞樾全集》,第 876 頁。
② 清華大學出土文獻研究與保護中心編,李學勤主編:《清華大學藏戰國竹簡(柒)》,第 116 頁。
③ 陳劍:《釋"圭"及相關諸字》,《出土文獻與古文字研究》第五輯,上海:上海古籍出版社,2013 年,第 263 頁。
④ 李守奎:《〈國語〉故訓與古文字》,《漢字漢語研究》2018 年第 2 期,第 96—97 頁。

同文辭 4	語　句　4	主　題
日夜相繼， 匍匐就君	吴王乃出，親見事(使)者曰："……孤用銜(率)我壹(一)弍(二)子弟，……羅(罹)甲縊(嬰)胄，敦(敦)齊兵刃，以攼(捍)御(禦)寡(寡)人。**孤用臣(委)命，蹱(踵)脣(晨)閣(昏)，冒兵刃，迭(冒)逋(匍)豪(匐)君，余聖(聽)命於門。" （《越公其事》簡 15—21）	句踐求成，夫差回復之語
	吴王親對之曰："天子有命，周室卑約，貢獻莫入，上帝鬼神而不可以告。無姬姓之振也，徒遽來告。**孤日夜相繼，匍匐就君**，君今非王室不平安是憂，億負晉衆庶……**孤用親聽命於藩籬之外**。" （《吴語》"吴欲與晉戰得爲盟主"章）	黄池之會，夫差答對晉國董褐之語。

《越公其事》"蹱脣閣"應讀爲"踵晨昏"，即"晨昏相繼、以晨繼昏"之義，①其與《吴語》"日夜相繼"相對應。《越公其事》"余聽命於門"與《吴語》"孤用親聽命於藩籬之外"相對應。

其他出土文獻材料中也有與《吴語》相關的"文辭挪用"現象。《吴語》記載夫差在黄池之會後有一段向周王的告勞之語：

昔者楚人爲不道，不承共王事。以遠我一二兄弟之國。**吾先君闔廬不貰不忍**，被甲帶劍，挺鈹搢鐸，以與楚昭王毒逐於中原柏舉。……夫差豈敢自多，文、武實舍其衷。

上博簡《吴命》有"吴　陳"一句，學者多已指出，其所記即《左傳·哀公十年》"楚子期伐陳，吴延州來季子救陳"之事。②《吴命》整篇都是吴國使者向周天子的告勞之辭，大體分爲兩部分，第一部分應是吴使臣向周王介紹自己出兵陳國的過程，並轉述了吴、楚兩國外交交涉的辭令；第二部分應是周天子對吴國的勸勉之辭。③《吴命》第一部分中有以下一句：

---

① 參范常喜：《清華簡〈越公其事〉與〈國語〉外交辭令對讀劄記一則》，《中國史研究》2018年第 1 期。
② 參王暉：《楚竹書〈吴命〉主旨與春秋晚期爭霸格局研究》，《人文雜誌》2012 年第 3 期；黄愛梅：《楚竹書〈吴命〉再綴連兼談吴楚與陳國的關係》，《社會科學》2022 年第 2 期。
③ 參黄愛梅：《楚竹書〈吴命〉再綴連兼談吴楚與陳國的關係》，《社會科學》2022 年第 2 期。按：黄文中竹簡編連的順序爲"簡 4+簡 5+簡 7+簡 2+簡 3+簡 1 背+簡 9+簡 8+簡 6"，簡 6 爲周王答復之辭，是《吴命》的第二部分，簡 6 前的內容是《吴命》的第一部分。今從其說。

楚人爲不道,不思(使)丌(其)先君之臣事先王。瀘(廢)丌(其)貢(貢)獻,不共(恭)丞(承)王事。我先君盍(闔)[閭]☐查(賴)先王之福,天子之需(靈)。孤也可(何)袋(勞)力之又(有)安(焉)！孤也敢至(致)先王之福,天子之需(靈)。　　(上博簡《吳命》簡9+簡8上)

《吳命》"楚人爲不道,不使其先君之臣事先王"一句與前舉《國語·吳語》一句內容近似。"廢其貢獻"大概是陳述楚國罪行的慣常用語,齊桓公伐楚時即指責楚國"爾貢包茅不入,王祭不共,無以縮酒"(《左傳·僖公四年》)。上舉《吳命》與《吳語》二句雖都是向周王的告勞之辭,但所處情景並不相同。

此外,上博簡《吳命》之"孤"是指吳王夫差。① 而從《國語·吳語》"不使其先君之臣事先王"的叙述來看,前舉《吳語》一句中"先王之福"之"先王"則是指周之先王。② 《吳命》"致先王之福,天子之靈"與《吳語》"夫差豈敢自多,文、武實舍其衷"表述也很近似。"文、武"即是指周文王與周武王,其在文獻中常作爲周先王的代表。"舍其衷"之"衷"一般訓爲"善",與"福""靈"義近。

《吳命》前部分所載吳國使者轉述的吳、楚交涉的外交辭令中也有與《吳語》相關的"文辭挪用"現象：

同文辭 5	語　句　5	主　題
玫(殘)芒(亡)爾社稷/殘汝社稷	剒(荆)爲不道,胃(謂)余曰:"女(汝)周之胄(孼)子……替(噬)敢居我江宇(濱)。"曰:"余必玫(殘)芒(亡)爾社稷(稷),呂(以)室(廣)東海(海)之表……"(《吳命》簡4—5)	吳國使者向周王轉述楚國使者對吳國的不遜之辭
	夫差對曰:"……君若曰:'吾將殘汝社稷,滅汝宗廟。'"(《越語上》"句踐滅吳"章)	夫差戰敗向句踐求成失敗後的答復之語

---

① 《吳命》前文有辭作"孤吏(使)一介吏(使)懇(親)於桃(逃)迟(遲)袋(勞)其夫=(大夫),虞(且)青(請)丌(其)行。剒(荆)爲不道,胃(謂)余曰:'女(汝)周之胄(孼)子……'"(簡4)此句涉及的雙方爲吳、楚兩國,其中的"孤"是指吳王,由此看上博簡《吳命》簡9+簡8上"孤也敢至(致)先王之福"也應指的是吳王夫差。
② 參侯乃峰:《上博藏竹書〈吳命〉"先王姑姊大妃"考辨》,《中國史研究》2010年第3期。

續　表

同文辭5	語　句　5	主　題
孜(殘)芒(亡) 爾社禝/殘汝 社稷	楚申包胥使於越,越王句踐問焉,曰:"吳國爲不道,**求殘我社稷宗廟**,以爲平原,弗使血食。……"(《吳語》"句踐滅吳夫差自殺"章)	句踐與楚申包胥的答對之語

《吳命》"孜芒(亡)爾社禝(稷)"之"孜"從"干"得聲,見紐元部,可讀爲從紐元部的"殘"字,①其與《越語上》"殘汝社稷,滅汝宗廟"、《吳語》"求殘我社稷宗廟"表述相近。但其所處情景也不相同。

在討論《越公其事》"疌(挾)弢秉橐(枹)"與《國語·吳語》"挾弢秉枹"這一文辭挪用現象時,蔡瑩瑩認爲"'挾弢秉枹'很可能是專屬並伴隨着吳越故事的固定用語,但其適用的情境却很可能在流傳過程中變動"。② 上博簡《吳命》所載之言涉及吳、楚兩國,而與越國無關。如果考慮到《吳命》與《國語·吳語》的同文材料,可見問題並非如此簡單。

上博簡《吳命》篇題中"命"這一文體,《尚書》中已有之,早期"書"類文獻中的"命"體文獻,如《尚書》中的《文侯之命》及清華簡《傅説之命》記述的主要是君主"命官"的册命之辭及接近"誥體"的訓誥之辭。③ 至春秋戰國時,"命"這一文體的内涵有所擴大,君主的辭令皆可稱爲"命",即所謂"上古王言同稱爲命"。④ "命"所記録的爲"王言",其製造過程頗爲謹慎,如《左傳·襄公三十一年》記載鄭國製"命"之事謂:

> 鄭國將有諸侯之事,子産乃問四國之爲於子羽,且使多爲辭令;與裨諶乘以適野,使謀可否;而告馮簡子使斷之。事成,乃授子大叔使行之,以應對賓客,是以鮮有敗事。

---

① 蘇建洲:《〈上博楚簡竹書〉考釋六題》,《楚文字論集》,臺北:萬卷樓,2011年,第133頁。
② 蔡瑩瑩:《論〈清華簡(柒)·越公其事〉的體裁結構與人物文辭》,《臺大中文學報》2020年總第71期,第90頁。
③ 參陳民鎮:《有"文體"之前:中國文體的生成與早期發展》,上海:上海古籍出版社,2019年,第109—111頁。
④ (明)吳訥、(明)徐師曾著,于北山、羅根澤校點:《文章辨體序説　文體明辨序説》,北京:人民文學出版社,1962年,第111頁。

《左傳·襄公三十一年》"且使多爲辭令"所指的大概就是指當時外交交涉所用的辭令。這類外交辭令雖是由使臣轉述，但却是以君主的名義發出，因而其仍是"王言"，上博簡《吴命》就是指這類由使臣轉述的君主辭令。《文心雕龍·詔策》謂："虞重納言，周貴喉舌。故兩漢詔誥，職在尚書。王言之大，動入史策，其出如綍，不反若汗。"這些與"命"相關的"詔策""動入史策"，想必也會被史官進行系統性整理與保存，已具有官方文書的性質。《國語·楚語上》所載申叔時論教育太子的言論中有"教之令，使訪物官"之辭，這裏的"令"即應讀爲"命"，即指先王之辭令。① "命"體文獻也可作爲教育貴族子弟材料。

《國語·吴語》涉及黄池之會的内容與清華簡《越公其事》、上博簡《吴命》存在不少"文辭挪用"現象。就三者的關係而言，我們認爲上博簡《吴命》很可能就是《國語·吴語》與清華簡《越公其事》直接的史料來源。

《國語》這一類"語"類文獻以記"言"爲主，與《吴命》這類"命"體文獻性質相近，但有所不同的是，前者也包含相當的記"事"成分，後者則全篇均記"言"。"'命'出自天子或者國君的辭語，由使臣代爲轉述，代表了國家的意志，它載實的特徵比較明顯，最後成爲歷史檔案。"② 相比較於"命"體文獻的"載實"特徵，《吴語》這類"語"類文獻則呈現出較强的"故事性"，在保持史實主體框架不變的前提下，往往會按照各自不同的叙事立場與編纂需要，糅合多種來源的材料，對人物形象、歷史故事的細節各自表述。如吴王夫差與伍子胥的形象在《國語·吴語》與清華簡《越公其事》中即大爲不同。又如《越公其事》與《國語·越語上》所記"行成於吴師"的使者爲"大夫種"《吴語》則作"諸稽郢行成於吴"，以"諸稽郢"爲使者。相比而言，上博簡《吴命》可能是更爲原始的吴國史料，並逐漸成了記述吴國史事的"公共素材庫"。《國語·吴語》與清華簡《越公其事》當是從上博簡《吴命》這種屬於官方文書的"命"體文獻中摘取了部分内容，後按各自需要置於不同的故事情節中，由此形成了"文辭挪用"現象。

總體而言，《國語·吴語》《國語·越語上》等篇與清華簡《越公其事》的同文主要有三個層次，一是處於相同故事情節的"同文"，其應來自記述

---

① 參陳民鎮：《有"文體"之前：中國文體的生成與早期發展》，第109頁。
② 王青：《"命"與"語"：上博簡〈吴命〉補釋——兼論"命"的文體問題》，《史學集刊》2013年第4期，第54頁。

相同史實的史料來源；二是"男女服"這類用於"求成"等"特定情境"的"套語"，這類套語也廣泛見於其他文獻中，並非記錄吳、越故事的文獻所獨有的；三是處於不同時空情景或人物口中的"同文"，這種"文辭挪用"最典型者即《國語·吳語》涉及黃池之會的語句又出現於清華簡《越公其事》、上博簡《吳命》不同的語境中，這類"同文"當是取自上博簡《吳命》之類具有"載實"特徵的官方文書所形成的"公共素材庫"，而根據其各自不同的叙事立場與編纂需要改編而成。

第三節　文本的衍生：馬王堆漢墓帛書與《國語·越語下》

馬王堆漢墓帛書《老子》乙本卷前抄寫有《經法》《十六經》《稱》《道原》四篇古佚書，前三篇中有不少語句可與《國語·越語下》所載范蠡之言對讀。[①] 如《國語·越語下》"德虐之行，因以爲常"之"德虐"一詞先秦文獻罕見，帛書中則多見，《十六經·觀》"德虐無形，静作無時"；《十六經·果童》"静作相養，德虐相成"。再如《越語下》"夫勇者，逆德也；兵者，凶器也；争者，事之末也"，"逆德"與"凶器"相提並論，此類説法也見於《經法·亡論》"三凶：一曰好凶器。二曰行逆德。三曰縱心欲"。此外，《國語·越語下》"上帝不考，時反是守"，《十六經·觀》作"聖人不巧，時反是守"，《史記·太史公自序》則作"聖人不朽，時變是守"。"不朽"一詞的語義已頗爲晦昧，《漢書·司馬遷傳》作"聖人不巧，時變是守"，倒還保留文本原義。[②] 聖人的行爲是《經法》《十六經》《稱》篇中多次提及的論題，《十六經·觀》將《越語下》"上帝不巧"之"上帝"改爲"聖人"或是爲了遷就這一主題的需要。李學勤先生曾指出《越語下》范蠡之語是對越王所問的回答，皆有實指，而類似的語句在馬王堆帛書四種古佚書中則成了普遍的命題，這説明其是

[①] 唐蘭先生、劉嬌先生都曾對相關異文予以整理，詳見唐蘭：《馬王堆出土〈老子〉乙本卷前古佚書的研究——兼論其與漢初儒法鬥争的關係》，《考古學報》1975年第1期，第17—27頁；劉嬌：《言公與剿説——從出土簡帛古籍看西漢以前古籍中相同或類似内容重複出現現象》，第235—245、276—277頁。

[②] 王引之曾指出《越語下》"上帝不考"之"考"當讀爲"巧"。參（清）王引之撰，虞思徵等校點：《經義述聞》，第1284頁。

"因襲《越語》,把具體言論普遍化"。① 如《國語·越語下》有一句范蠡應答之句作"四封之内……君臣上下,交得其志,蠡不如種也",此句又見於《十六經·觀》中,二者語句基本相同,唯一的區别是《十六經·觀》中將"蠡不如種也"改爲了"天因而成之",這顯然也是出於"把具體言論普遍化"的需要。

　　早期文本中存在大量具有"公共素材"屬性的獨立段落或短章,古人會按照編纂的需要,從中摘録或改造某些素材以生成新文本。② 《吴越春秋》《史記》等兩漢時期的古書都曾對《國語》整篇或整段摘抄並加以改編。馬王堆漢墓四篇古佚書則是一種特殊的"化整爲零"式的衍生性文本,是編纂者按照編纂需要將《越語下》范蠡與越王句踐對話中前後連貫的語句分割後再重組的產物,呈現出"文本嫁接"的特徵。如《越語下》"上帝不考,時反是守,彊索者不祥。得時不成,反受其殃"一句語義完整,《十六經·觀》中則變爲"聖人不巧,時反是守。優未愛民,與天同道。聖人正以待天,静以須人。不達天刑,不襦不傳。當天時,與之皆斷。當斷不斷,反受其亂",在將"上帝"改爲"聖人",删除《越語下》"彊索者不祥"的基礎上,又在"上帝不考,時反是守"與"得時不成,反受其殃"之間添加了"優未愛民"等數句,這樣的改編顯然是爲了與貫穿《十六經》諸篇中的"聖人隨時而動"的思想相應和。又如《越語下》:"對曰:'逆節萌生,天地未形,而先爲之征,其事是以不成,雜受其刑,王姑待之。'"此句本是范蠡回答越王的言論,馬王堆帛書中也對其進行了拆分,"逆節萌生"編入了《十六經·行守》中,"其事是以不成,雜受其刑"一句則編入了《十六經·姓争》中,作"居則无法,動作爽名。[其事乃不成],是以僇受其刑",③ 此句中的"居則无法,動作爽名"與《越語下》原句中的"天地未形,而先爲之征"並無直接的關係,這些例證都說明了帛書對於《越語下》的改編與重組。

---

① 李學勤:《范蠡思想與帛書〈黄帝書〉》,《簡帛佚籍與學術史》,第311—312頁。
② 關於早期文本的"公共素材"屬性的討論可參見徐建委:《戰國秦漢間的"公共素材"與周秦漢文學史叙事》,《中山大學學報(社會科學版)》2012年第6期;孫少華:《鈔本時代的文本抄寫、流傳與文學寫作觀念》,《華中師範大學學報(人文社會科學版)》2015年第9期。
③ 《十六經·姓争》"是以僇受其刑"一句前簡文殘缺,戎輝兵先生據《管子·勢》《國語·越語下》補爲"其事乃不成",其説皆可信。詳見氏文《〈馬王堆漢墓帛書〉(〈老子〉乙本卷前古佚書)校讀札記》,南京師範大學碩士學位論文(指導教師:施謝捷),2004年,第29頁。

馬王堆漢墓四篇古佚書按照自身編纂需要從《越語下》中抽離出具有典型思想特質的單句，將其嵌入"新文本"中，以符合"新文本"的思想體系。這種衍生性文本的生產模式，也體現了早期文本的"開放性"。

就《越語下》與馬王堆四篇古佚書的思想風格而言，二者都呈現出濃厚的黃老思想，在思想層面也具有明顯的傳承關係，常共見相同的論題。如"周遷動作，天爲之稽"（《經法·四度》）、"極而反，盛而衰"（《經法·四度》）、"天稽環周"（《十六經·姓争》），帛書中這類"天道環周"的思想即與《越語下》"必順天道，周旋無究""天予不取，反爲之災"在思想上有明顯的傳承關係。又如，帛書中反復出現"天地刑之，聖人因而成之"（《十六經·兵容》）、"聖人正以待天，静以須人。不達天刑，不襦不傳"（《十六經·觀》）、"故聖人能盡天極，能用天當"（《經法·國次》）這類"聖人順應天地規則"的論題，都可與《越語下》"死生因天地之刑，天因人，聖人因天；人自生之，天地形之，聖人因而成之"相參照。再如《越語下》有"贏縮以爲常""贏縮轉化，後將悔之"之類的講法，是將本爲星占學術語的"贏縮"抽象化，賦予了哲學意藴。① 類似的説法也見於《稱》篇"短者長，弱者强，贏紲變化，後將反施"。此外，帛書諸篇中"陽節"與"陰節"、"陽竊"與"陰竊"、"德"與"虐"、"刑"與"德"等概念都與"贏紲"性質相同，爲彼此對立的範疇，都是强調陰陽對立而又互相轉化的思想。在《越語下》這種矛盾對立統一的思想也已有展現，如"陽至而陰，陰至而陽；日困而還，月盈而匡""因陰陽之恒"，都與帛書中"刑德相養，逆順若成"（《十六經·姓争》）、"德虐相成"（《十六經·果童》）這類論述思想相同。書寫時代明確的《經法》《十六經》《稱》三篇爲我們探討黄老思想的源流提供了一個可靠的定點，通過其與《越語下》異文的比較，可以清晰發現范蠡無疑是上承老子思想而下開黄老之學先河的關鍵人物。②

此外，抄寫年代在西漢中晚期到東漢早期的肩水金關漢簡中也發現有《越語下》的異文材料，如"☐論曰吾其〈與〉子謀☐"（73EJT21：454）、"☐吴子曰未可今☐☐"（73EJT21：455），二簡可綴合。《國語·越語下》"又一年，王召范蠡而問焉，曰：'吾與子謀吴，子曰："未可也。"今……'"一辭凡兩

---

① 徐文武：《楚國思想與學術研究》，武漢：湖北教育出版社，2017年，第61頁。
② 參陳鼓應：《先秦道家研究的新方向——從馬王堆漢墓帛書〈黄帝四經〉説起》，《黄帝四經今注今譯：馬王堆漢墓出土帛書（修訂本）》，第7頁。

見,正可與簡文内容對讀。① 與二簡同坑所出的 73EJT21∶58 簡有辭作"□今吾年穀番熟百姓殷衆此吾逢時也而王弗用失其時矣臣聞時不可失",可與《十六經·觀》"毋亂民功,毋逆天時。然則五穀溜熟,民乃蕃滋"、《國語·越語下》"上帝不考,時反是守,彊索者不祥。得時不成,反受其殃"等句對讀。三簡同出同一探方中,内容又都與《國語·越語下》相關,形式上也是范蠡與越王句踐的問答,很可能即《漢書·藝文志》所載"《范蠡》二篇"在當時流行的一種抄本。肩水金關漢簡主要爲漢代邊塞卒吏所書寫與習讀,這說明兩漢時期有關范蠡思想的文獻已在民間廣爲流傳。

---

① 關於簡文内容的詳細討論可見黄浩波:《肩水金關漢簡所見典籍殘簡》,簡帛網,2013 年 8 月 1 日。

第五章　出土文獻中所見《國語》異文材料的整理

　　出土文獻中較爲大宗的可與《國語》直接對讀的材料主要有慈利楚簡《吴語》篇、清華簡《越公其事》篇、馬王堆漢墓帛書《老子》乙本卷前古佚書《經法》《十六經》《稱》《道原》四篇這三批材料，本章主要旨在對這幾種材料中所見《國語》異文進行搜集、整理，考究異文。

　　此外，近年荆州棗林鋪造紙廠46號戰國楚墓中出土了《吴王夫差起師伐越》《齊桓公自莒返于齊》兩篇楚簡，目前整理者已公布了部分簡文内容與竹簡圖版。《吴王夫差起師伐越》與清華簡《越公其事》爲同文異本，在本章涉及《越公其事》的小節中，我們將一併引録《吴王夫差起師伐越》的内容篇予以討論。《齊桓公自莒返于齊》與《齊語》及《管子·小匡》關係密切，我們也將單列一節就其目前已公布的内容予以討論。

第一節　慈利楚簡《吴語》篇

　　慈利竹簡於1987年出土於湖南省慈利縣城關石板村36號戰國墓。據1990年發表的《湖南慈利石板村36號戰國墓發掘簡報》一文介紹，該批竹簡數量約800—1000枚，尚存約2萬餘字。清理後，共有殘段4 557片。[1] 1995年發表的《湖南慈利縣石板村戰國墓》一文所列的數據則爲"共出土殘簡4 371件"。[2] 後經整理，再次統計，張春龍《慈利楚簡概述》一文中所列

---

[1] 湖南省文物考古研究所等：《湖南慈利石板村36號戰國墓發掘簡報》，《文物》1990年第10期，第45頁。

[2] 湖南省文物考古研究所等：《湖南慈利縣石板村戰國墓》，《考古學報》1995年第2期，第199頁。

的數據爲：簡頭817個,簡頭、尾難以分辨者27枚。①

慈利竹簡的內容主要爲古書,大體可分爲兩類,一是可與《國語·吳語》《逸周書·大武》等傳世文獻對讀的古書簡;二是《管子》《寧越子》等書的佚文或其他先秦時期的古佚書。可與《國語·吳語》《逸周書·大武》對讀的簡文應即是這類傳世文獻在戰國時期的"版本異文"。

慈利竹簡目前仍未全部發表,張春龍先生曾對其中與《國語·吳語》相關的竹簡情況予以介紹：

> 以《吳語》簡最具規模,長46厘米,儘管在墓中就有一定程度的炭化,寬度仍有1厘米許,簡頭現狀爲圓弧形,也應是腐朽破損所致,從距簡頭1.8—2厘米處開始書寫,三道編繩,由當時附着於簡身的殘留物觀察,編繩可能爲苧麻纖維。每簡約書寫50字,若一章寫畢,不論空出多少,換簡書寫。
> ……
> 和《國語·吳語》對照,簡文基本見於今本,可按照今本進行排列,然有部分簡文字風格特點,同於《吳語》簡,內容亦與之甚爲密切,但不見於《吳語》,應爲《吳語》之佚文無疑。②

慈利楚簡目前已公布的竹簡圖版分別見於《湖南慈利石板村36號戰國墓發掘簡報》圖三〇、圖版柒(《文物》1990年第10期),26支;《湖南慈利縣石板村戰國墓》圖版陸(《考古學報》1995年第2期),9支;《湖南考古漫步》第52頁(湖南美術出版社,1999年),6支;《中國書法全集·先秦秦漢卷》第49頁(文物出版社,2009年),8支;《湖湘簡牘書法選集》第4—14頁(湖南美術出版社,2012年),6支;《湖南出土簡牘選編》第9—10頁(嶽麓書社,2013年),9支。去除重複著錄的竹簡圖版後,有10支簡的內容與《國語·吳語》有關,可互相參照、對讀。

張春龍先生《慈利楚簡概述》一文又披露了一批簡背標有數字的竹簡釋文(文中未附簡文圖版),這些數字應即"相當於我們今日書籍的頁碼編

---

① 張春龍:《慈利楚簡概述》,《新出簡帛研究》,第5頁。
② 張春龍:《慈利楚簡概述》,《新出簡帛研究》,第5、8頁。

次"。這些簡背後的編碼除常見的數字外,還有作"X"者,明確別於"五"字,其意義還有待於進一步研究。《慈利楚簡概述》一文所披露的簡文可與今本《吳語》對讀的簡共有 18 支。①

另外,據張春龍先生介紹慈利簡中還有《管子》之佚文,顧史考先生認爲這部分與《吳語》簡性質、文字有異的簡文,內容或與《國語·齊語》(或《管子·小匡》)有關。② 可惜這批竹簡圖版及釋文至今仍都未發表。

從城關石板村 36 號戰國楚墓的同出器物特徵分析,墓葬年代應在戰國中期前段。③ 慈利楚簡應是目前所見時代最早的《國語·吳語》抄本,具有極重要的意義。肖毅、何有祖、陳送文、魏宜輝、陳彪等學者都曾對慈利簡《吳語》簡的內容予以研究,④其説多有所得。本節我們希望在前人研究的基礎上,根據現有公布的材料,對慈利簡中與《國語·吳語》相關的內容予以搜集整理,並將其與今本《吳語》予以比較,對《吳語》中部分語句予以校勘。

此外,還有幾點需要說明:

第一,沒有圖版只有釋文的簡文內容見於張春龍先生《慈利楚簡概述》一文,該文原文爲簡體字,本書引用時統一作繁體字。爲求行文簡略,下文凡引用《慈利楚簡概述》一文中的釋文皆不再出注,只表明頁數。

第二,"慈利簡·X-X號"是張春龍先生《慈利楚簡概述》一文所表原簡號,釋文後的【簡背:X】即張文中所披露的簡背數字。

第三,張春龍先生 2005 年發表的《湖南省近年出土簡牘文獻略論》(下文簡稱"《略論》")一文也曾披露了部分慈利簡《吳語》篇的簡文,⑤兹將此

---

① 張春龍:《慈利楚簡概述》,《新出簡帛研究》,第 5—8 頁。
② 顧史考:《慈利楚簡〈齊語〉簡及佚文零釋(存目)》,《上博等楚簡戰國逸書縱橫覽》,第 315—316 頁。
③ 湖南省文物考古研究所等:《湖南慈利縣石板村戰國墓》,《考古學報》1995 年第 2 期,第 202 頁;張春龍:《慈利楚簡概述》,《新出簡帛研究》,第 5 頁。
④ 何有祖:《慈利楚簡試讀》,簡帛網,2005 年 11 月 27 日;何有祖:《慈利竹書與今本〈吳語〉試勘》,簡帛網,2005 年 12 月 26 日;何有祖:《從慈利竹書數字看今本〈吳語〉的分章》,《人文論叢》2011 年卷,第 61—72 頁;肖毅:《慈利竹書〈國語·吳語〉初探》;肖毅:《慈利竹書零釋》,《古文字研究》第二十六輯,第 330—342 頁;陳送文:《慈利竹書和〈國語·吳語〉對勘(兩則)》,《古文字研究》第三十輯,第 522—525 頁;魏宜輝:《慈利楚簡校讀札記》,《古典文獻研究》第十八輯上卷,第 216—222 頁;陳彪:《湖南出土戰國楚簡研究》,安徽大學碩士學位論文(指導教師:徐在國),2022 年 5 月,第 79—87 頁。
⑤ 張春龍:《湖南省近年出土簡牘文獻略論》,《語言文字學研究》,北京:中國社會科學出版社,2005 年,第 22—31 頁。

部分簡文編號爲"慈利簡·《略論》X 號"。需要指出的是,張春龍先生在《略論》曾介紹該批簡文的來源:

> 《考古學報》1995 年第 2 期圖版陸和 1999 年湖南美術出版社出版的《湖南考古漫步》分別公布有《慈利楚簡》照片兩張,現將見諸照片的簡文略作介紹。①

張春龍先生《略論》一文共錄有四條與《吳語》相關的簡文,其中"天不思血食,虘(吾)欲與止(之)交(邀)天止(之)中(衷),唯是車馬兵……"及"'□則可以戰乎?'王曰。夫=(大夫)羅進合(答)曰:'瞀備則可以戰乎?'王曰:'考。'夫=(大夫)"這兩條簡文,據我們檢索未見於《考古學報》1995 年第 2 期及《湖南考古漫步》一書中,不知《略論》一文引自何處。這兩條簡文的圖版應尚未發表。

《湖南考古漫步》《湖湘簡牘書法選集》等書中也著錄部分慈利竹簡的圖版。本書按各批材料的發表時間爲序,依次將其簡稱爲甲、乙、丙、丁、戊、己。《湖南出土簡牘選編》一書是從左向右編號,爲不改編原書體例,下文引用此書簡文,仍按原書編號。其他諸批材料則根據肖毅先生《慈利竹書〈國語·吳語〉初探》一文中的方法按從上至下、從右至左順序編號。各批材料具體簡稱如下:

簡　稱	引　用　書　籍
數字-數字	《慈利楚簡概述》(載《新出簡帛研究》,文物出版社,2004 年)
《略論》+數字	《湖南省近年出土簡牘文獻略論》(載《語言文字學研究》,中國社會科學出版社,2005 年)
甲+數字	《湖南慈利石板村 36 號戰國墓發掘簡報》圖三〇、圖版柒(《文物》1990 年第 10 期)②

---

① 張春龍:《湖南省近年出土簡牘文獻略論》,《語言文字學研究》,第 23 頁。
② 注:圖版柒著錄 26 支簡,圖三〇著錄 14 支簡,從圖版來看,圖版柒的 26 支簡與圖三〇 14 支簡中的部分有重合。由於圖三〇較爲模糊,故而下文只按圖版柒所著錄的 26 支簡的簡文連續編號。

續表

簡　稱	引　用　書　籍
乙+數字	《湖南慈利縣石板村戰國墓》圖版陸(《考古學報》1995年第2期)
丙+數字	《湖南考古漫步》第52頁(湖南美術出版社,1999年)
丁+數字	《中國書法全集·先秦秦漢卷》第49頁(文物出版社,2009年)
戊+數字	《湖湘簡牘書法選集》第4—14頁(湖南美術出版社,2012年)
己+數字	《湖南出土簡牘選編》第9—10頁(嶽麓書社,2013年)

1. 慈利簡·2-8號:

[乃闉]右闉,實止(之)土,側席　　　　　　　(【簡背數字不辨】)

慈利簡·甲11號:

出粤(屏),波(避),盍(闉)𠃌闉(?)實之土,吳(?)王(?)㞷(側)箬(席)……

慈利簡·甲21號:

送王不出詹(檐),波(避),盍(闉)左闉(?)實之土,㞷(側)箬(席)……

《國語·吳語》"句踐滅吳夫差自殺"章:

王遂出,夫人送王,不出屏,乃闉左闉,填之以土,去笄側席而坐,不掃。王背檐而立,大夫向檐。……王遂出,大夫送王不出檐,乃闉左闉,填之以土,側席而坐,不掃。

按:

張春龍先生所作釋文爲"右闉實止土側席"(第5頁)。肖毅先生《慈利竹書〈國語·吳語〉初探》一文中認爲慈利簡·甲11號與慈利簡·2-8號爲同一支簡,[①]後在《慈利竹書零釋》一文中又改變看法,認爲甲21號與2-8號爲同一支簡。[②] 魏宜輝先生認爲甲11號與2-8號爲一支簡。[③] 由於目

---

① 肖毅:《慈利竹書〈國語·吳語〉初探》。
② 肖毅:《慈利竹書零釋》,《古文字研究》第二十六輯,第331頁。
③ 魏宜輝:《慈利楚簡校讀札記》,《古典文獻研究》第十八輯上,第220頁。

前未見到 2-8 號簡的圖版,這兩種說法暫時無法判斷對錯,不過從簡文的內容來看,可以肯定的是 2-8 號必是甲 21 號或甲 11 號兩支簡之一。

甲 11 號與甲 21 號"迻"字皆作"㡭"之形,魏宜輝先生釋其爲"迻",讀爲"避",認爲該字在簡文中用爲迴避之義,即夫人、大夫不出送句踐,而有意迴避。① 其説可從。

甲 11 號"盍(闔)白"與今本《吳語》"闔左"相對,諸家多釋"白"爲"右",陳送文先生認爲,古代禮制門之東爲左,結合禮制和字形來看,簡文之"右"字爲"左"之訛字。② 魏宜輝先生認爲"白"左部筆畫有殘泐,應隸定爲"右",即楚文字常見的"左"字寫法。③ 甲 21 號之"左"字作"𠂇",兩相參照,甲 11 號"白"顯係"左"字無疑,只是其左部筆畫略有缺損。2-8 號之"右"字,何有祖先生曾指出"依文意,似應從今本作'左'。是否原釋文有誤? 因未見圖版,不好遽定,此處不妨待考",④我們猜測所謂的"右"字可能本作"白",而張春龍先生或將其誤釋爲"右",其實該字本應爲"左"。如果這種推論成立的話,則甲 11 號很有可能與 2-8 號爲一支簡。甲 21 號"盍(闔)左"後一字作"𨲳"(甲 11 號字形同),魏宜輝先生釋爲"闈",安大簡《詩經》簡 46、47 之"尨"作"𡽫""𡽫",與"𨲳"下部所從相同。2-8 號簡張春龍先生所作釋文中的"右闈"之"闈"或即此字的誤釋。

慈利簡簡文與今本《吳語》有所不同,上舉諸辭中的"迻(避),盍(闔)左闈(?)"一句,今本作"乃闔左闈"。

2. 慈利簡·5-3 號:

[内有辱],是子,外有辱,是我　　　　　　　　(【簡背:三】)

慈利簡·甲 12 號

[内有辱],是子,外又(有)辱,是我。虘(吾)見子於此之(止)矣。王乃出□

《國語·吳語》"句踐滅吳夫差自殺"章:

---

① 魏宜輝:《慈利楚簡校讀札記》,《古典文獻研究》第十八輯上,第 221 頁。
② 陳送文:《慈利竹書和〈國語·吳語〉對勘(兩則)》,《古文字研究》第三十輯,第 522—523 頁。
③ 魏宜輝:《慈利楚簡校讀札記》,《古典文獻研究》第十八輯上,第 220 頁。
④ 何有祖:《從慈利竹書數字簡看今本〈吳語〉的分章》,《人文論叢》2011 年卷,第 62 頁。

內有辱,是子也,外有辱,是我也。吾見子於此止矣。王遂出,夫人送王……

按:

張春龍先生所作釋文爲"是子外有辱是我"(第6頁)。5－3號與甲12號應爲一支簡。簡本與今本語句基本相同,惟簡本"乃"今本作"遂"。簡本"是子"前可補"內有辱"三字。

3. 慈利簡·5－4號:

卒伍既具,亡。　　　　　　　　　　　　(【簡背數字不辨】)

《國語·吳語》"句踐滅吳夫差自殺"章:

卒伍既具,無以行之。

按:

張春龍先生所作釋文爲"卒伍既具亡"(第6頁)。簡本與今本語句基本相同,簡本"亡"當依今本讀作"無"。

4. 慈利簡·5－10號:

可以戰乎?王曰:巧。大夫[皋如]　　　　(【簡背:廿二】)

《國語·吳語》"句踐滅吳夫差自殺"章:

大夫蠡進對曰:"審備則可以戰乎?"王曰:"巧。"大夫皋如進對曰:"審聲則可以戰乎?"王曰:"可矣。"

按:

張春龍先生所作釋文爲"可以戰乎王曰巧大夫□"(第6頁)。簡本與今本語句基本相同,簡本"大夫"後可補"皋如"二字。

5. 慈利簡·11－11號:

於邦,是子。軍士死,外有辱,是我。自今日止(之)後,內政毋(無)

　　　　　　　　　　　　　　　　　　　　(【簡背:五】)

《國語·吳語》"句踐滅吳夫差自殺"章:

食土不均,地之不修,內有辱於國,是子也;軍士不死,外有辱,是我也。自今日以後,內政無出,外政無入,吾見子於此止矣。

按:

張春龍先生所作釋文爲"於邦是子軍士死外有辱是我自今日止後內政

毋"（第6頁）。簡本"邦""止（之）"，今本作"國""以"。

簡本與今本最大的區別是慈利簡"軍士死"，《吳語》作"軍士不死"。肖毅先生認爲據文意當以簡本爲是，今本或因上文"食土不均，地之不修"而衍一"不"字。① 何有祖先生則認爲今本《吳語》"軍士不死"爲語助詞，"軍士不死"義同"軍士死"。②

今本《吳語》"軍士不死"一句又見於《吳越春秋·句踐伐吳外傳》，作"臨敵不戰，軍士不死，有辱於諸侯，功隳於天下，是孤之責"。《經濟類編》卷六十一、《繹史》卷九十六下亦皆引作"軍士不死"。陳送文先生認爲當以今本爲是，簡本"軍士死"一句乃脱一"不"字。③ 其説甚是。從今本《吳語》前文"食土不均，地之不修"的文例來看，當以"軍士不死"語義更爲順暢，"死"有"殊死拼命"之義，如銀雀山漢簡《孫臏兵法》"將者不可以不義……不嚴則不威，不威則卒不死"；《管子·入國》"士民死上事，死戰事"，"軍士不死"一句是説軍士若不拼命搏殺，對外戰爭有辱。

6. 慈利簡·16-6號：

吳止（之）既服遠者彼（疲）而未［至］。　　　　　　　　（【簡背：十□】）

《國語·吳語》"句踐滅吳夫差自殺"章：

今吳民既罷，而大荒薦饑，市無赤米，而囷鹿空虛……王若今起師以會，奪之利，無使失愆。**夫吳之邊鄙遠者罷而未至**……

按：

張春龍先生所作釋文爲"吳止既服遠者彼而未"（第6頁）。

簡本"彼而未"後可據今本補一"至"字，何有祖先生認爲此句之"彼"可讀爲疲勞之"疲"，並指出今本《吳語》"吳民既罷""吳之邊鄙遠者罷而未至"之"罷"字，原注釋一解釋爲"勞"，一解釋爲"歸"，似當皆解釋爲"勞"。慈利簡文作"彼（疲）"可證。④ 其説可從。

慈利簡的"既服"與今本《吳語》"邊鄙"相對，魏宜輝先生認爲"邊鄙"

---

① 肖毅：《慈利竹書〈國語·吳語〉初探》。
② 何有祖：《從慈利竹書數字簡看今本〈吳語〉的分章》，《人文論叢》2011年卷，第63頁。
③ 陳送文：《慈利竹書和〈國語·吳語〉對勘（兩則）》，《古文字研究》第三十輯，第523頁。
④ 何有祖：《從慈利竹書數字簡看今本〈吳語〉的分章》，《人文論叢》2011年卷，第63—64頁。

本應如簡本作"既服",楚文字中多用"備""葡"表{服},但二者在秦漢文字中則未見這種用字習慣。後人在見到傳抄下來的"既備遠者"這樣的文字後不知如何解釋"備",又受到後文"遠"語義的影響就將其誤讀爲"鄙"("鄙""備"音近),"既"則是後人又根據"鄙"義而改作"邊"的。① 此説或有一定可能性。當然,也不排除另一種可能,慈利簡"吴之既服遠者"是説"地處邊鄙已臣服於吴國的人",今本《吴語》中"吴之邊鄙遠者"大體意思與之相近,可能二者用詞不同乃是由於所據底本不同,今本《吴語》並非誤抄。

7. 慈利簡・20-11號:

相昏(問)也。明日遷軍　　　　　　　　　　　　　(【簡背:一】)

《國語・吴語》"句踐滅吴夫差自殺"章:

王乃之壇列,鼓而行之,至於軍,斬有罪者以徇,曰:"莫如此以環填通**相問也。"明日徙舍**,斬有罪者以徇,曰:"莫如此不從其伍之令。"明日徙舍,斬有罪者以徇,曰:"莫如此不用王命。"明日徙舍,至於禦兒,斬有罪者以徇,曰:"莫如此淫逸不可禁也。"

王乃命有司大徇於軍,曰:"有父母耆老而無昆弟者,以告。"王親命之曰:"我有大事,子有父母耆老,而子爲我死,子之父母將轉於溝壑,子爲我禮已重矣。子歸,歿而父母之世。後若有事,吾與子圖之。"明日徇於軍,曰:"有兄弟四五人皆在此者,以告。"王親命之曰:"我有大事,子有昆弟四五人皆在此,事若不捷,則是盡也。擇子之所欲歸者一人。"明日徇於軍,曰:"有眩瞀之疾者,以告。"王親命之曰:"我有大事,子有眩瞀之疾,其歸若已。後若有事,吾與子圖之。"明日徇於軍,曰:"筋力不足以勝甲兵。志行不足以聽命者歸,莫告。"**明日遷軍接龢**,斬有罪者以徇,曰:"莫如此志行不果。"於是人有致死之心。

按:

簡本這段話,張春龍先生所作釋文爲"相昏也明日遷軍"(第6頁)。簡本"明日遷軍"緊接在"相問也"之後,比今本少出中間一段文字。産生這種情況的原因存在多種可能,一是如我們前文所猜測的缺失的語句即今本

---

① 魏宜輝:《慈利楚簡校讀札記》,《古典文獻研究》第十八輯上卷,第219頁。

《吴語》與簡本相比存在的"溢出部分";二是簡本"明日遷軍"對應的是今本的"明日徙舍",簡本與今本只是語句不同。從今本的記述來看,越王先是"徙舍"再是"徇於軍"後是"遷軍",這三方面語義連貫,從語義上來講,似以今本更優。我們懷疑簡本這段話很可能存在漏抄的情況,今本《吴語》或保留了更原始的文本面貌。當然,也不排除另一種可能,即張春龍先生所作釋文中的"遷軍"二字或是誤釋,由於未見簡文圖版,難以判斷,不妨待考。

8. 慈利簡・24-1號:

吾道路悠遠,吾毋會而　　　　　　　　　　　(【簡背:十三】)

《國語・吴語》"吴晋争長未成句踐襲吴"章:

吴王懼,乃合大夫而謀曰:"越爲不道,背其齊盟。今吾道路修遠,無會而歸,與會而先晋,孰利?"

按:

張春龍先生所作釋文爲"吾道路悠遠吾毋會而"(第6頁)。簡本之"悠",今本作"修",二字音近可通。

9. 慈利簡・48-1號:

止中貤(病)者吾昏止死　　　　　　　　　　(【簡背:十九】)

慈利簡・丙3號:

善叴(矣),未可以戰。王曰:"㞋(戉—越)邦之中貤(病)者虔(吾)餂(問)……"

慈利簡・《略論》1號:

善矣,未可以戰。王曰:"邲(越)邦(國)之中貤(病)者虔(吾)餂(問)[之]……"

慈利簡・戉1號:

㞋(戉—越)邦之中貤(病)者虔(吾)餂(問)……"

慈利簡・戉2號:

善叴(矣),未可以戰。王曰……

慈利簡・己6號:

㞋(戉—越)邦之中貤(病)者虔(吾)餂(問)……"

慈利簡·己8號：

善矣(矣)，未可以戰。王曰……

《國語·吳語》"句踐滅吳夫差自殺"章：

王曰："越國之中，疾者吾問之，死者吾葬之，老其老，慈其幼，長其孤，問其病，求以報吳。願以此戰。"

按：

與丙3號的圖版對比，可見戊1號與戊2號應本爲一簡，《湖湘簡牘書法選集》一書將其分列兩處。己6號與己8號也爲同一支簡，《湖南出土簡牘選編》一書也將一簡分居兩處。戊1+戊2、己6+己8與丙3號應爲同一支簡。此外，由文義來看，慈利簡·48-1號與慈利簡·丙3號也應爲一支簡，諸書將同一支簡各自著錄。己6號簡，原書釋文將"䀢"字隸定爲"䀘"，不確。

《略論》1號應是據慈利簡·丙3號圖版所作的釋文。《略論》1號"邦"字後擴注爲"國"，似無必要。從目前發現的戰國時期出土文獻而言，一般以"邦"表示"國家"義。後世被認爲讀爲"國"的"或"字在戰國時期一般表示"疆域"之義，直至漢初爲避劉邦諱，才以"國"代替"邦"，表"國家"之義。① 慈利簡《吳語》與今本《國語》"國"字對應之字也皆作"邦"。

慈利簡·48-1號，張春龍先生所作釋文爲"止中貧者吾昏止死"（第6頁）。丙3號中所謂"貧"字，張春龍先生《慈利楚簡概述》指出此字從"貝"從"方"，釋作"貧"（第8頁）。此字《湖南考古漫步》一書52頁圖版中作"![]"，應隸定作"䝮"，張先生對其結構的分析應是正確的，但釋其爲"貧"則未確。"䝮"字與今本的"疾"相對，戰國楚文字中常以"![]""![]""![]"等形表{病}，諸字多從"方"得聲，"方""病"音近。② "䝮"亦從"方"得聲，讀爲"病"，與今本之"疾"爲近義詞換用。《略論》1號簡，張春龍先生所作釋文在"䝮"後擴注爲"病"，這應是正確的意見。

慈利簡·丙3號的"![]"字，張春龍先生釋文（第8頁）分析此字結構爲從"戉"從"邑"，隸定爲"䣜"，釋爲"越"，《略論》1號簡張春龍先生所作釋文亦是同樣處理。肖毅先生釋此字爲"或"，認爲其左部殘缺，或本當有

---

① 參大西克也：《論古文字資料中的"邦"和"國"》，《古文字研究》第二十三輯，第186—194頁。
② 參禤健聰：《戰國楚系簡帛用字習慣研究》，第49頁。

"邑"旁。① 細審圖版，慈利簡·丙3號整簡完整，"▣"字左部未見殘缺，戰國楚文字中"戉"作"▣""▣"等形，②慈利簡"▣"此字當以釋"戉"爲是。清華簡《繫年》全篇皆以"戉"表{越}，③其或是楚文字特殊的用字習慣。慈利簡·丙3號的"▣"亦用爲越國之"越"。

10. 慈利簡·52－11號：
出朋勢，以返高位重畜女　　　　　　　　　　　　（【簡背：十七】）
《國語·吳語》"吳晉爭長未成句踐襲吳"章：
請王厲士，以奮其朋勢，勸之以高位重畜，備刑戮以辱其不勵者，令各輕其死。
按：
簡本"出朋勢"，今本作"奮其朋勢"。《戰國策·燕策二》"出爲之以成所欲"，鮑彪注："出者，奮不顧也。"以"出"與"奮"義近。④ 簡本"返高位"之"返"，今本作"勸"，"返高位"與"勸之以高位"語義亦近。簡本"重畜"後較今本多一"女"，由於未見原文圖版，未知何意。

11. 慈利簡·53－10號：
［不貰不］忍，披甲帶劍，挺鈹晉（搢）［鐸］　　　　　　（【簡背：一】）
《國語·吳語》"夫差退於黃池使王孫苟告於周"章：
吳王夫差既退於黃池，乃使王孫苟告勞於周，曰：昔者楚人爲不道，不承共王事，以遠我一二兄弟之國。吾先君闔廬不貰不忍，被甲帶劍，挺鈹搢鐸，以與楚昭王毒逐於中原柏舉。
夫差不貰不忍，被甲帶劍，挺鈹搢鐸，遵汶伐博，登笠相望於艾陵。
按：
簡本"忍"字前及"晉"字後可據今本《吳語》分別補"不貰不"三字、"鐸"一字。簡本之"披"，今本皆作"被"，二字義同。

---

① 肖毅：《慈利竹書零釋》，《古文字研究》第二十六輯，第333頁。
② 字形見黃德寬主編、徐在國副主編：《戰國文字字形表》，第1714頁。
③ 參白於藍：《簡帛古書通假字大系》，第814頁。
④ 參何有祖：《從慈利竹書數字簡看今本〈吳語〉的分章》，《人文論叢》2011年卷，第65頁。

12. 慈利簡·94-14 號：

[先]我，著者(諸)侯止(之)秉(柄)以　　　　　　（【簡背：十一】）

《國語·吳語》"吳晉争長未成句踐襲吳"章：

令各輕其死，彼將不戰而先我，我既執諸侯之柄，以歲之不穫也無有誅焉。

按：

簡本"我"前可據今本《吳語》補一"先"字。簡本之"秉"與"柄"音近可通。簡本"著者(諸)"前較今本少一"執"字，其原因待考。

13. 慈利簡·114-13 號：

卑周室既。　　　　　　　　　　　　　　　　（【簡背：廿□】）

《國語·吳語》"吳欲與晉戰得爲盟主"章：

周室既卑，諸侯失禮於天子。

按：

114-13 號"卑周室既"或即今本《吳語》之"周室既卑"，然二者語序不同，"卑周室既"之義待考。

14. 慈利簡·121-14 號：

君命長弟？許諾，吳。　　　　　　　　　　　（【簡背：五□】）

《國語·吳語》"吳欲與晉戰得爲盟主"章：

晉乃令董褐復命曰："夫諸侯無二君，而周無二王，君若無卑天子，以干其不祥，而曰吳公，孤敢不順從君命長弟？"許諾。

吳王許諾，乃退就幕而會。

按：

王引之認爲"敢不順從君命長弟許諾"之"許諾"爲衍字：

> 家大人曰："許諾"二字涉下文"吳王許諾"而衍。上文吳王責晉侯曰："君億負晉衆庶，將不長弟以力征一二兄弟之國。"故此文董褐復命曰："君若無卑天子而曰吳公，孤敢不順從君命長弟。"此下不當有"許諾"二字也，《左傳正義》《文選》注引此皆無"許諾"。①

---

① （清）王引之撰，虞思徵等校點：《經義述聞》，第 1277 頁。

何有祖先生認爲：

　　今據慈利簡，"長弟"後有"許諾"二字，知各本下之"許諾"二字並非衍文。現最早見於南宋張洽《春秋集注》(四庫本)作"孤敢不順從君命長弟許諾吳王乃退就幕而會"。依此本，可斷讀作：孤敢不順從君命長弟。許諾，吳王乃退就幕而會。①

何先生的意見是認爲"長弟許諾"之"許諾"非衍字，而"吳王"後的"許諾"二字爲衍字。

劉卓異先生則認爲"長弟許諾"之"許諾"並非董褐言辭的一部分，而應當是言辭結束後對人物行爲的一種描述，"許諾"省略了主語"晉君"，這裏的"許諾"應理解爲"晉國同意吳國的要求"。②

上引"晉乃令董褐復命曰"一句前文還有辭作：

　　董褐既致命，乃告趙鞅曰："臣觀吳王之色，類有大憂，小則嬖妾、嫡子死，不則國有大難；大則越入吳。將毒，不可與戰。主其許之先，無以待危，然而不可徒許也。"趙鞅許諾。

從句式上來看，"趙鞅許諾"正與"晉乃令董褐復命曰"一句後"許諾"相對，劉卓異先生認爲上引《吳語》中的"許諾"二字前省略了主語"晉君"，應可信。此句補足後，即"[晉君]許諾"正與前文"趙鞅許諾"相對應。

15. 慈利簡·129-9號：

以其忘其上　　　　　　　　　　　　　　(【簡背：X】)
入其郛，率軍　　　　　　　　　　　　　(【簡背：X】)
□□□□□　　　　　　　　　　　　　　(【簡背：二】)

《國語·吳語》"吳晉争長未成句踐襲吳"章：
越王句踐乃率中軍泝江以襲吳，入其郛，焚其姑蘇，徙其大舟。

---

① 何有祖：《從慈利竹書數字簡看今本〈吳語〉的分章》，《人文論叢》2011年卷，第66頁。
② 劉卓異：《〈國語·吳語〉不衍"許諾"二字考》，《古籍整理學刊》2018年第3期，第52—54頁。

按:

張春龍先生原釋文將此 129-9 號簡文分爲三段(第 7 頁),由於未見簡文圖版,不知何意。何有祖先生認爲 129-9 號可與上引"率中軍泝江以襲吴,入其郢"一句對讀,但二者語序似不同。① 肖毅先生認爲簡本"入其郢"後或接"率軍泝江以襲吴",或另有它文。②

16. 慈利簡·135-36 號:

[盛]者(諸)鴟夷,而投者(諸)江。吴王　　　　　(【簡背數字不辨】)

《國語·吴語》"申胥自殺"章:

乃使取申胥之尸,盛以鴟鵜,而投之於江。吴王夫差既殺申胥,不稔於歲,乃起師北征。

按:

上舉慈利簡之句,可據今本《吴語》補爲"[盛]者(諸)鴟夷,而投者(諸)江。吴王"。

17. 慈利簡·140-6 號:

[戰乎?]王曰:"猛。"大夫種進合(答)曰　　　　　(【簡背:二】)

《國語·吴語》"句踐滅吴夫差自殺"章:

大夫苦成進對曰:"審罰則可以戰乎?"王曰:"猛。"大夫種進對曰:"審物則可以戰乎?"王曰:"辯。"

按:

張春龍先生所作原釋文爲"□□王曰:'猛。'大夫□進合(答)曰",可補爲"[戰乎?]王曰:'猛。'大夫種進合(答)曰"。

18. 慈利簡·141-19 號:

□勞止(之)勇,不勇則不能　　　　　(【簡背:十】)

《國語·吴語》"句踐滅吴夫差自殺"章:

不智,則不知民之極,無以銓度天下之衆寡。不仁,則不能與三軍共饑

---

① 何有祖:《從慈利竹書數字簡看今本〈吴語〉的分章》,《人文論叢》2011 年卷,第 67 頁。
② 肖毅:《慈利竹書〈國語·吴語〉初探》。

勞之殃。不勇,則不能斷疑以發大計。

按:

簡本"勞止(之)勇",今本作"饑勞之殃"。"勇"與"殃"或是通假字關係,"勇"喻母東部字,"殃"影母陽部字,就聲母而言,見系字與端系字關係密切,①韻部東陽旁轉。② 從文義來看,似當以今本《吳語》之"共饑勞之殃"爲優。

19. 慈利簡·乙 7 號:

愻(諾)。越王句踐乃命者(諸)[旨]……

慈利簡·《略論》1 號:

愻(諾)。越王句踐乃命者(諸)[旨]……

慈利簡·丁 5 號:

愻(諾)。越王句踐乃命者(諸)[旨]……

《國語·吳語》"越王句踐命諸稽郢行成於吳"章:

越王許諾,乃命諸稽郢行成於吳。

按:

慈利簡·乙 7 號與慈利簡·丁 5 號爲同一支簡照片,丁 5 號簡圖片似更爲完整。此簡釋文亦見於張春龍《湖南省近年出土簡牘文獻略論》一文中。

張春龍先生原釋文(第 8 頁)已指出,"謀"和許諾之"諾"在簡文中爲同一字,均作"愻"或"昬",此字在《中國書法全集·先秦秦漢卷》所錄丁 5 號簡中正作" ";"者"與"諸"同,即"諸稽郢"之"諸"。肖毅先生認爲慈利簡"者"後一字,依殘筆看當釋爲"旨",讀爲"諸稽郢"之"稽"。③ 則乙 7 號釋文可作"謀(諾)越王句踐乃命者(諸)[旨](稽)"。

20. 慈利簡·未編號:

使淫跰於諸夏之幫

---

① 參楊劍橋:《論端、知、照三系聲母的上古來源》,《語言研究》1986 年第 1 期,第 110 頁。
② 有學者或疑東、陽二部相通是上古楚方言的特色。喻遂生先生已指出兩周金文中已有大量東陽合韻之例,東陽合韻是通語而非方音,其説可從。詳見氏文《兩周金文韻文和先秦"楚音"》,《西南師範大學學報(人文社會科學版)》1993 年第 2 期。
③ 肖毅:《慈利竹書零釋》,《古文字研究》第二十六輯,第 332 頁。

《國語·吳語》"越王句踐命諸稽郢行成於吳"章：

申胥諫曰："不可許也。夫越非實忠心好吳也，又非懾畏吾兵甲之彊也。大夫種勇而善謀，將還玩吳國於股掌之上，以得其志。夫固知君王之蓋威以好勝也，故婉約其辭，以從逸王志，**使淫樂於諸夏之國**，以自傷也。使吾甲兵鈍弊，民人離落，而日以憔悴，然後安受吾燼。夫越王好信以愛民，四方歸之，年穀時熟，日長炎炎。及吾猶可以戰也，爲虺弗摧，爲蛇將若何？"

按：

此簡文張春龍先生未編號，"跞"從"樂"，與今本"樂"音同。

21. 慈利簡·乙 8 號

☒（鏄?）☒、大甬皆雁（應），三軍皆

慈利簡·丁 6 號：與慈利簡·乙 8 號爲同一支簡。

《國語·吳語》"吳欲與晉戰得爲盟主"章：

王乃秉枹，親就鳴鐘鼓、丁寧、錞于振鐸，勇怯盡應，三軍皆嘩釦以振旅，其聲動天地。

按：

張春龍先生所作原釋文爲"金大甬皆□□三軍皆"（第 9 頁），疑其爲《吳語》佚文。慈利簡·丁 6 號簡原書所作釋文與之相同。從圖版看二者當爲同一支簡。肖毅先生據圖版所作釋文爲"鏄（?）釘（?）大甬（勇）皆雁（應）三軍皆"，肖先生認爲"大甬"前兩字皆从"金"，第一字右旁或爲"寧"之省，第二字左上或从"丁"，此二字與《吳語》對照，疑爲"寧丁"繁文，"皆"與"三"中間應殘一字，依殘筆看當是"雁"，讀爲"應"。[1]

"☒"字的右半偏旁似爲"冥"，戰國楚系文字中"冥"作"☒""☒"等形，[2] 此字右邊也有可能爲"交"，圖版模糊，難以確定。"☒"上部也似非从"丁"，應釋爲何字，待考。

肖毅先生認爲乙 8 號可與今本《吳語》"丁寧、錞于振鐸，勇怯盡應，三軍皆嘩釦以振旅"一句對讀，如按此理解，則簡文"大"字無從着落，此外，"甬（勇）皆雁（應）"相比今本的"勇怯盡應"也少一"怯"字。乙 8 號中的

---

[1] 肖毅：《慈利竹書零釋》，《古文字研究》第二十六輯，332 頁。
[2] 參襯健聰：《戰國楚系簡帛用字習慣研究》，第 221 頁。

"大甬"很可能應連讀,其或即是越公的名臣"舌庸","舌庸"在清華簡《良臣》簡 7 作"大同",清華簡《越公其事》簡 61 中作"太甬"。① "大甬"與"大同""太甬"皆音近可通,若此猜測成立,則乙 8 號簡似難與上舉今本《吴語》"王乃秉枹"一句對讀。我們認爲該簡或如張春龍所言是《吴語》之佚文。

22. 慈利簡·甲 24 號:
"☐虎(?—乎)?"王曰:"可矣。"王乃命有司大命(令)於

《國語·吴語》"句踐滅吴夫差自殺"章:
大夫皋如進對曰:"審聲則可以戰乎?"王曰:"可矣。"王乃命有司大令於國曰:"苟任戎者,皆造於國門之外。"

按:
簡本内容與今本基本相同。

23. 慈利簡·戊 3 號:
☐馬茲與王士五。

慈利簡·己 2 號:
☐馬茲與王士五。

《國語·吴語》"吴欲與晋戰得爲盟主"章:
王稱左畸曰:"攝少司馬茲與王士五人,坐於王前。"乃皆進,自到於客前以酬客。

按:
從圖版來看,戊 3 號與己 2 號應爲同一支簡。

24. 慈利簡·戊 4 號:
虖(吾)欲與之交(邀)天之中(衷),隹(唯)……

慈利簡·己 4 號:
虖(吾)欲與之交(邀)天之中(衷),隹(唯)……

---

① 胡敕瑞亦認爲"大同""太甬"即《國語》之"舌庸",並指出"舌庸"之異稱"曳庸""洩庸""泄庸"中的"曳""洩""泄"與清華簡《良臣》"大同"、《越公其事》"太甬"之"大""太"音近可通。參氏文《"太甬""大同"究竟是誰?》,《民俗典籍文字研究》第二十二輯,第 110—116 頁。

慈利簡·《略論》3號：

天不思血食，虔(吾)欲與之交(邀)天止(之)中(衷)，唯是車馬兵……

《國語·吳語》"句踐滅吳夫差自殺"章：

越王句踐乃召五大夫，曰："吳爲不道，求殘吾社稷宗廟，以爲平原，不使血食。吾欲與之徼天之衷，唯是車馬、兵甲、卒伍既具，無以行之。……"

按：

從圖版來看，戊4號與己4號應爲同一支簡。張春龍《略論》一文指出，簡文"天""而"寫法無別，戊4號與己4號之"天"字作"![字]""![字]"，確實與"而"字形相近，可見《略論》3號與上述兩簡也爲同一支簡。① 今本《吳語》"天不使血食"之"使"，簡本作"思"，以"思"表{使}是楚文字中常見的用字習慣。② 今本《吳語》"吾欲與之徼天之衷"之"徼"，簡本作"交"，二字語音相同，文獻中屢見通用之例。③

25. 慈利簡·《略論》4號：

"□則可以戰乎？"王曰。夫=(大夫)羅進合(答)曰："審備則可以戰乎？"王曰："考。"夫=(大夫)……

《國語·吳語》"句踐滅吳夫差自殺"章：

大夫苦成進對曰："審罰則可以戰乎？"王曰："猛。"大夫種進對曰："審物則可以戰乎？"王曰："辯。"大夫蠡進對曰："審備則可以戰乎？"王曰："巧。"

按：

張春龍《略論》一文指出，簡本"則"字前表缺字"□"處，今本作"辨"，不知其所據。按今本的語序，表缺字的"□"處對應"審物"之"物"。我們懷疑可能《略論》一文所作釋文有誤，今本"王曰：'辯。'"一句，《略論》釋文爲"王曰"，表缺字的"□"應在該句中，《略論》4號正確的釋文應是："王曰：'□。'"這正符合張先生所説"□"對應今本"辨"的情況。

今本"大夫蠡"，簡本作"大夫羅"，"蠡""羅"古音都在來母歌部，《淮南

---

① 楚文字中"天""而"兩字相訛混的情況常見，參張峰：《楚文字訛書研究》，上海：上海古籍出版社，2016年，第344—371頁。
② 參禤健聰：《戰國楚系簡帛用字習慣研究》，第288—289頁。
③ 高亨、董治安：《古字通假會典》，第793頁。

子·脩務》"脩彭蠡之防",《北堂書鈔》卷四引作"彭離"。① "離"與"羅"古書中通用之例則更爲多見。② "蠡""羅"二字音近可通,"大夫蠡"即"大夫羅"。

今本"審備"之"審",簡本作"𡨄",《略論》一文指出該字从"宀"从"戈"从"日",並謂:"承陳偉先生提示,𡨄或可釋爲'密','審'和'密'意近通假。""密"古音在明母質部,"審"古音在書母侵部,二字語音遠隔,似難以相通。我們認爲簡本的"𡨄"可能是"審"的訛字。楚文字中常以"𡨄"這類形體表"密",作"▨"(上博簡《孔子詩論》簡28)、"▨"(上博簡《民之父母》簡8),而上博簡《容成氏》簡46所載古國"密須"之"密"又作"▨"。楚文字中"審"一般作"▨"(清華簡《成人》簡9)、"▨"(清華簡《成人》簡23),其已與作"▨"形的"密"形體極爲接近,二者只有"米"旁上有無一横劃之别。慈利簡《吴語》的抄手很可能將底本中作"▨"形的"審"字誤認爲作"▨"形的"密"字,進而轉抄成"▨"這類字形的"密"字。

今本"王曰:'巧。'"之"巧",簡本作"考","巧""考"音近可通。如《國語·越語下》"上帝不考,時反是守",《漢書·司馬遷傳》作"聖人不巧,時變是守",馬王堆漢墓帛書《十六經·觀》作"聖人不巧,時反是守"。

第二節　清華簡《越公其事》

《越公其事》刊布於《清華大學藏戰國竹簡》第七輯。全篇共74支簡,③竹簡長約41.6厘米,寬約0.5厘米,每簡約書寫31—33字。《越公其事》主要記載越王句踐卧薪嘗膽滅吴之事,整理者將其分爲十一章。李守

---

① 高亨、董治安:《古字通假會典》,第674頁。
② 參高亨、董治安:《古字通假會典》,第673頁。
③ 原整理者認爲該篇經拼綴後存75支簡(參清華大學出土文獻研究與保護中心編,李學勤主編:《清華大學藏戰國竹簡(柒)》,第112頁)。陳劍先生認爲"簡18插入簡36上與34之間,三段應本爲一簡之折,可以遥綴"(參陳劍:《〈越公其事〉殘簡18的位置及相關的簡序調整問題》,復旦網,2017年5月14日)。棗紙簡《吴王夫差起師伐越》此段未殘,其正與陳劍先生拼綴重排後的簡文内容相同(參《荆州棗紙簡〈吴王夫差起師伐越〉與清華簡〈越公其事〉》,《清華戰國楚簡國際學術研討會論文集》,第8頁),可知陳劍先生拼綴無誤,《越公其事》實際現存74支簡。

奎先生曾對其內容作出過概括：

11章可以分爲三大部分，第1—3章詳細敘述句踐派大夫種到吳師求成，吳王説服申胥答應求和的過程。第4—9章敘述句踐在三年休養生息之後，依次實施五政，使越國逐漸國富兵強、刑罰嚴明、民心一致、敬畏效死的過程。最後兩章（引者按：即指第10、11章）分別敘述對陣決戰，大敗吳師，拒絕吳王之求成，最終滅吳。①

《越公其事》與《國語·吳語》《國語·越語上》近似的部分，主要是第1—3章越王句踐戰敗向吳王求成的部分，以及第10、11章越王句踐伐吳的部分，這一部分的語句基本與《國語·吳語》一致，尤爲值得注意。今將《越公其事》與《國語·吳語》《國語·越語上》可相參照的部分臚列如下以作分析。另，前文已介紹荆州棗林鋪造紙廠46號戰國楚墓中出土的《吳王夫差起師伐越》的簡文與《越公其事》屬於同文異本，目前該篇簡文圖版尚未發表，只有趙曉斌先生所作部分簡文，爲論述相關問題，下文亦將引述其相關內容。

清華簡《越公其事》第一章：

□□□□□□□□□□□□□赶趄（登）於會旨（稽）之山，乃史（使）夫=（大夫）住（種）行成於吳帀（師），曰："募（寡）□□□□□□□□□□□□□□□□□□□□□□□□□□□不天，上帝降□□雩（越）邦，不才（在）耑（前）逡（後），丁（當）孤之殜（世）。虐（吾）君天王，以身被甲冑（冑），敦（敦）力（飭）鈘鎗（槍），建（挾）彊秉橐（枹），晷（振）鳴□□□赇（親）辱於募（寡）人之匙=（敝邑），募（寡）人不忍君之武礪（勵）兵甲之鬼（威），科（播）弃（棄）宗窑（廟），赶才（在）會旨（稽），募（寡）人又（有）繡（帶）甲伞（八千），又（有）昀（旬）之糧。君女（如）爲惠，交（徼）天坒（地）之福，母（毋）鹺（絕）雩（越）邦之命于天下，亦兹（使）句狻（踐）屬（繼）袅（燎）②於雩（越）邦，孤其銜

---

① 李守奎：《〈越公其事〉與句踐滅吳的歷史事實及故事流傳》，《文物》2017年第6期，第75頁。
② 趙平安：《清華簡第七輯字詞補釋（五則）》，《出土文獻》第十輯，上海：中西書局，2017年，第142—143頁。

(率)雩(越)庶眚(姓),齊劦(勠)同心,以臣事吴,男女備(服)。三(四)方者(諸)侯亓(其)或敢不賓于吴邦?君女(如)曰:'余亓(其)必歔(滅)鹽(絶)雩(越)邦之命于天下,勿兹(使)句戔(踐)屬(繼)尞(燎)於雩(越)邦巳(矣)。'君乃阵(陳)吴甲□,□□□帀(師)胥(旌),王親鼓之,以觀句戔(踐)之以此牵(八千)人者死也。"   (簡1—8)

棗紙簡《吴王夫差起師伐越》辭例相對較爲完整,從趙曉斌先生公布的簡文内容來看,可與《越公其事》第一章對讀之句爲: ①

吴王夫差记(起)師伐郯(越),述(遂)克郯(越)邦。郯(越)王句戔(踐)逵(失)邦,迻(移)跫(登)會旨(稽)之山,叟(使)夫=(大夫)童(種)行虚(成)於吴,曰:"寡(寡)君徛(乏)亡(無)=叟(使),使)非材童(種),不敢當君天王,敢厶(私)告於下執事:孤不天,上帝降畏(威)愍於郯(越)邦,不才(在)耑(前)逡(後),當孤之身。……" (簡1—4)

《越公其事》第一章所述爲越王派遣使者向吴王求成之事,其中部分語句可與《國語·吴語》《國語·越語上》對讀,兹將相關語句摘録於下:

吴王夫差起師伐越,越王句踐起師逆之。大夫種乃獻謀曰:……越王許諾,乃命諸稽郢行成於吴,曰:"寡君句踐使下臣郢不敢顯然布幣行禮,敢私告於下執事曰:昔者越國見禍,得罪於天王。天王親趨玉趾,以心孤句踐,而又宥赦之。君王之於越也,繄起死人而肉白骨也。孤不敢忘天災,其敢忘君王之大賜乎!今句踐申禍無良,草鄙之人,敢忘天王之大德,而思邊垂之小怨,以重得罪於下執事?句踐用帥二三之老,親委重罪,頓顙於邊……唯天王秉利度義焉!"

吴王昏乃戒,令秣馬食士。夜中,乃令服兵擐甲,繫馬舌,出火灶,陳士卒百人,以爲徹行百行。行頭皆官師,擁鐸拱稽,建肥胡,奉文犀之渠。十行一嬖大夫,建旌提鼓,挾經秉枹。十旌一將軍,載常建鼓,挾經

---

① 參趙曉斌:《荆州棗紙簡〈吴王夫差起師伐越〉與清華簡〈越公其事〉》,《清華戰國楚簡國際學術研討會論文集》,第7頁。

秉枹。　　　　　　（《國語·吳語》"越王句踐命諸稽郢行成於吳"章）

　　越王句踐棲於會稽之上，乃號令於三軍曰：……大夫種進對曰：……遂使之行成於吳，曰："寡君句踐乏無所使，使其下臣種，不敢徹聲聞於天王，私於下執事曰：寡君之師徒不足以辱君矣，願以金玉、子女賂君之辱，請句踐女女於王，大夫女女於大夫，士女女於士。越國之寶器畢從，寡君帥越國之衆，以從君之師徒，唯君左右之。若以越國之罪爲不可赦也，將焚宗廟，系妻孥，沈金玉於江，有帶甲五千人將以致死，乃必有偶。是以帶甲萬人事君也，無乃即傷君王之所愛乎？與其殺是人也，寧其得此國也，其孰利乎？"（《國語·越語上》"句踐滅吳"章）

按：

《越公其事》"赶陞於會旨之山"前闕文，原整理者認爲其不記重文，應缺十五字。可據《國語·吳語》補爲"吳王夫差起師伐越，越王句踐起師逆之"。①子居先生認爲若據原整理者所補，則原文"對句踐何以要退守會稽明顯没有任何交代"，其闕文應據《戰國策·韓策三》"昔者，吳與越戰，越人大敗，保於會稽之上"補爲"昔者，吳王與越王句踐戰，越王大敗而"；駱珍伊先生補爲"吳王起師伐越＝（越，越）王句踐率兵與戰而敗"；何家興先生補爲"吳王夫差敗越於夫椒遂入越＝王句踐"。②棗紙簡《吳王夫差起師伐越》作"吳王夫差记（起）師伐邺（越），述（遂）克邺（越）邦。邺（越）王句戔（踐）遵（失）邦"，其是講吳王伐越，越王戰敗，故後文又言越王"逐（移）陞（登）會旨（稽）之山"。從其文義來看，以子居先生所補於文義最爲通暢。

　　《越公其事》"乃使大夫種行成於吳師"，棗紙簡《吳王夫差起師伐越》《國語·越語上》所記"行成於吳"的使者也爲"大夫種"。但《吳語》則作"諸稽郢行成於吳"，以"諸稽郢"爲使者，或是傳説之異。

　　《越公其事》"募（寡）……不天"一句中的闕文，整理者據《越語上》補爲"君句踐乏無所使，使其下臣種，不敢徹聲聞于王，私于下執事曰，孤"二十六字。棗紙簡《吳王夫差起師伐越》記述也基本相同，只是《越語上》"不

---

① 清華大學出土文獻研究與保護中心編，李學勤主編：《清華大學藏戰國竹簡（柒）》，第114頁。
② 諸家之説參江秋貞：《〈清華大學藏戰國竹簡（柒）·越公其事〉考釋》，臺灣師範大學博士學位論文（指導教師：季旭昇），2020年，第25—32頁。

敢徹聲聞於天王",棗紙簡作"不敢當君天王"。"當"有"對等、相匹配"之義,如《漢書·司馬相如傳上》"文君竊從户窺,心悦而好之,恐不得當也",顔師古注:"當,謂對偶之。""不敢當君天王"是説地位無法與吴王對等,與"不敢徹聲聞於天王"所表達的意思近似。

《越公其事》"丁孤之世"之"丁",《吴語》作"當",二者乃音近通假。"當"爲遭逢之義。

《越公其事》"夷巠秉橐",可與《吴語》"挾經秉枹"一句對讀,"夷"字形象手中持二矢之形,即"挾矢"之"挾"的表意初文,①"夷""挾"音義皆近。"挾經秉枹",韋昭注:"在掖曰挾。經,兵書也。秉,執也。"清人俞樾曾批駁此説:

  世無臨陣而讀兵書者,經,當讀爲莖,謂劍莖也。《考工記·桃氏》曰:"以其臘廣,爲之莖圍。"注曰:"鄭司農云:'莖,謂劍夾,人所握鐔以上也。'玄謂:莖在夾中者,莖長五寸。"此云"挾莖",正謂此矣。作"經"者,叚字耳。韋不達叚借之旨,望文生訓,失之。②

《越公其事》整理者亦贊同俞樾對韋注的反駁,並謂:"巠,見於馬王堆漢墓遣册,當是弓箭類兵器。"③羅小華先生對《吴語》之"經"也提出了兩種猜想,一是"經"讀爲"莖",可以理解爲"箭莖",即箭幹;二是文獻中有"莖"用爲"旗竿"義的語料,根據《吴語》中"建旍提鼓""載常建鼓"與"挾經秉枹"的對應性關係,"經"當與"旍""常"對應,"經"可讀爲"莖",解釋爲"旗竿"。④ 李守奎先生則據"夷"爲"挾矢"之"挾"的表意初文的意見,指出《國語》之"經"可讀爲"莖",指箭矢之莖。⑤ 蕭旭先生亦同此説。⑥ 近來,孫濤先生提出新説,認爲"巠"可讀爲"鉦",是一種古代行軍樂器。⑦ 關於《吴

---

① 陳劍:《釋"夷"及相關諸字》,《出土文獻與古文字研究》第五輯,第 263 頁。
② (清)俞樾撰著,趙一生點校:《群經平議》,《俞樾全集》,第 876 頁。
③ 清華大學出土文獻研究與保護中心編,李學勤主編:《清華大學藏戰國竹簡(柒)》,第 116 頁。
④ 羅小華:《清華簡〈越公其事〉簡 3"挾巠秉橐"臆説》,簡帛網,2017 年 4 月 25 日。
⑤ 李守奎:《〈國語〉故訓與古文字》,《漢字漢語研究》2018 年第 2 期,第 96—97 頁。
⑥ 蕭旭:《清華簡(七)校補(二)》,復旦網,2017 年 6 月 5 日。
⑦ 孫濤:《釋清華〈越公其事〉之巠》,《簡帛研究·2022 秋冬卷》,桂林:廣西師範大學出版社,2023 年,第 60—67 頁。

語》中"挾經"之"挾"所指究竟何物還可進一步探討,但可以肯定的是韋昭訓其爲"經書"顯然是錯誤的。

《越公其事》"寡人有帶甲允(八千)",《越語上》作"有帶甲五千人將以致死",此事又見於其他文獻中,《左傳·哀公元年》作"越子以甲楯五千,保於會稽",《説苑·正諫》《史記·吴太伯世家》《史記·伍子胥列傳》《史記·越王句踐世家》亦均作"五千";《莊子·雜篇·徐無鬼》作"句踐也以甲楯三千,棲於會稽";諸書對越王之兵力記述不同,可能是傳説之異,不必強求統一。

《越公其事》第一章所記主要爲越王句踐派遣使者向吴王求成之語,《國語·吴語》"越王句踐命諸稽郢行成於吴"章、《國語·越語上》章亦記録了向吴王求成之語,三者語句多有不同,或是由其文獻來源不同所致。但在不同之中,仍能看出彼此之間的一些聯繫。總的來説,《吴語》所載的求成之語多是示弱之辭,而《越語上》雖亦有示弱之辭,但也有"有帶甲五千人將以致死,乃必有偶"的表述,表示越國仍有一戰之力,與《越公其事》"寡人有帶甲八千,有旬之糧""以觀句踐之以此八千人者死也"所表達意思相近,都是向吴國表明,若不許成,則越國仍要拚死一戰的決心。這也説明《越語上》原始文本與《越公其事》的關係當更爲緊密。

清華簡《越公其事》第十章:

雩(越)王句戔(踐)乃命鄹(邊)人蓻(聚)悥(怨),弁(變)圖(亂)厶(私)成,舀(挑)起悥(怨)啎(惡),鄹(邊)人乃相戕(攻)也,吴帀(師)乃记(起)。吴王起帀(師),軍於江北。雩(越)王起帀(師),軍於江南。雩(越)王乃中分亓(其)帀(師)以爲右(左)軍、右軍,以亓(其)厶(私)呇(卒)君子卒=(六千)以爲中軍。若明日,牂(將)舟戠(戰)於江。及昏,乃命右(左)軍䚓(銜)㭒(枚)鮴(溯)江五里以須,亦命右軍䚓(銜)㭒(枚)渝江五里以須。夌(夜)中,乃命右(左)軍右軍涉江,鳴鼓,中水以鞷(須)。吴帀(師)乃大娍(駭)曰:"雩(越)人分爲二帀(師),牂(將)以夾□(攻)[我師]。"□□鞷(須)旦,乃中分亓(其)帀(師),牂(將)以御(禦)之。雩(越)王句戔(踐)乃以亓(其)厶(私)呇(卒)卒=(六千)戲(竊)涉,不鼓不喿(噪)以滜(侵)攻之,大圖(亂)吴帀(師)。右(左)軍右軍乃述(遂)涉,戕(攻)之。吴帀(師)乃大北，疋(三)戬(戰)疋(三)北，乃至於吴。雫(越)帀(師)乃因軍吴=(吴,吴)人昆(闇)奴乃内(納)雫=帀=(越師,越師)乃述(遂)閹(襲)吴。

(簡62—68)

《國語・吴語》"句踐滅吴夫差自殺"章：

於是吴王起師，軍於江北，越王軍於江南。越王乃中分其師以爲左右軍，以其私卒君子六千人爲中軍。明日將舟戰於江，及昏，乃令左軍銜枚泝江五里以須，亦令右軍銜枚踰江五里以須。夜中，乃命左軍、右軍涉江鳴鼓中水以須。吴師聞之，大駭，曰："越人分爲二師，將以夾攻我師。"乃不待旦，亦中分其師，將以禦越。越王乃令其中軍銜枚潛涉，不鼓不譟以襲攻之，吴師大北。越之左軍、右軍乃遂涉而從之，又大敗之於没，又郊敗之，三戰三北，乃至於吴。

按：

越王句踐伐吴，吴王起師迎戰的内容又見於《吴越春秋・句踐二十一年》及《左傳・哀公十七年》：

於是吴悉兵屯於江北，越軍於江南。越王中分其師，以爲左右軍，皆被兕甲又令安廣之人，佩石碣之矢，張盧生之弩。躬率君子之軍六千人，以爲中陣。

明日，將戰於江。乃以黄昏令於左軍，銜枚溯江而上五里，以須吴兵。復令於右軍，銜枚踰江十里，復須吴兵。於夜半，使左軍涉江，鳴鼓，中水以待吴發。吴師聞之，中大駭，相謂曰："今越軍分爲二師，將以使攻我衆。"亦即以夜暗中分其師以圍越。越王陰使左右軍與吴望戰，以大鼓相聞；潛伏其私卒六千人，銜枚不鼓攻吴。吴師大敗。越之左右軍乃遂伐之，大敗之於囿，又敗之於郊，又敗之於津，如是三戰三北，俓至吴，圍吴於西城。　　　　　(《吴越春秋・句踐二十一年》)

三月，越子伐吴，吴子禦之笠澤，夾水而陳。越子爲左右句卒，使夜或左或右，鼓譟而進；吴師分以禦之。越子以三軍潛涉，當吴中軍而鼓之，吴師大亂，遂敗之。　　　　　　　　　(《左傳・哀公十七年》)

《吴越春秋》與《越公其事》《吴語》所記基本相同，相比而言《左傳》的記述則較爲簡略,但其所記吳王御越王之地"笠澤",其餘三書均未載。又"吳王""越王"《左傳》分別稱之爲"越子""吳子"也體現了《左傳》史家筆法之不同。

上舉《越公其事》與《吳語》對於越王句踐起師伐吳的記述基本相同,不過《越公其事》中"越王句踐乃命邊人聚怨"這一關於越王挑動邊人矛盾,進而發起戰爭的事件,《國語》未載。此外,二者個別語句的用詞也略有不同。

《越公其事》"吳王起師,軍於江北。越王起師,軍於江南",《吳語》作"於是吳王起師,軍於江北,越王軍於江南",少"起師"二字,記述更爲簡略。

《越公其事》"私卒君子六千"同於《吳語》,但《越公其事》前文作"王卒君子六千"(簡61),一作"私卒"一作"王卒"。子居先生認爲"第四章'王作安邦'至第十章'乃由王卒君子六千'部分當是另有材料來源,與'王卒既服'之後的部分材料來源不同,所以才會雖然所指相同但用詞各異",①其說或可參。

《越公其事》"若明日",《吳語》作"明日",《越公其事》多一"若"字。陳偉先生認爲"若"讀爲"諾",應許義。"明日將舟戰於江"爲"諾"的內容,即越、吳雙方約定的交戰時間和方式。② 郭洸凡、羅雲君、吳德貞等學者均從此說。③ 從《國語》"明日將舟戰於江"一句來看,其主語無疑是越王,其後文"乃命左軍銜枚泝江五里以須"也是越王所施行的迎戰舉措,同理,《越公其事》中"將舟戰於江"的主語也是越王,將"明日將舟戰於江"理解爲"諾"的內容,難以講通文義。石小力先生認爲"若"在古書中可用爲虛詞,訓爲"及""至","若明日"與下文"及昏""夜中"結構相同,皆在句中表示時間。④ 此說相比而言更爲可信。

《越公其事》"監梡鮴江五里以須",《吳語》作"銜枚泝江五里"。"監"見母談部,"銜"匣母談部字,二字音近可通。"梡"所從之"岜"又見於包山

---

① 子居:《清華簡柒〈越公其事〉第十、十一章解析》,中國先秦史網,2017年12月13日。
② 陳偉:《清華簡七〈越公其事〉校讀》,簡帛網,2017年4月27日。
③ 見郭洸凡:《清華簡〈越公其事〉集釋》,安徽大學碩士學位論文(指導教師:程燕),2018年,第103頁;羅雲君:《清華簡〈越公其事〉研究》,東北師範大學碩士學位論文(指導教師:謝乃和),2018年,第114頁;吳德貞:《清華簡〈越公其事〉集釋》,武漢大學碩士學位論文(指導教師:李天虹),2018年,第96頁;江秋貞:《〈清華大學藏戰國竹簡(柒)·越公其事〉考釋》,第664—665頁。
④ 簡帛論壇:《清華七〈越公其事〉初讀》,第63樓"石小力"發言,2017年4月27日。

簡,陳劍先生曾指出包山簡"四百㱿(枚)……""其百又八十㱿(枚)……"之類辭例中的"㱿"應讀爲"枚"。① "梉",《越公其事》原整理者認爲其或是"枚"之形聲異體,"微"與"枚"皆爲明母微部。②

《越公其事》"渝江",《吳語》作"踰江",韋昭注:"踰,度也。"其說不確。"渝""踰"皆爲"順流而下"之義,參見前文"鉤沉古義"章對"渝""踰"二字的說解。

《越公其事》"溯江五里以須""渝江五里以須"之"須"皆作"🗚"形,惟與《吳語》"中水以須"對應的"須"字《越公其事》作"靈(🗚)",與《越公其事》前文及《吳語》用字不同。"靈"字也見於《說文》小篆,作"🗚",以"靈"表"等待"義的"須"在秦系文字出土文獻材料中未見。趙平安先生認爲"從現有的資料看,小篆的'靈'可能是來源於戰國楚文字的。這也可以看作書同文吸收六國文字的一個例證"。③《越公其事》"中水以靈"之"靈",《吳語》改作"須",很可能是在秦漢時期整理《國語》文本時按照秦文字用字習慣所作的改動。

《越公其事》"吳師乃大駭曰……"《吳語》作"吳師聞之,大駭,曰……"子居先生認爲"後文對應部分《國語》也無'涉江'二字,可見二者在流傳過程中已各有改寫""《越公其事》則側重了越師的涉江行爲。由下文解析內容也可以看到,雖然《越公其事》末兩章文字多承襲自《國語·吳語》末兩章,但其敘事則往往替換爲越人視角"。④ 此說未必可信,《越公其事》《國語》該句後都有"越人分爲二師,將以夾攻我師"的記述,皆爲吳人所說的話。雖然《國語》少"涉江"一句,但從語義上來講,似難以看出敘事視角的轉換。

《越公其事》"吳師乃大駭,曰:'……將以夾□(攻)[我師]。'□□靈(須)旦",原整理者據《國語》"曰:'越人分爲二師,將以夾攻我師。'乃不待旦",認爲闕文可補爲"攻我師乃不靈"或"攻我師不靈",該句位於簡66,簡

———

① 陳劍:《〈上博(三)·仲弓〉膡義》,《簡帛》第三輯,上海:上海古籍出版社,2008 年,第 73—90 頁,收入氏著《戰國竹書論集》,第 261—282 頁。
② 清華大學出土文獻研究與保護中心編,李學勤主編:《清華大學藏戰國竹簡(柒)》,第 147 頁。
③ 趙平安:《說字小記(八則)》,《出土文獻》第十四輯,上海:中西書局,2019 年,第 117—118 頁。
④ 子居:《清華簡柒〈越公其事〉第十、十一章解析》。

首的"▇"應是"攻"字殘筆,從此字至"毀"中間的位置,相鄰的簡65作"吳師乃大",共四字。此處闕文似當補作"攻我師不毀"爲是。

《越公其事》"越王句踐乃以其私卒六千竊涉"之"竊",《吴語》作"潛",韋昭注:"潛,默也。""竊",古書中有訓爲"私"者,①"私"與"默"義相因,二者或是近義詞换用。

《越公其事》"不鼓不噪以滑攻之",《國語》作"不鼓不譟以襲攻之","滑"與"襲"相對應,原整理者讀"滑"爲"侵",謂"侵、襲義近"。② 或有學者認爲"滑攻"可讀爲"潛攻"。③《左傳·莊公二十九年》"有鐘鼓曰伐,無曰侵,輕曰襲","侵""襲"義近,無須改讀。

《越公其事》"左軍右軍乃遂涉,攻之。吳師乃大北,疌戰疌北,乃至於吳",《吳語》作"越之左軍、右軍乃遂涉而從之,又大敗之於没,又郊敗之,三戰三北,乃至於吳"。《越公其事》較《吳語》少"大敗之於没,又郊敗之"的記載。此外,兩句最大的差異在於《越公其事》"疌戰疌北"《吳語》作"三戰三北",清華簡原整理者認爲"疌"可讀爲"旋",作連詞使用,"旋……旋"義謂"一邊……一邊"。④ 網友"紫竹道人"認爲"疌"當讀爲"且",此句應讀作"吳師且戰且北"。⑤ 蕭旭先生認爲"疌"應讀爲"數","數戰數北"言吳師數戰皆敗北。⑥ 在當時未發表的清華簡《成人》篇有以"疌"表{三}的用字習慣,參與清華簡整理工作的石小力先生在《清華簡〈越公其事〉與〈國語〉合證》一文中指出據《成人》篇的辭例可知"疌戰疌北"即等同於《吳語》的"三戰三北","疌"也應讀爲"三"。⑦ 清華簡《成人》篇於2019年正式發表,"疌"字見於以下辭例中:⑧

---

① 參宗福邦等編:《故訓匯纂》,第1654頁。
② 清華大學出土文獻研究與保護中心編,李學勤主編:《清華大學藏戰國竹簡(柒)》,第147頁。
③ 江秋貞對此類説法總結甚詳,參氏文《〈清華大學藏戰國竹簡(柒)·越公其事〉考釋》,第673—675頁。
④ 清華大學出土文獻研究與保護中心編,李學勤主編:《清華大學藏戰國竹簡(柒)》,第147頁。
⑤ 簡帛論壇:《清華七〈越公其事〉初讀》,第16樓"紫竹道人"發言,2017年4月24日。
⑥ 蕭旭:《清華簡(七)校補(二)》,復旦網,2017年6月5日。
⑦ 石小力:《清華簡〈越公其事〉與〈國語〉合證》,《文獻》2018年第3期,第64—65頁。
⑧ 清華大學出土文獻研究與保護中心編,黃德寬主編:《清華大學藏戰國竹簡(玖)》,釋文第154—155、162頁。

丌(其)戌(一)旻(得)是胃(謂)饲(始)生;丌(其)戌(二)旻(得)是胃(謂)邦正;丌(其)疋(三)旻(得)是胃(謂)牆(將)溋(盈);丌(其)四旻(得)是胃(謂)大城(成)。　　　　　(簡13—14)

丌(其)一不旻(得)是胃(謂)詞(始)縈(營);丌(其)戌(二)不旻(得)是胃(謂)少昊;丌(其)疋(三)不旻(得)是胃(謂)虡(虐)争;丌(其)四不旻(得)是胃(謂)䶂(亂)幷(并)。　　　　　(簡15—16)

由簡文"其一得……,其二得……,其疋得……,其四得……""其一不得……,其二不得……,其疋不得……,其四不得……"的辭例來看,誠如石小力先生所言這兩處的"疋""都無疑是用爲數詞'三'的。這兩則新材料有力地證明,在楚簡中'疋'字可以用爲數詞'三'。故簡文的'疋戰疋北'應該讀爲《國語》之'三戰三北'"。①"三"在心母侵部,"疋"在生母魚部,二者古音略遠,傳世文獻亦未見相通之例,其關係還有待進一步討論。以"疋"表{三}或是楚文字中一種獨有的用字習慣。

《越公其事》"越師乃因軍吳,吳人昆奴乃納越師"一句,《吳語》未載,這也表明《越公其事》與《吳語》的底本來源並不完全相同。"昆奴",網友"cbnd"指出其可讀爲"閽奴",守門人可稱"閽人","閽奴"即守門的奴僕,此句大意是説吳國守門的閽奴打開城門,使越師得以進入吳國都城。②網友"汗天山"認爲《吳越春秋·夫差内傳》"二十三年十月,越王複伐吳。吳國困不戰,士卒分散,城門不守,遂屠吳"中"城門不守"似就指"吳人昆奴乃納越師"一事,③諸說皆可從。

清華簡《越公其事》第十一章:

□□□□□闇(襲)吳邦,回(圍)王宫。吳王乃悤(懼),行成。曰:"昔不穀(穀)先秉利於雫(越,越)公告孤請成,男女□□□□□□□□□□□不羕(祥),余不敢䌈(絶)祀。許雫(越)公成,以䢅=(至于)今=(今。今)吳邦不天,旻(得)辠(罪)於雫=□□□□□□人之敝邑。孤請成,男女備(服)。"句戔(踐)弗許,曰:"昔天以雫(越)邦

---

① 石小力:《清華簡〈越公其事〉與〈國語〉合證》,《文獻》2018年第3期,第65頁。
② 簡帛論壇:《清華七〈越公其事〉初讀》,第156樓"cbnd"發言,2017年5月6日。
③ 簡帛論壇:《清華七〈越公其事〉初讀》,第165樓"汗天山"發言,2017年5月8日。

第五章　出土文獻中所見《國語》異文材料的整理　·245·

賜吳=(吳,吳)弗受。今天以吳邦賜郂(越),句□□□□□□□□□□□句戔(踐)不許吳成。乃使(使)人告於吳王曰:"天以吳土賜雩(越),句戔(踐)不敢弗受,殹(抑)民生不礽(仍),王亓(其)母(毋)死。民生堅(地)上,寓也,亓(其)與幾可(何)!不穀(穀)亓(其)牆(將)王於甬句重(東),夫婦吾=(三百),唯王所安,以屈妻(盡)王年。"吳王乃詷(辭)曰:"天加褶(禍)于吳邦,不才(在)耑(前)逡(後),丁(當)叚(叚)孤身。女(焉)述(遂)逹(失)宗𪠑(廟)。凡吳土堅(地)民人,雩(越)公是妻(盡)既有之,孤余絫(奚)面目以見(視)于天下?雩(越)公亓(其)事。"　　　　　　　　　　　(簡69—75)

《國語·吳語》"句踐滅吳夫差自殺"章:

越師遂入吳國,圍王臺。吳王懼,使人行成。曰:"昔不穀先委制於越君,君告孤請成,男女服從。孤無奈越之先君何,畏天之不祥,不敢絶祀,許君成,以至於今。今孤不道,得罪於君王,君王以親辱於弊邑。孤敢請成,男女服爲臣御。"越王曰:"昔天以越賜吳,而吳不受;今天以吳賜越,孤敢不聽天之命,而聽君之令乎?"乃不許成。因使人告於吳王曰:"天以吳賜越,孤不敢不受。以民生之不長,王其無死,民生於地上,寓也,其與幾何?寡人其達王於甬句東,夫婦三百,唯王所安,以没王年。"夫差辭曰:"天既降禍於吳國,不在前後,當孤之身,實失宗廟社稷。凡吳土地人民,越既有之矣,孤何以視於天下!"夫差將死,使人説於子胥曰:"使死者無知,則已矣;若其有知,吾何面目以見員也!"遂自殺。

《國語·越語上》"句踐滅吳"章:

夫差行成,曰:"寡人之師徒,不足以辱君矣。請以金玉、子女賂君之辱。"句踐對曰:"昔天以越予吳,而吳不受命;今天以吳予越,越可以無聽天之命而聽君之令乎!吾請達王甬句東,吾與君爲二君乎?"夫差對曰:"寡人禮先壹飯矣,君若不忘周室,而爲弊邑宸宇,亦寡人之願也。君若曰:'吾將殘汝社稷,滅汝宗廟。'寡人請死,余何面目以視於天下乎!越君其次也。"遂滅吳。

按:

《越公其事》"闔(襲)吳邦"前之闕文,整理者認爲簡首缺五字,據《吳語》"越師遂入吳國"補爲"越王句踐遂"。① 《越公其事》之"襲""王宫",《吳語》作"入""王臺",彼此用詞不同。

《越公其事》"昔不穀先秉利於越"之"秉利",《吳語》作"委制",石小力先生認爲今本吳王所言"昔不穀先委制於越君",與越王句踐此前委制於吳國的事實恰好相反,"秉""委"及"利""制"形近易訛,今本"委制"是簡本"秉利"之形近訛字,秉利,即執其利,指在雙方當中處於有利的形勢,正符合此時越王戰勝吳國的情景。② 此説可從。

《越公其事》"男女"後的闕文,整理者據《吳語》補爲"服。孤無奈越之先君何,畏天之"。③ "孤無奈越之先君何",韋昭注:"言越先君與吳有好。"子居先生認爲據《史記·越王句踐世家》記載句踐之先王允常"與吳王闔廬戰而相怨伐",故"孤無奈越之先君何"非指"越先君與吳有好"。④ 江秋貞先生同意此説,並據此認爲整理者所補闕文有誤,《越公其事》"男女"後的闕文應補爲"備,孤無奈越之命何,畏天之",謂此句"是一句激問法,指吳王因爲怕上帝對他不祥,所以没有滅了越國,就以'我又能對越邦之命怎麽樣呢?'一句表示"。⑤ 兩君交戰之時,言先君之交好往往只是外交辭令,或並無具體所指。在有傳世文獻可以直接對照的情況下,按傳世文獻内容補齊闕文,似比據文義另補它文更爲可靠。

《越公其事》"吳邦不天",《吳語》作"不道"。"不天"爲不爲上天所佑助之類的意思,與"不道"義近。

《越公其事》"人之敝邑"前闕文,整理者據《吳語》"孤不道,得罪於君王,君王以親辱於弊邑"補爲"公公以親辱於寡","公公"爲重文,補足後的簡文爲"今吳邦不天,得罪於越公,越公以親辱於寡人之敝邑"。⑥

《越公其事》"孤請成,男女服"之"服"乃"服事"之義,此句《吳語》作"男女服爲臣御",石小力先生認爲"爲臣御"或是"服"的注語,後誤攙入正文中。⑦《吳語》前文有"男女服從"一句,《越公其事》亦三見"男女服"之

---

① 清華大學出土文獻研究與保護中心編,李學勤主編:《清華大學藏戰國竹簡(柒)》,第150頁。
② 石小力:《清華簡〈越公其事〉與〈國語〉合證》,《文獻》2018年第3期,第61頁。
③ 清華大學出土文獻研究與保護中心編,李學勤主編:《清華大學藏戰國竹簡(柒)》,第150頁。
④ 子居:《清華簡柒〈越公其事〉第十、十一章解析》。
⑤ 江秋貞:《〈清華大學藏戰國竹簡(柒)·越公其事〉考釋》,第706頁。
⑥ 清華大學出土文獻研究與保護中心編,李學勤主編:《清華大學藏戰國竹簡(柒)》,第151頁。
⑦ 石小力:《清華簡〈越公其事〉與〈國語〉合證》,《文獻》2018年第3期,第62—63頁。

語,石先生的猜想有極大的可能性。又《吴語》前文之"男女服從",《越公其事》亦作"男女服",《吴語》的編者或是誤解文義將本爲"服事"義的"服"誤解爲"服從"義,故將其改爲"服從",遂成今本《國語》"男女服從"之貌。

《越公其事》"句踐不許吴成"前之闕文,整理者據《吴語》"孤敢不聽天之命而聽君之令乎",補爲"踐敢不聽天之命而聽君命乎"。① 《越語上》此句作"越可以無聽天之命而聽君之令乎",《越語上》《吴語》彼此語句近似,整理者所補闕文可信。

《越公其事》"民生不仍",《吴語》作"民生之不長"。《越公其事》前文還有"天不仍賜吴於越邦之利",原整理者已釋"仍"爲"仍",謂其有"重複、再一次"之義。② "民生不仍"原整理者認爲其義爲"猶人生不再,意爲人只有一次生命"。③ 其與"民生之不長"義近。李守奎先生認爲今本《吴語》中"仍"變爲"長",很可能是後人在傳抄過程中不識"仍"字所作的改寫。④

《越公其事》"不穀其牀(將)王於甬句東",《吴語》作"寡人其達王於甬句東",《越語上》作"吾請達王甬句東",簡本的"牀(將)"與今本《吴語》《越語上》的"達"相對應,或有學者認爲"達"爲"牀"之訛字,其説不確。詳見本書第三章"利用出土文獻校釋《國語》所應注意的問題"對此句的討論。

《越公其事》"夫婦三百,唯王所安,以屈盡王年",《吴語》作"夫婦三百,唯王所安,以没王年",多一"屈"字,"屈"在此訓爲"盡",用爲"竭盡、窮盡"之義。⑤ 此句,《吴越春秋·句踐伐吴外傳》作"給君夫婦三百餘家,以没王世",與《越公其事》《吴語》同。而《越語上》"吾請達王甬句東"後一句作"吾與君爲二君乎",與《吴越春秋·夫差内傳》同。這裏就出現了一個很有趣的現象,即在具有文本衍生關係的兩書中以不同人物視角叙事的文本,其語句出現了交叉對應的情況,見下表:

---

① 清華大學出土文獻研究與保護中心編,李學勤主編:《清華大學藏戰國竹簡(柒)》,第151頁。
② 清華大學出土文獻研究與保護中心編,李學勤主編:《清華大學藏戰國竹簡(柒)》,第120頁。
③ 清華大學出土文獻研究與保護中心編,李學勤主編:《清華大學藏戰國竹簡(柒)》,第151頁。
④ 李守奎:《釋"仍"》,《甘肅省第3届簡牘學國際學術研討會論文集》,上海:上海辭書出版社,2017年,第554頁。
⑤ 參簡帛論壇:《清華七〈越公其事〉初讀》,第155樓網友"cbnd"發言,2017年5月6日。

語　句	叙事視角（吳人）	叙事視角（越人）
夫婦三百，唯王所安，以屈盡王年/夫婦三百，唯王所安，以沒王年/給君夫婦三百餘家，以沒王世	《國語·吳語》	清華簡《越公其事》《吳越春秋·句踐伐吳外傳》
吾與君爲二君乎	《吳越春秋·夫差内傳》	《國語·越語上》

根據《國語》與《吳越春秋》兩書記載，可將二者語句與叙事視角的對應關係構擬如下：

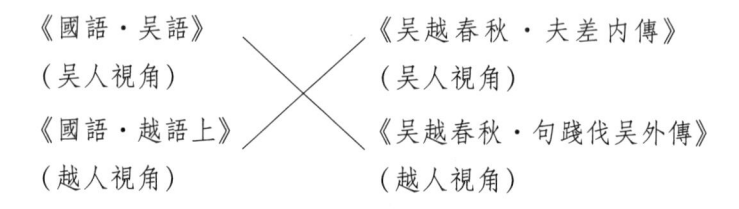

《國語·吳語》　　　　　《吳越春秋·夫差内傳》
（吳人視角）　　　　　（吳人視角）

《國語·越語上》　　　　《吳越春秋·句踐伐吳外傳》
（越人視角）　　　　　（越人視角）

在承認《國語》與《吳越春秋》具有文本衍生關係的前提下，我們對於這種人物叙事視角不同語句的交叉對應關係很難做出合理解釋，無法分别哪一種文本更符合其所據原始文獻的原貌。

有了清華簡《越公其事》"夫婦三百"一句的參照，我們很容易看出《越公其事》與同樣以越人視角叙事的《吳越春秋·句踐伐吳外傳》相同。根據《越公其事》這一第三方證據，可知今本《國語》應是在傳抄過程中由於記述内容的相似，錯將《吳語》與《越語上》中"吾與君爲二君乎""夫婦三百"這兩句話誤抄互換了位置。《吳越春秋》仍保有《國語》原貌，考慮到《吳越春秋》多是因襲《國語》這一點，今本《國語》此處錯簡或是發生在《吳越春秋》成書之後。根據《越公其事》及《吳越春秋》的對照，則上引《吳語》與《越語上》兩句的原文似本應作：

《國語·吳語》：吾請達王甬句東，吾與君爲二君乎？
《國語·越語上》：寡人其達王於甬句東，夫婦三百，唯王所安，以没王年。

當然,這只是我們根據《越公其事》與《吳越春秋》的語句對應關係,對《國語》文本原貌所作的推測。先秦文獻的成書、流傳頗爲複雜,因而也不能排除另一種可能,即上引的《吳語》《越語上》"逵王於甬句東"後的一句本有其獨成一系的文獻來源,與《越公其事》《吳越春秋》本不同源。

《越公其事》"丁㐅孤身",《吳語》作"當孤之身",《吳越春秋‧句踐伐吳外傳》作"正孤之身"。"丁""當"音近,"正"也从"丁"得聲,① 三字乃同音假借,皆表一詞。"㐅",諸家有釋"役""投""誅"等説。② 皆未中的。王挺斌先生認爲"當孤身"即謂"及於自身"之義,上博簡《鄭子家喪》《競建内之》有"及"與从"及"之字即作"㐅""㐅""㐅"之形,"㐅"爲"伋"之訛字,"及身"一詞文獻習見,"當""伋(及)"爲同義詞連用。③ 其説可從。文獻材料中"及"與"殳"存在不少相混的情況。如《尚書‧大誥》:"予造天役遺,大投艱于朕身。"于省吾曾指出"役遺"即"伋遺",並謂"伋"即"及"可訓爲"與","予造天役遺"爲"予遭天與以譴責"之義。④《大戴禮記‧用兵》"及利無義,不顧厥親",王引之曰:"及當爲殳。……殳與及字形相似,學者多見及,少見殳,故殳字訛而爲及矣。"⑤《周禮‧考工記‧匠人》"大汲其版",鄭玄注:"故書汲作没。"敦煌變文《破魔變文》"一世似風虛没没",蔣冀騁曰:"'没没''伋伋'皆當作'伋伋'。'伋'與'役''没'形體相近,故誤。"⑥ 此亦可作爲王挺斌之説的補充。

《越公其事》"越公其事",《越語上》作"越君其次"。清華簡原整理者認爲其在"形式上與簡文没有間隔,末端符號很像篇尾標誌,但文義與上文不相連屬,當是概括簡文内容的篇題"。⑦ 林少平先生支持整理者的"篇題説",並指出"'越公其事'當讀作'越公紀事',是一種記録'越公'事迹的載體"。⑧

---

① 劉釗:《古文字構形學(修訂本)》,福州:福建人民出版社,2011年,第93頁。
② 諸家之説參段思靖:《清華簡〈越公其事〉集釋》,吉林大學碩士學位論文(指導教師:吳良寶),2019年,第148—150頁。
③ 王挺斌:《戰國秦漢簡帛古書訓釋研究》,清華大學博士學位論文(指導教師:趙平安),2018年,第23頁。
④ 于省吾:《雙劍誃尚書新證 雙劍誃詩經新證 雙劍誃易經新證》,第110—111頁。
⑤ 黄懷信、孔德立、周海生撰:《大戴禮記匯校集注》,西安:三秦出版社,2004年,第1200頁。
⑥ 蔣冀騁:《敦煌文獻研究》,長沙:湖南師範大學出版社,2005年,第152頁。
⑦ 清華大學出土文獻研究與保護中心編,李學勤主編:《清華大學藏戰國竹簡(柒)》,第151頁。
⑧ 林少平:《試説"越公其事"》,復旦網,2017年4月27日。

也有學者對所謂"篇題説"提出了反對意見,王輝先生認爲《國語·吴語》《國語·越語上》在非對話的叙述性語言中,越王句踐被記作"越王句踐""越王""句踐""王"四種,吴王夫差被記作"吴王夫差""夫差""吴王""王"四種。而"越君"一詞則兩見,一是《國語·吴語》的"寡人請死,余何面目以視於天下乎!越君其次也";二是《國語·吴語》的"昔不穀先委制於越君,君告孤請成,男女服從",均出現在對話之中。清華簡《越公其事》的"越公其事"亦當如此理解,爲吴王夫差所説的話,並非篇題,"越公其使",意即越公你役使、驅使(我)吧,也就是任你處置的意思。而《國語·越語上》"越君其次"之"次"當讀爲恣,"越君其恣也"意即越君你請隨意吧。①

從文義來看,清華簡《越公其事》"凡吴土地民人,越公是盡既有之"與"孤余奚面目以視于天下?越公其事"語義相承,可視爲對文的關係,"越公其事"與"越公是盡既有之"處於相同的語法位置,如果將"越公其事"視爲篇題,並不符合本句的句式規則,這樣的處理也使"越公是盡既有之"缺失了可與之對應的語句,在文義上也失去了連貫性。由此來看,《國語·越語上》的"越君其次"應也是吴王所説的話。

將"越公其事"視爲非篇題最爲關鍵的證據還在於新近披露的戰國時期的棗紙簡《吴王夫差起師伐越》篇,該篇簡 79 中也有可與上舉《吴語》《越公其事》對讀之句:②

凡吴之土垗(地)民人,邔(越)君是丯(盡)既有之,孤余可(何)或面目以見(視)於天下?邔(越)君亓(其)事也。┗

趙曉斌先生已指出"┗"符也見於棗紙簡《吴王》第一章與第二章之間、第五章與第六章之間的分隔。可見"越君其事也"五字確與前文連讀,這裏的"┗"符表示全篇結束。③

《國語·越語上》"越君其次"之"次"的訓釋,據其與清華簡《越公其

---

① 王輝:《説"越公其事"非篇題》,復旦網,2017 年 4 月 28 日。該文後經修改發表於《出土文獻》第十一輯,第 239—241 頁。

② 釋文參趙曉斌:《荆州棗紙簡〈吴王夫差起師伐越〉與清華簡〈越公其事〉》,《清華戰國楚簡國際學術研討會論文集》,第 9 頁。

③ 趙曉斌:《荆州棗紙簡〈吴王夫差起師伐越〉與清華簡〈越公其事〉》,《清華戰國楚簡國際學術研討會論文集》,第 9 頁。

事》"越公其事"的對照關係可知，"次"與"事"也應統一理解。韋昭注"越君其次"之"次"爲"舍也"，顯然難以與"事"相對應。在王輝先生提出"越公其事""非篇題"說後，多位學者都在其基礎上又提出新説，孟蓬生、網友"瑲瑝"均已指出，古音在脂部的"次"與古音在之部的"事"字在楚簡中即有相通之例。① 石小力先生認爲"次"與"兹"在古書中可相通，而在楚簡中又新見"兹"與"使"相通之例，"越公其事""越君其次"之"事"與"次"都可讀爲"使"，即"越王你役使（我）吧"之義。② 其説可從。

第三節　馬王堆帛書《老子》乙本卷前古佚書四種

馬王堆漢墓帛書1973年出土於湖南長沙西漢時期的馬王堆三號漢墓中，其内容豐富，共十餘萬字。既有《周易》、《老子》甲乙兩種這類先秦傳世古書的漢代抄本，也有《春秋事語》《戰國縱橫家書》等可與《左傳》《戰國策》等書對照的事語類古書，還有《五十二病方》《胎産書》等古醫書。其中在《老子》乙本前抄有四篇分別名爲《經法》《十六經》《稱》《道原》的古佚書，從思想内容來看，所記多爲黄老學派的言論。唐蘭先生曾指出其中不少語句又見於《管子》《申子》《韓非子》《國語·越語》等書中，唐先生文後還列有"《老子》乙本卷前古佚書引文表"，輯録了不少四篇古佚中可與先秦傳世古書相參照的段落、語句。③ 李學勤先生也曾指出"《越語》記范蠡言行，許多術語命題與帛書相類"，④四篇古佚書中與《國語·越語下》所載范蠡之語内容相同、相近的語句主要見於《經法》《十六經》《稱》三篇中，關於其與

---

① 諸説俱見江秋貞：《〈清華大學藏戰國竹簡（柒）·越公其事〉考釋》，第747—748頁。
② 石小力：《清華簡〈越公其事〉與〈國語〉合證》，《文獻》2018年第3期，第63頁。
③ 唐蘭：《馬王堆出土〈老子〉乙本卷前古佚書的研究——兼論其與漢初儒法鬥争的關係》，《考古學報》1975年第1期，第17—27頁。按：唐文中認爲《經法》《十六經》《稱》《道原》即《漢書·藝文志》所載的《黄帝四經》。裘錫圭先生則認爲從形式上來看，《經法》《十六經》《稱》《道原》四篇原本不像是一本書，從内容上來看也與《黄帝四經》無關，應只是"帛書的主人爲了學習黄老言而抄集在一起的"，四篇古佚書最後仍稱爲"馬王堆《老子》乙本卷前古佚書"（參裘錫圭：《馬王堆帛書〈老子〉乙本卷前古佚書並非〈黄帝四經〉》，《裘錫圭學術文集·古代歷史、思想、民俗卷》，上海：復旦大學出版社，2012年，第308—312頁）。關於四本古佚書的命名，兹從裘先生之説。
④ 李學勤：《簡帛和楚文化》，《簡帛佚籍與學術史》，南昌：江西教育出版社，2001年，第20頁。

《越語下》的關係,李學勤先生在《范蠡思想與帛書〈黃帝書〉》一文中亦有詳論:

> 至於《越語下》,情形和與《黃帝書》(引者按:即《經法》《十六經》《稱》《道原》四篇古佚書)有共通文句的其他文獻有所不同。我在以前的小文中曾指出,《越語下》范蠡的話是回答越王句踐的,有所實指,而類似的話到了《黃帝書》中就成了普遍的命題,並舉出實例,說明這只能是《黃帝書》因襲《越語》,把具體言論普遍化了,而不會是相反。范蠡所說"蠡聞之,上帝不考,時反是守",雖有所稟承,但《黃帝書》作"聖人不巧,時反是守";《史記·太史公自序》所引作"聖人不朽,時變是守",《索隱》云出《鬼谷子》。很明顯,范蠡所本不會是《黃帝書》,《黃帝書》以下則是據范蠡或其所本,作了較大的修改。因此,《越語下》又應該比《黃帝書》早一個時期。①

《老子》乙本卷前四篇古佚書與《國語·越語下》二者思想特徵相同,應具有相同文獻來源。近年來,劉嬌先生也輯錄了不少《經法》《十六經》《稱》與《國語·越語下》相同的段落、語句。② 本章即在前人研究的基礎上,將《經法》《十六經》《稱》三篇中可與《國語·越語下》相參照,彼此構成異文的語句進行整理,並就其中相關問題予以分析。

1. 《經法·國次》:
不盡天極,衰者復昌。　　　　　　　　　　　　(行9下)
過極失[當],天將降央(殃)。　　　　　　　(行10上—10下)
必盡天極,而毋擅天功。　　　　　　　　　(行10下—11上)
《稱》:
毋失天極,究數而止。　　　　　　　　　　　　(行154上)
《國語·越語下》與之相關之句作:
臣聞古之善用兵者,贏縮以爲常,四時以爲紀,無過天極,究數而止。

---

① 李學勤:《范蠡思想與帛書〈黃帝書〉》,《簡帛佚籍與學術史》,第311—312頁。
② 劉嬌:《言公與剿說——從出土簡帛古籍看西漢以前古籍中相同或類似內容重複出現現象》,第235—245、276—277頁。

按：

"無過天極"，韋昭注："極，至也。究，窮也。無過天道之所至，窮其數而止也。""天極"即天道之準度。"過極失當"之"極"指"天極"，"當"指《國次》後文"故聖人能盡天極，能用天當"（行 11 下）之"天當"。"不盡天極""必盡天極""無過天極"都是説過猶不及之類的意思，即行事要合乎天道之準度，恰到好處。

又，上舉《越語下》一句，《管子·勢》作"無亡天極，究數而止"，陳鼓應先生謂"無過天極""無亡天極"可與《國次》"過極失當"一句相參照，"蓋《管子》初作'無失（佚）天極'，失即佚，即過。傳本者以'失'爲'亡'，故訛爲'無亡天極'"。① 其説可信。

2.《經法·國次》：

毋陽竊，毋陰竊，毋土敝，毋故埶（設），毋黨別。陽竊者天奪[其光，陰竊者]土地芒（荒），土敝者天加之以兵，人埶（設）者流之四方，黨別者□内相功（攻）。陽竊者疾，陰竊者几（飢），土敝者亡地，人埶（設）者失民，黨別者乳（亂），此胃（謂）五逆，五逆皆成，□[□□□。□]地之剛（綱），變故乳（亂）常，擅制更爽（創），心欲是行，身危[有央（殃），是]胃（謂）過極失當。　　　　　　　　　　　　　　　　　（行 12 下—14 下）

與之相似的説法又見於《十六經·觀》：

夫是故使民毋人埶，舉事毋陽察，力地毋陰敝，陰敝者土芒（荒），陽察者奪光，人埶（設）者摐兵。　　　　　　　（行 86 下—87 上）

《國語·越語下》與之相關之句作：

古之善用兵者，因天地之常，與之俱行。後則用陰，先則用陽；近則用柔，遠則用剛。後無陰蔽，先無陽察，用人無埶，往從其所。

按：

《越語下》《觀》之"陽察"即《國次》之"陽竊"，"察""竊"古音相近。② 陳鼓應先生認爲"陽察"就"舉事"而言，指的是戰爭，"察"用爲"審度"義，"毋陽竊"是指在誅伐征討敵國時，不應從護生存養對方的角度去審度問

---

① 陳鼓應注譯：《黄帝四經今注今譯：馬王堆漢墓出土帛書（修訂本）》，第 38 頁。
② 國家文物局古文獻研究室：《馬王堆漢墓帛書[壹]》，北京：文物出版社，1980 年，第 46 頁。

題。① 魏啓鵬先生認爲"竊"有侵害之義,謂:"以古代所述陰陽大義推之,陽竊指陽氣受到侵害損傷,故下文有'陽竊者天奪其光'、陽竊者生病疾之説。"② 余光明先生認爲,"陽竊"指不要明察,似與生産相關,指的是不要急於求成。③ 似以魏説爲優。

《越語下》"用人無蓺",韋昭注:"蓺,射的也。無蓺,無常所也。行軍用人之道,因敵爲制,不豫設也,故曰從其所也。"其與《國次》"毋故埶""人埶"《觀》"毋人埶"相對。裘錫圭先生認爲"蓺"本應作"埶",讀爲"設",其與《莊子·山木》"王子慶忌見而問焉,曰:'子何術之設?'奢曰:'一之間,無敢設也。'"之"設"義同,"人爲""智故"皆爲道家所否定,"人埶(設)""故埶(設)"所説爲一回事,"無埶(設)""故埶(設)"即無豫設之義。④ 其説可信。陳劍先生在裘先生之説的基礎上對此句語義又有所補充,陳先生認爲《越語下》"用人無蓺"應據簡文校爲"用無人蓺(設)",如此才與前文"後無陰蔽,先無陽察"句式相同,此句中之"用"非單指"用人"而言,而是指前文"後則用陰,先則用陽;近則用柔,遠則用剛"之用,所包括之範圍較"用人"更廣。⑤

3.《經法·六分》:

知王[術]者,驅騁馳獵而不禽芒(荒),飲食喜樂而不面(湎)康,玩好畏好而不惑心;俱與天下用兵,費少而有功,□[□□□□□□□□□]則國富而民□□[□□□□]其[□。不]知王述(術)者,驅騁馳獵則禽芒(荒),飲食喜樂則面(湎)康,玩好畏好則或(惑)心　　　　　(行30下—32上)

《國語·越語下》與之相關之句作:

王其且馳騁弋獵,無至禽荒;宮中之樂,無至酒荒;肆與大夫觴飲,無忘國常。

按:

俞志慧先生認爲據帛書《六次》"飲食喜樂則湎康"來看,"飲食喜樂"

---

① 陳鼓應注譯:《黄帝四經今注今譯:馬王堆漢墓出土帛書(修訂本)》,第47—48頁。
② 魏啓鵬:《馬王堆漢墓帛書〈黄帝書〉箋證》,北京:中華書局,2004年,第18頁。
③ 余光明:《黄帝四經新注新譯》,長沙:嶽麓書社,2016年,第61頁。
④ 裘錫圭:《再談古文獻以"埶"表"設"》,《裘錫圭學術文集·語言文字與古文獻卷》,第490—491頁。
⑤ 陳劍:《讀馬王堆簡帛零札》,《上古漢語研究》第一輯,北京:商務印書館,2016年,第59頁。

與"湎康"相對,則《越語下》"宮中之樂"與"肆與大夫觴飲"應互乙,原文本應作"肆與大夫觴飲,無至酒荒",正與"飲食喜樂則湎康"語義相近。①

4.《經法·亡論》:

三凶:一曰好凶器。二曰行逆德。三曰縱心欲。此胃(謂)三[凶]。

(行64上)

《國語·越語下》與之相關之句作:

范蠡進諫曰:"夫勇者,逆德也;兵者,凶器也;爭者,事之末也。陰謀逆德,好用凶器,始於人者,人之所卒也;淫佚之事,上帝之禁也,先行此者,不利。"

按:

兩篇俱見"逆德""凶器",但《亡論》"縱心欲"與《越語下》"爭者,事之末也"所指不同。"逆德""凶器"又見於:

且吾聞兵者,凶器也,爭者,逆德也。今子陰謀逆德,好用凶器,殆人所棄,逆之至也,淫佚之事也,行者不利。　　(《說苑·指武》)

故兵者凶器也。爭者逆德也。將者,死官也。(《尉繚子·武議》)

兩書皆以"逆德"與"爭"相配,與《國語》表述不同。上引《國語·越語下》之句又見於:

范蠡諫曰:"不可。臣聞兵者,凶器也,戰者,逆德也,爭者,事之末也。陰謀逆德,好用凶器,試身於所末,上帝禁之,行者不利。"

(《史記·越王句踐世家》)

夫怒者,逆德也,兵者,凶器也,爭者,人之所亂也,陰謀逆德,好用凶器,治人之亂,逆之至也。　　　　　　(《文子·下德》)

宜若聞之曰:"怒者,逆德也,兵者,凶器也。爭者,人之所本也。今子陰謀逆德,好用凶器,始人之所本,逆之至也。"(《淮南子·道應》)

---

① 俞志慧:《〈國語〉韋昭注辨正》,第257—258頁。

據《國語·越語下》"爭者,事之末也"及《文子》"爭者,人之所亂也"來看,《淮南子·道應》"人之所本也"之"本"應爲"末"之訛字,其"始人之所本"之"始"似應爲"治"之訛。

5.《十六經·觀》:

天地巳(已)成,而民生,逆順无紀,德瘧(虐)无刑(型),靜(靜)作无時,先後無○①名。　　　　　　　　　　　　　　　（行81下）

"德瘧"又見於《十六經·果童》:

靜(靜)作相養,德瘧(虐)相成。兩若有名,相與則成。　（行97上）

《國語·越語下》與之相關之句作:

四封之外,敵國之制,立斷之事,因陰陽之恒,順天地之常,柔而不屈,彊而不剛,德虐之行,因以爲常。

按:

"德虐之行",韋昭注:"唐尚書云:'言無德行虐習以爲常。'昭謂:德,有所懷柔及爵賞也。虐,有所斬伐及黜奪也。以爲常,以爲常法也。"《觀》"德瘧(虐)無刑(型)"一句,原整理者以引上舉韋注,指出"瘧"應讀爲"虐","刑"應讀爲"型",表"法則"之義。②

"德虐"又見於《論衡·恢國》:"不刃王莽之死。夫斬赴火之首,與貫被刃者之身,德虐孰大也?"與《越語下》之"德虐"義同。又《楚帛書·乙篇》多見"德匿"一詞,如"凡歲德匿""是謂德匿,群神乃德",商承祚認爲"德匿"可讀爲"側匿""仄匿""縮朒",其皆表一詞,爲"踰軌亂行"之義。李零先生認爲"德匿"義同《越語下》之"德虐",即古書之"德刑""刑德"。③"德匿"與"德虐"之間的關係尚有可探討的空間。

6.《十六經·觀》:

□□□□□□□□□□□因以爲常,其明(明)者以爲法,而微道是行=

---

① 原整理者注:"名上原有命字,寫後又用硃筆塗去。"參國家文物局古文獻研究室:《馬王堆漢墓帛書[壹]》,第63頁。
② 參國家文物局古文獻研究室:《馬王堆漢墓帛書[壹]》,第63頁。
③ 陳媛媛對諸家之説總結甚詳,參氏著《〈楚帛書·乙篇〉集釋》,吉林大學碩士學位論文(指導教師:李守奎),2009年,第74—78頁。

(行。行)法循□□□牝₌牡₌(牝牡,牝牡)相求,會剛與柔。

(行83上—83下)

"其明者以爲法,而微道是行"又見於《十六經·姓爭》:

刑德皇₌(皇皇),日月相望(望),以明其當。望(望)失其當,環視其央(殃)。天德皇₌(皇皇),非刑不行。繆₌(繆繆—穆穆)天刑,非德必頃(傾)。刑德相養,逆順若成。刑晦而德明(明),刑陰而德陽,刑微而德章。**其明(明)者以爲法,而微道是行**。明₌(明明)至微,時反以爲幾(機)。

(行108下—109下)

《國語·越語下》與之相關之句作:

天道皇皇,日月以爲常,明者以爲法,微者則是行。陽至而陰,陰至而陽;日困而還,月盈而匡。

按:

"明者以爲法,微者則是行",韋昭注:"明,謂日月盛滿時也。微,謂虧損薄蝕時也。法,其明者以進取。行,其微時以隱遁。"此句又見於《鶡冠子·世兵》,作"類類生成,用一不窮。明者爲法,微道是行"。

由《姓爭》"刑德相養,逆順若成""刑晦而德明"等句來看,"明者"應指"德","微者"則指"刑",《管子·四時》"日掌陽,月掌陰,星掌和,陽爲德,陰爲刑",《漢書·董仲舒傳》"天道之大者在陰陽。陽爲德,陰爲刑",可與其相參照。魏啓鵬先生認爲這句話還有另一層含義:"言國家執行法度,頒於天下,光明正大;而君主握道術,乃'國之利器,不可示人',隱然成於無形。"[1]說亦可參。

7.《十六經·觀》:

是故爲人主者,時挈三樂,毋亂民功,毋逆天時。然則五穀溜孰(熟),民乃番(蕃)兹(滋)。君臣上下,交得其志。天因而成之。

(行87上—87下)

《國語·越語下》與之相關之句作:

四封之內,百姓之事,時節三樂,不亂民功,不逆天時,五穀睦熟,民乃蕃滋,君臣上下,交得其志,蠹不如種也。

---

[1] 魏啓鵬:《馬王堆漢墓帛書〈黃帝書〉箋證》,第103頁。

按：

"時節三樂"，韋昭注："三樂，三時之務，使人勸事樂業。"《越語下》前文"有定傾，有節事"一句，"節"，韋昭注："節，制也。""時節三樂"之"節"也用爲此義，表示限制、節度之類的意思。《十六經·觀》之"挃"，《長沙馬王堆漢墓帛書集成》認爲"挃"疑與"挃"爲一字，讀爲"窒"，"窒""節"音義相近。① 其説可從。

"五穀睦熟"，《十六經·觀》作"五穀溜孰"，"睦"明母覺部字，"溜"來母幽部字，二者音近可通。"五穀睦熟"韋昭注："睦，和也。"説未確，諸家多認爲"睦"讀爲"穋"，《説文》："穋，疾孰也。從禾坴聲。《詩》曰：'黍稷種穋。'穆，穋或從翏。""睦熟"及"溜孰"皆表成熟義。② 陳鼓應先生認爲"倘泛説五穀統統早熟，則似非好事"，"睦熟"及"溜孰"之"睦""溜"或可讀爲"秀"，表花落結實、農作物長成之義。③ 説亦可參。

此外，《肩水金關漢簡》第二卷73EJT21：58簡有辭作：

☐今吾年穀番熟百姓殷衆此吾逢時也而王弗用失其時矣臣聞時不可失。

此句與上引《十六經·觀》《國語·越語下》以及《國語·越語下》"上帝不考，時反是守，彊索者不祥。得時不成，反受其殃"等句有關。此外，《肩水金關漢簡》第二卷中還有内容爲"☐論曰吾其〈與〉子謀☐"（73EJT21：454）、"☐吳子曰未可今☐☐"（73EJT21：455）的另外兩支《國語》殘簡。④ 劉嬌先生認爲三簡同出同一探方中，内容又都與《國語·越語下》相關，形式上也都是范蠡與越王句踐的問答，此三簡的内容很可能即是《漢書·藝文志》所

---

① 參裘錫圭主編，湖南省博物館、復旦大學出土文獻與古文字研究中心編纂：《長沙馬王堆漢墓簡帛集成·肆》，第154頁。
② 谷斌、張慧姝、鄭開注譯：《黄帝四經注譯·道德經注譯》，北京：中國社會科學出版社，2004年，第48頁；魏啓鵬：《馬王堆漢墓帛書〈黄帝書〉箋證》，第103頁；裘錫圭主編，湖南省博物館、復旦大學出土文獻與古文字研究中心編纂：《長沙馬王堆漢墓簡帛集成·肆》，第154頁。
③ 陳鼓應注譯：《黄帝四經今注今譯：馬王堆漢墓出土帛書（修訂本）》，第225頁。
④ 這兩支殘簡的語句可與《國語·越語下》中"又一年，王召范蠡而問焉，曰：'吾與子謀吳，子曰："未可也。"今……'"之辭對讀，參黄浩波：《肩水金關漢簡所見典籍殘簡》，簡帛網，2013年8月1日。

載"《范蠡》二篇"在當時流行的一種抄本。①

8.《十六經·觀》：
耵(聖)人不巧,時反是守……當天時,與之皆斷。當斷不斷,反受其亂。
（行89下—90上）

《國語·越語下》與之相關之句作：
上帝不考,時反是守,彊索者不祥。得時不成,反受其殃。

按：
《國語·越語下》"上帝不考"一句,韋昭注："考,成也。言天未成越,當守天時,天時反,乃可以動。"《史記·太史公自序》則作"聖人不朽,時變是守","不朽"一詞的語義已頗爲晦昧,《漢書·司馬遷傳》作"聖人不巧,時變是守",倒還保留文本原義。王引之《經義述聞》謂："韋《注》文義不明,'考'當讀爲'巧'。反,猶變也。言上帝不尚機巧,惟當守時變也。"②《越語下》之"考",《十六經·觀》正作"巧",王氏之說可從。"考""巧"相通之例,出土文獻亦習見,如周文王之子"伯邑考",定縣漢簡《六韜》2264作"伯邑巧";上博簡《弟子問》附簡"考言窐色",學者多已指出其即文獻習見之"巧言令色"。③

《觀》"當斷不斷,反受其亂"是先秦時期的習語,常被人引用,又見於《史記·齊悼襄王世家》《史記·春申君列傳》《漢書·霍光傳》等書中,《觀》"當天時"一句與《越語下》"得時不成,反受其殃"一句義同。

9.《十六經·姓争》：
天道環(還)於人,反爲之客。争(静)作得時,天地與之。争不衰,時靜(静)不靜(静),國家不定。可作不作,天稽環周,人反爲之[客]。
（行109下—110上）

《國語·越語下》與之相關之句作：
天時不作,弗爲人客。

---

① 劉嬌：《居延漢簡所見六藝諸子類資料輯釋》，《出土文獻與古文字研究》第七輯，第307—308頁。
② （清）王引之撰，虞思徵等校點：《經義述聞》，第1284頁。
③ 俞紹宏、張青松：《上海博物館藏戰國楚簡集釋》第五冊，北京：社會科學文獻出版社，2019年，第260頁。

天時不作而先爲人客。

按：

《十六經·姓爭》之"天道"即"天稽"，"天稽環周，人反爲之"後殘缺，可據《越語下》補一"客"字。

"弗爲人客"，韋昭注："攻者爲客。"又《禮記·月令》"兵戎不起，不可從我始"，鄭玄注："爲客不利，主人則可。"孔穎達疏："起兵伐人者，謂之客。"學者多據此，認爲"客"有"攻伐他人"之類的意思。① 又《越語下》"宜爲人客"，韋昭注："先動爲客。於時宜爲人客，剛彊力疾，陽數未盡，雖輕易人猶不可得取也。"上引諸句之"客"似當理解爲"先動爲客"之義更妥當。陳鼓應先生疏解"天道環於人"一句語義，曾指出"天道"與"人"雖一般認爲二者爲主客關係，但若充分發揮人的主觀能動性，則二者的關係也可產生轉化，該句大意就是說"如果人能把握天道運行的規律，及時抓住時機，那麼在天道運行當中，人就有可能反客爲主"。② 此說甚爲允洽，《越語下》"天時不作而先爲人客"後還有"人事不起而創爲之始"一句，"始"與"客"處於相同的語法位置，"客"也包含有反客爲主、主動實施行爲的意思，都是在強調人主觀能動性之重要。

10.《十六經·姓爭》：

居則无法，動作爽名。【其事乃不成】，是以僇受其刑。

（行111下—112上）

《十六經·行守》：

逆節夢（萌）生，其誰骨當之。 （行135上）

《國語·越語下》與之相關之句作：

逆節萌生，天地未形，而先爲之征，其事是以不成，雜受其刑。

按：

上引《國語·越語下》又見於《管子·勢》，作"逆節萌生，天地未形。先爲之政，其事乃不成，繆受其刑"。

---

① 參國家文物局古文獻研究室：《馬王堆漢墓帛書〔壹〕》，第69頁；魏啓鵬：《馬王堆漢墓帛書〈黃帝書〉箋證》，第144頁；谷斌、張慧姝、鄭開注譯：《黃帝四經注譯·道德經注譯》，第58頁。

② 陳鼓應注譯：《黃帝四經今注今譯：馬王堆漢墓出土帛書（修訂本）》，第267—268頁。

唐蘭先生認爲《十六經·姓爭》上文有"居則有法,動作循名,其事若易成",據此可在"是以僇受其刑"前補"其事乃不成"。① 帛書原整理者認爲《管子·勢》"其事乃不成,繆受其刑"與前引《姓爭》一句語近,②戎輝兵先生亦據《管子》此句,認爲應補"其事乃不成"一句,③諸説皆可從。

　　"雜受其刑",韋昭注:"雜,猶俱也。""僇受其刑"之"僇"應與之義近。文獻中有"僇力一志"(《淮南子·人間》)、"僇力本業"(《史記·商君列傳》),"僇力"又或作"勠力",此類用法的"僇"即有"並""合"之類的意思,與"雜"義近。《管子·勢》作"繆受"與帛書同。

　　《越語下》"逆節萌生"與《十六經·行守》"逆節夢生"相對應,"夢"爲"萌"之假借字。"逆節萌起"一句又見於《史記·平津侯主父列傳》《漢書·主父偃傳》《新序·善謀下》中。

11.《十六經·兵容》:
參○□□□□□□□□之,天地刑之,耶(聖)人因而成之。

（行 117 上）

《國語·越語下》與之相關之句作:

死生因天地之刑,天因人,聖人因天;人自生之,天地形之,聖人因而成之。

按:

"天地刑之""天地之刑""天地形之"之"刑"與"形"都應讀爲"型範"之"型",參本書"闡明詞義"一節對"死生因天地之刑"一句的説解。

12.《十六經·兵容》:
天固有奪有予,有祥□□□□□弗受,反隋(隨)以央(殃)。

（行 118 上）

《國語·越語下》與之相關之句作:

得時不成,反受其殃。

---

① 唐蘭:《馬王堆出土〈老子〉乙本卷前古佚書的研究——兼論其與漢初儒法鬥爭的關係》,《考古學報》1975 年第 1 期,第 22 頁。
② 國家文物局古文獻研究室:《馬王堆漢墓帛書[壹]》,第 69 頁。
③ 戎輝兵:《〈馬王堆漢墓帛書〉(〈老子〉乙本卷前古佚書)校讀札記》,第 29 頁。

得時無怠,時不再來,天予不取,反爲之災。

按:

《意林》引《太公金匱》"且天與不取,反受其咎。時至不行,反受其殃",與上引之句義同。

《十六經·姓爭》"有祥"後的闕文,陳鼓應先生補爲"福至者也而",①魏啓鵬先生補爲"而福至,殆而",②戎輝兵先生認爲據《國語·越語下》之句,"弗受"前應爲"天予","有祥"後的闕文應爲"有不祥。天予"。③ 諸方案中以戎輝兵之説於文義最爲允洽,"有祥有不祥"正與前文"有奪有予"句式一致。

13.《十六經·三禁》:

地之禁,不淺(殘)高,不曾(增)下,毋服川,毋{逆土毋}④逆土功,毋壅民明。　　　　　　　　　　　　　　　　　　（行124下—125上）

《稱》:

發澤,禁也。草蓯(叢)可;淺(殘)林,禁也。聚[囗可],隋(墮)高增下,禁也,大水至而可也。　　　　　　　　　　　　（行153上—153下）

《國語·周語下》與之相關之句作:

晉聞古之長民者,不墮山,不崇藪,不防川,不竇澤。

按:

"不淺(殘)高"對應"不墮山",《國語·周語下》"墮高堙庳",韋昭注:"高,謂山陵。""不增下"與"不崇藪"相對,《國語·周語下》"共之從孫四嶽佐之,高高下下,疏川導滯",韋昭注:"下下,陂障九澤也。""崇"有助長、增高之義,"不增下"與"不崇藪"義同。《稱》之"墮高增下"即《周語下》之"不墮山,不崇藪"。

"毋服川"與"不防川"相對,帛書整理小組引《晏子春秋·内篇·問上》"節飲食,無多畋漁,以無偪川澤"爲據,指出"'毋服川'即'毋偪川澤'。偪即逼字,逼迫。毋偪川,不要堵塞河流"。⑤ "偪"古音在幫母職部,"服"

---

① 陳鼓應注譯:《黃帝四經今注今譯:馬王堆漢墓出土帛書(修訂本)》,第283頁。
② 魏啓鵬:《馬王堆漢墓帛書〈黃帝書〉箋證》,第154頁。
③ 戎輝兵:《〈馬王堆漢墓帛書〉(〈老子〉乙本卷前古佚書)校讀札記》,第31頁。
④ "逆土毋"似爲衍文。
⑤ 馬王堆漢墓帛書整理小組編:《馬王堆漢墓帛書〈經法〉》,北京:文物出版社,1976年,第77頁。

古音在並母職部,聲紐都爲唇音,韻部相同,可相通假。

先秦文獻又如《管子·輕重己》"毋行大火,毋斬大山,毋塞大水,毋犯天之隆"、《管子·七主七臣》"無割大陵,倮大衍,伐大木,斬大山"、上博簡《三德》簡10"毋壅川,毋斷阬(岡),毋威(滅)崇"之句,皆與上舉《三禁》《周語下》之句所述之事相似。

14.《十六經·順道》:

立於不敢,行於不能。單(戰)視(示)不敢,明埶(設)不能。守弱節而堅之,胥雄節之窮而因之。　　　　　　　　　　　　(行138下—139上)

不廣(曠)其衆。　　　　　　　　　　　　　　　　　(行139下)

《國語·越語下》與之相關之句作:

盡其陽節、盈吾陰節而奪之。宜爲人客,剛彊而力疾;陽節不盡,輕而不可取。宜爲人主,安徐而重固;陰節不盡,柔而不可迫。

無曠其衆,以爲亂梯。

按:

上引《十六經·順道》一句,《管子·勢》也有一段類似的話作"故賢者安徐正静,柔節先定。行於不敢,而立於不能,守弱節而堅處之"。《鬼谷子·符言》作"安徐正静,柔節先定"。

"陰節不盡"一句,韋昭注:"時宜爲主人,安徐而重固,陰數未盡,雖柔不可困迫也。"《順道》"弱節"的含義大體相當於《越語下》之"陰節"。"雄節"則與"陽節"意義相當,"胥雄節之窮"與"盡其陽節"義相因。

"不廣(曠)其衆",《越語下》作"無曠其衆",韋昭注:"曠,空也。梯,階也。無令空日廢業,使人困乏,以生怨亂,爲禍階也。"

15.《十六經·順道》:

見地奪力,天逆其時,因而飾(飭)之,事環(還)克之。若此者,單(戰)朕(勝)不報,取地不反。單(戰)朕(勝)於外,福生於内。用力甚少,名殷(聲)章明。順之至也。　　　　　　　　　(行140上—141上)

《國語·越語下》與之相關之句作:

是故戰勝而不報,取地而不反,兵勝於外,福生於内,用力甚少而名聲章明。

按：

除《順道》"戰勝於外"《越語下》作"兵勝於外"，二者語句基本相同。"戰勝而不報，取地而不反"是說戰勝敵人而不遭受報復，占領敵人領地而不會得而復失。"兵勝於外，福生於內"一句又見於以下文獻：

戰勝於外，福生於內。　　　　　　　　（《淮南子·兵略》）
戰勝於外，福産於內。　　　　（銀雀山漢簡《尉繚子》簡 457）
戰勝於外，備主於內。　　　　　　　　（《尉繚子·兵談》）

諸本之"福"字，《尉繚子·兵談》作"備"，銀雀山漢簡原整理者已據簡本《尉繚子》指出："宋本'備'當爲'福'之音誤（二字古音相近），'主'字當爲'生'之形誤。"①

16.《稱》：

天制寒暑，地制高下，人制取₌予₌（取予。取予）當，立爲□王。取予不當，流之死亡。天有環（還）刑，反受其央（殃）。　　　（行 149 上—149 下）

《國語·越語下》與之相關之句作：

彊索者不祥，得時不成，反受其殃。失德滅名，流走死亡。有奪，有予，有不予，王無蚤圖。

聖人之功，時爲之庸，得時不成，天有還形。

按：

《稱》"立爲□王"中缺字，陳偉武先生認爲可補爲"侯"，"侯王"爲戰國習語。② 陳鼓應先生補缺字爲"聖"，謂"《道原》'聖王用此，天下服'是此辭例"。③ 似以補"聖"字爲是。

帛書《稱》"流之死亡"，《國語·越語下》作"流走死亡"，"之""走"相對。頗疑"走"爲"之"的訛字，漢代文字中部分"走"字的上部已變得近似"之"形，很可能在傳抄過程中"走"字殘缺下半部分，抄者誤識爲"之"，遂

---

① 銀雀山漢墓竹簡整理小組：《銀雀山漢墓竹簡[壹]》，第 79 頁。
② 陳偉武：《試論簡帛文獻中的格言資料》，《愚齋磨牙集·古文字與漢語史研究叢稿》，上海：中西書局，2014 年，第 184 頁。
③ 陳鼓應注譯：《黃帝四經今注今譯：馬王堆漢墓出土帛書（修訂本）》，第 363 頁。

變成今本《國語》"流走死亡"之貌。

"天有還形",韋昭注:"還,反也。形,體也。"此説不確,由《稱》"天有還刑,反受其殃"一句可知,"天有還形"之"形"應讀爲刑罰之"刑",此句大意是説,聖人能得以立功,在於順應天時,如果不能善於利用天時,就會遭受上天的刑罰。

17.《稱》:
短者長,弱者强,贏絀變化,後將反佗(施)。　　　　　　　　(行 156 下)
《國語·越語下》與之相關之句作:
贏縮轉化,後將悔之。
臣聞古之善用兵者,贏縮以爲常,四時以爲紀,無過天極,究數而止。
按:
與上舉兩句語義相近的話又見於《鶡冠子·世兵》"蚤晚絀贏,反相殖生,變化無窮,何可勝言"。"贏縮轉化",韋昭注:"贏縮,進退也。轉化,變易也。"帛書《稱》"贏絀"即《越語下》之"贏縮"。

第四節　棗紙簡《齊桓公自莒返于齊》

荆州棗林鋪造紙廠 46 號戰國楚墓出土的竹書中有一篇整理者題爲《齊桓公自莒返于齊》的文獻,主要記載管仲與齊桓公的事迹,與《國語·齊語》及《管子·小匡》關係密切。趙曉斌先生《荆州棗紙簡〈齊桓公自莒返于齊〉與〈國語·齊語〉〈管子·小匡〉》(以下簡稱"趙文")一文對該篇竹書的情況有過詳細的介紹:

> 本篇共 99 支簡,其中 74 支保存完整,16 支折斷,9 支有缺損;完簡約長 45.6 厘米、寬 0.6 厘米;滿簡容字 33—52 字不等,全篇存 3 737 字(重文、合文按一字計),闕文約 15 字(參見圖版壹)。內容與傳世古籍《國語》中的《齊語》篇及《管子》中的《小匡》篇可以對讀。
> ……
> 此次出土的竹書,簡文敘述順序同於《齊語》而內容略多,《小匡》

則又多於簡文。大抵於"天子致胙"之前,文承《齊語》,其後言趨《小匡》。筆者認爲這三種文本形成時間的先後順序爲"《齊語》→簡本→《小匡》",但三者之間並非簡單的直綫繼承。①

趙先生在文中共公布了該篇簡 1、簡 7、簡 8、簡 98、簡 99 五支竹簡的圖版及簡 7—8、簡 46—47、簡 78—79、簡 81—86、簡 88—89、簡 98—99 六段釋文。

此外,2023 年 4 月 10 日微信公衆號"荆彩新聞"發布的《最新發布!一批重要簡牘在荆州相繼出土》一文中公布了《齊桓公自莒返于齊》中一支竹簡的圖版,圖版旁附有釋文,文後有竹簡編號"【一】"。該簡也公布於趙文中,但其未附釋文。

《國語·齊語》與《管子·小匡》存在大量相同或相近的語句、段落,學者歷來多有討論。本節我們根據趙文中已公布的材料,對棗紙簡《齊桓公自莒返于齊》中可與《國語·齊語》《管子·小匡》對讀的内容作簡要討論。

1.《齊桓公自莒返于齊》簡 1：

昔齊逗(桓)公自籛(莒)返于齊,叀(使)鼜(鮑)呂(叔)爲䆃(宰),鼜(鮑)呂(叔)甹(辭)曰："臣,君之迵(庸)臣也,君或加惠於亓(其)臣,叀(使)不凍飢。"

《國語·齊語》"管仲對桓公以霸術"章：

桓公自莒反於齊,使鮑叔爲宰,辭曰："臣,君之庸臣也。君加惠於臣,使不凍餒,則是君之賜也……"

《管子·小匡》：

桓公自莒反於齊,使鮑叔牙爲宰。鮑叔辭曰："臣,君之庸臣也。君有加惠於其臣,使臣不凍飢,則是君之賜也……"

按：

趙文中只公布了簡 1 的圖版,微信公衆號"荆彩新聞"發布的《最新發布!一批重要簡牘在荆州相繼出土》一文中除公布圖版外,還附有釋文。

《齊桓公自莒返于齊》中"迵臣"之"迵"從"同"得聲,與"庸"音近。簡

---

① 趙曉斌:《荆州棗紙簡〈齊桓公自莒返于齊〉與〈國語·齊語〉〈管子·小匡〉》,《出土文獻研究》第二十一輯,第 100 頁。

文與《管子·小匡》用詞更爲接近，如二者皆有"凍飢"一詞，《群書治要》及《左傳正義》引《小匡》此句作"凍餒"，已非原書本來面貌。"凍飢"，《齊語》作"凍餒"。此外，簡文"君或加惠於其臣"之"或"爲副詞，《國語·齊語》中作"有"，"或""有"常通用。《國語·齊語》此句則無此副詞。

2.《齊桓公自莒返于齊》簡7—8：

矣。公叀（使）人青（請）者（諸）魯君，曰："募（寡）君又（有）不霝（令）之臣才（在）君之邦，欲呂（以）戮（戮）羣（群）臣，古（故）青（請）之。"施白（伯）曰："非戮（戮）之，欲甬（用）丌（其）正（政），夫笶（管）中（仲），天下之掔（賢）人也，在楚勛（則）貞（使）楚旻（得）志於天下，在晉勛（則）貞（使）晉旻（得）志於天下，在郢（燕）勛（則）貞（使）郢（燕）旻（得）志於天下。今彼在齊……"

《國語·齊語》"管仲對桓公以霸術"章：

桓公曰："夫管夷吾射寡人中鉤，是以濱於死。"鮑叔對曰："夫爲其君動也。君若宥而反之，夫猶是也。"桓公曰："若何？"鮑子對曰："請諸魯。"桓公曰："施伯，魯君之謀臣也，夫知吾將用之，必不予我矣。若之何？"鮑子對曰："使人請諸魯，曰：'寡君有不令之臣在君之國，欲戮之於群臣，故請之。'則予我矣。"桓公使請諸魯，如鮑叔之言。

莊公以問施伯，施伯對曰："此非欲戮之也，欲用其政也。夫管子，天下之才也，所在之國，則必得志於天下。令彼在齊，則必長爲魯國憂矣。"

《管子·小匡》：

公曰："管夷吾親射寡人中鉤，殆於死，今乃用之，可乎？"鮑叔曰："彼爲其君動也，君若宥而反之，其爲君亦猶是也。"公曰："然則爲之奈何？"鮑叔曰："君使人請之魯。"公曰："施伯，魯之謀臣也。彼知吾將用之，必不吾予也。"鮑叔曰："君詔使者曰：寡君有不令之臣在君之國，願請之以戮群臣，魯君必諾。且施伯之知，夷吾之才，必將致魯之政，夷吾受之，則魯能弱齊矣，夷吾不受，彼知其將反於齊，必殺之。"公曰："然則夷吾受乎？"鮑叔曰："不受也，夷吾事君無二心。"公曰："其於寡人猶如是乎？"對曰："非爲君也，爲先君與社稷之故。君若欲定宗廟，則亟請之；不然，無及也。"公乃使鮑叔行成，曰："公子糾親也，請君討之。"魯人爲殺公子糾。又曰："管仲讎也，請受而甘心焉。"魯君許諾。施伯謂魯侯曰："勿予，非戮之也，將用其政也，管仲者,天下之賢人也,大器也,在楚則楚得意於天下,在晋則晋得意於天下,在狄則狄得意於天下。今齊求而得之,則必長爲魯國憂,君何不殺而受之其屍?"

按:

趙文中公布了簡7、8兩支竹簡的圖版,但僅附自"管仲,天下之賢人也"一句之後的釋文。簡本中稱管仲爲"天下之賢人",同於《小匡》,《齊語》則作"天下之才",用詞不同。但總的來説,簡文與《國語·齊語》的表述更爲相近,《管子·小匡》則多出"公乃使鮑叔行成"等句。

簡本"寡君有不令之臣在君之邦"之"邦"字,《齊語》《小匡》皆作"國",大概是漢人爲避漢高祖劉邦之諱所作的改動。

《管子·小匡》"願請之以戮群臣",在不同版本中存在有無"於"字的區别。在宋本、趙本、朱長春本等版本中作"戮群臣"。古本、劉本、朱本等版本皆作"戮於群臣"。①《左傳·莊公九年》孔穎達《正義》及《國語·齊語》亦有"於"字。王念孫《讀書雜誌》認爲:"'戮群臣'當從朱本作'戮於群臣'。戮於群臣者,下文曰'願生得之,以徇於國,爲群臣僇'是也。脱去'於'字,則義不可通。"②黎翔鳳曾反駁王説:"下文'殺之齊是戮齊也,殺之魯是戮魯也',通例皆無'於'字……,此處决不能有'於'字。王氏不知古今語法之異,誤矣。"③簡本作"欲以戮群臣",由此來看《小匡》也當無"於"字。《國語·齊語》作"欲以戮之於群臣","於"爲介詞引進處所"群臣"(即指"群臣面前"),這類用法的"於"在上古漢語中常可省略。

簡本"管仲,天下之賢人也"之後的語句基本同於《管子·小匡》,只是簡本"則使燕得志於天下",《小匡》作"則狄得意於天下"。趙文認爲,春秋時燕國與中原列國交往甚少,而狄人爲諸夏之患,故《小匡》改爲"狄"。春秋早期,燕國實力較弱,難以與齊國爭霸,反而曾因山戎的入侵求助於齊國,齊桓公"尊王攘夷"中一項重要的功績即是伐山戎而救燕。《左傳·莊公三十年》:"冬,遇于魯濟,謀山戎也,以其病燕故也。"《史記·齊太公世家》記載齊桓公二十三年"山戎伐燕,燕告急於齊。齊桓公救燕,遂伐山戎,至於孤竹而還"。狄族在春秋初期即對齊國構成了不小的威脅,《史記·匈奴列

---

① 參郭沫若:《管子集校(一)》,《郭沫若全集·歷史編》第五卷,第497頁。
② (清)王念孫著,徐煒君等點校:《讀書雜誌》,第1124頁。
③ 黎翔鳳撰,梁運華整理:《管子校注》,第392頁。

傳》記載：“周平王去酆鄗而東徙雒邑。當是之時，秦襄公伐戎至岐，始列爲諸侯。是後六十有五年，而山戎越燕而伐齊，齊釐公與戰于齊郊。”由此來看，《管子·小匡》謂“則狄得意於天下”或更符合史實。

3.《齊桓公自莒返于齊》簡46—47：

㠯（以）告虞（且）卯（選）亓（其）官之臤（賢）者而返（復）之。

《國語·齊語》"管仲佐桓公爲政"章：

正月之朝，鄉長復事。君親問焉，曰："於子之鄉，有居處好學，慈孝於父母，聰慧質仁，發聞於鄉里者，有則以告。有而不以告，謂之蔽明，其罪五。"……桓公令官長期而書伐，以告且選，選其官之賢者而復用之。

《管子·小匡》：

正月之朝，鄉長復事，公親問焉，曰："於子之鄉，有居處爲義好學，聰明質仁，慈孝於父母，長弟聞於鄉里者，有則以告，有而不以告，謂之蔽賢，其罪五。"……公令官長期而書伐以告，且令選官之賢者而復之。

按：

簡本語句與《齊語》更爲接近。簡本"復之"，《齊語》作"復用之"，《小匡》則同於簡本，亦作"復之"。清人王引之認爲《齊語》之"用""蓋涉上文'擇其善者而業用之'而衍"。① 其説爲是。此外，《齊語》"以告且選，選"，簡本作"以告且選"，《齊語》後一"選"字或也是衍文。簡本"以告且選其官之賢者而復之"之"復"與前文"鄉長復事"之"復"都訓爲"報"，即"回復"之義。官長所回復的即前文"公親問焉"後"有則以告，有而不以告"云云選用賢人之事。

4.《齊桓公自莒返于齊》簡78—79：

豕（嶽）僉（瀆）盍（諸）侯莫不備（服），大朝盍（諸）侯。㫃（偃）武事，行文道。天子叓（使）夫人〈大夫〉䆁（宰）孔至（致）肯（胙）於逗（桓）公，曰：余一人之命又（有）事於文、武。會盍（諸）侯於昜（陽）毇（穀）。

5.《齊桓公自莒返于齊》簡81—86：

逗（桓）公卲（召）筦（管）子而惡（謀），筦（管）子曰："爲君不君，爲臣不

---

① （清）王引之撰，虞思徵等校點：《經義述聞》，第1211頁。

臣,嬰(亂)之本。"逗(桓)公曰:"余鞏=(乘車)之會六,兵車之會三,北苯=(至于)孤竹、山戎,西苯=(至于)潨(流)屋(沙)、西吴(虞),南盍(者)吴、邨(越)、苗(荆)尸(夷)之邦,莫韋(違)募(寡)人之命,而中或(國)余我。昔三弋(代)之受命盍(者),異於此虐〈唐〉(乎)?"笑(管)子曰:"夫鬿(鳳)鱶(鳳)䳲(鷟)鳥不隆(降),而歔(鷹)亓(鵝)售(隼)比駋(鳩)亓(鵝)駱(鵲)鮫(梟)瓯(鴟)聿至。庶神不畧(格),守黽(龜)不朴(兆),挛(握)粟而筶(筮)盍(者)聚中。時雨甘雩(露)不隆(降),風=(飄風)古(苦)雨之淊廉。五種不番(蕃),六舀(畜)不由(育),芈(蓬)蒿(蒿)黄(藜)萆(莠)方興。夫鬿(鳳)鳥之章,又(有)惠(德)夾義,逡(後)日昌。昔之受命盍(者),河出嵞(圖),坙(地)出兊(乘)黄。三羕(祥)未又(有)至盍(者)。售(雖)乃受命,毋乃逵(失)盍(諸)?"逗(桓)公懼,出見客。

《國語·齊語》"桓公帥諸侯而朝天子"章:

(齊桓公)西征攘白狄之地,至於西河,方舟設泭,乘桴濟河,至於石枕。縣車束馬,逾太行與辟耳之谿拘夏,西服流沙、西吴。南城於周,反胙於絳。獄濱諸侯莫敢不來服,而大朝諸侯於陽穀。兵車之屬六,乘車之會三,諸侯甲不解纍,兵不解翳,弢無弓,服無矢。隱武事,行文道,帥諸侯而朝天子。

《管子·小匡》:

征伐楚。濟汝水,踰方地,望文山,使貢絲於周室。成周反胙於隆嶽,荆州諸侯,莫不來服。……然後率天下定周室,大朝諸侯於陽穀,故兵車之會六,乘車之會三,九合諸侯,一匡天下,甲不解纍,兵不解翳。弢無弓,服無矢,寢武事,行文道,以朝天子。

葵丘之會,天子使大夫宰孔致胙於桓公曰:"余一人之命有事於文武,使宰孔致胙,且有後命,曰:'以爾自卑勞,實謂爾伯舅毋下拜。'"桓公召管仲而謀,管仲對曰:"爲君不君,爲臣不臣,亂之本也。"桓公曰:"余乘車之會三,兵車之會六,九合諸侯,一匡天下。北至於孤竹、山戎、穢貉,拘秦夏,西至流沙、西虞,南至吴、越、巴、牂柯、𦆛、不庾、雕題、黑齒,荆夷之國,莫違寡人之命,而中國卑我。昔三代之受命者,其異於此乎?"管子對曰:"夫鳳皇鸞鳥不降,而鷹隼鴟梟豐。庶神不格,守龜不兆,握粟而筮者屢中。時雨甘露不降,飄風暴雨數臻。五穀不蕃,六畜不育,而蓬蒿藜藿並興。夫鳳皇之文,前德義,後日昌。昔人之受命者,龍龜假,河出圖,雒出書,地出乘黄。今三祥未見有者,雖曰受命,無乃失諸乎?"桓公懼,出見客。

按：

簡78—79與簡81—86兩段簡文關係密切，故在此處一併討論。這兩段簡文趙文中均未公布圖版，只附有釋文。趙文中指出簡文"偃武事，行文道。天子使夫人宰孔致胙於桓公，曰：余一人之命有事於文、武"一句又見於簡80，該句在此處爲衍文。另據趙文介紹，簡80自"天子使夫人宰孔致胙於桓公"起，內容對應今本《齊語》"葵丘之會"的內容。

《齊語》與《小匡》有一處重要的不同，即二者在"而大朝諸侯於陽穀"一句前都有一段描述齊桓公"北伐山戎……西征攘白狄之地"言其南征北伐功績的話。但《小匡》在"爲君不君，爲臣不臣，亂之本也"一句後又有"北至於孤竹、山戎……西至於流沙"一段齊桓公自述其功績的話，此則爲《齊語》所無。簡本的語句基本同於《小匡》，在"爲君不君，爲臣不臣，亂之本也"後也有一段齊桓公自述"北至於孤竹、山戎，西至於流沙"功績云云的話。

《小匡》"南至……荆夷之國"一句中所載的地名"牂柯""雕題""黑齒"，不少學者持懷疑態度，將其作爲《小匡》晚出的證據。如衛聚賢、羅根澤都曾指出"牂柯"是漢武帝通西南夷後所立的郡名，管子時期當無此地名。①《小匡》此句，簡本作"南者吴、越、荆夷之邦"，無"牂柯""雕題""黑齒"等地名，這些地名可能是後人改編《小匡》時所添加的內容，並非《小匡》原貌。

《齊語》"南城於周，反胙於絳。嶽濱諸侯莫敢不來服"一句，歷來爭議也頗多。"反胙於絳"，韋昭注：

> 説云："胙，賜也。謂天子致祭胙，賞以大輅、龍旂。桓公於絳辭之，天子復使宰孔致之。"賈侍中云："反，復也。胙，位也。絳，晉國都也。晉獻公卒，奚齊、卓子死，國絕無嗣，晉侯失其胙位。桓公以諸侯討晉，至高梁，使隰朋帥師立公子夷吾，復之於絳，是爲惠公。事在魯僖九年。"昭謂：人君即位，謂之踐胙。此言桓公城周，尊事天子，又討晉亂，復其胙位，善之也。案《內傳》宰孔於葵丘致胙肉，賜命，無辭讓反覆之文。賈君得之，唐從賈也。②

---

① 衛聚賢：《衛聚賢文存》，南京：江蘇人民出版社，2021年，第135頁；羅根澤：《管子探源》，濟南：山東文藝出版社，2018年，第48—49頁。
② 徐元誥撰，王樹民、沈長雲點校：《國語集解（修訂本）》，第234—235頁。

清人俞樾曾駁斥此説："葵丘之會,宰孔致胙時不特無辭讓反復之事,且桓公是時亦不至絳。舊説固失之矣。"但俞樾仍認爲"反胙於絳"之"胙"是指"祭祀用的酒肉","反胙於絳""其獨舉絳之言,是時諸侯莫不事齊,惟晉獻恃強不服,故齊桓藉寵王室,因城周而歸胙,以風示之耳"。①

或有學者認爲"南城於周,反胙於絳。嶽濱諸侯莫敢不來服"正是《齊語》摘抄《小匡》的證據,如清人宋翔鳳認爲"濱,水厓。嶽不得言濱。此漢人整齊《國語》之文,遂效上文'海濱'作'嶽濱'"。② 簡本亦見"嶽濱",可知宋翔鳳説當誤。張固也先生也認爲此句是《齊語》抄襲《小匡》的證據:

  《齊語》另一處抄襲痕迹更爲明顯。兩篇記載桓公征伐四夷,相重複的部分字句大同,很明顯有因襲關係。但《小匡》多出數句,爲兩篇差異最明顯的段落之一。最奇怪的是南征伐楚之下"成周反胙於隆嶽"句,四嶽古稱方伯,此以"隆嶽"喻齊國,是説齊迫使楚貢絲於周室,周回贈桓公祭胙,尊之爲方伯。《齊語》無此句,却在"西服流沙西吳"之下記載:"南城於周,反胙於絳,嶽濱諸侯莫敢不來服。"注家或説周致祭胙,"桓公於絳釂之";或説"桓公城周,尊事天子,又討晉亂,復其胙位"。但宰孔致胙一事發生在葵丘之會上,桓公亦未辭讓;齊並無城周之事,戍周則在討晉亂之後。此二説皆屬望文穿鑿,前人已有斥其非,並據此認爲"《國語》當采自《管子》"者。然而《齊語》抄襲時,何以會產生如此之訛誤,前賢未能作出合理的解釋。因此,仍然有人根據《小匡》多出"胡貉""東夷、西戎、南蠻、北狄"等名稱,就直接定其爲後出。其實從兩篇記載桓公西征同樣較爲繁複來看,這些名稱完全有可能是《國語》脱落而已。③

趙文中已指出簡文"偃武事,行文道。天子使夫人宰孔致胙於桓公,曰:余一人之命有事於文、武"爲衍文,我們懷疑今本《齊語》所據的底本中"嶽濱諸侯莫敢不來服"一句前也存在類似簡本的衍文,編者很可能已無法理解這句話的意思,故而據另一個類似《小匡》的本子中的"成周反胙於隆嶽"這

---

① （清）俞樾撰著,趙一生點校:《群經平議》,《俞樾全集》,第 846—847 頁。
② 參郭沫若:《管子集校(一)》,《郭沫若全集·歷史編》第五卷,第 558—559 頁。
③ 張固也:《〈管子〉研究》,濟南:齊魯書社,2006 年,第 192 頁。

句話對底本中的衍文進行了改編。由於趙文未公布簡本"嶽濱諸侯莫不服"前的釋文,我們的猜想還有待於材料公布後得到證實。

簡本"余乘車之會六,兵車之會三",《齊語》及《小匡》皆記"兵車之會"爲"六"、"乘車之會"爲"三",與簡本不同。《史記·齊世家》作"兵車之會三,乘車之會六"與簡本相同。王紹蘭認爲《小匡》中"三""六"互訛,其説可從。[1]

簡本"中國余我",《小匡》作"中國卑我","余""卑"相對。網友"質量復位"認爲"余"可讀爲訓"鄙視、輕視"的"下"。[2] 網友"翻滾的魚"認爲"余"或讀爲"降",訓爲"貶抑""降低"義。[3] 二説似皆可講通文義。

簡本"飄風苦雨之淪康",《小匡》作"飄風暴雨數臻",網友"魚在藻"認爲"淪康"可讀作"零漉",即"水下貌"。[4]《説文解字繫傳·水部》:"漉,一曰水下皃也。"又《廣雅·釋言》:"漉,滲也。"《廣韻·屋部》:"漉,瀝也。""漉"與"濾"同源,指水珠的滲出滴落,如《史記·司馬相如列傳》"滋液滲漉,何生不育"。[5] "漉"的"水下皃"指的是液體的滲漏,恐怕難以用來形容"苦雨"落下的景象。我們認爲"淪康"當讀爲"零落","侖"與"零"皆從"令"得聲。"康"從"鹿"得聲,"鹿"古音在來紐屋部,"落"古音在來紐鐸部,二字聲母相同,韻母旁轉,在文獻中也有"鹿""落"相通之例,《顔氏家訓·勉學》"鹿獨戎馬之間,轉死溝壑之際"之"鹿獨",蔣禮鴻先生已指出,其與"落拓""落度"本係一詞,爲"疊韻形況之詞",表示顛沛流離之類的意思。[6] "淪(零)康"之"康"可讀爲"落","零落"爲同義詞連用,二字均有"下落"義。

《小匡》"今三祥未見有者"之"三祥"即前文的"龍龜""圖書""乘黃",簡本的"三祥"無"龍龜",而是指前文的"鳳鳥之章,有德夾義,後曰昌""河出圖""地出乘黃",記述與《小匡》不同。《小匡》"前德義,後曰昌"的語義多有

---

[1] 參黎翔鳳撰,梁運華整理:《管子校注》,第435—436頁。
[2] 簡帛論壇:《棗紙簡〈齊桓公自莒返于齊〉初讀》,第6樓"質量復位"發言,2023年11月10日。
[3] 簡帛論壇:《棗紙簡〈齊桓公自莒返于齊〉初讀》,第23樓"翻滾的魚"發言,2023年11月10日。
[4] 簡帛論壇:《棗紙簡〈齊桓公自莒返于齊〉初讀》,第3樓"魚在藻"發言,2023年11月10日。
[5] 參王鳳陽:《古辭辨》,第527頁。
[6] 參蔣禮鴻:《義府續貂》,《蔣禮鴻集》第二卷,杭州:浙江教育出版社,2001年,第20頁。

争議,如丁士涵認爲"日"是"明之壞字",許維遹認爲"昌"是"信"的訛字。①從整理者所作簡本的釋文來看,《小匡》"日昌"當本作"曰昌",《小匡》是將"稱爲"義的"曰"誤抄爲了"日"。《説苑·辨物》中有一段形容鳳凰之像的話:

> 夫鳳鴻前麟後……首戴德,頂揭義,背負仁,心信智,食則有質,飲則有儀,往則有文,來則有嘉。晨鳴曰發明,晝鳴曰保長,飛鳴曰上翔,集鳴曰歸昌。翼挾義,衷抱忠,足履正,尾繫武,小聲合金,大音合鼓。延頸奮翼,五光備舉,光興八風,氣降時雨,此謂鳳像。

《韓詩外傳·卷八》也有一段類似的話:

> 夫鳳之象,鴻前而麟後,蛇頸而魚尾,龍文而龜身,燕領而雞啄,戴德負仁,抱中挾義。小音金,大音鼓。延頸奮翼,五彩備明。

簡本的"有德夾義"大概對應《説苑》的"首戴德""翼挾義"與《韓詩外傳》的"戴德負仁,抱中挾義",《韓詩外傳》的表述與簡本更相近。"有德夾義"或是說既有"德"又"夾義",其描述的大概就是《説苑》後文鳳凰"延頸奮翼"飛行之貌。簡本的"後曰昌"可與《説苑》"集鳴曰歸昌"參照,"集"是"鳥棲止於樹"之義。② 簡本"夫鳳鳥之章,有德夾義,後曰昌"這一句或是描寫鳳凰一飛一降的兩種狀態。

6.《齊桓公自莒返于齊》簡 89—89:

魯臧(莊)公戏(攻)臺(淳)于吕(以)敔(争)於逗(桓)公之事,(桓)公䎽(聞)之,簋(築)臺(夷)義(儀)吕(以)邦(封)之。男女不淫,牛馬罙(選)具,秉玉吕(以)見,青(請)爲闗(關)内之𥙊(諸)侯,□□貞(使)。

《國語·齊語》"桓公霸諸侯"章:

桓公憂天下諸侯。魯有夫人、慶父之亂,二君弑死,國絶無嗣。桓公聞之,使高子存之。

---

① 參郭沫若:《管子集校(一)》,《郭沫若全集·歷史編》第五卷,第 569—570 頁。
② 參劉釗:《"集"字的形音義》,《中國語文》2018 年第 1 期。

狄人攻邢,桓公築夷儀以封之,男女不淫,牛馬選具。狄人攻衛,衛人出廬於曹,桓公城楚丘以封之。其畜散而無育,桓公與之繫馬三百。天下諸侯稱仁焉。

《管子·小匡》:

桓公憂天下諸侯。魯有夫人慶父之亂,而二君弑死,國絶無後。桓公聞之,使高子存之。男女不淫,馬牛選具,執玉以見,請爲關内之侯,而桓公不使也。狄人攻邢,桓公築夷儀以封之,男女不淫,馬牛選具,執玉以見,請爲關内之侯,而桓公不使也。狄人攻衛,衛人出旅於曹,桓公城楚丘封之,其畜以散亡,故桓公予之繫馬三百匹,天下諸侯稱仁焉。

按:

簡本"魯莊公攻淳于"一事未見於《齊語》與《小匡》中,趙文中指出簡89有"狄人攻邢,桓公築緣陵以封之"一事,認爲"淳于"是以都城名指代"杞"之國名,簡本是將杞、邢二國新都之名錯置了,"緣陵"才是齊桓公爲淳于(杞國)修築的都城。

簡本語句與《小匡》更爲接近。《齊語》與《小匡》最大不同是《小匡》中多出"關内之侯"一詞。以往有學者將其作爲《小匡》晚出的證據,如衛聚賢即認爲:"'關内侯'係秦漢官制,《管子》中何得有此?"①胡家聰先生認爲《齊語》與《小匡》雖爲同源,但《小匡》多經改動,"甚至竄入了如'關内侯'等後世詞語"。②許維遹則認爲:"關内侯之爵制,亦見《吕氏春秋·貴信篇》《墨子·號令篇》《魏策》《秦策》,此戰國之通制也。"③簡本有"關内之諸侯"一詞,可見關内侯之爵制確係"戰國之制"。此外,《小匡》"關内之侯",《册府元龜·列國君部》引作"關内之諸侯",與簡本相同。

7.《齊桓公自莒返于齊》簡98—99:

是古(故)大或(國)之君近恥,少(小)邦孟(諸)侯付比。是古(故)大或(國)之君斳(親)如臣僟(僕),少(小)邦孟(諸)侯息(歡)如父毋(母)。是古(故)大或(國)之君不垩(尊),少(小)邦孟(諸)侯不寍(卑)。大或(國)之君不鴍(驕),少(小)邦孟(諸)侯不㮣(懼)。

---

① 衛聚賢:《衛聚賢文存》,第135頁。
② 胡家聰:《〈管子〉新探》,第266頁。
③ 參郭沫若:《管子集校(一)》,《郭沫若全集·歷史編》第五卷,第573頁。

《管子·小匡》:

是故大國之君慙愧,小國諸侯附比,是故大國之君事如臣僕,小國諸侯驩如父母。夫然,故大國之君不尊,小國諸侯不卑。是故大國之君不驕,小國諸侯不懾。

按:

簡本內容未見於今本《齊語》中。簡本"大國之君親如臣僕,小邦諸侯悥如父母",《小匡》作"大國之君事如臣僕,小國諸侯驩如父母",網友"蜨枯"認爲:"'親如臣僕''歡如父母',整理者讀爲'歡'之字在楚簡中常常讀爲'怨'。頗疑抄寫有誤,本應作'親如父母''怨如臣僕','親之如父母'古書中常見。"①此説或不確。"悥"在楚文字多用作"怨",古音在影紐元部,"驩"古音在曉紐元部,二字音近可通。簡本"大國之君親如臣僕"之"親"是"躬親"之義,其是説大國諸侯親自侍奉齊桓公如同臣僕一般。

———

① 簡帛論壇:《棗紙簡〈齊桓公自莒返于齊〉初讀》,第 5 樓"蜨枯"發言,2023 年 11 月 10 日。

結　　語

　　本書利用先秦兩漢時期出土文獻材料所提供的古文字字形、辭例、用字習慣等方面的新綫索，從"校正譌字""闡明詞義""因聲求義""鉤沉古義"四方面對《國語》某些字詞的訓釋提出新解、補釋。書中還對學界以往利用出土文獻校釋《國語》的部分可信意見予以了補充説明。由於學力所限，各種材料難以全部照顧到。相信在目前已公布的出土文獻材料中仍存在不少可用來校釋《國語》文本的"觸發性機緣"，這方面工作仍大有可爲，值得持續關注。早先或有學者批評《國語》"繁蕪蔓衍""背理去道"，①也有學者將《國語》與《左傳》相比較，認爲"《左傳》之文，年月井井，事多實録。而《國語》荒唐誣妄，自相矛盾者甚多""《國語》則後人取古人之事而擬之爲文者，是以事少而詞多"。② 在對《國語》文本的校釋實踐中，我們發現《國語》中某些字詞的使用頗爲古樸，這也説明《國語》的底本當有其古老的來源，大部分内容應是當時之實録，而非"後人取古人之事而擬之爲文"。以時代明確的出土文獻材料爲定點，對《國語》中的詞彙進行全面考察也是今後可進一步深入開展的工作。

　　在本書中，我們還對出土文獻中有關《國語》的異文材料予以搜集整理。但頗遺憾的是，目前已知的與《國語》關係最爲密切的慈利簡《吴語》篇的内容仍未全部發表，部分已披露的簡文所對應的竹簡圖版也未刊布。受材料所限，關於慈利簡《吴語》研究未能深入。此外，與《國語》關係密切的荆州棗林鋪造紙廠46號戰國楚墓中出土的《吴王夫差起師伐越》《齊桓公自莒返于齊》兩篇竹書，目前只公布了部分簡文内容。這批楚簡應該保留

---

① （唐）柳宗元：《非國語》，《柳河東集》卷四十五，北京：中華書局，1960年，第788頁。
② 崔述撰著，顧頡剛編訂：《洙泗考信餘録》，《崔東壁遺書》，上海：上海古籍出版社，2013年，第395頁。

有大量與今本《國語》不同的異文，其中當有不少可用於校勘《國語》文本的新材料，也有助於我們了解《國語》的成書與流傳過程。相信未來這些材料的公布，將爲《國語》文本的校釋與研究工作提供新的助力。

隨着出土文獻"井噴"式刊布，利用出土文獻校勘先秦古書的"古文獻新證"工作已成爲當今先秦文獻整理與研究工作中的熱點。但需注意的是，在具體的"新證"過程中將出土文獻與傳世文獻進行"不恰當的趨同與立異"、對於作爲校釋"定點"的古文字字形及辭例的錯誤理解都容易使我們陷入"新材料陷阱"中，在校勘實踐中得出錯誤的結論。這也是今後利用出土文獻校釋《國語》的工作中所應注意的問題。

《國語》所記"八國之語"，包含不少先秦時期珍貴的史料，其中不少内容也可與出土文獻合觀。如清華簡《繫年》是一篇帶有"紀事本末體"特徵的先秦古書，其所記録的史料起自武王伐商等周初史事，下至戰國早期三晉與楚國相互攻伐之事。《繫年》中不少史料即可與《國語》相參照，據其可校正《國語》所記史事。由於學識所限，本書較少涉及這方面的工作，這也是今後我們希望繼續拓展與研究的内容。

本書中部分校釋意見毫無疑問也受當下材料與作者本人學識的限制，當然難以皆視作定論，部分意見還需進一步研究以得到落實。本書目前所做的工作恐怕也只能算作一種基礎工作。相信隨着新材料的不斷刊布與學界研究水平的不斷進步，利用出土文獻校釋《國語》文本的新成果將會不斷湧現，《國語》這本先秦古書的價值也會得到更加深入的挖掘。

參考文獻

一、主要出土文獻著錄

董作賓主編:《殷虛文字乙編》,臺北:"中研院"歷史語言研究所,1948年。

郭沫若主編:《甲骨文合集》,北京:中華書局,1979—1983年。

彭邦炯、謝濟、馬季凡:《甲骨文合集補編》,北京:語文出版社,1999年。

中國社會科學院考古研究所編:《殷周金文集成(修訂增補本)》,北京:中華書局,2007年。

吳鎮烽編著:《商周青銅器銘文暨圖像集成》,上海:上海古籍出版社,2012年。

吳鎮烽編著:《商周青銅器銘文暨圖像集成續編》,上海:上海古籍出版社,2016年。

吳鎮烽編著:《商周青銅器銘文暨圖像集成三編》,上海:上海古籍出版社,2020年。

湖北省荊沙鐵路考古隊:《包山楚簡》,北京:文物出版社,1991年。

荊門市博物館:《郭店楚墓竹簡》,北京:文物出版社,1998年。

馬承源主編:《上海博物館藏戰國楚竹書(一~九)》,上海:上海古籍出版社,2001—2012年。

清華大學出土文獻研究與保護中心編,李學勤主編:《清華大學藏戰國竹簡(壹~拾壹)》,上海:中西書局,2010—2022年。

安徽大學漢字發展與應用研究中心編,黃德寬、徐在國主編:《安徽大學藏戰國竹簡(一)》,上海:中西書局,2019年。

安徽大學漢字發展與應用研究中心編,黄德寬、徐在國主編:《安徽大學藏戰國竹簡(二)》,上海:中西書局,2022年。

武漢大學簡帛研究中心、甘肅簡牘博物館、四川省文物考古研究院編,陳偉主編:《秦簡牘合集·壹(睡虎地秦墓簡牘)》,武漢:武漢大學出版社,2014年。

武漢大學簡帛研究中心、甘肅簡牘博物館、四川省文物考古研究院編,陳偉主編:《秦簡牘合集·貳(龍崗秦墓簡牘 郝家坪秦墓簡牘)》,武漢:武漢大學出版社,2014年。

武漢大學簡帛研究中心、甘肅簡牘博物館、四川省文物考古研究院編,陳偉主編:《秦簡牘合集·叁(周家臺秦墓簡牘、嶽山秦墓簡牘)》,武漢:武漢大學出版社,2014年。

武漢大學簡帛研究中心、甘肅簡牘博物館、四川省文物考古研究院編,陳偉主編:《秦簡牘合集·肆(放馬灘秦墓簡牘)》,武漢:武漢大學出版社,2014年。

裘錫圭主編,湖南省博物館、復旦大學出土文獻與古文字研究中心編著:《長沙馬王堆漢墓簡帛集成》,北京:中華書局,2014年。

二、主要工具書(按出版時間排序)

周法高主編:《金文詁林》,香港:香港中文大學出版社,1974年。

李孝定:《甲骨文字集釋》,臺北:"中研院"歷史語言研究所,1982年。

周法高主編:《金文詁林補》,臺北:"中研院"歷史語言研究所,1982年。

高　亨、董治安:《古字通假會典》,濟南:齊魯書社,1989年。

姚孝遂主編:《殷墟甲骨刻辭類纂》,北京:中華書局,1989年。

徐中舒主編:《甲骨文字典》,成都:四川辭書出版社,1989年。

于省吾主編,姚孝遂按語編撰:《甲骨文字詁林》,北京:中華書局,1996年。

張　儒、劉毓慶:《漢字通用聲素研究》,太原:山西古籍出版社,2002年。

宗福邦等編:《故訓匯纂》,北京:商務印書館,2003年。

陳年福:《殷墟甲骨文摹釋全編》,北京:綫裝書局,2010年。

董蓮池:《新金文編》,北京:作家出版社,2011年。

李宗焜：《甲骨文字編》，北京：中華書局，2012年。

徐在國：《上博楚簡文字聲系（一～八）》，合肥：安徽大學出版社，2013年。

劉釗主編：《新甲骨文編（增訂本）》，福州：福建人民出版社，2014年。

黃德寬主編、徐在國副主編：《戰國文字字形表》，上海：上海古籍出版社，2017年。

何景成編撰：《甲骨文字詁林補編》，北京：中華書局，2017年。

白於藍：《簡帛古書通假字大系》，福州：福建人民出版社，2017年。

三、專著類（以音序排列）

陳　劍：《甲骨金文考釋論集》，北京：綫裝書局，2007年。

陳　劍：《戰國竹書論集》，上海：上海古籍出版社，2013年。

陳鼓應：《黃帝四經今注今譯：馬王堆漢墓出土帛書（修訂本）》，北京：商務印書館，2016年。

陳桐生譯注：《國語》，北京：中華書局，2013年。

陳斯鵬：《簡帛文獻與文學考論》，廣州：中山大學出版社，2007年。

陳斯鵬：《卓廬古文字學叢稿》，上海：中西書局，2018年。

陳　偉：《楚簡冊概論》，武漢：湖北教育出版社，2012年。

陳　偉：《郭店竹書別釋》，武漢：湖北教育出版社，2003年。

陳英傑：《西周金文作器用途銘辭研究》，北京：綫裝書局，2008年。

董立章：《〈國語〉譯注辨析》，廣州：暨南大學出版社，1993年。

董　珊：《簡帛文獻考釋論集》，上海：上海古籍出版社，2014年。

馮勝君：《郭店簡與上博簡對比研究》，北京：綫裝書局，2007年。

馮勝君：《二十世紀古文獻新證研究》，濟南：齊魯書社，2006年。

郭萬青：《近百年來〈國語〉校詁研究》，南京：鳳凰出版社，2016年。

郭永秉：《古文字與古文獻論集》，上海：上海古籍出版社，2011年。

郭永秉：《古文字與古文獻論集續編》，上海：上海古籍出版社，2015年。

黃永堂譯注：《國語全譯》，貴陽：貴州人民出版社，2009年。

季旭昇：《説文新證》，臺北：藝文印書館，2014年。

李春桃：《古文異體關係整理與研究》，北京：中華書局，2016年。

李　佳：《〈國語〉研究》，北京：中國社會科學出版社，2015年。

李家浩：《安徽大學漢語言文字研究叢書·李家浩卷》，合肥：安徽大學出版社，2013年。

李家浩：《著名中年語言學家自選集·李家浩卷》，合肥：安徽教育出版社，2002年。

李維琦譯：《白話〈國語〉》，長沙：嶽麓書社，1994年。

李　零：《郭店楚簡校讀記(增訂本)》，北京：中國人民大學出版社，2007年。

李　零：《簡帛古書與學術源流(修訂本)》，北京：三聯書店，2008年。

來可泓撰：《國語直解》，上海：復旦大學出版社，2000年。

李守奎：《古文字與古史考》，上海：中西書局，2015年。

李守奎、肖　攀：《清華簡〈繫年〉文字考釋與構形研究》，上海：中西書局，2015年。

李天虹：《楚國銅器與竹簡文字研究》，武漢：湖北教育出版社，2012年。

李學勤、彭裕商：《殷墟甲骨分期研究》，上海：上海古籍出版社，1996年。

李學勤：《簡帛佚籍與學術史》，南昌：江西教育出版社，2001年。

李學勤：《新出青銅器研究(增訂版)》，北京：人民美術出版社，2016年。

劉　嬌：《言公與剿説——從出土簡帛古籍看西漢以前古籍中相同或類似内容重複出現現象》，北京：綫裝書局，2012年。

劉　釗：《古文字考釋叢稿》，長沙：嶽麓書社，2004年。

劉　釗：《出土簡帛文字叢考》，臺北：臺灣古籍出版有限公司，2004年。

劉　釗：《郭店楚簡校釋》，福州：福建人民出版社，2005年。

劉　釗：《書馨集：出土文獻與古文字論稿》，上海：上海古籍出版社，2013年。

劉　釗：《書馨集續編：出土文獻與古文字論稿》，上海：中西書局，2018年。

(清)王念孫著，徐煒君等點校：《讀書雜誌》，上海：上海古籍出版社，2014年。

(清)王引之撰，虞思徵等校點：《經義述聞》，上海：上海古籍出版社，2018年。

（清）于鬯著：《香草校書》，北京：中華書局，2010年。

（清）俞樾撰著，趙一生點校：《群經平議》，杭州：浙江古籍出版社，2017年。

（清）俞樾著，王華寶整理：《諸子平議》，南京：鳳凰出版社，2020年。

裘錫圭：《裘錫圭學術文集》，上海：復旦大學出版社，2012年。

裘錫圭：《中西學術名篇精讀·裘錫圭卷》，上海：中西書局，2015年。

孫常叙：《古漢語文學語言詞彙概論》，上海：上海古籍出版社，2016年。

蘇建洲：《楚文字論集》，臺北：萬卷樓，2011年。

蘇建洲、吳雯雯、賴怡璇：《清華二〈繫年〉集解》，臺北：萬卷樓，2013年。

石小力：《東周金文與楚簡合證》，上海：上海古籍出版社，2017年。

單育辰：《楚地戰國簡帛與傳世文獻對讀之研究》，北京：中華書局，2014年。

單育辰：《郭店〈尊德義〉〈成之聞之〉〈六德〉三篇整理與研究》，北京：科學出版社，2015年。

唐　蘭：《唐蘭全集》，上海：上海古籍出版社，2015年。

王國維：《觀堂集林》，北京：中華書局，1959年。

魏啓鵬：《馬王堆漢墓帛書〈黃帝書〉箋證》，北京：中華書局，2004年。

聞一多：《古典新義》，北京：商務印書館，2011年。

夏德靠：《〈國語〉研究》，北京：知識產權出版社，2014年。

禤健聰：《戰國楚系簡帛用字習慣研究》，北京：科學出版社，2017年。

謝明文：《商周文字論集》，上海：上海古籍出版社，2017年。

蕭　旭：《群書校補》，揚州：廣陵書社，2011年。

鄔國義、胡果文、李曉路撰：《國語譯注》，上海：上海古籍出版社，2017年。

徐元誥撰，王樹民、沈長雲點校：《國語集解（修訂本）》，北京：中華書局，2002年。

楊伯峻、何樂士：《古漢語語法及其發展（修訂本）》，北京：語文出版社，2001年。

楊伯峻：《春秋左傳注（修訂本）》，北京：中華書局，2009年。

余光明：《黃帝四經新注新譯》，長沙：嶽麓書社，2016年。

楊樹達：《楊樹達文集》，上海：上海古籍出版社，2013年。

于省吾：《雙劍誃群經新證　雙劍誃諸子新證》，上海：上海書店出版社，1999年。

于省吾：《于省吾著作集·甲骨文字釋林》，北京：商務印書館，2010年。

姚孝遂、肖　丁：《小屯南地甲骨考釋》，北京：中華書局，1985年。

俞志慧：《〈國語〉韋昭注辨正》，北京：中華書局，2009年。

楊澤生：《戰國竹書研究》，廣州：中山大學出版社，2009年。

周　波：《戰國時代各系文字間的用字差異現象研究》，北京：綫裝書局，2012年。

朱德熙：《朱德熙古文字論集》，北京：中華書局，1995年。

張　峰：《楚文字訛書研究》，上海：上海古籍出版社，2016年。

張　覺：《吳越春秋校證注疏》，北京：知識產權出版社，2013年。

張居三：《〈國語〉文獻研究》，北京：社會科學出版社，2020年。

趙平安：《新出簡帛與古文字古文獻研究》，北京：商務印書館，2009年。

趙平安：《新出簡帛與古文字古文獻研究續集》，北京：商務印書館，2018年。

趙平安：《文字·文獻·古史——趙平安自選集》，上海：中西書局，2017年。

張以仁：《國語斠證》，臺北：臺灣商務印書館，1969年。

張永祥：《〈國語〉譯注》，上海：上海三聯書店，2014年。

四、論文類（以音序排列）

陳　劍：《結合出土文獻校讀古書舉隅》，賈晋華等編：《新語文學與早期中國研究》，上海：上海人民出版社，2018年。

陳　劍：《簡談對金文"蔑懋"問題的一些新認識》，《出土文獻與古文字研究》第七輯，上海：上海古籍出版，2018年。

陳送文：《慈利竹書和〈國語·吳語〉對勘（兩則）》，《古文字研究》第三十輯，北京：中華書局，2014年。

黃德寬：《漢語史研究運用出土文獻資料的幾個問題》，《語言科學》2018年第3期。

何有祖：《從慈利竹書數字簡看今本〈吳語〉的分章》，《人文論叢》2011年卷。

劉　嬌：《是"循緒"還是"脩緒"》，《古文字研究》第二十九輯，北京：中華書局，2012年。

劉　麗：《談〈楚居〉中"及"字的一個特殊用法》，《出土文獻》第四輯，上海：中西書局，2013年。

劉卓異：《〈國語·吳語〉不衍"許諾"二字考》，《古籍整理學刊》2018年第3期。

李守奎：《〈國語〉故訓與古文字》，《漢字漢語研究》2018年第2期。

李守奎：《據清華簡"繫年""克反邑商"釋讀小臣單觶中的"反"與包山簡中的"鈑"》，《簡帛》第九輯，上海：上海古籍出版社，2014年。

李學勤：《范蠡思想與帛書〈黃帝書〉》，《簡帛佚籍與學術史》，南昌：江西教育出版社，2001年。

劉　釗：《從秦"交仁"等印談秦文字以"仁"爲"信"的用字習慣》，《出土文獻與古文字研究》第八輯，上海：上海古籍出版社，2019年。

沈　培：《談談清華簡〈傅說之命〉和傳世文獻相互對照的幾個"若"字句》，《簡帛》第十輯，上海：上海古籍出版社，2015年。

石小力：《清華簡〈越公其事〉與〈國語〉合證》，《文獻》2018年第3期。

唐　蘭：《馬王堆出土〈老子〉乙本卷前古佚書的研究——兼論其與漢初儒法鬥爭的關係》，《考古學報》1975年第1期。

鄔可晶：《"叡、若"補釋》，《古文字研究》第三十二輯，北京：中華書局，2018年。

魏宜輝：《慈利楚簡校讀札記》，《古典文獻研究》第十八輯上卷，南京：鳳凰出版社，2015年。

肖　毅：《慈利竹書零釋》，《古文字研究》第二十六輯，北京：中華書局，2006年。

袁金平：《利用清華簡〈繫年〉校正〈國語〉韋注一例》，《社會科學戰綫》2011年第12期。

張春龍：《慈利楚簡概述》，《新出簡帛研究》，北京：文物出版社，2004年。

張居三：《〈國語·齊語〉與〈管子·小匡〉的關係》，《古籍整理研究學刊》2010年第5期。

五、碩博學位論文類

戎輝兵:《〈國語集解〉訂補》,南京師範大學博士學位論文,2007年。

劉洪濤:《論掌握形體特點對古文字考釋的重要性》,北京大學博士學位論文,2012年。

劉傳賓:《郭店竹簡研究綜論(文本研究篇)》,吉林大學博士學位論文,2010年。

于淼:《漢代隸書異體字表與相關問題研究》,吉林大學博士學位論文,2015年。

王挺斌:《戰國秦漢簡帛古書訓釋研究》,清華大學博士學位論文,2018年。

後　　記

　　我對《國語》的興趣起自碩士階段，當時整理甲骨文中商王世系時，檢索到《國語》有"商之饗國三十一王"的記載，曾想借此梳理傳世文獻中對於商代帝王之數記載的異同。後來，發現早有學者針對這一問題寫過文章。我的碩士導師黄亞平先生曾以這件事告誡我，閉門造車前，要多看别人是怎麽"造車"的。這句話我至今仍記憶深刻。黄老師是位很寬容的老師，我常在他的課上自顧自地看與課程無關的書籍，他並未因此批評我，反而常鼓勵我多鑽研自己感興趣的領域。雖已畢業多年，黄老師仍一直關注着我的發展，無論是工作還是生活上，都對我多有關懷與指導。

　　2021年6月完成博士論文答辯後，我又閑來無事翻閲《國語》，偶然間發現了兩處小問題，隨即寫了兩則劄記呈給趙平安師審閲。畢業前夕，趙老師特意找我長談了一次，叮囑我近些年來利用出土文獻材料校釋《國語》的文章並不多見，可以重點關注這一問題。我本非古文字科班出身，蒙趙老師不棄，允我忝列門下，是趙老師真正帶我走上了古文字研究的道路。剛入學時，我常憑着"無知者無畏"的勇氣，把自己粗淺的文章呈給趙老師，老師却没有絲毫嫌棄，總是不厭其煩地爲我修改文章。現在想來真是浪費了老師不少時間，屬實慚愧。

　　博士畢業後，我有幸前往復旦大學，在劉釗師的指導下開展博士後研究工作。我向劉老師報告，希望以利用出土文獻校釋《國語》爲主要内容開展博士後期間的研究工作。在劉老師同意後，我便開始收集相關材料。因當時心儀的工作單位入職有項目要求，我便以此爲題申請了後期資助項目，並幸運地獲得了立項。如今回顧當時的申報材料，自覺頗爲粗疏，能够獲批實屬幸運。因疫情原因，博士後期間進出校園並不方便。但劉老師經常通過微信、電話遠程指導我的學業，使我在特殊時期仍能保持研究進度，收穫良多。

　　博士後出站後，由於種種原因，求職之路頗爲曲折。幸得劉老師推薦，我得以入職河北大學文學院。楊寶忠、陳雙新、梁春勝、張振謙、楊清臣、劉青松、徐世權等諸位老師在工作和生活中都對我多有照拂。陳志向、王亞彬兩位老師與我幾乎是同時入職，二位都是樂於助人的"熱心腸"，主動幫我承擔了很多日常雜事，爲我節省了不少精力。我常跟朋友開玩笑說，感謝河北大學"收留"了我。雖是一句玩笑話，其中的感激之情却是發自内心的。感謝文學院爲青年教師營造的寬鬆學術氛圍，讓我得以有充足的時間做一點自己的事。

　　石小力、馬曉穩、任攀、王挺斌、蔡一峰、侯建科、黄博、石從斌等師友曾審閱過小書的初稿，提出了不少意見，在此一併致謝。

　　感謝我的妻子趙歡女士，這些年來她陪我輾轉各地，犧牲了自己的安定生活。去年我的女兒桃桃出生，爲我們的小家庭帶來了不少歡樂，同時也讓妻子肩上的擔子更重了，但她少有抱怨，總是默默承擔着繁重的家務，用無言的付出支撐着我們的小家。

　　本書最初申報國社科後期資助項目的申請書及書稿，上海古籍出版社的顧莉丹女士曾提出諸多寶貴意見；責任編輯許佳瑩女士工作認真負責，改正了文中不少錯誤，在此也一併致謝。

　　此次出版，雖較申報後期資助項目的初稿作了較大的修訂，但書中難免還有不少謬誤，祈請讀者多多教正。

李　聰

2025 年 6 月 18 日於河北大學七一路校區

圖書在版編目（CIP）數據

出土文獻與《國語》新證 / 李聰著. -- 上海：上海古籍出版社，2025.6. -- ISBN 978-7-5732-1671-7

Ⅰ. K225.04

中國國家版本館 CIP 數據核字第 2025KP2209 號

出土文獻與《國語》新證

李 聰 著

上海古籍出版社出版發行

（上海市閔行區號景路 159 弄 1－5 號 A 座 5F　郵政編碼 201101）

（1）網址：www.guji.com.cn

（2）E-mail：guji1@guji.com.cn

（3）易文網網址：www.ewen.co

商務印書館上海印刷有限公司印刷

開本 700×1000　1/16　印張 18.75　插頁 3　字數 298,000

2025 年 6 月第 1 版　2025 年 6 月第 1 次印刷

ISBN 978－7－5732－1671－7

K·3892　定價：98.00 元

如有質量問題，請與承印公司聯繫